入門
ミクロ
経済学

井堀 利宏

第3版

新世社

第3版へのはしがき

　第2版の改訂から15年が経過し，ミクロ経済学を取り巻く環境も変化している。経済合理性を当然の前提としてきた標準的なミクロ経済学への批判として，行動経済学や実験経済学が注目されるようになった。また，実証面でミクロデータを分析する研究も盛んになっている。それでも，標準的なミクロ経済理論は経済学の根幹であるから，そこでのモデル分析の基本的枠組みと論理展開を理解することは，経済学の各専門分野を学ぶ場合に必要不可欠である。ミクロ経済学を学習するには多少の数学的素養が役に立つが，高度な数式を理解するよりも論理的な思考で客観的に議論を組み立てることがより重要である。本書によって経済的直感力が高まれば，ミクロ経済学をマスターすることも容易だろう。

　今回の主要な改訂のポイントは以下の4点である。

　第1に，基本的な解説は従来の記述を維持するとともに，解説図を増やして，よりビジュアルでわかりやすい構成とした。第2に，各章の練習問題をおおむね1問ずつ増やして，問題を解くことからの理解を配慮した。第3に，コラムについて近年の経済動向も踏まえて，より時代にあったトピックや内容について補足を行った。第4に，巻末に「補論」をもうけて，ミクロ経済学に関係する最近のトレンドを紹介した。

　こうした改訂により，ミクロ経済学の基本概念をきちんと説明するとともに，現実の経済問題を考える際の判断材料を提供するという本書の特徴が，初版，第2版にもまして明快になったことを，著者は期待している。

　最後に，改訂作業における新世社編集部の御園生晴彦氏，谷口雅彦氏の暖かいご尽力に，厚くお礼の言葉を述べたい。

　　2019年7月

井堀　利宏

初版へのはしがき

　経済理論は，大きく「ミクロ経済学」と「マクロ経済学」に分けられる。本書は，経済学の初歩的な理解のために，ミクロ経済学の基本を学習しようとする学生や社会人を想定した入門的なテキストである。入門書である以上，ミクロ経済学の必要最小限の体系をやさしく，わかりやすくなるように配慮して包括的に取り入れているが，同時に，できるだけ最新の理論的な議論も紹介し，また，日本の現実のミクロ経済問題との対応にも留意した内容になっている。

　本書において，著者が意図した特徴は以下の3点である。

　第1に，入門書としてできるだけわかりやすく，すっきりとした内容にした点である。ミクロ経済学では数学的な理論展開が容易になされるために，入門書の範囲を超えて必要以上に技術的になりやすい誘惑がある。本書では，数式も単純な算数程度にとどめており，そのかわりに，図と表を多く用いている。それらの図表を順に理解するだけでも，ミクロ経済学の必要十分な知識が効率的に得られるはずである。

　第2に，純粋のミクロ経済理論を説明する際にも，それらの理論と現実の経済問題とのかかわりを明確にするように配慮した点である。ともすれば抽象的な次元になりやすいミクロ理論の議論に現実的なイメージをもたせることで，ミクロ経済学の分析の有用性をより身近に感じることができるはずである。

　第3に，最近のミクロ経済学の発展にも留意して，完全競争市場を想定しないトピックにも，入門書としてはかなりの分量を割り当てている点である。完全競争市場での価格メカニズムの役割を理解することは，ミクロ経済学の重要な分析対象であるが，それと同時に，独占，ゲームの理論，寡占，外部性，不完全情報などのトピックも重要なミクロ経済学の分野になってきてい

初版へのはしがき

る。こうした点を学習することで，ミクロ経済学の有用性がより直観的に理解できるはずである。

　また，各章末には練習問題をつけており，巻末には重要語の解説もまとめてある。読者は，練習問題を解いたり，重要語を参照することで，本書の内容の理解をより確実にすることができるであろう。また，息抜きとして，各章ごとにコラムをつけてある。

　著者としては，以上のような特徴を本書に盛り込んだことで，広い範囲の読者にとって興味のあるテキストになったことを期待している。不十分な点があれば，今後とも改善を加えていきたい。また，初稿を準備する段階で，東京大学経済学部井堀ゼミ3年生の岩谷渉平君をはじめとする学生諸君に内容をチェックしてもらい，いくつかの点で改善することができた。

　最後に，このテキストの企画から校正に至るまで多大の協力を惜しまれなかった新世社編集部の小関清，御園生晴彦，稲田久美子さんに厚く御礼申し上げたい。

　　1996年11月

井堀　利宏

目　次

1　ミクロ経済学とは何か ——————————————— 1

1.1　経済活動を説明する基本用語　1

1.2　経済学の手法　8

1.3　ミクロ経済学の特徴　14

1.4　ミクロ経済学の流れ　16

1.5　本書の構成　20

Point—1　ミクロ経済学の学び方　21

まとめ　21　　重要語　22　　問題　22

2　需要と供給 ——————————————————— 24

2.1　需要曲線　24

Point—2　関数についての基礎概念　29

2.2　供給曲線　32

2.3　弾力性　36

2.4　市場価格の決定　45

Case Study　定額制の料金　49

2.5　市場への介入　51

Case Study　わが国の最低賃金制度　55

まとめ　59　　重要語　59　　問題　59

3　消費の理論 ——————————————————— 61

3.1　家計と企業　61

3.2　効用関数　63

Point—3　関数と微分　68

3.3　予算制約式　70

3.4　無差別曲線　74

Column—1　コブ=ダグラス型の関数型　76

3.5　主体的均衡点　80
Point—4　基数的効用と序数的効用　83

3.6　所得効果と代替効果　84
Case Study　なぜ出生率は低下したのか　88

3.7　需要曲線　97
まとめ　100　　　重要語　100　　　問題　100

4　消費理論の応用　―――――――――――――――　102

4.1　労働供給　102

4.2　消費と貯蓄の選択　112
Point—5　現在価値とは　116

Case Study　貯蓄の目的　122

Column—2　消費税引き上げで消費や勤労意欲は抑制されない　123

4.3　不確実性　124
Column—3　ギャンブル　130

Column—4　気象と寿命に関する予想　132

4.4　顕示選好の理論　133
まとめ　135　　　重要語　135　　　問題　135

5　企業と費用　―――――――――――――――――　137

5.1　企業の目的　137

5.2　生産関数　139

5.3　等生産量曲線と等費用曲線　145

5.4　費用関数　150

5.5　費用曲線　154

5.6　短期と長期の費用曲線　160
Column—5　経験曲線　165

まとめ　166　　　重要語　166　　　問題　166

6　生産の決定　――――――――――――――――――　168

6.1　利潤の最大化　168
Column—6　損益分岐点分析　178

6.2 供給曲線　178

6.3 市場の供給曲線　180

まとめ　183　　重要語　183　　問題　183

7　市場と均衡　————————————————————— 185

7.1 完全競争　185

7.2 市場価格の調整メカニズム　190

7.3 市場取引の利益　198

7.4 政策介入のコスト　202

Column—7　最適関税の理論　205

7.5 資源配分の効率性　209

7.6 厚生経済学の基本定理　215

まとめ　216　　重要語　217　　問題　217

8　要素価格と所得分配　————————————————— 219

8.1 要素価格の決定　219

8.2 レントと固定的な生産要素　225

Case Study　土地の用途規制　228

8.3 レントと土地の価格　230

Column—8　地価の安定は望ましいか　235

8.4 初期保有量と所得分配　236

8.5 所得再分配政策　238

Column—9　年金改革　244

まとめ　245　　重要語　245　　問題　245

9　独　占　————————————————————————— 247

9.1 独占企業の行動　247

9.2 独占と市場　255

9.3 自然独占と規制　262

Column—10　違法コピーと特許　266

9.4 公益企業の料金規制　267

Column—11　民間企業での2部料金　272

9.5 参入をめぐる競争　272

目　次

Case Study　電力の自由化　277

まとめ　278　　重要語　278　　問題　278

10　ゲーム理論 ———————————————— 280

10.1　ゲーム理論の構造　280

10.2　ナッシュ均衡　287

10.3　動学的なゲーム　291

10.4　繰り返しゲーム　297

10.5　経済分析への応用　300

Column—12　勝者の呪い　302

まとめ　306　　重要語　307　　問題　307

11　寡　占 ————————————————————— 309

11.1　寡占とは　309

11.2　屈折需要曲線の理論　310

11.3　カルテル　313

Case Study　独占禁止法と公正取引委員会　313

Case Study　談合　316

11.4　クールノー均衡　318

11.5　ベルトラン均衡　324

11.6　シュタッケルベルグ・モデル　329

11.7　寡占と競争　335

まとめ　337　　重要語　338　　問題　338

12　外部性 ————————————————————— 340

12.1　市場の失敗　340

Column—13　ソーシャル・キャピタルとネットワークの外部性　341

12.2　ピグー課税　345

Column—14　汚染者負担の原則　348

12.3　市場の創設　349

Case Study　炭素税　351

12.4　コースの定理　352

Case Study　デポジット・リファンド・システム　356

vii

12.5　公共財　356

Case Study　クラーク税　364

Column—15　CVM　366

まとめ　366　　重要語　367　　問題　367

13　不完全情報 ——————————————————— 369

13.1　情報の非対称性　369

Column—16　産業組織論　371

13.2　モラル・ハザード　371

Case Study　医師誘発需要　376

13.3　エイジェンシーの理論　376

13.4　逆選択　382

Case Study　逆差別　387

13.5　自己選択　388

13.6　シグナリング　392

Column—17　晩婚化　395

Column—18　契約理論・マーケットデザイン・メカニズムデザイン　395

まとめ　396　　重要語　397　　問題　397

補論　ミクロ経済学にかかわる最近のトピックス　399

学習のための文献案内　406

重要語解説　407

問題解答　416

索　引　422

viii

1 ミクロ経済学とは何か

　本章では，導入としてまずミクロ経済学を学ぶうえで
前提となる概念，定義やミクロ経済学の沿革・特徴など
について解説する。

1. 経済活動を説明する基本用語をまとめて，紹介する。
2. 経済学の基本的な考え方を説明するとともに，い
   くつかの重要な概念を紹介する。
3. 経済学の分析手法として，部分均衡分析と一般均
   衡分析，および事実解明的分析と規範的分析という
   分類が有益であることを示す。
4. ミクロ経済学の歴史を紹介するとともに，マクロ
   経済学と比較して，ミクロ経済学の特徴および対象
   とする分野を解説する。

1.1　経済活動を説明する基本用語

■ 財と経済活動

　人間が経済的な生活をするためには，限られた資源をいかに効率的に活用
し，適切に配分して，日々の暮らしに有効に役立てていくかが重要である。
生産に投入できる資源は有限であり，その成果として享受できる財・サービ
スの量にも制約がある。

　財とは経済学の用語で，人間の欲望を満たす有形のものをいう。財は空気
などの自由財とリンゴ，ミカンなど通常の経済財に分かれる。経済財は商品
ともいわれ，市場で取引される生産物である。これは，消費される消費財と
生産活動に投入される生産財（投資財や原材料）からなる。一方サービスは，
医療・教育・理髪などのような人による無形の経済活動である。これも市場

1

1 ミクロ経済学とは何か

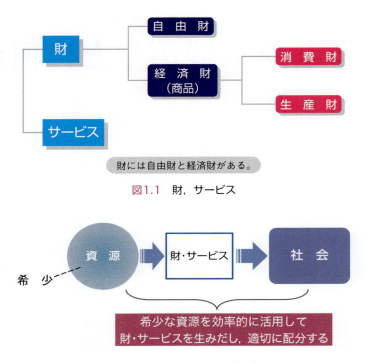

図1.1 財，サービス

図1.2 経済的な問題の基本設定

で取引されるという意味で財と同じ特徴をもっている（図1.1）。

　現代のように高度に経済社会が発達していても，われわれの経済的欲望をすべて満たすことはできない。財やサービスを生みだす希少な資源を効率的に活用することは，経済的な問題の基本設定である（図1.2）。そもそも経済活動は，

　　①資本・労働・土地という生産要素(これらを本源的生産要素とよぶ)
　　　を用いてさまざまな財やサービスをつくり出す生産
　　②生産されるものを各生産要素の所有者に分ける分配
　　③分配される所得を消費，貯蓄や投資に回す支出

の3つの活動からなっている（図1.3）。社会全体にとっても，どのように資源を効率的に配分して生産をし，その成果を公平に分配するかは重要な問題である。

2

1.1　経済活動を説明する基本用語

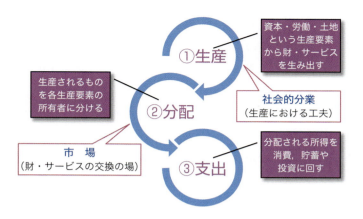

図1.3　経済活動

　そのための工夫が生産における社会的分業であり，また，お互いの利益のために複数の人間が経済活動の成果をもち寄って交換することである。交換の場は市場とよばれ，そこに多様な人々が多様な成果物＝財・サービスをもち寄って取引をする。これが市場経済であり，そこでの取引の基準となるのが市場価格である。

■ 市場経済の歴史

　人類の経済活動は，原始的な採集経済に始まり，やがて遊牧や農耕経済をへて，農工商業を発達させた。16世紀以後の絶対主義国家では，国内産業を保護し，輸出の振興に努める重商主義政策がとられた。イギリスでは，15世紀末から，地主層による土地の囲い込み（エンクロージャー）が行われ，農民の多くは土地を追われて賃金労働者となり，一部はマニュファクチュア（工場制手工業）を経営する資本家＝企業家となった。現在のわれわれが生活している資本主義の市場経済は，封建社会の崩壊過程で準備され，18世紀後半のイギリスの産業革命を通じて確立した。資本主義市場経済の成立には，こうした労働と資本の蓄積が必要であった。

　産業革命後，マニュファクチュアは機械制工業（工場制機械工業）に代わり，生産過程を直接になう大きな企業が次々に誕生した。また，市場での経

済取引に関する司法制度や商習慣も整備され，**経済的自由主義**（自由放任と自己責任）は，市場経済の原理となった。市場経済のもとで，人々は革新的な技術を発明・発見し，それらを生産に応用することで**大量生産**を実現し，急速に**資本蓄積**を進めた。

今日では生産能力は飛躍的に発展している。それとともに，人々の要求水準も拡大し多様化しているので，それでも消費可能な財・サービスの水準は希少なままである。したがって，希少な資源を前提とする経済的な問題の重要性は低下するどころか，ますます大きくなっている。

■ 3 つの経済主体

市場経済は，消費活動を行う**家計**，生産活動を行う**企業**，両者の調整活動を行う**政府**という3つの主要な**経済主体**から成り立っている。そして，これは相互に結びつき，生産・分配・消費の経済循環が行われる（図1.4）。

〈家 計〉

家計とは，消費生活を通じて**経済的な満足**（効用）を感じる経済主体の集まり（サラリーマン世帯の夫婦と子供など）である。家計は，企業に**労働**や**資本・土地**という**生産要素**を供給し，対価として，**賃金**や**利子・配当・地代**などを得る。そして，それから得られる**所得**によって消費からの満足（効用）を最大にするように，**消費生活**を営み，将来のために**貯蓄**をし，**租税**を納入する。

家計の所得水準はその家計が属する**国全体の経済状態**（国民経済）にも依存するから，その家計の生活水準は，一国全体の経済規模によって左右される。わが国が高度成長を経て豊かになると，賃金所得も増加して，家計の経済状態も大幅に改善された。逆に，家計の消費動向は，国民経済にも大きな影響を与える。今日の社会では，財やサービスに対する消費者の欲求が多様化しており，何が売れるかは，家計の選好に依存している面が大きい。

〈企 業〉

企業は，**労働・資本・土地**の3つの生産要素を用いて生産活動を行っている。市場経済における企業の目的は，**利潤の追求**であり，最大利潤を求めて，

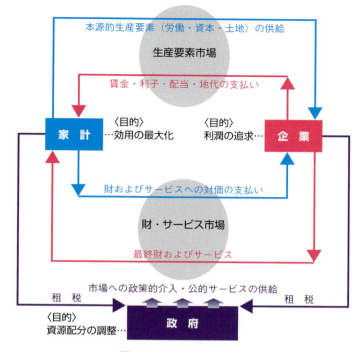

図1.4 経済主体間の関係

(出所) シム/シーゲル・井堀/粟沢訳『新経済学用語辞典』新世社より引用。一部改変。

労働者を雇い，投資を決定して，生産した財・サービスを市場価格で販売して利益＝利潤を獲得する。企業利潤の一部は利子や配当として家計に分配されるが，他は内部留保の形で将来の投資資金として蓄えられる。このように，企業本来の目的は利潤を最大化することであり，そのために財の生産やサービスを供給する。最近では，この他に公害対策や環境保全，社会的なボランティア活動（フィランソロピー）など，企業の社会的責任にも関心が高まっている。

〈政　府〉

　政府の経済的な役割は，資源配分の調整，国民経済の安定化，所得の再分配などを通じて，国民全体にとって豊かな住みよい社会を実現することにある。たとえば，政府は，企業や家計から租税を徴収して，民間では適切に供

給されない財やサービス（公共財）を提供する。また，経済的な規制や法制度などを通じて，経済全体の需要と供給を調整して，資源の最適な配分を図り，国民全体の福祉を向上させる。なお最近では，福祉・医療，社会教育，文化などさまざまなテーマで公共的な活動を行う民間組織として NPO（民間非営利法人）がある。

■ 市場での取引

市場とは，財・サービスを取引する場所である（図1.5）。そこでは，財・サービスの売り手（供給者）と買い手（需要者）が出会い，価格を仲立ちにして売買が行われる。市場には，証券市場のように特定の場所で集中的に取引されるものと，小売り店やスーパー・マーケットのように，社会全体に分散して取引されるものとがある。

市場には取引される中身によって，商品市場（財・サービス），労働市場（労働時間の取引でその価格が賃金），金融市場（資金の融通でその価格が利子）などとよばれる。また，取引される場所が国内に限定されるかどうかで，国内市場と国際市場に区別される。取引される財が現在の財か将来の財かで，現物市場と先物市場に区別される。さらに経済学では，取引に参加する企業や家計の数や行動に応じて，完全競争市場（多数の取引参加者が存在）と不完全競争市場（独占や寡占市場；少数の取引参加者のみ存在）に区別される。

■ 市場機構と価格の働き

売り手も買い手も多数存在する自由な完全競争市場では，個々の経済主体は市場価格をめやすに行動する。一般に価格が上がれば，買い手の購入希望量は減少して需要量は減り，売り手は多くの利潤をめざして供給量を増やす。逆に，価格が下がれば，需要量は増え供給量は減少する。また，市場の需給関係をみると，需要が供給を上まわれば価格は上昇し，下まわれば下落する。

このように，価格が需給関係を反映して変化すると，変化した価格に応じて，個々の経済主体（家計や企業）もそれぞれの需要と供給を増減させて，最終的に，ある価格（均衡価格）の下で需要と供給は一致する。価格の変化

1.1　経済活動を説明する基本用語

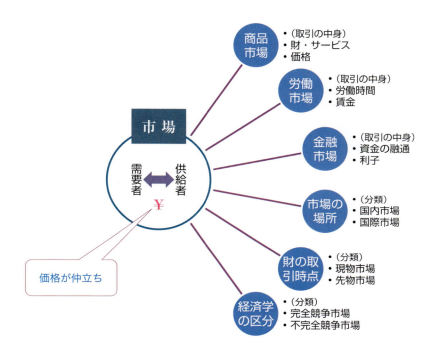

図1.5　さまざまな市場

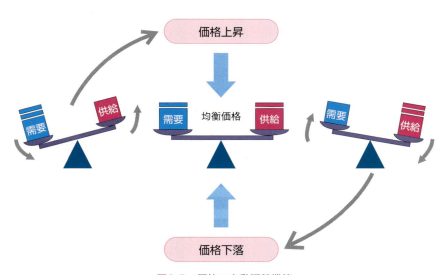

図1.6　価格の自動調整機能

を通じて需要と供給を一致させる働きが価格の自動調整機能であり，このような機能をもつ市場あるいは価格のメカニズム（機構）を市場機構あるいは価格機構といい，価格の自動調整機能とほぼ同義に用いられる（図1.6）。

1.2　経済学の手法

■　合理的行動

　上述したように，経済学で想定する個人，グループや組織は，家計，企業など消費や貯蓄，生産や投資などの経済行動に従事している主体である。このような経済活動に携わって意思決定をする主体，すなわち，経済主体の特徴は，経済的に合理的な行動をしている点にある（表1.1）。

　合理的行動とは，それぞれの経済的な目的を達成するために，与えられた制約の中でもっとも望ましい行為を選択する行動である。したがって，合理的行動は制約条件の下で目的を最大限実現することとして定式化できる。これが，経済学が「制約付きの最適化問題を用いて分析する学問である」といわれる理由でもある。以下の各章で説明するように，家計であれば予算制約のもとで効用を最大にするように行動し，企業であれば生産制約のもとで利潤を最大にするように行動すると考える。

　経済学の考え方の基本は，家計，企業などが自分の意思で自分にとって望ましいと思う経済行動をする，というものである。政府あるいは他人から強制されて，消費したり，労働したり，生産したりすることはないと考える。そこでの基本的な概念はインセンティブ（誘因）にもとづく自由な意思決定である。

　たとえば，賃金が高くなれば，労働者の働く意欲が旺盛になる。企業が残業代金を高く設定すると，従業員には今までよりも多くの残業をする気になる。市場での販売価格や売上が上昇すれば，企業はもっと生産するようになる。また，市場での購入価格が低下すれば，家計の購入意欲は増加するだろう。

表1.1　経済主体

家　計	労働などの生産要素を供給して，所得を稼ぎ，消費する主体
企　業	生産要素を用いて，生産活動をする主体
政　府	経済活動を円滑に進めるために，補助的な役割をする公的な主体

　人間は必ずしも，経済的動機のみでは行動していないかもしれない。また，経済的な意思決定をしている場合にでも，必ずしも合理的に行動していないかもしれない。たとえば，今までの経験から何となく同じような行動をすることもあるだろう。常に最適な意思決定をしようとすれば時間も労力もかかるし，また，現実の世界では，自分の目的や制約が何であるのか不明確なことも多いだろう。しかし，大多数の標準的な経済主体の長期間に及ぶ経済活動を分析しようとすれば，合理的行動を前提とするのがもっとも有益なアプローチであろう。

■ 他の条件一定

　こうした理論的な分析でよく用いられる仮定が，「他の条件を一定とする」という考え方である。そもそも経済現象はそれを全面的に解明するには，あまりに複雑な状況が多い。たとえば，ある財（＝リンゴ）に対する需要がどのようにして決まるかという問題を考えてみよう。家計はリンゴの価格を所与として最適な購入量を選択する。家計にとってはリンゴの価格は与えられたものであり，それがどのように決まるかは考えない。さらに，リンゴの価格が市場でどのように決定されるかを分析する際に，他のさまざまな財の価格などは一定と考えて分析していく。

　もちろん，リンゴの価格はリンゴの需要を決める大きな要因であろう。しかし，ミカンの価格，バナナの価格，パイナップルの価格など他のあらゆる果物の価格も影響するだろう。また，所得水準や果物以外の食料品や衣料品，車の価格もリンゴの需要に影響するかもしれない。さらに，所得や天気などありとあらゆる要因が，リンゴの需要に影響するだろう。

経済分析をするうえで，それらをすべて考慮することは不可能であるし，あまり意味のあることでもない。より有益な議論では，さしあたって重要と思われる要因のみを抽出し，他の要因は変化しないものと考えて，それらの効果を無視することであろう。これが「他の条件一定」という仮定の意味である。

■ 経済分析の方法

こうしたアプローチは，部分均衡分析に特徴的な議論である。すなわち，「部分均衡分析」とは，ある特定の関心をもつ対象に限定して分析を行うものであり，通常は，1つの市場のみに分析の焦点を合わせている。したがって，その市場で取引される財の価格と数量は分析の主要な関心事であるが，それ以外の財の価格などは他の条件として一定とみなされる（表1.2）。

これに対して，「一般均衡分析」は，モデルの中ですべての経済変数の動きを説明しようとするものである。たとえば，ある財の需要に影響すると思われるすべての財の価格を，モデルの中で説明する。もちろん，すべてを考察することは複雑であるから，一般均衡分析は高度の数学的なモデルを必要としている。ただし，経済分析の対象を限定すれば，たとえば，2人の個人が2種類の財を物々交換する際の効率的な配分の条件などという，より限定された枠組みを用いても，一般均衡分析として議論することは可能である。

ミクロ経済分析はまず部分均衡分析から出発する。そして，一般均衡分析を用いて市場の機能を包括的に分析する。ただし，一般均衡分析では高度の抽象化された理論モデルが用いられるため，入門的なミクロ経済学ではこの点についてあまり立ち入った議論は紹介しない。

また，経済分析の方法として，どんな政策議論を行うかで2つのアプローチがある。「事実解明的（あるいは実証的）分析」とは，経済の現状や動きがどのようになっているのかを解明する分析であり，経済の現状の理解を主要な目的としている。これに対して，「規範的分析」とは，どのような経済政策が望ましいかをある一定の価値判断のもとに展開するものである。

たとえば，カルテル行為がなぜ生じるのか，それによってどの経済主体が

1.2 経済学の手法

表1.2 経済分析の方法

部分均衡分析	1つの市場のみに限定する
一般均衡分析	モデルの中ですべての経済変数を説明する
事実解明的分析	現状の経済活動を解明する
規範的分析	経済政策のあるべき姿を求める

得をして，どの経済主体が損をしているのかを分析するのは，事実解明的な分析である。それに対して，カルテル行為を禁止すべきかどうかを議論するのが，規範的分析である。

■ 希少性

経済学は制約付きの最適化問題として定式化されることが多いが，これは別の言い方をすれば，経済学が財・サービスの希少性を前提とする学問だからである。希少性は，物理的にその財の供給量が少ないことを必ずしも意味しない。たとえば，その財の供給量が少なくても，だれもその財を需要しなければ，その財は経済的には稀少といえない。自由財のケースである。

ある財の市場価格がプラスであるのは，誰でもただで自由に消費できない程度に希少であることを意味しており，その程度がどのくらいきついのかが希少性の程度である。したがって，その財の物理的な供給量が多くても，その財を需要したい人が多い，あるいは，1人あたりの需要量が非常に大きければ，その財は経済的に希少になる。言い換えると，希少かどうかは需要と供給の相対的な関係で決まる。

その財の供給が需要に対して少ないという意味で希少な場合は，その財の価格は高くなるだろう。したがって，希少な財ほどその財の価格が高いということになる。逆に，価格の低い財は，需要と比較して供給量が相対的に多いから，あまり希少な財とはいえない。市場で決まる財の価格はその財の希少性を反映する指標となっている。その財の希少性の程度が価格と適切に対応していれば，市場がうまく機能する。

11

1　ミクロ経済学とは何か

■ 動学と静学

　現実の経済活動は時間とともに変化する。財を生産するにも時間がかかるし，市場で財を取引するにも，消費や投資の行動をするにも時間がかかる。しかし，経済活動に関する時間をすべて明示的に考慮すると，経済分析は複雑になる。同じような経済活動が繰り返し行われる場合には，時間を捨象して，あたかも一時点に同時にすべての経済活動が行われるかのようにみなす方が，分析は簡単になる。こうした分析手法は静学分析である。本書でも基本的には静学分析を中心に議論を進める。

　これに対して，時間を明示的に考慮する分析手法は，動学分析である。これは，たとえば，市場価格の調整メカニズムを分析する際や，生産における投資行動がその結果として資本設備の増加になるまでに時間がかかる場合，あるいはバブルなどの資産価格変動やゲーム論を用いた戦略的な経済行動を分析する際に用いられる。投資における動学分析は，企業の異時点間の最適化行動を分析することでもある。

■ 機会費用

　費用とは，何らかの経済行為をする際にかかる損失である。たとえば，家計が消費をする際には，消費財を得るために，市場価格でその財を購入する必要があるが，その購入金額は，家計にとっては消費行為にかかる損失＝費用である。また，企業が生産活動で生産要素に支払う金額も，企業にとっては生産における費用である。

　これらの費用は直接見える費用であるから，直感的にもわかりやすいだろう。これに対して，機会費用とは，実際に見えないけれども，実質的にかかる損失を意味する。たとえば，企業が自分で蓄積した資金で投資をするとしよう。自前で用意した資金であるから，投資をする際に金銭的な費用は直接には発生していないようにみえる。しかし，もし企業がその投資をする代わりに，投資資金を他人に貸せば，何らかの収益を得たはずである。そうした収入の機会があるにもかかわらず，それを利用しないで，自分で投資資金に回す場合には，実質的にはそれだけの収入をあきらめたことになる。これは

12

収入の低下であるから，経済的には費用として計上すべきである。これが，機会費用の考え方である。

したがって，機会費用は経済主体によって異なる。たとえば，A, B両君が仕事を1日犠牲にしてデートに振り替えるとしよう。A君の日当が1万円，B君の日当が2万円とすると，仕事をやめてデートをする際の機会費用は，A君が1万円，B君が2万円になる。

■ 限界概念

上述しているように，ミクロ経済学では制約付きの最適化問題を解くことが多い。では，その解はどのような経済学的な性質をもっているだろうか。この問題の最適条件は，限界概念を用いて解釈することができる。

ある経済変数（たとえば生産量）を限界的に1単位増加するときの便益の増加分（たとえば，利益の増加分）は，この経済行動の限界的メリットである。他方で，そうした行動の結果，費用も少しは増加するが，これは限界的なコスト＝デメリットである。最適条件は，限界的なメリットとデメリットが一致する点で求められる（図1.7）。

このような限界概念は，数学的には微分（あるいは偏微分）に対応するものであり，図では曲線の傾きに相当する。限界概念に早く慣れることが，ミクロ経済学の考え方を身につけるうえで重要である。

図1.7　最適条件

1.3 ミクロ経済学の特徴

■ ミクロ経済学とマクロ経済学

　ミクロ経済学と並んでマクロ経済学も経済学の大きな専門分野である。ミクロとマクロの相違は，個別の経済主体を分析の対象とするのか，巨視的な国民経済を分析の対象とするのかの相違である（表1.3）。

　個々の家計や企業などの個別の経済主体の行動から，市場全体の需要と供給へと分析の対象を拡大していくのが，ミクロ経済学の特徴である。ミクロ経済学は個々の経済主体の主体的な最適化行動を前提として，ある市場での経済活動を評価したり，産業間での関連を考察したりする。したがって，一国の経済が全体としてどのような動きをしているのかということよりも，それぞれの経済主体の経済行動やお互いの間での相違点，類似点の方に，より関心がある。

　これに対してマクロ経済学は，インフレーションや国民総生産などの国民経済全体の経済変数の動きに主要な関心があるので，個々の経済主体のミクロ的な行動にはあまり注意を払わない。ただし，最近ではミクロ的な最適化行動を前提としたマクロ経済学が研究されている。すなわち，マクロ的な分析用具を用いる場合であっても，ある程度のミクロ的な基礎（個々の経済主体のレベルでの最適化行動を前提とした分析）が重要視されつつある。これは，経済分析の基礎にある合理的行動をきちんと考慮するのが，もっともらしいという考え方による。

　その意味では，マクロ経済学はミクロ経済学の一つの応用分野であるということもできるだろう。市場メカニズムのメリットとデメリットを正面から議論するミクロ経済学はマクロ経済学の出発点でもあり，経済学のもっとも基本的な枠組みを提供する。すなわち，ミクロ経済学を理解することは，経済学的な考え方そのものを理解することと同値といっても言い過ぎではない。

1.3 ミクロ経済学の特徴

表1.3　ミクロ経済学とマクロ経済学の比較

	ミクロ経済学	マクロ経済学
対　象	個別経済主体の活動	一国の全体的な経済活動
経済主体	個別家計 個別企業	代表的家計 代表的企業 政府
変　数	ある財の価格，ある財の生産量など，個々の財・サービスの経済活動に関する変数	GDP，インフレーション，失業率，経済成長率など一国全体の経済活動に関する変数
理論的枠組み	部分均衡分析 ただし，抽象的なミクロ・モデルでは一般均衡分析も用いられている	一般均衡分析
合理性	きちんとした合理性を前提	ある程度曖昧な部分もある

■ 経済学の諸分野

　ミクロ経済学，マクロ経済学以外の経済学の諸分野は，おおむね応用経済学とよばれている。財政，金融，国際経済，産業組織，労働などいろいろな分野でミクロ・マクロ経済学それぞれの分析用具を応用して，それぞれの関心対象に即した議論が展開されている。分野の内容によって，マクロ経済学の分析用具がより有益となるケースと，ミクロ経済学の分析用具が有益となるケースがある。

　したがって，ミクロ経済学はそれ自体1つの基本的な分野であるとともに，経済学の幅広い分野に応用できるという意味でも，強力な影響力をもっている。

■ 経済分析と経済政策の目標

　ミクロ経済学の主要な関心は，市場の機能を評価することである。では，その評価基準は何だろうか。経済分析の評価基準としては，効率性と公平性がその代表的なものであろう（表1.4）。効率性とは，ある限られた資源をもっとも適切に活用することで，すべての経済主体の経済的な満足度を高くすることを考えるものであり，経済活動の成果＝パイの最大化を意味している。

15

1 ミクロ経済学とは何か

表1.4 経済政策の目標

効率性	限られた資源の有効な活用
公平性	経済全体での成果の個人間での望ましい再配分

その判断基準としてもっとも有力な概念が，後述するパレート最適である。

　公平性は，経済全体の成果を個人間でどのように再配分すべきかを問題としている。通常，市場メカニズムのもとで実現する所得や資産の分配の状況では，社会的なある種の価値判断のもとで望ましくない経済的格差が生じている場合が多い。そのようなときに，公的な再分配政策が必要とされる。公平性の判断基準にはいろいろな考え方があるが，その基準を明示して議論をすることが重要である。そのような再分配政策のもっているメリットやデメリットを分析する際に，ミクロ的な分析用具は有益となる。マクロ的な政策も有効であるが，ミクロ的な政策の果たす役割も大きい。

1.4　ミクロ経済学の流れ

■ 古典的なミクロ経済学

　ミクロ経済学のもっとも古い（しかし，もっとも明快で，普遍的でもある）理論は，「経済学の父」とよばれるアダム・スミス（Smith, Adam ; 1723-1790）に求めることができる。彼はイギリスのスコットランドで生まれた。彼の主著である『道徳感情論』（1759年）では，道徳哲学の伝統に基づき，道徳原理形成と社会秩序維持との関係を議論した。そして，『国富論（諸国民の富）』（1776年）では，比較文明史的考察によって，資本蓄積の進展過程や自然的自由の概念を確立した。なかでも，『国富論（諸国民の富）』でスミスが用いた用語である「見えざる手」は，自らの利益を追求する個人の試みが，見えざる手によって，すべての人々（つまり社会全体）にとっても最善の状態を達成させるように導かれることを意味しており，市場のメリットを象徴的に示す用語として，ミクロ経済学の基本概念を見事に表現している。

16

彼の主張の要点は，自由競争において政府の干渉が危険であるという点である。

　その後，経済学は多くの学者によって理論的にも精緻になり，実際の経済政策にも適用されるようになった。なかでも，マーシャル（Marshall, A.；1842-1924）は主著である『経済学原理』（1890年）において，「他の事情にして一定ならば」という仮定の下で，ミクロ価格理論を部分均衡理論として展開して，実際の経済政策に役だつミクロ経済学の発展に貢献した。彼の名前は，現在の経済学でもいくつかの重要な経済用語として残っている。たとえば，数量調整が価格の調整速度よりも遅い市場の調整プロセスは，マーシャル的調整過程とよばれる。また，貨幣数量説の方程式で，貨幣の流通速度の逆数はマーシャルの k とよばれる。経済学が，暖かい心とともに冷静な頭脳ももたねばならないとして，社会的な正義感と科学としての厳密性の両方を重視すべきことを説いたのも，彼の特徴である。

　同時に，19世紀後半以降ミクロ経済学は一般均衡理論としても発展していった。特に，ワルラス（Walras, M. E. L.；1834-1910）は，一般均衡理論の数学的な構築に大きな業績をあげた。彼の主著である『純粋経済学要論』（1874年）では，交換の理論，生産の理論，資本と信用の理論，流通と貨幣の理論のそれぞれが相互依存関係にあることを示して，一般均衡理論を構築している。なかでも完全競争市場の一般均衡では，需要と供給の不一致が価格の調整で円滑に行われるというワルラス的調整過程や，ある財の市場以外のすべての市場において需給が一致していれば，その財の需給も一致していることを意味するワルラス法則などの理論を提示した。また，競り人を想定することで市場均衡を成立させる彼のメカニズムは，ワルラスの模索過程とよばれている。このように，彼はミクロ経済学の理論モデルとして重要な一般均衡理論の基礎を築いた。

■ 近代的なミクロ経済学

　その後，20世紀に入ると，ミクロ経済学は経済学の基本として，多くの経済学者の研究対象となり，さまざまな分野で理論的に発展していった。ここ

では，特に，パレート（Pareto, V. F. D. ; 1848-1923）とアロー（Arrow, K. J. ; 1921-2017）の 2 人の偉大な経済学者を紹介して，その後の発展の内容を説明しよう。

パレートは，主著『経済学提要』（1906年）で，現在のミクロ経済学においてきわめて重要用具である無差別曲線を用いた分析や，彼の名前に由来するパレート最適の概念を提示した。それまでの一般的な経済学が，ミクロ経済学として広く認知されるとともに，共通の概念や用語に基づいて，学問として世界中に普及した背景には，パレートによる明快な概念整理が不可欠であった。特に，パレート最適性の概念は，完全競争と資源配分の効率性とを対応させる重要な考え方であり，市場メカニズムのメリットを厳密に示すうえで有益である。

その後，ワルラスによって定式化され，ヒックス（Hicks, J. R. ; 1904-1989）によって現代的に体系化された一般均衡モデルでの均衡解の厳密な存在証明が，アローとデブリュー（Debreu, G. ; 1921-2004）を中心として行われた。こうしてミクロ経済学は，経済学の分野の中でももっとも高度の数学的な手法を用いる精緻な分析の行われる分野として，発展していった。ケインズ経済学に代表されるマクロ経済学が現実の経済政策との関わりの中から発展してきたのとは対称的に，ミクロ経済学は抽象的な数学のモデルを精緻化する方法で発展を遂げてきたのである。

なかでもアローは，ミクロ経済学の一般均衡理論や不確実性を考慮した価格理論などの分野で数理経済学の手法を用いて，優れた業績をあげたが，同時に，厚生経済学や公共経済学の分野でも多くの成果をあげて，1972年にノーベル経済学賞を受賞した。彼の業績の一つである投票のパラドックスを示す「不可能定理」は，彼の主著『社会的選択と個人的価値』（1951年）において数学的に厳密な証明が与えられている。この定理は，集団の意思決定が完全に公平でも合理的でもないため，投票制度が完璧ではないことを示している。すなわち，この定理は，民主主義社会における社会的選択の困難さを理論的に示すとともに，人々の選好と社会的な意思決定とのギャップの大きさを示すものとして，経済政策の基本的議論に大きな影響を与えた。

■ 新しいミクロ経済学

ところで，現実の経済問題に対してミクロ経済学が政策的にも有効であることを説得的に示した点では，シカゴ学派の存在が大きい。これは，アメリカのシカゴ大学の経済学者のグループを指す。フリードマン（Friedman, M. ; 1912-2006）やスティグラー（Stigler, G. J. ; 1911-1991），ベッカー（Becker, G. S. ; 1930-2014）などノーベル経済学賞を受賞した経済学者は，自由市場と完全競争が経済のもっとも効率的な資源配分と運営をもたらすというミクロ経済学の基本理念を現実の経済問題に有効な形で応用した。市場のメリットを強調し，現実の経済でそれがうまく生かされていないとすれば，それは市場に問題があるのではなくて，政府によるさまざまな規制の結果であると考える。さらに，人々は経済合理的に行動するという立場で，従来は経済学の分析対象とみなされていなかった，家族内での人間関係や結婚，離婚，出産，育児という行動まで，ミクロ経済学が有効な分析用具として適用可能であることを示した。また，犯罪や革命といった社会問題にもミクロ経済学を適用して，現実の経済政策や社会政策にも大きな影響を与えた。

1980年代以降，ミクロ経済学はゲーム理論の発展とともに，大きく変貌していった。相手の行動を合理的に想定して，それへの反応として自らの最適な行動を戦略的に決定するというゲーム論の考え方は，少数の企業が相手の行動を読み合う寡占市場での分析に適している。また，政府の経済政策に対する企業や家計の反応を分析する際にも，こうした手法は有効である。経済主体間，あるいは，政府と民間との相互依存関係を考慮しつつ，ミクロ的な経済行動を分析することが標準的なミクロ経済学の分析手法となる中で，ゲーム理論はミクロ経済学の不可欠な分析手法として定着していった。

その後，最近になって実験経済学，行動経済学が注目され，カーネマン（Daniel Kahneman ; 1934-），バーノン・スミス（Vernon L. Smith ; 1927-），セイラー（Richard H. Thaler ; 1945-）などがノーベル経済学賞を受賞した。

1.5　本書の構成

　本書は，ミクロ経済学の標準的な内容を簡潔に紹介するとともに，日本経済が直面するミクロ経済面での課題に対応するための政策上の議論も整理して解説する。本書の構成は以下の通りである。

　第2章では，需要と供給という2つのもっとも基本的な概念を説明して，市場経済における価格メカニズムについて，初歩的な紹介を行う。第3章では，家計の消費行動を取り上げ，予算制約式のもとで効用を最大化するという家計の最適化問題を定式化し，その経済的特徴を説明する。第4章では，第3章の応用として，家計のその他の経済活動（労働供給と貯蓄）について，その最適化行動を説明する。また，不確実性や顕示選好の理論を紹介する。

　ついで，第5章から企業の経済行動を対象とする。第5章では生産関数の技術的制約のもとで利潤を最大化する企業の最適化行動を，その費用構造に注目しながら説明する。ついで，第6章では利潤最大化行動から生産量，供給行動がどのように導出できるかを説明する。

　第7章では，完全競争市場における市場均衡の概念を説明する。また，ミクロ経済学の規範的な命題である厚生経済学の基本定理を紹介する。ついで，第8章では，賃金率や資本のレンタル価格，土地の地代などの要素価格の決定メカニズムを説明するとともに，所得分配のあり方を議論する。

　第9章以降は，完全競争市場の想定が成立しないより現実的な状況を対象とする。まず第9章では市場に企業が1つしか存在しない独占を取り扱う。また，技術的な理由で独占が生じる自然独占における公的規制のあり方も議論する。第10章では，ミクロ経済学の発展に大きな影響を与えているゲーム論について，その基本的な考え方を簡単に紹介する。また，オークションの理論も取り上げる。そして，このゲーム理論を前提として，第11章で少数の企業が市場に存在する寡占における企業間の相互依存関係を解説する。

　第12章では，市場が失敗する典型的な例である外部性を説明する。公害などの外部不経済や公共財などの外部経済がある場合，完全競争市場では資

源配分の効率性は実現できない。そのとき，どのような対応が可能かを考える。また，最近 IT 技術の発展とともに関心をもたれているネットワークの外部性の問題も検討する。そして，第13章では，不完全情報下でのさまざまな興味ある現象を紹介する。特に，モラル・ハザードやエイジェンシーの理論，逆選択や自己選択という重要な現象について，解説する。

　最後に補論として，ミクロ経済学に関する最近のトピックである実験経済学・行動経済学・実証ミクロ経済学について紹介をした。

Point——1	ミクロ経済学の学び方

　ミクロ経済学は，理論的な枠組みがもっとも精緻な経済学であり，古くから多くの研究成果が蓄積されている分野でもあるから，これをマスターする王道は，一つ一つの基本概念をきちんと理解しながら，少しずつ前進することである。その意味で，安易な学び方を期待しない方が，最終的に得られる成果も大きいだろう。

　それでも，全体の道筋を見通しながら学ぶ方が，闇雲にトピックスを取り上げて，手当たりしだいに学習するよりも効率的である。その際に，多くの分野で共通の分析手法が使われる点に注意するとよい。それは，制約付きの最適化問題である。希少資源をいかに効率的に配分するかが，ミクロ経済学の共通する課題であり，各経済主体の最適化問題も形式的にはこの形に帰着する。そして，最適条件では最適化の限界メリットと限界デメリットが一致するから，この条件をそれぞれの状況で読み替える工夫をすればよい。

　また，市場の機能との関連で議論を考える習慣をつけることも有益である。最後に，より技術的なレベルでは，数式をきちんと追っていくことも大切であるが，その直感的な意味を図や言葉で考え直すことも，きわめて重要である。

まとめ

●経済活動は，資本・労働・土地という生産要素を用いてさまざまな財やサービスをつくり出す生産，生産されるものを各生産要素の所有者に分ける分配，分配される所得を消費，貯蓄や投資に回す支出という 3 つの活動からなっている。

1 ミクロ経済学とは何か

●経済学は，経済主体の合理的な行動を前提として，部分均衡分析や一般均衡分析を用いて，経済の現状の理解を主要な目的とする事実解明的分析と，どのような経済政策が望ましいかを展開する規範的分析を行う。

●ミクロ経済学は，家計や企業など個々の経済主体のミクロ的な最適化行動に注意を払い，ある市場での経済活動や産業間での関連を問題とする。

●市場メカニズムのメリットとデメリットを正面から議論するミクロ経済学は，経済学のもっとも基本的な枠組みを提供するものである。

重要語

- □経済主体
- □財
- □サービス
- □市場
- □資本主義
- □家計
- □企業
- □フィランソロピー
- □政府
- □国民経済
- □公共財
- □合理的行動
- □インセンティブ
- □部分均衡分析
- □一般均衡分析
- □事実解明的分析
- □規範的分析
- □希少性
- □静学
- □動学
- □機会費用
- □限界概念
- □資源の最適配分

問 題

■1 次の議論は，事実解明的分析か規範的分析か。

（ア）猛暑になると，ビールの消費が刺激される。

（イ）空梅雨なので，水の消費を大切にしよう。

（ウ）友達が新しいパソコンを買ったので，自分もほしくなった。

（エ）資源の節約のために，ゴミの回収を有料にすべきである。

（オ）環境問題は，それぞれの個人の気持ちの問題だ。

■2 以下の行動は合理的な行動か。また，悪い結果が生じたときに政府が介入することが望ましいか。

（ア）太郎は喫煙が大好きで，1日に100本もタバコを吸うヘビー・スモーカーであったため，肺ガンになり早死にしてしまった。

（イ）7歳の花子は飛行機の操縦に興味をもち，最少年齢の飛行記録をつくる

ために悪天候の中を操縦して，結果として墜落死した。

■3　以下の議論の中で正しいものはどれか。

（ア）マーシャルは『経済学原理』において「見えざる手」という概念で市場経済を評価した。

（イ）ワルラスは，一般均衡理論の数学的な構築に大きな業績をあげた。

（ウ）アローは，『経済学提要』で，現在のミクロ経済学においてきわめて重要用具である無差別曲線を用いた分析や，彼の名前に由来する効率性の概念を提示した。

（エ）パレートなどシカゴ学派の経済学者は，自由市場と完全競争が経済のもっとも効率的な資源配分をもたらすというミクロ経済学の基本理念を現実の経済問題に有効な形で応用した。

（オ）アダム・スミスの古典派経済学の時代から，ゲーム理論はミクロ経済学に不可欠な分析手法として研究されていた。

■4　次の文章はミクロ経済学の特徴を示すものとして正しいか。

（ア）ミクロ経済学は，一国全体の経済問題を議論する。

（イ）ミクロ経済学では，各経済主体の最適化行動を重視する。

（ウ）ミクロ経済学では，限界概念が重要な役割をもっている。

（エ）ミクロ経済学は，マクロ経済学よりも新しい学問である。

（オ）ミクロ経済学では，市場の機能を重視する。

■5　次の文章は機会費用の説明として正しいか。

（ア）バイト先までの交通費を自己負担する場合，この交通費は機会費用である。

（イ）バイト先の日当が1万円から2万円に増額されると，機会費用もその分大きくなる。

（ウ）バイト先までの交通費が高くなると，機会費用も大きくなる。

（エ）日当が1万円から2万円のバイトにバイト先を変更すると，機会費用も大きくなる。

（オ）日当が1万円のバイトをやめて勉学に集中するとき，この機会費用は1万円である。

2 需要と供給

　本章では，ミクロ経済学で重要な役割を演じている需要と供給の概念を解説する。

1. 需要曲線と供給曲線という 2 つの重要な曲線を説明する。
2. 需要，供給それぞれの曲線の形状に関して弾力性という概念が有益であることを示し，また，需要・供給曲線がシフトするのはどのようなケースかを考える。
3. 市場メカニズムを直感的に説明する。
4. 人為的な介入によってどのような弊害が生じ得るのかを直感的に説明する。

2.1　需要曲線

■ 価格と需要量

　いま消費者である家計が，ある財（たとえばリンゴ）を購入する場合を想定しよう。その財を 1 つ買うのにいくら支払わなければならないか，1 単位あたりのコストがその財の価格（たとえばリンゴ 1 個100円）である。個々の消費者にとっては，価格は通常は与えられたものであり，交渉で値切ることはできないと考えよう。したがって，個々の消費者にとってみれば，価格は購入量とも独立の一定値をとるものである。そうすると，「ある与えられた価格のもとで，どれだけの総コストをかけてその財を購入し，消費をすべきか」という意思決定の問題に，消費者は直面することになる。

　第 1 章でも説明したように，ミクロ経済学では，「限界」概念が重要な役割をもっている。たとえば，リンゴ 1 個100円として，すでに 3 個購入して

24

2.1 需要曲線

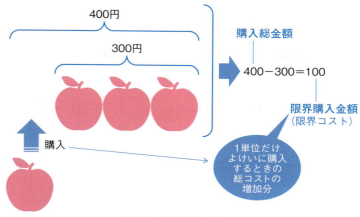

図2.1　限界購入金額とは

いたとしよう。このとき，もう1個リンゴを追加購入することが，得（＝メリット）か損（＝デメリット）か考えてみることにする。

　こうしたリンゴの購入行動について限界概念を適用すると，以下のようになる。まず限界購入金額という概念を用いて考えてみよう。リンゴの限界購入金額とは，たとえば，いますでに3個リンゴを購入しているときに，もう1個リンゴを追加して購入することで購入総金額がどれだけ増加するかを意味する。この場合，購入総金額は300円から400円に100円だけ増加するから，限界購入金額は400－300＝100円になる。この限界購入金額100円はリンゴの価格に等しい（図2.1）。

　ところで，限界購入金額は，1単位だけよけいにその財を購入するときにかかる総コストの増加分（＝限界コスト）を意味する。したがって，価格はその財を消費する際の限界コストの指標になっている。

　ある消費財の購入量を拡大すると購入総コストも増加するが，一方で消費からの満足度も増加する。次に，限界的な満足度の増加について考えてみよう。たとえば，リンゴをもう1個追加的に消費するとき，結果として得られる満足度の増加を金銭的な大きさに置き直したものが，リンゴ購入の限界的なメリット（金銭表示）である。満足度（これを効用と呼ぶ）は主観的な概念であり，これを客観的な金銭単位に置き直すことは無理だと思われるかも

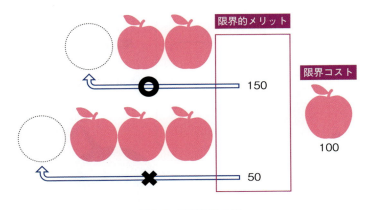

図2.2　消費行動の例

しれない。しかし，家計が実際に最適な消費行動をしている以上，こうした置き換えが無意識のうちに行われていると考えるべきだろう。そうでなければ，家計が合理的に経済的な判断や評価を下して最適な消費行動をしているという大前提が成り立たなくなる。

このように，消費行動の限界コスト（＝限界的デメリット）と限界的メリットはそれぞれ評価できる。最適な消費決定の条件は，これら2つの限界的メリット，限界的デメリットが一致することである（この点のより詳しい説明は，第3章を参照されたい）。

したがって，リンゴの価格（＝限界コスト）がリンゴを1単位余計に購入して消費することから得られる満足度の増加分（＝限界的メリット）と等しくなるところまで，リンゴの購入をするのが家計にとっては望ましい。リンゴの購入量が増大すれば，リンゴの消費から得られる満足度の増加分はしだいに減少すると考えるのは，もっともらしい。逆にいうと，リンゴの消費量を減少させると，限界的メリットは上昇する。リンゴを購入する際の限界コスト（＝価格）は，上の例では100円である。もし3個目のリンゴを購入するときの限界的メリットが150円であり，4個目のリンゴの購入の限界的なメリットが100円以下（たとえば50円）であれば，3個まで購入し，4個目は購入しないのが望ましい（図2.2）。

2.1　需要曲線

表2.1　価格と購入したい数量の組合せ

価　格	10	50	100	200	300	400	500
数　量	5	4	3	2	1	0	0

　では，リンゴの価格が200円に上昇したときには，リンゴをいくら購入したいと思うだろうか。通常は，価格が上昇すると，購入量は減少するだろう。価格が200円に上昇すれば，限界コストも200円に上昇する。したがって，3個まで購入していたのでは，限界コスト（200円）の方が限界的メリット（150円）よりも高くなり，家計にとっては損をしていることになる。それゆえ限界的メリットが200円以上になるところまで，リンゴの購入を減らす方が望ましいのである。

　かりに2個の購入量での限界的メリットが200円としよう。このとき，リンゴの価格が200円になると，リンゴの総購入量は2個に減少する。さらに，300円に価格が上昇するとしよう。もし最初の1個のリンゴを購入する際の限界的メリットが300円であるとすれば，リンゴは1個しか購入されないだろう。以上のような関係を整理すると下のようになる。

限界的メリット ＞ 限界的デメリット → 購入量の拡大

限界的メリット ＝ 限界的デメリット → 最適な購入量

限界的メリット ＜ 限界的デメリット → 購入量の縮小

　こうした価格と購入したい量（需要量）との組合せが，表2.1に示されている。これを，縦軸に価格，横軸に数量をとる図で表したのが，「需要曲線」である。

　図2.3に示すように，通常は価格が上昇するほど需要量は小さくなる。逆にいうと，価格が低下すれば需要量は大きくなる。縦軸に価格，横軸に需要量を表すと，需要曲線は右下がりの曲線として描ける。

27

2 需要と供給

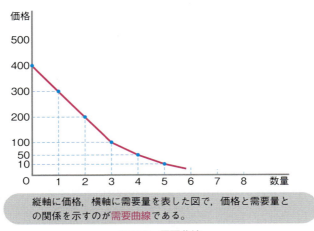

縦軸に価格，横軸に需要量を表した図で，価格と需要量との関係を示すのが需要曲線である。

図2.3　需要曲線

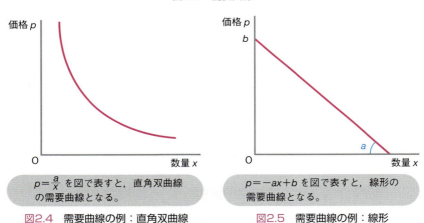

$p=\dfrac{a}{x}$ を図で表すと，直角双曲線の需要曲線となる。

$p=-ax+b$ を図で表すと，線形の需要曲線となる。

図2.4　需要曲線の例：直角双曲線　　図2.5　需要曲線の例：線形

需要曲線の例

需要曲線は通常右下がりであるが，その形状はいろいろあり得る。たとえば，図2.4では直角の双曲線が描かれている。これは，式では

$$p=\dfrac{a}{x} \quad (a>0)$$

の形で定式化される。ここで，p はリンゴの価格，x はリンゴの数量である。$a>0$ はある正の定数（パラメーター）である。また，図2.5では，線形（一次関数）の需要曲線が描かれている。

$$p=-ax+b \quad (a>0,\ b>0)$$

これら以外にも，いろいろな関数型の需要曲線を想定することができる。

2.1 需要曲線

| Point——2 | 関数についての基礎概念 |

〈独立変数と従属変数〉

関数のもっとも基本的な形は，

$$Y = f(X)$$

の形である。これは，変数 X が変数 Y を決める

$$X \longrightarrow Y$$

という関係を定式化したものである。X のある値が与えられると，それに対応する Y の値が 1 つに定まる。このとき，X を独立変数，Y を従属変数とよぶ。

〈微分と偏微分〉

X が少し変化したときの Y の変化をみたものが，微分であり，「Y を X について微分する」という。

独立変数が 2 つ以上ある場合，以下のように定式化される。

$$Y = f(X_1, X_2)$$

ここでは，（たとえば）X_1, X_2 という 2 つの変数のある組合せが与えられたとき，Y のある値が 1 つに定まる（2 変数の関数）。

$$X_1, X_2 \longrightarrow Y$$

X_1, X_2 は独立変数であり，Y は従属変数である。ここで，独立変数のうちで 1 つだけ（たとえば X_1 のみ）が少し変化したときの Y の変化を偏微分とよぶ（68頁の Point—3 で詳しく説明している）。

〈パラメーター〉

変数間で一方的な関係が存在しないときには，以下のような定式化もある。

$$F(X, Y) = A$$

ここで A はある一定の数（パラメーター：媒介変数）である。このとき，X が任意に与えられれば，上の式を満たすようにそれに対応する Y が定まる。しかし，Y が任意に与えられても，同様に，上の式を満たすように X が定まる。この定式化では，変数 X と Y との間には 1 つの関係があるが，どちらがどちらを決めるというものではない。

$$X \longleftrightarrow Y$$

■ 需要曲線のシフト

　需要曲線の形状を決めるものは何だろうか。リンゴの需要は，リンゴの価格以外にどんな経済的要因に依存していると考えられるだろうか。リンゴの需要として，リンゴの価格以外でもっとも経済的に重要な変数は，家計が消費に投入できる所得の大きさであろう。すなわち，リンゴの需要は家計の所得にも依存している。

　なお，家計の所得という場合，可処分所得に注目する必要がある。これは

$$可処分所得＝所得－税金支払い＋補助金受け取り$$

で定義されるものであり，家計が実際に処分可能な所得金額を表す。

　ここで，ある消費者が政府からより多く補助金をもらうケースを考えてみよう。いままでよりも可処分所得が増加し，懐具合が良くなったために，彼（彼女）は同じ価格であっても前よりもリンゴをたくさん買いたいと思うだろう。たとえば，リンゴの価格が100円の場合に3個ではなく，5個買いたいと思うようになる。価格が200円では4個，価格が300円では3個買いたいと思うとしよう。表2.1の代わりに表2.2のような価格と需要量との組合せがみられることになる。図2.6に示すように，新しい需要曲線は古い需要曲線よりも右上方にある。これは需要曲線自体が動いたとみなされるので，「需要曲線のシフト」という。逆に，税負担が増加すると，可処分所得が減少するので，需要曲線は左下方にシフトする。また，政府の政策が一定であっても，家計の所得それ自体が増加（あるいは減少）すれば，同様な理由で需要曲線もシフトする。

　可処分所得以外の変数では，ミカンの価格など他の果物の価格もリンゴの需要に影響する重要な要因であろう。可処分所得が一定であっても，たとえばミカンの価格が上昇すれば，リンゴの価格はいままでのままであっても，以前よりはリンゴの需要が刺激されるかもしれない。そうしたケースでも，表2.2のようなリンゴの需要とリンゴの価格との関係が得られることになる。その結果，図2.6のように新しい需要曲線は古い需要曲線の右上方にシフトする。

　以上のように，その財の価格以外で，その財の需要に影響を与えると思わ

表2.2 補助金をもらうケース

価　格	10	50	100	200	300	400	500
数　量	7	6	5	4	3	2	1

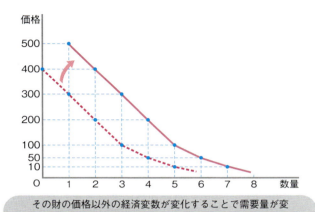

その財の価格以外の経済変数が変化することで需要量が変化する場合は，需要曲線のシフトとして考えることができる。

図2.6 需要曲線のシフト

れる経済変数が変化する場合には，その財の需要曲線全体がシフトする。たとえば，可処分所得の増加やその財に対する嗜好の高まり，あるいは競合する財の価格の上昇（たとえばミカンの価格の上昇）などにより，リンゴの需要曲線は右上方にシフトする。逆に，可処分所得が減少したり，ミカンの価格が下落すれば，リンゴの需要曲線は左下方にシフトするだろう。

　さらに冬期のように，リンゴとミカンをセットで消費することが一般的であれば，ミカンの価格の上昇でミカンの需要とともにリンゴの需要が減少することもある。この場合は，リンゴの需要曲線は左下方にシフトする。

■ 内生変数と外生変数

　需要曲線や，次に説明する供給曲線の場合においては，曲線上での動きと曲線自体のシフトとを区別することが大切である。

表2.3　需要曲線のまとめ

定　義	需要量と価格との関係を示した曲線
性　質	右下がり：価格が上昇すると需要量は減少
経済的意味	追加的な消費の限界的メリットと デメリットが一致する点の軌跡
シフト・ パラメーター （外生変数）	所得水準 競合する財の価格 天候 など

　ところで，経済変数は，一般的に内生変数と外生変数に分けられる。内生変数は当面対象としている財の市場（あるいはモデル）の中で説明される変数であり，その市場で描ける需要曲線や供給曲線におけるその財の価格とその財の数量がその例である。これらの変数は曲線の形状を決定し，曲線上で変化する。これに対して，外生変数は当該市場（あるいはモデル）の中では説明されない変数であり，需要・供給曲線自体をシフトさせる効果をもっている。このような経済変数をシフト・パラメーターという。

シフト・パラメーターの例

　たとえば，リンゴの需要関数として以下のようなものを想定しよう。

$$p = -X + 0.5Y + 3q$$

ここで p はリンゴの価格，X はリンゴの需要量，Y は可処分所得，q はミカンの価格とする。p と X はリンゴの市場で決定される内生変数であり，リンゴの需要曲線を図示すると，縦軸に p，横軸に X をとる図で表される。Y と q はリンゴの需要曲線をシフトさせるパラメーターであり，リンゴ市場では外生変数である。

2.2　供給曲線

■ 価格と供給

　次に，生産者である企業の供給行動と市場価格との関係を考えてみよう。市場で販売されるある財（たとえばリンゴ）の価格が高いほど，その財を生産する企業（たとえば農家）の供給水準は増加するだろう。個々の企業にとっ

2.2 供給曲線

表2.4 価格と供給したい量の組合せ

価　格	10	50	100	200	300	400	500
数　量	0	0	1	2	3	4	5

ては販売価格は販売水準とは独立に市場で決まっている。

　家計の消費行動と同様に，限界概念を用いて企業の供給行動を説明しよう。財を供給して収入を得ることが，企業がその財を供給するメリットである。したがって，追加的に1単位その財を生産して市場に供給することの金銭的な利益の増加分は，収入の増加分（これを限界収入と呼ぶ）である。この金額はその財の販売価格になるから，これが供給の限界的なメリットである。

　また，追加的に生産して市場に供給することの限界的な生産コストは，追加的に1単位生産する際に要する費用の増加（これを限界費用と呼ぶ）である。これが，生産を拡大する際の限界的なデメリットである。この2つが一致する点まで企業は生産活動をするのが望ましい（より詳しい説明は第5章を参照されたい）。

　価格が上昇すれば限界収入も増加するから，いままでよりも多少コストがかかっても，その財を生産することが望ましくなるだろう。表2.4には，企業のある財（たとえばリンゴ）の販売価格と供給したい数量との関係をまとめている。この関係を需要曲線同様に，縦軸に価格，横軸に数量をとる図で表したものが，「供給曲線」である。

　したがって，家計の需要曲線と同様の手法で，企業の供給曲線を図2.7に描いてみると，右上がりの曲線になる。企業は市場で成立する価格のもとで，この供給曲線上の生産量を市場に供給することになる。価格が上昇すれば，市場で供給される財・サービスも多くなる。また，他の企業が他の産業から新しく参入してくるかもしれない。

供給曲線の例

　図2.8のような線形の供給曲線は，数式では次のように定式化される。

$$p = ax + b \qquad (a > 0, \ b > 0)$$

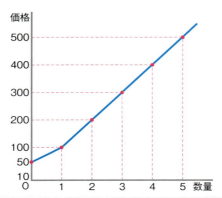

縦軸に価格，横軸に供給量を表した図で，価格と供給量との関係を示すのが供給曲線である。

図2.7　供給曲線

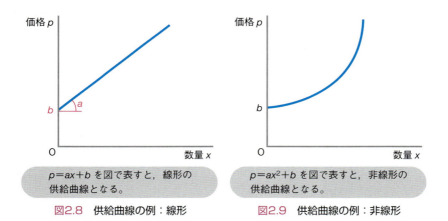

$p=ax+b$ を図で表すと，線形の供給曲線となる。

図2.8　供給曲線の例：線形

$p=ax^2+b$ を図で表すと，非線形の供給曲線となる。

図2.9　供給曲線の例：非線形

非線形の供給曲線は，いろいろな形状があり得る。たとえば，図2.9に示すようなものがある。

$$p=ax^2+b \quad (a>0,\ b>0)$$

このような形状では，ある程度 p が上昇してしまうと，p がそれ以上上昇しても，x はあまり増加しなくなる。

■ 供給曲線のシフト

企業が生産するある財（リンゴ）の供給は，その財（リンゴ）の価格以外の経済変数としてはどのようなものに依存しているだろうか。リンゴの限界的な生産コストに影響を与えるような経済変数が変化すれば，限界コストも変化するから，同じリンゴの価格のもとでも企業の供給したい数量は変化するだろう。

限界的な生産コストに影響を与える要因として重要なものは，生産要素の価格である。企業はその財（リンゴ）を生産する際に，資本や労働などの生産要素を投入するだろう。それらを投入するコスト＝生産要素の価格（賃金や資本のレンタル価格）が変化すれば，生産コストも変化する。たとえば，賃金が上昇すれば，生産コストも上昇するから，いままでよりも限界コストが上昇する。いままでと同じ市場価格では採算がとれなくなるから，その財（リンゴ）の供給は減少するだろう。これは，図2.10に示すように，その財（リンゴ）の供給曲線を左上方にシフトさせる。

また，天候不順や予想外の技術的なトラブルなどが発生して，いままでよりもある財（リンゴ）を生産するのにコストがかかりすぎる場合にも，供給

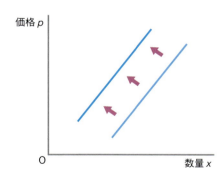

その財の価格以外の経済変数が変化することで供給が減少する場合は，供給曲線の左上方シフトとして考えることができる。

図2.10　供給曲線の左上方シフト

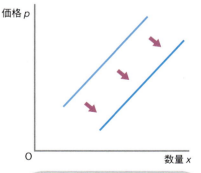

その財の価格以外の経済変数が変化することで供給が増加する場合は，供給曲線の右下方シフトとして考えることができる。

図2.11　供給曲線の右下方シフト

2 需要と供給

表2.5 供給曲線のまとめ

定 義	供給量と価格との関係を示した曲線
性 質	右上がり：価格が上昇すると供給も増加
経済的意味	生産の拡大の限界的なメリットと デメリットが一致する点の軌跡
シフト・ パラメーター （外生変数）	生産要素の価格 天候 技術進歩など

曲線は左上方にシフトする。

　ところで，技術の進歩により，いままでよりも安いコストで，同じ財が生産可能になったとしよう。この場合は，同じ生産要素の価格と投入量のままでも，いままで以上の生産が可能になる。生産を拡大する際の限界的な生産コストが低下したことを意味する。この結果，図2.11に示すように，供給曲線は右下方へシフトする。つまり，いままでと同じ市場価格のもとで，いままでよりも多くの財が供給される。あるいは，農産物などの場合，普段以上に好天に恵まれた結果，いままで以上の多くの生産が達成された場合でも，このケースに相当する。

2.3　弾力性

■ 需要の弾力性

　需要曲線，供給曲線がどのようにシフトするかとは別に，需要曲線，供給曲線の形状自体も，重要な意味をもっている。これらの曲線の形状がどの程度急であるのか，緩やかであるのかを判断するために，弾力性という概念が用いられる。

　需要の弾力性は，価格が1％上昇したときに需要量が何％減少するかを示す。すなわち，

> 需要の価格弾力性 ＝ 需要の減少率（％） / 価格の上昇率（％）

である。たとえば，27頁の表2.1の数値例で価格が10から50に40だけ増加したとき，需要量は5から4に1だけ縮小している。すなわち，価格の上昇幅は比率で表現すると，40/10 = 4。つまり400％であり，需要の減少幅は比率で表現すると，1/5 = 0.2。つまり20％である。したがって，価格弾力性は

$$\frac{20}{400} = 0.05$$

となる。

数式による定義

ある変数 x の変化率は，$\Delta x/x$ で表される。ここで，Δ（デルタ）は変化分を意味する。したがって，より抽象的に表現すると，弾力性 ε（イプシロン）は数式では次のように定義される。

(1) $$\varepsilon = -\frac{\frac{\Delta x}{x}}{\frac{\Delta p}{p}} = -\left(\frac{\Delta x}{\Delta p}\right)\left(\frac{p}{x}\right)$$

なお，Δx は x とは別の変数と考えてよい。したがって，最初の等式の分母分子に $x/\Delta p$ を掛けると，2番目の等式が得られる。

たとえば，表2.1の数値例で価格 (p) が10から50に増加したときには，$\Delta p = 40$ であり，需要量 (x) は5から4に $\Delta x = 1$ だけ縮小している。よって，価格弾力性は $(1/5)/(40/10) = 0.05$ となる。

図2.12では，線形の需要曲線が描かれている。この曲線の弾力性を考えてみよう。A 点での弾力性は，上の数式の定義を用いると

(2) $$\varepsilon = \left(\frac{OC}{OB}\right)\left(\frac{BD}{AB}\right)$$

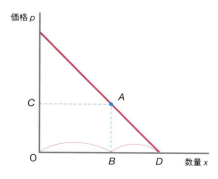

> 弾力性は，BD/OB で表される。

図2.12 需要の弾力性

となる。なぜなら，$OC = p$, $OB = x$, $-\Delta x / \Delta p = BD/AB$ の関係が成立するからである。ところで，$AB = OC$ であるから，結局

(3) $\qquad \varepsilon = \dfrac{BD}{OB}$

と表すことができる。すなわち，弾力性は x 軸での OB と BD の比率である。したがって，線形の需要曲線のケースでは曲線の傾きが一定であるけれども，x 軸での OB と BD の比率は変化するので，どの点で評価しているかで弾力性の値は異なる。

たとえば，図2.13のように A 点が価格 p の軸に近いほど，OB が小さく，BD が大きくなるから，A 点における弾力性 ε は大きくなる。逆に，図2.14のように A 点が需要量 x の軸に近いほど，OB が大きく，BD が小さくなるから，A 点における弾力性 ε は小さくなる。

また，図2.15のように直角双曲線

$\qquad p = \dfrac{a}{x}$ $\qquad (a > 0)$

の場合には，どの点で評価しても OB/BD の値は一定（＝ 1 ）であり，弾力性は常に 1 になる。

弾力性 1 の意味

直角双曲線のように，弾力性が常に 1 であれば，価格が変化しても購入金額＝価格×需要量は常に一定になる。このとき

$\qquad px = a$

と表現できる。ここで，a は一定のパラメーターである。すなわち，この場合価格の上昇と購入量の減少とはちょうど等しいので，購入金額は a で変化しない。図2.15でいうと，購入金額の面積が常に一定になる場合，つまり，直角双曲線として需要曲線が描かれる場合には，弾力性は常に 1 になる。

弾力性が 1 よりも大きな曲線は，価格が変化したときに需要量がそれ以上に変化するので，弾力的な需要曲線とよばれており，逆に，弾力性が 1 よりも小さい曲線は，価格が変化したときに需要量がそれほど変化しないので，非弾力的な需要曲線とよばれている。

なお，同じ需要曲線のもとでも，線形の需要曲線のように購入量が変化すると，弾力性が変化するときには，ある領域では弾力的であり，別の領域では非弾力的になることがみられる。したがって，需要が弾力的か非弾力的かは，需要曲線の形状とともに需要量と価格の水準にも注意する必要がある。

2.3 弾力性

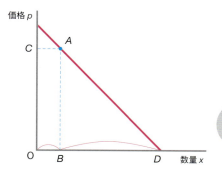

A 点が価格の軸に近いほど，OB が小さく BD が大きくなり，弾力性は大きくなる。

図2.13 弾力性大

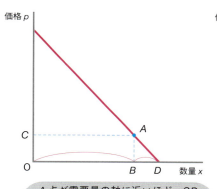

A 点が需要量の軸に近いほど，OB が大きく BD が小さくなり，弾力性は小さくなる。

図2.14 弾力性小

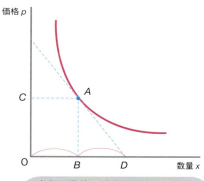

直角双曲線の場合には，どの点でも OB/BD は1であり，弾力性は常に1になる。

図2.15 弾力性1

需要関数の弾力性：関数の特定化

次のようなベキ乗の関数型で考えてみよう。

$$p = ax^{-b} \quad (p：価格, \ x：需要量, \ a, b：定数)$$

このとき，

$$\frac{\Delta p}{\Delta x} = a(-b)x^{-b-1} = -\frac{bp}{x}$$

となるから，弾力性については

$$\varepsilon = \frac{1}{b}$$

が成立する。したがって，$b=1$ なら直角双曲線（$p=a/x$）となり，弾力性は1となる。このとき購入金額 $px=a$（一定）である。$b>1$ なら弾力性は常に1よりも小さい非弾力的な需要曲線になり，$b<1$ なら弾力性が常に1よりも大きい弾力的な需要曲線になる。

このようなベキ乗の関数で需要曲線が示される場合には，線形の曲線のケースと異なり，弾力性の大きさは需要量とは独立にある一定値で与えられる。通常，弾力的な財，非弾力的な財という表現で財の性質を区別する場合には，こうした関数型の需要曲線を想定していることが多い。

微分の方法

微分のもっとも基本的な形は，
$$y = x^2$$
を微分することである。
$$\frac{\Delta y}{\Delta x} = 2x$$
となる。これと同じく，
$$y = x^a$$
の微分は，
$$\frac{\Delta y}{\Delta x} = ax^{a-1}$$
となる。

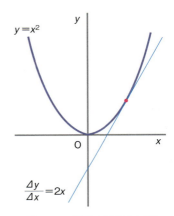

図2.16　微分の基本的な形

■ 弾力的な財，非弾力的な財の例

需要が価格に対して弾力的な財は，贅沢品に多くみられる。たとえば，宝石の需要を考えてみよう。宝石は日常の生活で特に必要なものではない。価格がある程度下がれば買いたいと思う家計は多いだろうが，高い値段ではあえて無理をして買うほどの需要はあまりないだろう。したがって，価格が低下すれば需要は大きく増加し，価格が増加すれば需要は大きく落ち込むだろう。このように贅沢品の弾力性は高いと考えられる。

また，趣味などの嗜好品で，しかも他にも似たような代替品が多くあり得るようなもの，たとえば，ゴルフ用品，テニス用品などのスポーツ用品も，価格の弾力性は高いだろう。代替的，競争的な財が他にたくさんあれば，ある財の価格が少しでも下がれば，その財に対する需要は大きく増加するだろうし，逆に，その財の価格が上昇すれば，他の財へ需要が逃げやすいので，価格弾力性はかなり高い。

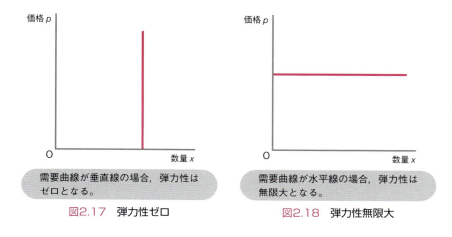

図2.17　弾力性ゼロ　　　　　図2.18　弾力性無限大

　非弾力的な財の代表は，生活必需品で，かつ，他の似たような財がないために，あまり代替の効かないものであろう。たとえば，塩に対する需要はそれほど価格に依存していないと思われる。料理に塩は必要であるが，一方で塩ばかり消費するメリットはあまりない。価格が変動しても，料理に使われる塩の消費量はほとんど変化しない。塩の役割を砂糖で代替するわけにはいかないだろう。とすれば，塩の価格弾力性はかなり小さい。

　また，特殊な用途に限定されている財も，価格弾力性は低い。たとえば，学術書は専門の研究者や図書館くらいしか需要がない。価格が安くなったからといって，一般の読者がそうした本を購入する誘因は，ほとんどない。逆に価格が高くても，専門の研究者や図書館にとっては必要と判断すれば買わざるを得ない。こうした代替性の効かない財は，弾力性がかなり小さくなる。

極端な弾力性のケース：図による説明

　極端なケースとして，弾力性がゼロあるいは無限大の場合を考えてみよう。弾力性がゼロということは，価格が変化しても，需要量が一定にとどまることを意味する。すなわち，図2.17のように需要曲線が垂直線になる。また，弾力性が無限大ということは，価格が少し変化しただけで，需要量が無限に変化することを意味しており，図2.18のように需要曲線が水平線となる。

2　需要と供給

■　供給の弾力性

　需要の弾力性と同様に，価格が 1 ％上昇するときに供給量が何 ％増加するかで，供給の弾力性を定義できる。すなわち，

$$供給の弾力性＝\frac{供給の増加率（％）}{価格の上昇率（％）}$$

で定義される。たとえば，33頁の表2.4の数値例で価格が100から200に100だけ上昇したときに，供給も 1 から 2 に 1 だけ増加するとすれば，価格の上昇幅（比率）は，$(200-100)/100=1$ で，供給の増加幅（比率）は $(2-1)$ 1 $=1$ であるから，供給の弾力性は，$1/1=1$。すなわち，1 となる。

　数式を用いると，供給の弾力性 η（エータ）は

$$(4) \qquad \eta=\frac{\frac{\Delta x}{x}}{\frac{\Delta p}{p}}=\left(\frac{\Delta x}{\Delta p}\right)\left(\frac{p}{x}\right)$$

となる。上の数値例では $\Delta x=1$ で $\Delta p=100$ である。

　線形の供給曲線を図2.19に図示して，弾力性を表すと，

$$(5) \qquad \eta=\left(\frac{BD}{AB}\right)\left(\frac{AB}{OB}\right)=\frac{BD}{OB}$$

の形に書ける。したがって，$x=0$ に対応する C 点が $p>0$ 上にあれば，A 点における供給の弾力性 η は 1 よりも大きく，C 点が原点と一致する場合（つまり原点からの直線の場合）は $\eta=1$ となり，C 点が原点よりも下にあるケース（$p<0$ のケース）では，$\eta<1$ となる。なお，原点を通る供給曲線の弾力性はその曲線の傾きいかんにかかわらず，常に 1 である。この点は，需要曲線とは大きく異なる性質であるから，注意したい。

　図2.20のように弾力性の大きな供給曲線ほど，価格が上昇したときに供給量が大きく増加するので，傾きは緩やかになる。逆に，図2.21のように非弾力的な供給曲線の場合には，価格が上昇してもあまり供給は増大せず，曲線の傾きは急である。

2.3 弾力性

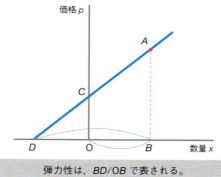

弾力性は，*BD/OB* で表される。

図2.19 供給の弾力性

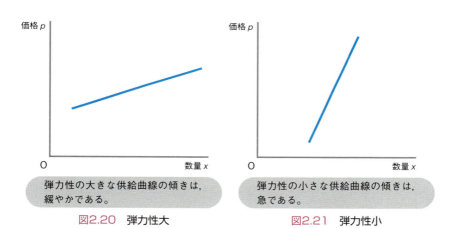

| 弾力性の大きな供給曲線の傾きは，緩やかである。 | 弾力性の小さな供給曲線の傾きは，急である。 |

図2.20 弾力性大 　　　　　　　図2.21 弾力性小

線形の供給曲線

供給曲線が線形（一次関数）の場合を考える。

$$x = ap + b$$

x を p について微分すると，$\Delta x/\Delta p = a$　あるいは　$\Delta x = a\Delta p$ である。したがって，

$$\eta = \left(\frac{\Delta x}{\Delta p}\right)\left(\frac{p}{x}\right) = a\left(\frac{1}{a} - \frac{b}{ax}\right) = 1 - \frac{b}{x}$$

となる。したがって，$b=0$ のとき（原点を通るとき），$\eta = 1$ となる。また，$b>0$ のとき（$x=0$ のときに $p<0$ となるとき），$\eta < 1$ となる。この場合，x の増加とともに η も増加する。逆に，$b<0$ のとき（$x=0$ のときに $p>0$ となるとき），$\eta > 1$ となる。この場合，x の増加とともに η は減少する。

43

2 需要と供給

表2.6 需要の弾力性のまとめ

定　義	需要の減少率（%）／価格の上昇率（%）
経済的意味	弾力性 1 なら支出額一定 弾力性 1 以上（以下）なら価格上昇で 支出額減少（増加）
弾力的な財	贅沢品 競争財の多い財
非弾力的な財	必需品 競争財の少ない財

表2.7 供給の弾力性のまとめ

定　義	供給の増加率（%）／価格の上昇率（%）
弾力的な財	弾力性 1 以上 低コストで長期の貯蔵が可能 長期での供給
非弾力的な財	弾力性 1 以下 長期の貯蔵が不可能 短期での供給

■ 短期と長期の弾力性

　一般的に，短期的な需要あるいは供給の変化は，価格の変化に比べて小さくなる。価格が上昇しても，短期的には消費者がその財よりも他の財を代替的なものとみなして，それに乗り換えることには抵抗があるかもしれないし，企業の方も価格が上昇したからといって，すぐに供給を拡大させるには，生産能力的にも限界があるだろう。しかし，長期的には価格の変化に対して，消費者が他の似たような代替財をみつけることは容易であるし，企業の方も生産能力を拡大させることがより可能になる。

　したがって，短期的には非弾力的な需要あるいは供給も，長期的にはより弾力的になると考えられる。その結果，短期よりも長期で考える方が，需要曲線も供給曲線もその傾きはより緩やかになる。

2.4 市場価格の決定

■ 市場での需要と供給

　ある財・サービスの市場とは，その財に対する需要と供給が調整され，その財を供給する経済主体からその財を需要する経済主体へ，市場価格でその財が取引される場である。市場といっても，株式市場や外国為替市場，あるいは魚や野菜の卸売市場のように，供給する主体と需要する主体とが一同に集まって，1つの場所で需給を調節している例は，現実には希である。通常の多くの財では，TVやパンの市場のように，無数の経済行為が無数の場所で行われ，そこでの需給が市場価格で調整されている。

　そうした無数の場所で登場する需要を合計したその財の家計全体の需要からなる市場での需要曲線と，無数の経済主体の供給を合計したその財の企業全体の供給からなる市場での供給曲線とが交わる点が，市場均衡点である。ある産業の需要曲線と供給曲線を図2.22に描いてみよう。この図で2つの曲線の交わった点では，需給が一致している。すなわち，需要曲線と供給曲線の交点で市場価格が決定される。

■ 需要曲線のシフト

　市場で成立する均衡価格は，時間とともに変動する。どのような外生的要因で価格と取引量は変動するのだろうか。価格や取引量が変動する場合，需要側の要因と供給側の要因の2つの理由で変動するだろう。まず最初に，需要側の要因からみておこう。需要曲線がシフトするようなショックが起きれば，需要側の要因で価格変動が生じる。たとえば，需要曲線が右上方にシフトすれば，図2.23に示すように，市場価格は供給曲線上を上昇し，生産量＝需要量も拡大する。

　需要曲線が右上方にシフトする大きな理由は，経済成長による所得の増加である。経済成長とともに所得が拡大すると，ほとんどの財・サービスに対する需要は拡大する。これは，それぞれの財についての需要曲線が右上方に

45

2 需要と供給

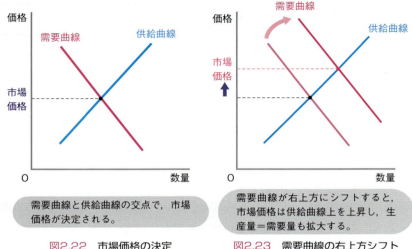

図2.22 市場価格の決定　　図2.23 需要曲線の右上方シフト

シフトすることを意味する。もし，供給曲線がシフトしなければ，上でみたように，価格は上昇し，生産量＝需要量は供給曲線上で拡大する。

このとき，図2.24のように供給曲線の傾きが急であり，供給の弾力性が小さい財については，生産の拡大よりも価格の上昇の方が大きくなる。すなわち，需要曲線のシフトはほとんどが，価格の上昇によって吸収される。こうしたケースの代表的な産業は，サービス産業である。

理髪業などのサービス産業では，それほどの技術進歩は期待できない。人間がある程度の時間を投入することで，サービスが提供されるという側面をもっている。そして，1人の顧客を散髪するのに，たくさんの理容師が投入されても，あまり生産性は上がらない。価格が上昇しても供給を拡大することには限界があり，供給曲線の弾力性は小さい。このような財・サービス分野では，経済成長による需要の上方シフトにともない，恒常的に価格が上昇傾向にある。日本経済は1998年以降，デフレーション（価格下落）傾向にあり，マクロ経済全体では物価水準はそれほど上昇していない。その中でもっとも値上がり圧力の強い分野が，上で説明した労働集約的なサービス産業である。

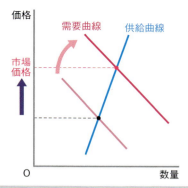

供給曲線の弾力性が小さい場合には，需要曲線の右上方シフトによって，生産の拡大よりも価格の上昇の方が大きくなる。

図2.24　価格上昇の大きいケース

　経済成長以外では，天候などの気象のショックも財によっては大きな影響を与える。たとえば，ビールの需要を考えてみよう。気温が30度以上になるとビールの需要は急増するといわれている。真夏に気温が上昇するときには，ビールの需要曲線は右上方にシフトする。逆に，冷夏になってしまえば，ビールの需要は落ち込むだろう。こうしたときには需要曲線は左下方にシフトする。ビールやアイスクリームなどの食糧・飲料のみならず，衣料品や家電など，天候に左右される需要項目はたくさんある。

　また，機能が向上するなど使い勝手が良くなると，需要が拡大することもある。スマートフォンやLED照明などでは，周りに使う人が増え始めると，自分でも購入して使う際の楽しみや利便性が増加する。したがって，普及率がある水準を超えて一般的に普及し始めると，そのことが需要をさらに刺激する。

■　供給曲線のシフト

　次に供給サイドのショックの結果，財の価格が変動するケースを考えてみよう。まず，天候が不順で農作物の生産が落ち込むケースが想定できる。その結果，供給曲線が左上方にシフトすれば，図2.25に示すように，市場価

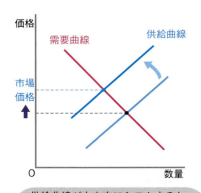 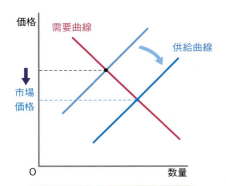

供給曲線が左上方にシフトすると，市場価格は需要曲線上を上昇し，生産量＝需要量は縮小する。

供給曲線が右下方にシフトすると，市場価格は需要曲線上を下落し，生産量＝需要量は拡大する。

図2.25　供給曲線の左上方シフト　　　図2.26　供給曲線右下方シフト

格は需要曲線上で上昇し，生産量＝需要量は縮小する。コメの生産が冷夏で極端に落ち込むと，米不足になる。その際には，コシヒカリなどの銘柄米の供給が大きく減少して，銘柄米の価格が急上昇する。

　逆に，ハイテク製品など技術進歩のスピードの大きな産業では，図2.26のように供給曲線がどんどん右下方にシフトしている。その結果，たとえ需要曲線が右上方にシフトしても，あまり市場価格は上昇せず，生産量＝需要量は大幅に拡大する。たとえば，TVなどの家電製品の価格は長期的に低下傾向にある。これは，市場の成熟化にともない，あまり需要曲線が右上方にシフトしなくなった一方で，供給サイドでは，技術進歩や海外への工場の移転などにより，どんどん生産コストを削減するような努力が行われ，供給曲線が右下方にシフトしていることによる。

■ 社会的な必要性

　ある財の希少性は，その財の社会的な必要性を反映している。ある財の需要曲線が右上方にシフトするのは，社会的にその財・サービスに対する評価が大きくなることを意味する。これは，価格の上昇を引き起こし，他の産業から新しい企業が参入する誘因を与える。市場価格が高いのは企業にとって

みれば，採算上有利な条件だからである。

　その結果，その財の供給全体が刺激され，産業の供給曲線も右下方にシフトする。このようにして，社会的な必要性の高い財・サービスの生産に多くの資源が投入される。逆に，需要曲線が左下方にシフトして，その財の社会的な必要性が小さくなっていくと，価格は減少する。これは企業にとってその財を生産することがあまり有利ではなくなるから，その財の生産を止める企業がでてくるだろう。企業は価格のより高い財の生産へと，資源の転換を図ることになる。

　また，供給曲線のシフトも同様な社会的な必要性を反映している。供給曲線が左上方にシフトしている場合，その財を生産することがコスト的に割高になることを意味する。そうした高い生産コストを払ってまで，その財を生産するのが社会的に望ましいのは，そうした財に対する需要サイドでの評価が高い場合に限定される。需要曲線が非弾力的であれば，どんなにコストがかかっても，その財を生産することが望まれている。しかし，需要曲線が弾力的であれば，価格の上昇によって他の代替的な財へ需要が逃げていくことを意味する。需要が逃げられるケースでは，高いコストをかけてまで，その財を生産しても社会的にはあまり意味がないのである。

　逆に，供給曲線が右下方にシフトするときには，より安いコストで生産が可能になるから，その財の生産により資源を投入することが望ましい。もちろん，この場合も需要曲線の弾力性が高いほど，資源の投入が望ましい。需要曲線が非弾力的であれば，生産コストが割安になっても，それほど需要が拡大しないために，あえて資源をそれ以上投入する必要はない。

❖*Case Study*　定額制の料金

　レストラン，レンタルショップ，会員制クラブなどで，基本料金（月額いくらなどの定額料金）と追加サービス料金（ゼロあるいはかなり安めの追加料金）の定額制サービス（サブスクリプション）が普及している。こうした料金設定が幅広く広く普及する背景には，IT技術の進展できめ細かい料金設定が可能になったことや顧客の情報収集能力が進化したことなど，最近の供給側，需要

2　需要と供給

側の変化がある。

　音楽配信サービスにみられるように，追加費用がほとんど発生しないサービスでは，追加料金ゼロの完全な定額制でも採算が取れる。また，追加的な利用でそれなりのコストが生じる場合，ひと月に利用できる回数を制限するなど，利用回数に実質的な制限をかけて，過大な追加サービスが発生しない対応もとれる。さらに，補完的な利用を期待する場合もある。居酒屋の定額飲み放題では，利用客は定額制でドリンクを好きなだけ飲めるが，ドリンクのみを注文する顧客は少ない。ドリンク以外の料理もセットで利用すると，結果的に客単価は上がってくるので，企業は採算が取れる。

■ 市場メカニズム

　このような価格による調整が行われることで，市場での価格変動の結果として，社会的に必要性の高い財に多くの資源が投入され，社会的に必要性の低い財にあまり資源が投入されないという，資源配分からみて望ましい状態が実現する。これが，市場機能のもつ資源配分メカニズムである。

　市場メカニズムがうまく機能するためには，需要曲線と供給曲線の交点で価格が決まる必要がある。需要よりも供給の方が多い状態＝超過供給の状態で価格が下方に調整され，また，供給よりも需要の方が多い状態＝超過需要の状態で価格が上方に調整されれば，均衡価格は市場で実現するだろう。こうした市場では価格の調整機能によって，必要な財が必要な量だけ供給され，それを生産するために資源が適切に配分されていることになる。価格の調整メカニズムについては，第7章で取り上げる。

表2.8　市場メカニズムのまとめ

市場価格	需要と供給とが一致するように決定
需要曲線	その財を消費することの社会的な評価を示す
供給曲線	その財に資源を投入することの社会的なコストを示す
資源配分機能	社会的に必要な財に資源が投入され，そうでない財には資源が投入されない

2.5　市場への介入

■ 人為的な価格政策

市場での自由な価格形成とそれに対応する資源配分で社会的に望ましい状況が達成できるとすれば，それに対して人為的・政策的に介入することは，結果として好ましくない資源配分をもたらす。たとえば，人為的な低価格政策の効果をみておこう。いま，図2.27において均衡価格 p_E よりも低い p^* に無理に価格を押さえ込む政策を政府が採用したとしよう。

このとき，需要 D と供給 S は p^* の価格では一致しない。AB だけ供給よりも需要の方が大きい超過需要が生じる。通常であれば，超過需要に応じて市場価格が上昇することで，均衡価格 p_E まで価格が上昇して，超過需要は解消される。しかし，価格抑制政策が採用されていると市場価格は上昇しないので，市場では A 点までしか供給されず，AB の超過需要は満たされないままである。

こうした場合，p^*A 点までの中に入っている消費者は，安い価格でその財・サービスを購入できるので，価格抑制政策のメリットを享受できる。しかし，

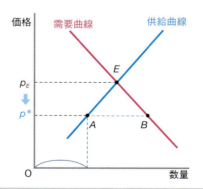

人為的な価格抑制策によって，A までの量を購入している消費者は得をするが，それ以外の潜在的な消費者と企業が損をする。

図2.27　人為的な価格政策

AB の中にある消費者は同じ条件でその財を購入したいのにもかかわらず，購入できない。社会的にみても，その財の必要度は E 点まであるから，A 点以上にその財の供給が実現する方が望ましい。しかし，価格が抑制されているために，企業の方でそれ以上生産を拡大する誘因が生まれない。結局，p^*A までの量を購入している消費者が得をして，それ以外の潜在的な消費者と企業が損をしている状況である。

■ **家賃の統制**

こうした政策は，住宅市場での家賃の統制などでみられる現象である。図 2.28 は，賃貸住宅市場での需要曲線 D と供給曲線 S を描いたものである。賃貸需要は家賃の減少関数であり，賃貸供給は家賃の増加関数である。自由な市場であれば，需要と供給が一致する E 点が，均衡点である。

しかし，家賃に上限（p^*）を設定して，それ以上の金額での住宅の賃貸を禁止したとすると，現在その家賃価格 p^* で住宅を借りている人は得をするが，新しくその家賃価格かあるいはそれ以上の価格で住宅を借りたい人は，必要な住宅をみつけることができない。また，住宅を供給する側でも，家賃が値上げできないのであれば，それ以上住宅を供給する誘因が生まれない。

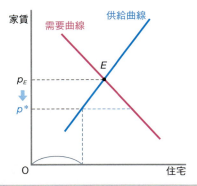

家賃の統制によって，現在の賃貸人は得をするが，それ以外の潜在的な賃貸人と家主が損をする。

図2.28　家賃の統制

2.5 市場への介入

結局，もっと住宅を供給することが社会的に必要であるにもかかわらず，現在の賃貸人の既得権を保護するために，他の経済主体の利益が損なわれ，社会的に望ましい資源配分が実現されない。

■ わが国での家賃統制

以前のわが国では戦時下の物価統制の一環として導入されていた地代家賃統制令によって，家賃が統制されていた。この法律では，貸主が統制額を超えて，地代または家賃の額を契約し，または受領することを禁止していた他，認可を受けないで，地代家賃の額を変更し，または受領することも禁止していた。この地代家賃統制令の統制の対象となっていたのは，1950年7月10日以前に新築に着手された床面積99平方メートル以下の住宅およびその敷地等であった。この地代家賃統制令は，1986年末をもって廃止された。

■ 行列の意味

パン，ミルクなどの生活必需品の価格を，意図的に低めに抑制する政策は，旧ソ連など社会主義の国では，よく採用されていた政策であった。これは，本来の需給を一致させる均衡価格よりも，公定価格を低めに設定しているから，その財の市場では超過需要が残ったままになる。「早いものがち」でその財が家計に取引されるので，行列が生まれる。行列するのは長時間待つことだから，行列に加わらないときに他で得られたであろう時間の楽しみを犠牲にしている。行列は直接の金銭的な費用はないけれども，時間の機会費用という意味では，多くの実質的なコストがかかっている。

第1章でも説明したように，機会費用は経済的な評価をする場合の重要な概念である。時間の機会費用は，行列しないで他に時間を投入したときに，どれだけの経済的な価値が生まれるかで決まる。たとえば，勤労している人の場合には，働く時間が減少することで，時間当たりの所得を失い，それが時間の機会費用になる。老人の場合は時間を持て余しているケースが多く，時間の機会費用はそれほど多くない。とすれば，行列に参加しても，あまりコストがかからないことになる。社会主義国で多くみられた現象は，老人に

53

よる行列であった。これは，社会主義国といえども，時間の機会費用については，価格メカニズムが間接的に働いていることを示すものである。

■ 最低賃金制

逆に，価格を市場価格よりも高めに政策的に設定するケースを想定しよう。家計が労働を供給して，企業が労働を需要する労働市場を考える。この場合には，供給サイドが家計，需要サイドが企業である。さて，図2.29のように需要曲線 D と供給曲線 S の交点 E が均衡点であり，ここで市場価格＝市場賃金 p_E が決定される。政府が最低賃金制を設定して，p^* 以下の賃金を認めないとしよう。

こうした政策は，市場で決まる賃金水準の引き上げを政策的に意図したものであるから，p^* は p_E 以上の水準に設定されるのが通常である。このとき，労働市場では AB だけの超過供給が生じている。家計は p^* という高い賃金では B まで労働を供給したいが，企業の方は p^* の水準では A までしか雇用したくない。p^*A までの雇用に入っている家計にとっては，賃金が上昇することで得をする。

しかし，p^* の賃金かあるいはそれよりも少し低い賃金でも働きたいと考えている AB の間の労働者は，就職先がみつからず失業してしまう。政策的な介入がなければ，失業者の圧力で市場賃金は p_E まで低下し，それが企業の労働需要を刺激して，失業者も就職先をみつけることが可能になる。しかし，賃金が p^* 以下に低下しない状況では，失業者は失業のままでとどまる。

こうした場合，得をしているのはすでに就職している労働者のみであり，新しく職を探している労働者と企業が損をしている。また，社会的にもより労働を生産に投入することが必要であるにもかかわらず，それが達成されないという問題が生じる。労働組合が強いときに，こうした最低賃金制がしばしば採用されてきたのは，労働組合の構成員の既得権を擁護するために，政策的な介入が生まれやすいことを示している。

2.5 市場への介入

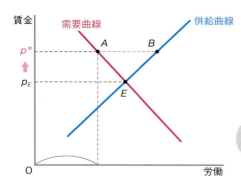

図2.29 最低賃金制

最低賃金制によって，すでに就職している労働者が得をして，それ以外の失業者と企業が損をする。

❖ Case Study　わが国の最低賃金制度

　わが国における最低賃金制度では，最低賃金法に基づき国が賃金の最低限度を定め，使用者は，その最低賃金額以上の賃金を労働者に支払わなければならないとされている。かりに最低賃金より低い賃金を労働者，使用者双方の合意のうえで定めても，それは法律によって無効とされ，最低賃金額と同様の定めをしたものとされる。したがって，最低賃金未満の賃金しか支払わなかった場合には，最低賃金額との差額を支払わなくてはならない。

　最低賃金法　第4条第1項　「使用者は，最低賃金の適用を受ける労働者に対し，その最低賃金額以上の賃金を支払わなければならない。」

　第2項　「最低賃金の適用を受ける労働者と使用者との間の労働契約で最低賃金に達しない賃金を定めるものは，その部分については無効とする。この場合において，無効となつた部分は，最低賃金と同様の定をしたものとみなす。」

■ パート賃金格差

　最近，パート労働者はフルタイムで雇用されている労働者とほとんど同じ仕事を長期間続けている場合も多くなっている。しかし，パート労働者の賃金はフルタイムの労働者の賃金よりもはるかに低水準である。この点が裁判で争われ，フルタイム労働者の8割程度の賃金水準以下の賃金格差は不当であり，その差額を企業はパート労働者に補償すべきという判例もある。これは，パート労働者の地位の改善をもたらすものとして，注目される判断であ

55

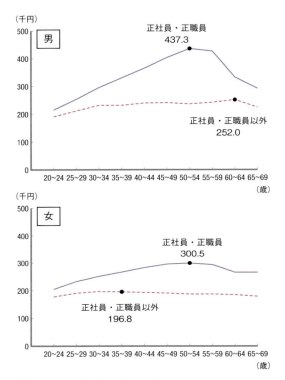

図2.30 雇用形態，性，年齢階級別賃金（2017年）

（出所）厚生労働省「平成29年賃金構造基本統計調査」
(https://www.mhlw.go.jp/toukei/itiran/roudou/chingin/kouzou/z2017/dl/13.pdf)

る（図2.30）。

　しかし，法律によって，既存のパート労働者の賃金を改善することは，必ずしも労働者全体にとってはプラスには働かないだろう。企業からみれば，いままで以上にパート労働者の賃金を上昇させざるを得ないことになり，新しいパート雇用に対して慎重にならざるを得ない。パート賃金をパート労働市場での市場均衡水準よりも法的に引き上げようというのは，最低賃金制の弊害と同様な効果をもっている。すなわち，それによって得をするのはすでに雇用されているパート労働者であり，損をするのはもっと低い賃金でも働きたいと考えている潜在的なパート労働者である。

2.5 市場への介入

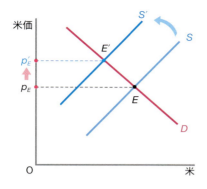

米の輸入制限によって，国内の農家が得をするが，それ以外の消費者と外国の生産者が損をする。

図2.31　米の輸入制限

■ 米の輸入制限

　一粒たりとも米を輸入しないというのが，長期間のわが国の米の政策の基本原則であった。こうした米の全面輸入制限の効果を分析してみよう。輸入制限をするということは，逆にいうと，制限をしないとすれば，外国から安い米が入っていくことを想定している。そうでなければ，わざわざ制限する必要はない。したがって，制限をすることで，米の供給曲線 S は，図2.31にあるように，左上方にシフトしている。これは，国内での均衡米価格 p_E を上昇させ，米の消費量を減少させる効果をもっている。

　こうした政策で，損をしているのは米を消費する家計と，米を輸出したい外国の米の生産者であり，得をしているのが米を国内で生産している農家である。輸入制限は，消費者と外国の生産者から国内の農家への所得の再分配政策を行っているようなものである。

■ 課税の効果

　ある財の価格に税金をかけて，販売される財の価格を上昇させる課税政策も，輸入制限政策と同様な効果をもっている。課税分だけ供給曲線が実質的に左上方へシフトしたことになり，課税前と比較して消費者の直面する価格が上昇し，消費量は減少する。図2.32にあるように，政府は課税収入を得ることができる。この点は，輸入制限政策との大きな相違である。

　課税政策の場合には，消費者と生産者が損をして，政府が得をすることに

57

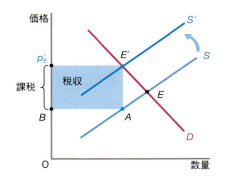

図2.32 課税の効果

課税政策によって，政府の税収は増加するが，それ以外の消費者と生産者は損をする。

なる。国民経済全体で，このような政策が得になるのか損になるのかは，第7章で社会的な総余剰という概念を導入して議論する。

■ 弁護士・医者の供給制限

弁護士や医師など特定の資格を要する職業では，しばしば，すでに資格をもっている人が新しく資格を取得することに対して，厳しい対応をとることが多い。専門的な能力を普通の消費者が判断するには無理があるために，弁護士や医者などの品質を管理するという意味では，こうした制限は消費者にとってもプラスになる場合もある。が，逆に，単なる供給制限でしかないケースも多い。そうした場合では，供給水準を抑制することで，均衡での価格（＝報酬）を上昇させて，既存の供給者の所得を増大させるだけに終わっている。これは，既得権が擁護され，潜在的な供給者（＝弁護士や医者をめざして勉強している人々）や消費者の利益が損なわれる代表的なケースである。

■ 参入規制・料金規制

上の例でもみられるように，参入規制は供給を抑制して，需要者の利益を損ねる一方で，供給者の利益を拡大する。また，料金規制でも，結果として生産者を擁護して，消費者の利益を損ねるケースは多い。なぜ，政策的な対応において，しばしば消費者の利益が無視されるのかは，興味深い問題である。消費者の利益は拡散して，なかなか政治的な圧力としては現れにくい。

2.5 市場への介入

一方で，供給者の利益の方はより少数の経済主体の大きな利害に関係することであるから，政治的にはそちらの方が大きな圧力団体になり得るのである。

まとめ

● 価格と購入したい量（需要量）との関係を図示したものが，需要曲線であり，価格と供給したい量（供給量）との関係を図示したのが，供給曲線である。通常，需要曲線は右下がりであり，供給曲線は右上がりである。その財の価格以外の需要や供給に影響を与える経済変数が変化すると，需要曲線や供給曲線はシフトする。

● 需要曲線や供給曲線の形がより急であるのか，緩やかであるのかを区別する概念が，弾力性である。

● 市場で，ある財の需要と供給を一致させる市場価格が形成され，その価格でその財が取引される。

● 市場による資源配分は，社会的に必要な財が供給されるように資源が適切に配分されることを意味する。市場に対して，人為的・政策的に介入すると，好ましくない資源配分をもたらす。

重要語

☐ 需要曲線　　　　　☐ 供給曲線　　　　　☐ 内生変数
☐ 外生変数　　　　　☐ 曲線のシフト　　　☐ 需要の弾力性
☐ 供給の弾力性　　　☐ 市場価格　　　　　☐ 社会的必要性
☐ 資源配分　　　　　☐ 行列　　　　　　　☐ 価格統制

問 題

■1　需要曲線が $D = 120 - 0.2p$ と表されるとき，需要の価格弾力性が 1.5 になるのは p がいくらのときか。ただし，$D =$ 需要量，$p =$ 価格である。

■2　ある財の需要曲線と供給曲線が以下のように定式化される。

$$D = 40 - p$$
$$S = 0.6p$$

ここで，D は需要量，S は供給量，p は価格である。以下のうち正しいものはどれか。

（ア）需要の価格弾力性（絶対値）は，常に 1 である。

（イ）需要の価格弾力性（絶対値）は，価格が高いほど大きくなる。

（ウ）供給の価格弾力性は，常に 1 である。

（エ）供給の価格弾力性は，価格が高いほど大きくなる。

（オ）市場均衡点で，需要の価格弾力性（絶対値）は供給の価格弾力性と等しい。

■3　ビールの需要曲線をシフトさせる要因としてもっともらしいものは，次のうちでどれか。

（ア）ビールに対する税金の引き上げ

（イ）ビールの価格の引き上げ

（ウ）気温の変化

（エ）ワインの価格の引き上げ

（オ）少子高齢化の進展

■4　人気のあるコンサートのチケットを販売する場合，日時を指定して先着順に販売することがある。こうした販売方法のメリットと弊害は何か。

■5　行列に関する次の文章は正しいか。

（ア）行列は価格が一定でも需給をうまく調整して，資源配分の効率性を実現できる。

（イ）行列に参加するのは，機会費用の小さな人が中心である。

（ウ）旧社会主義諸国では行列ができる店ほど，評判も良かった。

（エ）行列をやめて抽選順にすると行列の待ち時間を解消できるので，消費者の経済厚生は増加する。

（オ）行列代行サービスは行列の弊害をなくす効果を持っている。

3 消費の理論

　本章では，家計の消費行動を分析する。家計は消費から得られる効用を最大にするように，各財への消費量を決定する。

1. 効用関数を定式化し，限界効用と限界代替率それぞれの逓減の意味について考える。
2. 基数的効用と序数的効用の相違を説明する。
3. 予算制約式と無差別曲線を説明する。
4. 消費者の主体的均衡を，図を用いて説明する。
5. 所得効果と代替効果を説明して，スルツキー方程式にまとめる。
6. 家計の消費行動から需要曲線を導出する。

3.1　家計と企業

■　家　計

　家計は，いろいろな財やサービスを消費して，経済的な満足度を高める消費活動を行う。消費するためには，その財源となる所得が必要である。そこで，家計は自分の保有している労働可能時間（1日であれば24時間）のうち，何時間かを企業に提供することで労働所得を得るとともに，何らかの金銭的あるいは物理的な資産をもっている場合には，それを直接に，あるいは，金融機関を通じて間接的に企業に提供することで配当所得や利子所得などを得る。このように家計は財市場において消費の需要主体であるとともに，要素市場において生産要素の供給主体ともなっている。

　逆に，企業は労働の需要主体であるとともに，財の供給主体である（図3.1）。

61

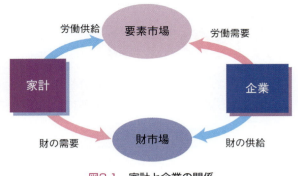

図3.1 家計と企業の関係

■ 消費行動の例

　消費行動はいろいろな形をとる。生活必需品をスーパーなどの店頭で購入する場合もあれば，自分の好みにあったものをカタログなどの通信販売やインターネット・サイトを利用して購入する場合もある。

　生鮮食料品やケーキなど保存の効かない消費財の場合は，購入することと消費することはほとんど同値であるから，購入すればするほど，そのときにたくさん消費していることになる。サービスを購入する場合も同様である。たとえば，理髪店に行って散髪してもらう場合には，そのサービスを購入していると同時にそのサービスのメリットを享受しているのである。

　しかし，また，耐久消費財のように，その財を購入することとその財を消費することが必ずしも結びつかない例もある。トイレット・ペーパーなどのように保存の効く消費財の場合は，買いだめが可能である。1973年の第1次石油ショックの際には，トイレット・ペーパーがなくなるというデマ・噂が全国を駆けめぐり，多くの主婦が1年分のトイレット・ペーパーを一度に購入しようとした。また，1997年に消費税率が3％から5％に引き上げられたときにも，缶ビールなど保存の効く一部消費財に対する駆け込み需要がみられた。そうした場合は，購入量と消費量とは必ずしも対応しない。さらに，価格が変動する財を，高い価格のときに売却することを目的に，安い価格のときに購入するなら，それは投機的な財の購入と考えられる。

また，車などの耐久消費財の場合には，その財を購入する時点から長期にわたって少しずつその財を消費している。新しい車に買い換えるまで，あるいは，その車を廃車にするまで5年かかるとすれば，5年間でその車を消費している。しかし，購入するのは1つの時点であるから，購入量と消費量とは購入時点では対応していない。

以下の章では，基本的に，消費行動は購入行動と同じであるとみなしている。これは，文字どおりに解釈すれば，保存の効かない財やサービスを購入して消費するケースを想定していることになる。あるいは，そうでない財の場合でも，単純化の想定としてはそれほど不自然ではないであろう。

■ 企業の消費

これに対して，企業は，財やサービスを生産して，市場でそれを販売する経済主体である。企業自身による消費活動は，生産活動の一貫として費用に計上される。したがって，企業は消費活動の主体としては通常考えられていない。また，第5章で議論するように，企業の目的を家計の目的と区別して考える方が，より有益な議論ができるであろう。

3.2 効用関数

■ 家計の行動基準

家計の消費行動の理論を定式化してみよう。家計はどのような目的で消費活動を行っているのだろうか。消費から得られる経済的な満足を最大にするように行動すると考えるのは，それほど不自然ではないだろう。われわれの日常的な消費行動を思い出してみよう。まず，誰でも納得する消費行動のルールとしては，次の2つがあるだろう。

第1のルールは，同じ財やサービスであれば，価格のより低い企業や店から購入することである。わざわざ，より高い価格で提供する企業や店を選んで財を購入するのは，非合理的な行動であろう。そうした状況も現実の消費

3　消費の理論

行動では無視できない。ただし，多くの財やサービスにおいて，こうした行動が一般的にみられるわけでもない。ネット上で同じ財の価格を比較するサイトが人気であるのは，多くの家計が価格に敏感であることを示唆している。したがって，以下の議論ではこのような非合理的な行動は想定していない。

　もっとも，価格以外の要因を考慮すると，そのような一見非合理的な行動を説明することは可能である。たとえば，価格は安いけれども，非常にサービスや雰囲気の悪い店であれば，消費者はそこの商品を購入するのをためらうかもしれない。あるいは，宝石などの贅沢品やブランド品の場合には，価格が高いということが一つの価値をもっており，消費者は価格が高いことで満足度もより高くなると感じているかもしれない。

　なお，第13章で説明するように，情報の非対称性を考慮すると，こうした一見非合理的にみえる行動も合理的な行動として解釈できることがある。

　第2のルールは，複数の似たような財がある場合に，1つの財に集中して消費を絞り込むよりは，バランスよく消費をすることである。たとえば，果物の購入を考えてみよう。果物といっても，リンゴ，ミカン，バナナ，桃，スイカなどいろいろな種類がある。普通は，家計はその中で1つの果物のみを集中して消費する行動はとらないだろう。季節によって多少の変動はあるにせよ，1年を通してみれば，多くの果物をバランスよく購入して，消費している。もちろん，たとえば果物ならバナナしか食べないという極端な人もいるだろう。しかし，一般的に多くの家計の消費行動は，多数の財やサービスをバランスよく購入している。これが，家計行動のもう一つの特徴である。

　この章では，こうした家計の消費行動を合理的な経済活動の結果として説明するための理論的な枠組みを考える。その際にまず問題となるのが，家計の消費行動の目的を明示することである。これを目的関数として数式の形で定式化したのが，効用関数である。

■ 効用関数

　ミクロ経済学では，消費行動とそこから得られる満足度との関係を「効用関数」という概念で定式化している。効用関数とは，消費者のさまざまな財・

3.2 効用関数

表3.1 効用水準

リンゴの消費量

	1	2	3	4
1	1	4	6	7.5
2	4	6	7.5	8.5
3	6	7.5	8.5	9
4	7.5	8.5	9	9.3

（左側：ミカンの消費量）

サービスの消費水準（独立変数）とそこから得られる経済的満足度＝効用水準（従属変数）との関係を，数学の関数として表したものである。

具体例として，家計が財1（リンゴ）と財2（ミカン）という2つの財を消費するとしたときに，それらの果物の消費から得られる満足度＝効用水準 U は，表3.1のように書けるとしよう。たとえば，リンゴ2個，ミカン3個を消費すると，効用は7.5であり，リンゴ4個，ミカン4個を消費すると，効用は9.3になる。このように，効用水準は2つの財の消費量それぞれが与えられると，それに応じてある一つの水準で決まってくる。

消費（独立変数）と効用（従属変数）との間に存在するこうした関係

$$x_1, x_2 \Longrightarrow U$$

を一般的に表現したのが効用関数であり，次のように表される。

（1）　　　$U = U(x_1, x_2)$

ここで，x_1 は財1（リンゴ）の消費量，x_2 は財2（ミカン）の消費量である。これは，この家計の満足度＝効用が2つの財の消費の組合せによって決まるという関係を，定式化したものである。x_1, x_2 がともに増加すれば，U も増加する。

効用関数は，限界概念を用いると，通常次のような性質をもっている。つまり，他の財の消費量が一定で，ある一つの財の消費量のみが増加すれば，効用水準も増加する。ただし，その増加の程度（＝限界効用）はしだいに小

65

3 消費の理論

さくなる。たとえば，ミカンの消費量を所与として，リンゴをより多く消費すると，それだけ満足度は高くなる。が，リンゴを何も消費しないときと比較して，最初の1つめのリンゴを消費したときの満足度の増加（＝限界効用）は，2つめのリンゴを追加的に消費したときの満足度の増加（＝限界効用）と比較すると，最初のときの方が大きい。そして，限界効用はリンゴをたくさん消費するほど，小さくなっていく。

ここで，限界効用とは，その財と消費量の増加分とその財の消費から得られる効用の増加分との比率である。

$$限界効用＝\frac{効用の増加分}{消費の増加分}$$

言い換えると，1単位だけ財の消費が増加したとき，効用がどの程度限界的に増加するかを示している。限界効用には，次の2つの性質がある。

（1） 限界効用はプラスである。

（2） 限界効用は逓減（しだいに減少）する。

これら2つの性質は，次のように解釈できよう。当初の消費水準が少ない最初の消費状態で，少しだけ消費量を拡大したときには，その財が新鮮に感じられるから，満足度の増加も大きいだろう。すなわち，限界効用は大きい。しかし，同じ財をたくさん消費した後では，その財の追加的な消費はあまり新鮮には感じられない。その財の消費にかなり飽きがきた状態では，追加的な消費の増加から得られる効用の増加分も，それほど大きくはないだろう。したがって，限界効用はプラスであり，その財の消費とともにしだいに減少していく（限界効用逓減）と考えられる。

なお，限界効用が低下しても，その財を消費することから得られる満足度の水準自体は増加している。すなわち，消費量の増加とともに効用水準自体は増大している。限界効用はその増加のスピードに関する概念であり，限界効用が小さくなることは，効用の拡大のテンポが小さくなることを意味するが，限界効用がプラスである限り，効用水準自体が低下することはない。

■ 表による説明 ■

ある人のリンゴとミカンという2つの財の購入量と，その人の経済的な満足度で

ある効用水準との仮想的な関係を，表にまとめたものが65頁の表3.1である。リンゴ，ミカンともに消費量が増加すれば，効用水準も増加する。また，いずれか一方を固定して，他方のみが拡大しても効用水準は増加する。さらに，効用の増加のスピード（＝限界効用）はプラスではあるが，消費量が大きいほど小さくなる。

図による説明

この関係を図で表したのが図3.2である。この図は立体図であり，水平面にリンゴとミカンの消費量を，また，高さの軸に効用水準を表している。コンピューター・グラフィックスの発達で，このような3次元の図を描くのはそれほど困難なことではない。しかし，本来2次元の平面に3次元の図を描いて，それに基づいていろいろな分析を進めるのは，多少無理がある。

したがって，ミクロ経済学の常套手段として3次元の図を2次元の図に変換する試みが行われている。もっとも手っ取り早いのが，他の財の消費量を固定しておいて，ある1つの財の消費量のみを変化させたときの効用の変化を図示するものである。これが図3.3に描かれている効用関数の曲線である。この図では，財2（＝ミ

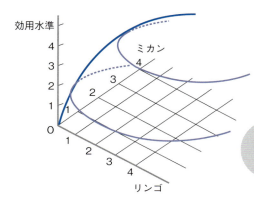

水平面にリンゴとミカンの消費量を，高さの軸に効用水準を表した図で，リンゴとミカンの消費から決定される効用を図示している。

図3.2　効用関数の立体図

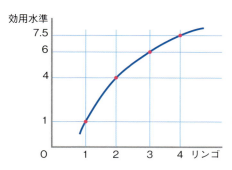

ミカンの消費量を一定に固定して，リンゴの消費量のみを増加させたときの効用水準の変化を示している。

図3.3　効用関数：ミカン一定

3　消費の理論

表3.2　効用関数の性質

限界効用正	ある財の消費量が増加すれば，効用水準も増加する。
限界効用逓減	限界効用の大きさは，消費量が増大するにつれて，しだいに小さくなる。

カン）の消費量を一定で抑えておいて，財1（＝リンゴ）の消費量だけを増加させたときの効用水準の変化を示している。

　こうして描かれる効用関数は右上がりであるが，その傾き（＝限界効用）はしだいに小さくなっている。すなわち，限界効用は逓減する（限界効用逓減の法則）。通常は限界効用は逓減してもゼロ以下，つまりマイナスにはならない。もしマイナスになれば，消費を拡大するほど，満足度が減少することを意味する。そのような財の場合には，限界効用がマイナスになる前にゼロになる点，つまり効用水準が最大になる点が存在する。そうした点を特に「飽和水準」とよんでいる。

限界効用逓減の法則

　図3.3では財2（ミカン）の消費水準を固定したが，財1（リンゴ）の消費水準を固定すると，財2の消費水準と効用水準に関して，同じような関係が描かれる。もちろん，財2に関しても限界効用逓減の性質が成立する。65頁の表3.1の数値例ではリンゴを1個に固定したときのミカンの消費からの限界効用は，ミカン1個のときは3,2個のときは2,3個のときは1.5という具合に低下している。

Point——3　関数と微分

　ミクロ経済学で重要な概念である「限界」は，数学では**偏微分**に相当する。偏微分とは，ある変数だけが少し変化したときにその関数の値がどれだけ限界的に変化するかを示すものである。

$$x = H(y_1, y_2)$$

という関数型があるとしよう。効用関数もこの関数型の一つのタイプである。

　ここで変数 y_1 のみが少し変化して，y_2 が一定であるとき，x がどれだけ変化するかを示したのが，偏微係数である。したがって，偏微分は限界的な変化を示すものでもある。記号では∂（ラウンド）を使い

$$\frac{\partial_H}{\partial x}$$

などと表される。（本書では$\varDelta$で表記している。）

3.2 効用関数

実際に偏微分を計算するには，微分の対象としない他の変数を定数と同じように みなして，通常の微分の公式を当てはめればよい。微分は d を使い

$$\frac{dx}{dy}$$

と表したり，′（プライム）をつけて y' などと表す。

最後に，微分の公式をまとめておこう。

通常の微分：$x = y^a$ のとき，$\dfrac{dx}{dy} = ay^{a-1}$

分数の微分：$x = \dfrac{a}{y}$ のとき，$\dfrac{dx}{dy} = -\dfrac{a}{y^2}$

対数の微分：$x = \log y$ のとき，$\dfrac{dx}{dy} = \dfrac{1}{y}$

合成関数の微分：$x = F(H(y))$ のとき，$\dfrac{dx}{dy} = F'(H)H'$

（ここで，F' は F 関数の微分，H' は H 関数の微分）

効用関数の例

効用関数の具体的な関数型としては，どのようなものがあるだろうか。効用関数の例としてよく用いられるのが，コブ=ダグラス型の効用関数である。

$$U = x_1^a x_2^b \qquad a, b > 0$$

通常，$a + b = 1$ という関係を想定することが多い。この関数での，x_1 の増加の限界効用（x_2 を固定しておいて，x_1 と U との関係をみたもの，数学的には偏微分をとったもの）は

$$\frac{\Delta U}{\Delta x_1} = ax_1^{a-1}x_2b > 0$$

であり，プラスであるが，この大きさは x_1 が拡大するにつれて，小さくなる。

■ 序数的効用と基数的効用

効用は経済的な満足度の指標であるが，これをどのように評価するかについては2つの立場がある。一つの考え方は，満足度の順序づけのみが重要であり，その絶対的な水準自体にはそれほど意味はないとする立場である。これが序数的効用の概念に相当する。これに対して，もう一つの考え方は，満足度としての効用の絶対的な水準自体にもそれなりの意味があるとする基数的効用の立場である。

69

3　消費の理論

前者の立場では，たとえば「リンゴ2個とミカン3個の組合せ」と「ミカン2個とリンゴ3個の組合せ」が同じであるという情報と，「リンゴ3個とミカン3個の組合せ」の方が上の「リンゴ2個とミカン3個の組合せ」よりも満足度が高いという情報は重要であるが，どの程度効用水準が大きいかは重要ではない。したがって，効用の絶対水準や限界効用の定量的な大きさ自体にあまり意味をみいださない。効用がどのくらい増加するのか，限界効用がどのくらい逓減するのかに関する定量的な数字がなくても，消費者行動は十分に説明可能であると考える。

後者の立場は，「リンゴ2個とミカン3個の組合せ」よりも「リンゴ3個とミカン3個の組合せ」の方がどの程度効用水準が高いのか，その大きさも重要な意味をもつとする。この立場では，効用の絶対水準を比較することや限界効用がどの程度のスピードで逓減するかは重要な意味をもってくる。

どちらの立場が有益かは，何を分析したいかに依存する。消費行動の通常の標準的な分析であれば，序数的な効用を想定するだけで十分に説明可能である。その限りでは，限界効用が逓減する基数的な効用関数を想定する必要はない。後者の基数的な効用が意味をもつのは，所得再分配政策などで，社会的な価値判断として個人間の効用比較をせざるを得ないケースである。このときの効用の意味については，第8章でまた説明することにしたい。

3.3　予算制約式

■ 所得と消費

家計は効用を最大にするように消費行動すると考えたが，そのためには財1，財2の消費量がどちらも大きいほど望ましい。しかし，無制限に消費を拡大することはできない。この最大化問題の制約となるのが，予算制約式である。すなわち，消費するためには市場価格でその財を購入する必要がある。購入金額を増加するにはそれに投入する所得もより多くかかる。家計のもっている所得総額が一定であると考えると，購入金額を無限には増やせないと

3.3　予算制約式

いう観点から消費行動に制約がかかるのである。

　このような予算制約式を次のように定式化しよう。

（2）　　　$M \geqq p_1 x_1 + p_2 x_2$

ここで，M はある一定の総所得金額を表し，p_1 は財 1 の価格，p_2 は財 2 の価格である。また，家計の消費可能な財は財 1，2 の 2 つだけとする。

　（2）式の右辺は 2 つの財の消費に投入される総購入額を意味しており，予算制約上，その金額は家計のあらかじめ保有している所得に一致するか，それ以下でなければならない。したがって，家計の消費行動は制約付きの最適化問題になる。なお，消費に飽和点がないと想定すると，制約いっぱいまで消費することが望ましくなる。よって，以下では，（2）式の制約は不等号ではなくて，等号で成立すると考える。

予算制約式の表による説明

　表3.3では，リンゴの価格 $p_1 = 2$，ミカンの価格 $p_2 = 1$ のケースについて，それぞれの財を購入した場合の総支出額を示している。たとえば，$M = 6$ とすると，白ヌキしている部分のみが予算制約を満たすことになる。（2）式の予算制約は，この白ヌキの部分にどれだけ消費可能な 2 種類の財の組合せが入るかを意味している。

表3.3　支出額

リンゴの消費量

	1	2	3	4
1	3	5	7	9
2	4	6	8	10
3	5	7	9	11
4	6	8	10	12

（左側縦軸：ミカンの消費量）

図による説明

　予算制約式（2）を図で表したものが図3.4である。AB 線が予算制約線（あるいは予算線）であり，OA はすべての所得を財 1 の購入に投入したときの購入可能量

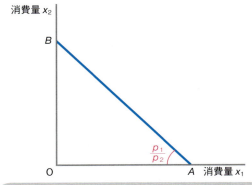

予算制約線 *AB* は，右下がりであり，また直線である。その傾きは，2つの財の相対価格で与えられる。

図3.4　予算制約線

（＝M/p_1）を表し，O*B* はすべての所得を財 2 の購入に投入したときの購入可能量（＝M/p_2）を表す。*AB* 線の傾きは，2つの財の相対価格 p_1/p_2 を表している。

予算制約線は必ず右下がりである。また，直線になる。予算制約線が右下がりであるのは，ミカンの購入を増加させてもリンゴの購入を増加させても，ともに支出額が増加するので，支出額の全体を一定の所得以下に抑えるためには，どちらかを拡大させれば，もう一方は同額分だけ減少させざるを得ないからである。予算線が直線になるのは，家計にとって価格は所与であり，家計の購入量が変化しても相対価格（財 1，財 2 の価格比率）は一定に維持されるからである。予算制約線の傾きは相対価格（2つの財の価格比率）であるが，これは消費者の購入行動とは独立に市場で決められると考えられる。

■ 予算線のシフト

さて，予算線は何に依存しているだろうか。一つの重要な要因は所得の大きさである。所得水準 *M* の増大により，図3.5に示すように予算線 *AB* は右上方にシフトする。このとき，相対価格は変化しないから予算線の傾きは変化せず，平行に右上方へシフトしている。

予算線は所得だけに依存しているのではない。もう一つの重要な要因は，それぞれの財の価格水準である。たとえば，図3.6-(1) に示すように，財 1 の価格 p_1 が上昇すると予算線は左下方へシフトする。この場合相対価格

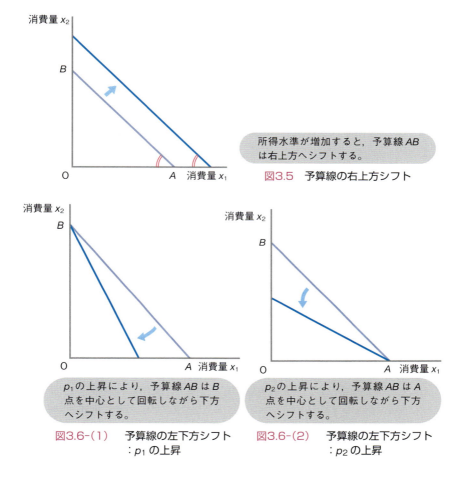

図3.5　予算線の右上方シフト

所得水準が増加すると，予算線 AB は右上方へシフトする。

図3.6-(1)　予算線の左下方シフト：p_1 の上昇

p_1 の上昇により，予算線 AB は B 点を中心として回転しながら下方へシフトする。

図3.6-(2)　予算線の左下方シフト：p_2 の上昇

p_2 の上昇により，予算線 AB は A 点を中心として回転しながら下方へシフトする。

p_1/p_2 は大きくなるから，予算制の傾きはより急になる。つまり，B 点を中心として回転しながら下方へシフトする。同様に，財 2 の価格 p_2 が上昇する場合には，相対価格 p_1/p_2 は小さくなるから，予算線の傾きはより緩やかになる。図3.6-(2) に示すように，p_1 の上昇の場合とは逆方向へ（＝左回りで）A 点を中心として回転しながら，予算線が下方にシフトする。

3 消費の理論

3.4 無差別曲線

■ 無差別曲線の概念

では，予算線の上で実際にどの点を選択するのが消費者にとって望ましいだろうか。これは，予算線上で効用水準がもっとも高い点を選択する問題である。この最適化問題は，制約付きの最大化問題である。すなわち，消費者の効用最大化問題は，(2) 式の制約のもとで (1) 式を最大にする財 1, 2 の購入量 x_1, x_2 の選択である。この問題は，数学的にも解くことは可能であるが，以下では図を用いてより直感的に解いてみよう。そのためには，無差別曲線という概念が有益である。

無差別曲線は，効用水準 U をある任意の水準で一定に維持するような財 1, 2 の消費量 x_1, x_2 の組合せである。したがって，同じ無差別曲線上の任意の点は，同じ効用水準を意味している。このような曲線は，地図上での等高線や天気図上での等圧線など，他の分野でもよく用いられている。

図による説明

図 3.7 に U をある任意の水準 U^* で固定したときの無差別曲線を描いている。この図に示しているように，無差別曲線は右下がりで，原点 O に向かって凸となるような曲線である。まず，無差別曲線が右下がりであるのは容易に理解できるだろう。x_1 が増大するとき，x_2 を一定に維持すると，当然 U は増大する。U を当初の U^* で維持するには x_2 が減少しなければならない。x_1 の増大と x_2 の減少という組合せで，初めて効用水準が一定に維持されるから，無差別曲線は右下がりとなる。

次に，無差別曲線が原点に向かって凸となる理由を考えてみよう。財 1 の消費量 x_1 が小さく財 2 の消費量 x_2 が大きい組合せの A 点で，1 単位だけ x_2 を減少させたとする。同じ効用を維持するには，どれだけ x_1 を増加させる必要があるだろうか。x_2 はすでに大きな水準であるから，それを 1 単位減少させても，効用の減少分（＝限界効用の大きさ）はそれほど大きくはない。これに対して，x_1 は小さいからこれを少し増加させると，効用は大きく増大する（x_1 の増加の限界効用は大きい）。したがって，あまり x_1 を増加させる必要はない。すなわち，図でいうと無差別曲線の傾きの大きさ（の絶対値）はかなり大きい。

逆に，すでに x_1 が大きく，x_2 が小さい組合せの B 点では，x_2 を減少させると効

74

3.4 無差別曲線

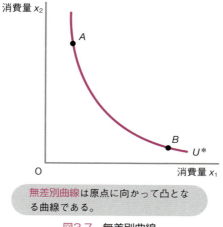

無差別曲線は原点に向かって凸となる曲線である。

図3.7 　無差別曲線

用の減少分は大きく，x_1 を増加させても効用の増え方はそれほど大きくない。したがって，同じ効用を維持するには，x_2 の減少分以上の x_1 の増加が必要とされる。その結果，この点では無差別曲線の傾きの絶対値はかなり小さくなる。以上の理由で，x_1 が大きく x_2 が小さくなるほど，無差別曲線の傾きがより緩やかになり，原点に向かって凸の形になるのである。

コブ=ダグラス型効用関数の例

たとえば，次のようなコブ=ダグラス型の効用関数を想定しよう。

$$U = x_1^{0.5} x_2^{0.5}$$

このときの無差別曲線は，

$$U^* = x_1^{0.5} x_2^{0.5}$$

となる x_1, x_2 の組合せである。これは，

$$U^{**} = x_1 x_2$$

と同じである。ここで，$U^{**} = U^{*2}$ である。すなわち，無差別曲線は図3.7と同じ直角双曲線となる。

なぜなら，効用水準を一定に維持するという前提が，どちらの場合も満たされているからである。言い換えれば，無差別曲線は効用の絶対的な水準には依存していない。序数的な効用概念のみで，それに対応する無差別曲線を導出することができる。

3 消費の理論

| Column——1 | コブ=ダグラス型の関数型 |

　「コブ=ダグラス」の名称は、アメリカの経済学者で上院議員でもあったポール・ダグラス（Douglas, P. H.）と数学者チャールズ・コブ（Cobb, C. W.）に由来する。ダグラスが1920年代のアメリカにおいて国民所得（Y）の資本（K）と労働（N）に対する分配率が長期にわたってほぼ一定であることに注目し、数学者コブがこのような事実と矛盾しない関数として、

$$Y = AK^a N^{(1-a)}$$

という関数を導出したことによる。A は定数、a と $1-a$ は各投入要素の相対的シェアで、一定である。今では一般に

$$f(x) = kx_1^{a1} x_2^{a2} x_3^{a3} \cdots\cdots xn^{an}$$

の形の関数を「コブ=ダグラス型」と経済学ではよんでいる。たとえば、2財の場合のコブ=ダグラス型効用関数の一例として

$$U = U(x, y) = 2x^{0.3} y^{0.7}$$

と表すことができる。

■ 限界代替率

　ところで、無差別曲線の傾きは、限界代替率とよばれている。これは、横軸のリンゴの消費量（$=x_1$）を 1 単位だけ限界的に増加させるときに、同じ効用を維持するとすれば縦軸のミカンの消費量（$=x_2$）をどのくらい減少させることができるか、そのミカンの消費量の減少幅で定義される。言い換えると、消費者にとって横軸のリンゴのある消費水準の限界的な評価を、ミカンの消費と比較する形式（金銭単位）で示している。限界効用は主観的な判断に依存する概念であるが、限界代替率は金銭単位で測れる概念であり、客観的な数字である。

$$x_1 \text{ の限界代替率} = \frac{x_2 \text{ の減少幅}}{x_1 \text{ の増加幅}} \quad （同じ効用水準を維持する）$$

　限界代替率は、無差別曲線が原点に向かって凸の形状をしている場合には、その財の消費量が小さいときに大きく、その財の消費量が増加するにつれて小さくなっていく。これは、その財の消費者にとっての主観的な評価が、消費量の拡大とともに小さくなることを意味する。こうした性質は、限界代替

3.4 無差別曲線

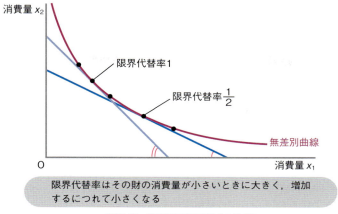

限界代替率はその財の消費量が小さいときに大きく，増加するにつれて小さくなる

図3.8 限界代替率逓減の法則

率逓減の法則**とよばれている（図3.8）。

　このような限界代替率逓減の法則は，限界効用逓減の法則とよく似ている。では，両者の関係はどうなっているのだろうか。実は，限界代替率は2つの財の限界効用の比率に等しい。

$$x_1 \text{の限界代替率} = \frac{x_1 \text{の限界効用}}{x_2 \text{の限界効用}}$$

なぜなら，同じ効用水準を維持する x_1，x_2 の組合せは，

(3) 　　　$\Delta U_1 \Delta x_1 + \Delta U_2 \Delta x_2 = 0$

の関係を満たしていなければならない。ここで，ΔU_1 は x_1 の限界効用 ($\Delta U/\Delta x_1$)，ΔU_2 は x_2 の限界効用 ($\Delta U/\Delta x_2$) を意味する。(3) 式を変形すると，

(4) 　　　$-\dfrac{\Delta x_2}{\Delta x_1} = \dfrac{\Delta U_1}{\Delta U_2}$

が得られる。これは，**限界代替率が限界効用の比に等しいことを示している**。

　したがって，x_1 の増加によって x_1 の限界効用が逓減しなくても，x_2 の増加によって x_1 の限界効用が増大すれば，x_1 の拡大と x_2 の縮小という組合せで x_1 の限界代替率は低下する。その結果，無差別曲線は原点に向かって凸

の形状をもつ。そして，このような無差別曲線の形状が，消費の理論にとって必要十分の枠組みを与えるのである。

すなわち，限界効用が逓減しなくても限界代替率は逓減する。そして，限界代替率の逓減が成立すれば，無差別曲線の形状は原点に凸になる。その結果，効用最大化の点が内点解として存在する。限界効用の逓減は無差別曲線の凸のための十分条件であるが，必要条件ではない。したがって，厳密にいえば，消費者の効用最大化行動を定式化するためには，限界代替率逓減の条件が必要であるが，限界効用逓減の条件は必ずしも必要ない。

コブ=ダグラス型効用関数の例

次のようなコブ=ダグラス型の効用関数を想定しよう。

$$U = xy$$

このとき，xの限界効用はyであり，yの限界効用はxである。xの消費だけが増加すると，効用水準が増加するが，限界効用はyで一定値をとる。限界効用は逓減しない。これは，yの消費量のみが増加する場合も同様である。しかし，xのyに対する限界代替率は，y/xとなる。これはxの減少関数である。言い換えると，xの消費量が増加すると，その限界代替率は逓減する。

■ 無差別曲線の 4 つの性質

もっともらしい消費行動を前提とすると，無差別曲線には，次のような性質がある（表3.4）。

(1)　無差別曲線は右下がりである。

(2)　無差別曲線は原点に凸である。

(3)　右上方に位置する無差別曲線ほど，対応している効用水準は高い。

(4)　無差別曲線同士が交わることはない。

以上 4 つの性質のうち，(1) (2) についてはすでに説明した。(3) は，直感的にも明らかであろう。右上方の無差別曲線は，2 つの財の両方とも消費量 x_1, x_2 が大きくなっている。その結果，効用水準も大きくなる。

(4)の性質は，天気図での等圧線や地図での等高線でもあてはまる。図3.9のように，2 つの無差別曲線がかりに交わったとすると，交点 E と同じ効用をもつ無差別曲線が 2 つあることになる。それでは，たとえば相対的に右上

3.4 無差別曲線

表3.4 無差別曲線の性質

右下がり	ある財の消費を増大させると，他の財の消費を減少させないと同じ効用は維持できない
原点に凸	限界代替率が逓減する：財の消費水準が小さい（大きい）ときには，その財の限界評価は高い（低い）
右上方ほど効用は高い	2つの財の消費量がともに増加すれば，効用は増加する
交わらない	交われば，2つの財の消費量がともに大きくて，効用が同じ点が存在してしまう

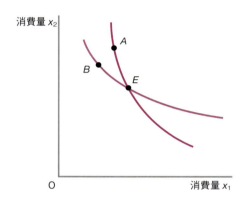

無差別曲線同士が交わることはない。

図3.9 無差別曲線が交わると矛盾

方にある A 点と左下方にある B 点の効用が同じ水準になり，性質（3）と矛盾してしまう。

3　消費の理論

3.5　主体的均衡点

■ 主体的均衡とは何か

　経済主体の個人的な最適化行動の条件を満たしている点を，主体的均衡点とよんでいる。家計の場合は，効用を最大にするような消費行動の最適条件を満たしている点である。したがって，家計が所与としている価格や所得水準に対応して，主体的均衡点が求められる。所得や価格水準が変化すれば，主体的均衡点も当然変化する。その意味では，主体的均衡を満たし得る点は無数に存在する。

　では，主体的均衡点はどのような条件を満足しなければならないだろうか。この問題を図3.10を用いて考えてみよう。

■ 主体的均衡点の求め方

　消費者にとってもっとも望ましい点は，予算制約線 AB 上で効用水準のもっとも高い点である。もちろん，予算制約線の内側の点はすべて予算制約を満たしているが，内側の点よりは予算制約線上の点の方が家計にとっては望ましい。その方が x_1, x_2 という2つの財の消費をともに拡大させることができるからである。では，その予算線 AB 上では，どんな点がもっとも望ましいだろうか。

　それは予算線と無差別曲線との接点 E で与えられる。なぜなら，図3.10に示すように，E 点以外の点では無差別曲線と予算線とは2つ交点 F, G をもっているが，そうした点での効用水準は，必ず E 点での効用水準よりも小さい。これは，原点から遠く離れた無差別曲線ほど，効用水準も高くなることによる。以上の理由で E 点が主体的な均衡点になる。この E 点は，図に示したように，1つしかあり得ない（ユニークである）ことに注意したい。これは，無差別曲線が原点に凸であるという性質から生じる結果である。

　たとえば，無差別曲線が右下がりであっても，図3.11のように必ずしも原点に向かって凸でなければ，主体的均衡点が2つ以上存在する場合も排除

80

3.5 主体的均衡点

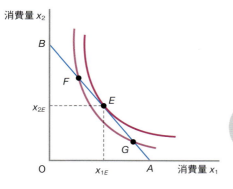

消費者の主体的均衡点は，予算線 AB と無差別曲線との接点 E で与えられる。この点で家計の効用が最大化される。

図3.10 主体的均衡点

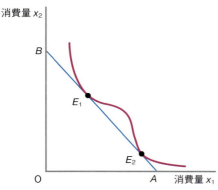

もし無差別曲線が原点に向かって凸でなければ，主体的均衡点が2つ（E_1, E_2）存在する可能性もある。

図3.11 主体的均衡点が2つあるケース

できない。原点に凸の無差別曲線の性質は，限界代替率が逓減することと対応している。

以上まとめると，消費者は，所得 M と各財の価格 p_1，p_2 を所与として，効用を最大にするような E 点を選択し，それに対応する各財の消費の組合せ，x_{1E}，x_{2E} を選択する。

■ 限界効用均等の法則

主体的均衡点 E では，無差別曲線の傾きと予算線の傾きが等しい。言い換えると，

x_1 の限界代替率＝x_1 の相対価格

という関係が成立している。これが，主体的均衡点の条件式である。この式

の左辺 $=x_1$ の限界代替率は，x_1 の消費を追加的に 1 単位拡大させるときの家計にとっての限界メリットを示している。なぜなら，限界代替率は x_1 の追加的な消費から得られる効用の増加の評価を，x_2 財の減少の大きさで表しているからである。

これに対して，条件式の右辺 $=x_1$ の相対価格は，x_1 の消費を追加的に 1 単位拡大する際の限界的な費用の増加（限界デメリット）を表している。すなわち，x_1 を 1 単位余計に購入するには p_1/p_2 単位の x_2 財を犠牲にしなければならない。したがって，この条件式は，x_2 の変化に置き直したときの x_1 の追加的な拡大の限界的メリットとデメリットが一致するという条件である。

消費行動のうえの条件式のみならず，一般的に，ミクロ経済学で経済主体の主体的な均衡点を求める際には，その選択の結果得られる限界的メリットと限界的デメリットが一致する点を求めればよい。なぜなら，限界的メリットの方がデメリットよりも大きければ，さらにその選択を拡大することで，より望ましい状況が実現できるし，逆に，限界的デメリットの方がメリットよりも大きければ，その選択を縮小することで，満足度は高くなるからである。

上の例で図3.10において家計の選択している点が E 点ではなく，F 点としよう。F 点での無差別曲線 GF の傾き（の絶対値）は，予算線 AB の傾き（の絶対値）よりも大きい。これは，x_1 の限界代替率が x_1 の相対価格よりも大きいことを意味し，x_1 拡大の限界的なメリットの方がデメリットよりも大きいことも意味する。したがって，x_1 をより拡大させることで，家計の効用は増大する。逆に，G 点では無差別曲線 GF の傾きよりも予算線 AB の傾きの方が大きくなっている。ここでは，x_1 拡大の限界的デメリットの方がメリットよりも大きいから，x_1 をさらに拡大するとかえって効用は減少してしまう。むしろ，G 点では x_1 を縮小する方が望ましいのである。

なお，上の条件式は，次のようにも書き直すことができる。

$$\frac{x_1 \text{ の限界効用}}{x_1 \text{ の価格}} = \frac{x_2 \text{ の限界効用}}{x_2 \text{ の価格}}$$

なぜなら，限界代替率は，それぞれの財の限界効用の比率にも等しいからで

3.5 主体的均衡点

表3.5 主体的均衡点のまとめ

意 味	効用を最大にするような消費者行動の最適条件を満たす点
条 件	その財の限界代替率（その消費を追加的に拡大する限界的なメリット）＝その財の相対価格（その消費を追加的に拡大する限界的なコスト）
図の条件	無差別曲線の傾き＝予算線の傾き

ある。この式は，限界効用をその財の価格で割った値がすべての財で均等でなければならないことを意味している。これを，限界効用均等の法則とよんでいる。

[数値例：コブ=ダグラス型]

効用関数が
$$U = x^{0.3} y^{0.7}$$
で予算制約式が
$$x + 2y = 100$$
とする。消費の主体的均衡条件は，
$$0.3x^{-0.7} y^{0.7} = 0.7x^{0.3} y^{-0.3}/2$$
である。これより
$$0.6y = 0.7x$$
この条件式と予算制約式より，x と y を求めると，
$$x = 30, \quad y = 35$$
となる。なお，x への支出額30と y への支出額（$2y = 70$）の配分比率は，効用関数のベキ乗の比率0.3と0.7に対応している。コブ=ダグラス型の効用関数の場合，財価格の水準にかかわらず，2つの財の購入金額の配分は，必ずベキ乗の比率に一致する。

Point——4　基数的効用と序数的効用

効用関数に基数的な意味をもたせるのか，あるいは序数的な概念でいいのかはミクロ経済学の大きな問題である。

限界効用という概念は，基数的な効用を前提としている。しかし，消費行動の説明をするだけなら，基数的な効用概念は必要がない。たとえば，$U = x_1 x_2$

という効用関数を想定しよう。このとき，財 1 の消費の限界効用は x_2 であり，x_1 とは独立である。すなわち，x_1 が増加しても財 1 の限界効用は減少しない。

一方で，$U = x_1^{0.5} x_2^{0.5}$ という効用関数を想定すると，財 1 の消費の限界効用は，$0.5 x_1^{-0.5} x_2^{0.5}$ であり，これは x_1 の減少関数である。ところで，両方の効用関数ともに無差別曲線は $U^* = x_1 x_2$ を満たす x_1，x_2 の組合せとして描くことができる。どちらの効用関数に対応する無差別曲線も，同じ直角双曲線である。

言い換えると，効用関数の形が異なっても無差別曲線の形が同一になることは十分に考えられる。したがって，消費者の主体的均衡点は同一であり，価格や所得が変化したときの消費行動の変化も同一となる。無差別曲線の形状がどうであるかが消費行動にとって重要であって，効用関数がどの程度の傾きで増加するのかはどうでもいい。これが，序数的効用が基数的効用よりも重要であるとされる理由である。

上の効用関数では，財 1 の限界効用は x_2 であり，x_2 一定のもとで x_1 が増加しても限界効用は逓減しない。それでも限界効用が逓減する効用関数とまったく同じ無差別曲線をもっている。

しかし，個人間で効用レベルを比較する際には，基数的な効用でないと有意義な比較にならない。政府が公平性の観点から所得再分配政策を実施するときには，個人間での効用格差を想定しているが，そうした状況では基数的な効用を前提としている。

3.6　所得効果と代替効果

■ 所得が拡大したときの効果

前節での主体的均衡点は，所得や価格を所与として求められた。では，家計にとっては外生的であるそれらの要因が変化したとき，主体的均衡点 E_0 はどのように変化するだろうか。ここで，所得が増加したときの主体的均衡に与える効果をみておこう。

所得が増加すると，図3.12に示すように，予算線 AB は右上方に平行シフトする。いままでよりも所得が拡大すれば，その分だけ消費金額全体は拡大する。これは消費可能領域を拡大させる。また，価格は一定であるから，

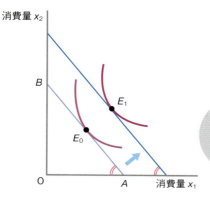

所得が増加すると，予算線 AB は右上方に平行にシフトして，主体的均衡点は E_0 から E_1 へ移動する。所得効果がプラスの正常財の場合は，需要量は増加する。

図3.12　所得拡大の効果

予算線の傾きは変化しない。したがって，予算線は右上方に平行シフトする。

新しい均衡点は，新しい予算線上で無差別曲線と接する点 E_1 である。図3.12に示すように，主体的均衡点は E_0 から E_1 へと移動する。通常，E_1 は E_0 の右上方にあるだろう。その結果，x_1，x_2 ともに増加する。以上みてきたように所得が拡大したときの消費に与える効果は，所得効果とよばれる。

この図で示したように，所得効果がプラスである財は，正常財（上級財）とよばれている。通常の消費財は正常財であり，所得が増加すればその財に対する需要も拡大する。たとえば，価格が変化しないで，所得のみが拡大すれば，リンゴやミカンの需要は刺激されるだろう。

■ 劣等財

しかし，中には所得効果がマイナスの財も想定できないことはない。そのような財は，劣等財（下級財）とよばれる。図3.13では，財2は所得効果がプラスに働く正常財であるが，財1は所得効果がマイナスに働く劣等財である。新しい主体的均衡点 E_1 は当初の均衡点 E_0 の左上方に位置している。

たとえば，主食としての麦などが劣等財の例として考えられる。所得が低いうちは麦を主食として消費しているとしよう。所得水準が増加すると，麦ではなく米を主食として消費したくなると想定すると，所得水準の上昇にともない，麦の消費は減少し，コメの消費が拡大する。このようなケースでの

3 消費の理論

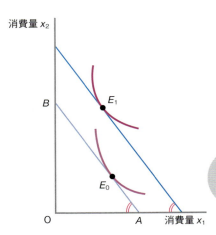

財1が劣等財であれば，所得の増加によって，新しい均衡点 E_1 は当初の均衡点 E_0 の左上方にある。財1の需要量は減少する。

図3.13　財1が劣等財のケース

麦は劣等財である。

　あるいは，軽乗用車も劣等財であるかもしれない。普通乗用車の機能が充実するにつれて，軽乗用車から普通乗用車へ需要がシフトする傾向がみられる。しかし，普通乗用車の方が価格は高い。所得が低いうちは軽乗用車を購入していた家計が，所得の拡大とともに軽乗用車から普通乗用車へ乗り換えるとすれば，軽乗用車に対する需要は，所得の拡大とともに減少してしまうから，こうした財は劣等財となる。

　なお，所得が増大すれば，総購入金額は拡大している。価格は一定のままだから，所得の増加は総消費量の拡大を意味する。したがって，すべての財が正常財であるケースは大いにあり得るが，逆のケース，つまり，すべての財が劣等財であるケースは考えられない（もしそうであれば，総消費量が減少してしまう）。2財のケースでは，1つの財が劣等財であればもう1つの財は必ず正常財となる。しかし，逆は必ずしも成立しない。

■ 所得消費曲線

　所得が拡大したときに，主体的均衡点はどのような軌跡を描いて，変化するだろうか。所得の拡大による均衡点 E の変化の軌跡を曲線として表したものを，所得消費曲線とよんでいる。図3.14に示すように，2つの財が正常

3.6 所得効果と代替効果

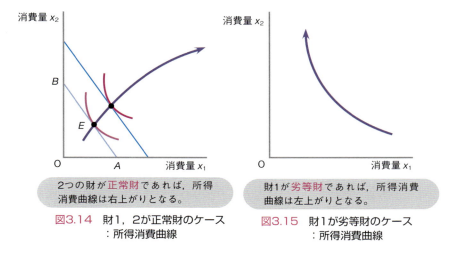

2つの財が正常財であれば，所得消費曲線は右上がりとなる。

図3.14 財1，2が正常財のケース：所得消費曲線

財1が劣等財であれば，所得消費曲線は左上がりとなる。

図3.15 財1が劣等財のケース：所得消費曲線

財であれば，所得消費曲線は，右上がりである。また，どちらかの財が劣等財であれば，所得消費曲線は曲がった形状をもつ。たとえば，財1が劣等財であれば，図3.15のような曲線になる。

■ 所得弾力性

所得が拡大したとき，その財の消費がどの程度拡大するかを示す指標が，**所得弾力性**である。これは，第2章で説明した価格弾力性と同様に定義されている。すなわち，所得弾力性は，所得が1％拡大するときにその財の需要が何％拡大するかを示す。

$$\text{所得弾力性} = \frac{\text{その財の需要の増加率（％）}}{\text{所得の増加率（％）}}$$

所得弾力性の大きな財は，その財の消費量を横軸にとったとき所得消費曲線の傾きが緩やかになる。逆に，所得弾力性の小さな財は，所得消費曲線の傾きが大きくなる。所得弾力性の高い財は，贅沢品であろう。生活に余裕ができて初めて，宝石など贅沢品の需要は拡大する。逆に，所得弾力性の低い財は，生活必需品である。塩などの必需品は所得が拡大しても，たいして需要が刺激されるわけではない。

87

■ エンゲル係数とエンジェル係数

所得の中で食費に投入される割合を，エンゲル係数とよんでいる。食費の多くの部分は，生活必需品関連の支出であろう。とすれば，所得水準が拡大するにつれて，エンゲル係数は低下することが予想される。事実，わが国のデータでもエンゲル係数は低下傾向にある。エンゲル係数は，食費を横軸に，その他の支出を縦軸にとった場合の所得消費曲線の傾きに対応している。原点からの傾き（平均的な支出性向を示す）が，エンゲル係数である。

なお，エンゲル係数に似た言葉でエンジェル係数という概念も，用いられたことがある。これは，支出に占める子どもの養育費の割合である。所得が拡大するにつれて，子どもをより手間暇かけて養育しようとする傾向もみられる。特に，ブランドの服を着せたり，ピアノなどの習い事や幼児教育に熱心になったり，塾や家庭教師に費用を投入したりすると，子どもに対する支出は増大する。親にとって子どもが正常財であるとすれば，所得の拡大でエンジェル係数は拡大することになる。

❖ Case Study　なぜ出生率は低下したのか

わが国で少子化が急速に進展しているのは，周知の事実である。図が示すように，すでに14歳以下の子どもの人口は65歳以上の老年人口を下回っている。

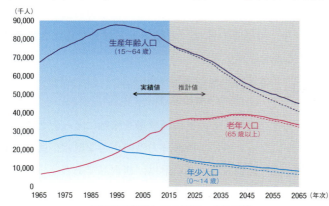

年齢3区分別人口の推移：中位推計

（注）実線は2017年推計，破線は2012年推計。
（出所）国立社会保障・人口問題研究所　少子化情報HP「日本の将来推計人口」（2017年推計）

2005年の国勢調査では、20歳以下の未成年人口が65歳以上の老齢人口を下回るようになった。2018年現在の日本の出生率（合計特殊出生率：1人の女性が一生のうちに何人の子どもを生むかを表す）は1.4程度であり、人口が安定的に維持される出生率2の水準を大きく下回っている。この出生率のまま推移すると、100年後の総人口は4770万人程度になると予想されている（2019年5月現在の総人口は約1億2620万人）。

出生率が低下しているのは、子どもを生み育てるコストが上昇する一方で、そのメリットが低下しているからである。子育てには時間がかかるから、女性の職場への進出などで時間の機会費用（＝その時間を他の用途に振り向けると、どの程度の経済価値になるか）が、上昇している現代では、子育てのコストも上昇する。他方で、それまでは老後の面倒を子どもに頼っていた家計が、社会保障の整備やサービスの市場化が進展して、お金で老後の備えをまかなえるようになり、子育てのメリットは減少している。

さらに、コンビニやファミリーレストランなどの市場でも独身者や高齢者の需要にきめ細かく対応し始めている。従来は結婚して家庭をもつことではじめて得られていたサービスの多くが、市場によって供給されるようになった。その結果、たくさんの子どもを育てる誘因がなくなってしまった。

■ 相似拡大的効用関数

図3.16に示すように、所得消費曲線が、原点からの直線として描かれるような無差別曲線は、相似拡大的な（ホモセチックな）効用関数に対応して

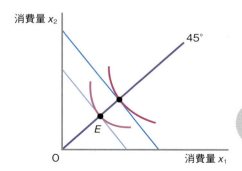

所得消費曲線が原点からの直線として描かれるときは、相似拡大的な効用関数に対応している。

図3.16 相似拡大的効用関数

いる。効用関数の特定化の例としてよく用いられるコブ=ダグラス型の効用
関数は，相似拡大的な効用関数の一つである。たとえば，

$$U = x_1{}^{0.5} x_2{}^{0.5}$$

の効用関数は，2財の相対価格が1のとき，45度線の所得消費曲線をもつ。

■ 価格変化の効果

次に，価格変化の主体的均衡に与える効果を考えてみよう。いま，財1の
価格 p_1 が上昇したとしよう。このとき，財1の相対価格 p_1/p_2 も上昇する。
$x_1 = 0$ であれば，このような価格の上昇によって家計の消費機会は影響を受
けないが，$x_1 > 0$ である限り，消費機会は小さくなるだろう。すなわち，図3.17
に示すように，予算線は AB から $A'B$ へとシフトする。

したがって，主体的均衡点は E_0 から E_1 へ移動する。図3.17に示すように，
x_1 は減少するだろう。これは次のように理解できる。いま，新しい均衡点
E_1 に対応する無差別曲線 I_1 上で，傾きが価格上昇前の相対価格 p_1/p_2 に等
しい点を E_2 としよう。そうすると，E_0 から E_1 への動きは，E_0 から E_2 への
動きと E_2 から E_1 への動きに分解することができる。

前者の動き（E_0 から E_2 への動き）は，相対価格が一定のもとでの実質的
な所得の減少による予算線の平行下方シフト（AB から ab へ）の効果を表し，
後者の動き（E_2 から E_1 への動き）は，同じ効用水準を維持するように（同
じ無差別曲線上を動くように）実質的な所得が調整されたときの消費行動の
変化を表している。前者を所得効果，後者を代替効果とよんでいる。

所得効果

所得効果は，財1の価格 p_1 の上昇によって実質的な所得が減少したときに，財1
の需要がどのように変化するかを示したものであり，財1が正常財であれば，必ず
財1の消費量 x_1 は減少する。すなわち，E_2 は E_0 の左にある。この効果は，本節の
最初に分析した効果，すなわち，価格が変化しないで所得が変化したときの効果と，
原理的にはまったく同じである。したがって，正常財であれば所得の実質的な減少
で x_1 は減少し，劣等財であれば所得の実質的な減少で x_1 は増加する。これが所得
効果である。

では，p_1 の1円の限界的な上昇は，何円の実質的な所得の減少と等しいだろうか。

3.6 所得効果と代替効果

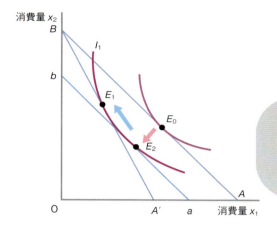

図3.17 価格上昇の効果

p_1の上昇の効果は，相対価格が一定のもとでの実質的な所得の減少による効果（所得効果：$E_0 \to E_2$）と同じ効用水準を維持するように実質的な所得が調整されたときの相対価格の変化による効果（代替効果：$E_2 \to E_1$）に分解される。

価格が上昇する前のx_1の購入額は$p_1 x_1$であるから，p_1の限界的上昇はx_1円の所得の減少に等しい。たとえば，$p_1 = 10$，$x_1 = 100$として，$p_1 = 11$に1円だけ価格が上昇したとしよう。このとき，当初は1000円でx_1を100個購入していたが，価格の上昇後は同じ財1を100個購入するのに1100円を要する。この〈差額＝1100－1000＝100円〉が価格上昇のコストであり，その分だけ所得が減少したのと実質的には同じ意味をもっている。

代替効果

また，代替効果は，p_1の価格変化の相対的な有利さを表すものであり，かりに価格の変化にもかかわらず，実質的な所得が何らかの方法で同一水準に維持されたとしたときの，すなわち，効用水準が同じ水準で維持されて，同じ無差別曲線上を動くときの，価格変化の需要に与える効果を抽出している。これは補償需要への効果とよばれる。

もちろん，実際に実質的な所得が調整されるわけではない。これは，あくまでも理論的な思考実験として考えるものである。なお，現実の価格変化を所得効果と代替効果に分解している以上，2つの効果を総合したものは，必ず実際の消費需要の変化を表している。

さて，無差別曲線が原点に向かって凸であることから，必ずE_1はE_2の左上方になる。p_1が上昇すれば，代替効果からは必ずx_1は減少し，財2の消費量x_2は増加する。また，財1が正常財であれば，所得効果からもx_1は減少する。

以上2つの効果を総合すると，財1が正常財であれば，p_1の上昇によって必ずx_1の需要量は減少することがわかる。

3 消費の理論

■ スルツキー方程式

以上，所得効果と代替効果という2つの効果を導入することで，財1の価格 p_1 が変化した場合の財1の消費量 x_1 に対する全体効果は，次のように2つの効果に分解することができる。

$$(5) \qquad \frac{\Delta x_1}{\Delta p_1} = \underbrace{\left(\frac{\Delta x_1}{\Delta p_1}\right)_{効用一定}}_{代替効果} - \underbrace{\left(\frac{\Delta x_1}{\Delta M}\right) x_1}_{所得効果}$$

この式の左辺は，p_1 が変化したときの x_1 の需要に与える全体効果を意味する。

右辺の第1項は，効用水準が一定に維持されるように実質所得が調整されるときの代替効果による x_1 への影響を表し，第2項は p_1 が変化したときの実質的な所得の変化を通じる所得効果の大きさを意味する。第2項での x_1 は，p_1 の上昇が x_1 円の所得の減少に対応することを反映している。実際の需要の変化は，図3.17と同様に，このような式の形でも代替効果の部分と所得効果の部分に分解できる。この式を，スルツキー方程式とよんでいる（スルツキー（Slutsky, E.）はロシア（ソ連）の経済学者・統計学者（1880-1948））。

■ ギッフェン財

所得効果がマイナスである劣等財の場合，その財の価格の低下にもかかわらず，その財の需要が減少することもあり得る。こうした財は，ギッフェン財とよばれる（ギッフェン（Giffen, R.）はイギリスの経済学者，統計学者（1837-1910））。

これは，所得効果の大きさが代替効果の大きさを上回っているケースである。その財の価格が低下すると，実質的な所得が増加するから，劣等財であれば，所得効果からはその財の需要は減少する。これに対して，代替効果からは，価格の低下によって必ずその財に対する需要は増加する。代替効果よりも所得効果が大きければ，価格の低下によってかえって需要は減少する。

これは，19世紀半ばのアイルランドでの飢饉のときに，じゃがいもの需要についてみられた現象である。じゃがいもの価格が上昇したとき，家計の余裕がない状況ではより品質の高い他の財に対する支出が抑制され，代わりに

3.6 所得効果と代替効果

表3.6 所得効果のまとめ

正常財	所得が増加すると需要が増加する財：リンゴ，ミカン
劣等財	所得が増加すると需要が減少する財：主食としての麦，軽自動車
ギッフェン財	価格が上昇すると需要が増加する財：主食としてのジャガイモ

劣等財のじゃがいもの支出が増大した。

■ クロスの価格変化の効果

では，他の財の価格が変化したときの効果を考えてみよう。たとえば，財1の価格 p_1 の上昇は財2の消費量 x_2 に対してどのような影響を与えるだろうか。図3.17に示すように，x_2 が正常財であれば，所得効果によって x_2 は減少する。これは E_2 が E_0 の左下方になることを意味している。これに対して，代替効果からは x_2 は拡大する。これは E_1 が E_2 の左上方にあることに対応している。したがって，代替効果と所得効果とは逆方向に働く。代替効果の方が大きければ，p_1 の上昇で x_2 は拡大するが，所得効果の方が大きければ，p_1 の拡大で x_2 は減少する。なお，他の財の価格（p_1）が x_2 に与える代替効果をクロス（交叉）の代替効果，また，自らの財の価格（p_1）が自らの消費量 x_1 に与える代替効果を自己の代替効果とよんでいる。

また，財2が劣等財であれば，図3.18に示すように代替効果，所得効果ともに財2の消費量 x_2 を増加させる方向に働く。したがって，財1の価格 p_1 の上昇で財2の消費量 x_2 は拡大する。

p_1 の x_2 に与えるクロスの効果を，スルツキー方程式では，次のように表現することができる。

$$(6) \quad \frac{\Delta x_2}{\Delta p_1} = \left(\frac{\Delta x_2}{\Delta p_1}\right)_{\text{効用一定}} - \left(\frac{\Delta x_2}{\Delta M}\right) x_1$$

クロス代替効果　　所得効果

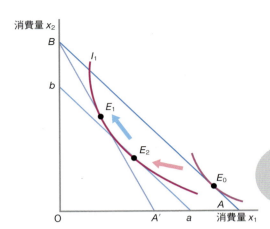

図3.18 財2が劣等財のケース

財2が劣等財であれば，p_1 の上昇で所得効果，代替効果ともに x_2 は拡大する。財1の価格が上昇すると，財2の需要は増加する。

■ 代替財と補完財

なお，2財間での選択の場合には，無差別曲線の形状にも示されているように，財1の価格 p_1 が上昇したときの財2の消費量 x_2 に与えるクロスの代替効果は必ずプラスである。しかし，3財以上のより一般的なケースでは，p_1 が上昇した場合に必ずしも x_2 が拡大するとは限らない。

他の財の価格が上昇したとき，クロスの代替効果がプラスに働く財を代替財，逆に，クロスの代替効果がマイナスに働く財を補完財とよんでいる。財2が補完財の場合には，財1の価格 p_1 の上昇で必ず x_2 は減少する。たとえば，パンとバターは同じ組合せで消費されることが多いから，補完財的な関係にある。このとき，パンの価格が上昇すると，パンの需要が減少するだけでなく，バターの需要も減少する。このとき，パンとバターは補完財である。

なお，自己の代替効果は必ずマイナスである。たとえば，リンゴの価格が上昇すれば，代替効果からはリンゴの需要は必ず減少する。

■ 代替効果の性質

代替効果は，価格変化が需要に与える効果を純粋に抽出したものであり，価格変化の経済的効果を分析する際に，重要な概念である。代替効果に対応する需要は，補償需要とよばれる。ここで，代替効果の性質をまとめておこう。

3.6 所得効果と代替効果

表3.7 価格の変化のまとめ

所得効果	価格変化で実質的な所得が変化したことによる効果
代替効果	実質的所得が一定に維持されるとしたときの価格変化の効果
スルツキー方程式	価格変化の総合的な効果を，所得効果の部分と代替効果の部分に分解した数式 所得効果の大きさは，消費している財の量に比例

(1) 自己の代替効果はマイナスである。

(2) クロスの代替効果の符号は確定しない。

(3) クロスの代替効果は対称的である。

(4) 代替効果を消費者価格で加重和するとゼロになる。

ここで (3) の意味は，財 1 の価格 p_1 の上昇が財 2 の消費量 x_2 に与える代替効果と，財 2 の価格 p_2 の上昇が財 1 の消費量 x_1 に与える代替効果を比較すると，どちらも同じ符号であり，かつその大きさも等しいというものである。リンゴの価格のミカンの需要に与える代替効果と，ミカンの価格がリンゴの需要に与える代替効果は同じである。(4) の意味は，p_1 が変化したときの x_1 に与える代替効果を p_1 のウェイトで加重し，p_1 が変化したときの x_2 に与える代替効果を p_2 のウェイトで加重して合計すると，必ずゼロになるというものである。

■ 無差別曲線の形状と代替効果

無差別曲線が原点に対してどの程度凸であるのかは，代替効果の大きさを決める要因である。図3.19にあるように，無差別曲線がそれほど大きく凸でなければ，すなわち，ほとんど曲がっていなければ，少しの価格変化で主体的な均衡点は大きく移動する。この場合の代替効果（E_1 から E_2 への動き）は，かなり大きい。無差別曲線が直線の場合には，限界代替率は一定となる。このとき 2 つの財は完全代替財といわれる。

95

表3.8 代替効果のまとめ

代替財	クロスの代替効果プラス 例：ミカンとリンゴ
補完財	クロスの代替効果マイナス 例：パンとバター
対称的	リンゴの価格のミカンに与える代替効果とミカンの価格のリンゴに与える代替効果とは同じ
加重和ゼロ	消費者価格での代替効果の加重和はゼロ

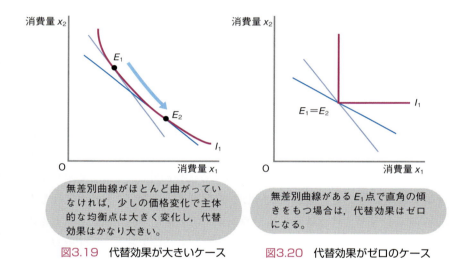

無差別曲線がほとんど曲がっていなければ，少しの価格変化で主体的な均衡点は大きく変化し，代替効果はかなり大きい。

無差別曲線がある E_1 点で直角の傾きをもつ場合は，代替効果はゼロになる。

図3.19 代替効果が大きいケース　　図3.20 代替効果がゼロのケース

逆に，無差別曲線がかなり凸であれば，すなわち，ある点で大きく曲がっている場合には，価格が変化しても主体的な均衡点はほとんど変化しない。この場合の代替効果はかなり小さい。極端なケースとして，図3.20のようにある E_1 点で直角の傾きをもつ無差別曲線の場合には，代替効果はゼロになる。つまり，価格変化に際して代替効果からの需要（＝補償需要）は変化しない。このとき2つの財は完全補完財といわれる。

3.7　需要曲線

■ 一家計の需要曲線

　以上の主体的均衡点 E での所得と価格の変化に対する動きから，ある財 1 の需要水準 x_1 は，通常は所得水準 M の増加関数，その財の価格 p_1 の減少関数，そして，他の財の価格 p_2 の減少あるいは増加関数として定式化できる。

(7) 　　　$x_1 = x_1(p_1 ; M, p_2)$

このような関数を需要関数とよんでいる。この関係を，縦軸に p_1，横軸に x_1 をとった図3.21で示したものが財 1 の需要曲線である。

　x_1 とその財の価格 p_1 との関係は，通常はマイナスであるから，図3.21に示すように，右下がりの曲線が描かれる。これが第 2 章で用いた右下がりの需要曲線である。x_1 と p_1 の図3.21では，M や p_2 は需要曲線のシフトを起こさせる外生的要因（シフト・パラメーター）として考えられる。

　上での議論からも明らかなように，M の上昇により，正常財であれば需要曲線は右上方にシフトする。p_2 の上昇で需要曲線がどちらの方向にシフトするかは，クロスの代替効果の大きさと所得効果の大きさに依存している。

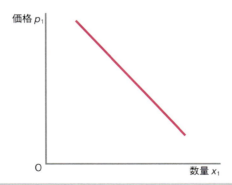

消費者の主体的均衡点での需要量とその財の価格との関係を，縦軸に価格，横軸に需要量の図に示したのが，需要曲線である。

図 3.21　需要曲線

3 消費の理論

正常財であり代替財である通常のケースでは，p_2 の上昇の所得効果によって x_1 の需要は減少し，クロスの代替効果によって x_1 の需要が増大する。したがって，クロスの代替効果の方が所得効果よりも大きければ，p_2 の拡大により需要曲線は右上方へシフトする。

[数値例：コブ=ダグラス型]

効用関数が

$$U = x^{0.3} y^{0.7}$$

で予算制約式が

$$px + y = M$$

とする。消費の主体的均衡条件より，

$$px = 0.3M$$

あるいは，

$$p = \frac{0.3M}{x}$$

となる。こうしたコブ=ダグラス型の効用関数の場合，需要曲線は直角双曲線となる。支出額は価格水準にかかわらず一定となるから，需要の価格弾力性は常に 1 になる。

■ **市場の需要曲線の導出**

市場で観察される家計全体の需要曲線は，その財を需要するすべての家計の需要曲線から，導出される。たとえば，個人 1 と個人 2 の 2 人からなる社会を考えよう。図3.22に示すように，それぞれの個人の需要曲線をまず描いてみよう。これから，家計全体の需要曲線は，それぞれの需要曲線を横軸方向に合計して，求めることができる。

たとえば，$p_1 = 100$ を所与として個人 1 が $x_1 = 10$，個人 2 が $x_1 = 20$ とすれば，家計全体では $x_1 = 10 + 20 = 30$ となる。これは，財 1 の需要量を同じ価格水準ですべての個人について合計している。したがって，個人の需要曲線を横軸方向に合計したものが，家計全体の需要曲線である。

このように市場の需要曲線を導出するとき，総需要曲線は個人の需要曲線よりはよりなめらかな曲線になる。たとえば，図3.23のようにある個人にとって需要量がゼロとなる需要曲線が成立していても，全体としての市場の

3.7 需要曲線

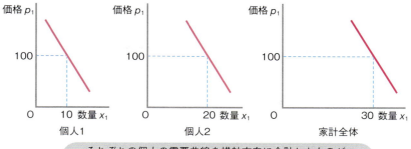

> それぞれの個人の需要曲線を横軸方向に合計したものが，家計全体の需要曲線である。

図3.22　家計全体の需要曲線：その1

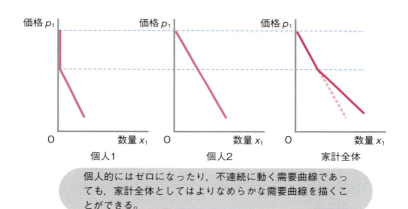

> 個人的にはゼロになったり，不連続に動く需要曲線であっても，家計全体としてはよりなめらかな需要曲線を描くことができる。

図3.23　家計全体の需要曲線：その2

需要曲線は，誰かの需要がプラスである限りは，ゼロになることはない。

あるいは，個人的には折れ曲がっていたり，不連続に動く需要曲線であっても，全体としては図3.23に示すように，連続的な曲線として需要曲線を描くことが可能になる。経済主体の数が多ければ多いほど，よりなめらかで連続的な需要曲線が，その財に対する家計全体＝市場の総需要曲線として描けるだろう。

99

3 消費の理論

まとめ

● 家計は，消費の需要主体である。家計は，価格を与件として予算制約を満たすうちで，効用水準がもっとも高くなるように，財の消費量を決定する。
● 家計の選好を集約したものが無差別曲線であり，その傾きが限界代替率である。
● 消費者のもっとも望ましい主体的均衡点は，無差別曲線と予算制約線の接点で与えられる。そこでは，限界代替率と相対価格が一致している。
● 所得が増加すると通常は，その財に対する需要は増大するが，劣等財の場合にはむしろ需要が減少する。価格が変化すると，所得効果と代替効果の 2 つの効果が生じる。2 財の場合には，クロスの代替効果は必ずプラスになる。
● 家計の需要曲線を集計することで，市場の需要曲線が導出できる。

重要語

□効用関数	□限界効用	□限界効用逓減の法則
□基数的効用	□序数的効用	□予算制約式
□無差別曲線	□限界代替率	□主体的均衡点
□限界効用均等の法則	□所得効果	□正常財
□劣等財	□ギッフェン財	□所得弾力性
□エンゲル係数	□代替効果	□スルツキー方程式
□クロスの代替効果	□代替財	□補完財
□需要曲線		

問　題

■1　（　）の中に適当な用語を入れよ。

（ア）ある財の消費水準を拡大し続けたとき，効用水準が最大となる点は，（　）である。

（イ）無差別曲線は，右上方にあるほど対応している効用水準は（　）い。

（ウ）リンゴの財の価格が上昇すると，代替効果と（　）が生じる。

（エ）クロスの代替効果が（　）のとき，補完財であるという。

（オ）家計全体の需要曲線の方が，個々の家計の需要曲線よりも，その傾きは

100

3.7 需要曲線

（　）い。

■2 消費者が X, Y の 2 財だけを消費するとき，正しいのはどれか。ただし，所得はこれら 2 財にすべて投入される。

（ア）X 財が正常財なら，Y 財も正常財である。

（イ）X 財が正常財なら，Y 財は劣等財である。

（ウ）X 財が正常財なら，Y 財はギッフェン財である。

（エ）X 財が劣等財なら，Y 財は正常財である。

（オ）X 財が劣等財なら，Y 財も劣等財である。

■3 効用関数が $U = x_1 x_2$ で，予算制約式が $x_1 + 2x_2 = 12$ のとき，財 1, 2 に対する最適な消費水準 x_1, x_2 を求めよ。

■4 個人 A, B の効用関数がそれぞれ以下のように与えられている。

個人 A：　$U^A = (X^A)^{0.6}(Y^A)^{0.4}$

個人 B：　$U^B = 2(X^B)^{0.6}(Y^B)^{0.4}$

ここで U^A, U^B は個人 A, B それぞれの効用水準，X^A, Y^A，X^B, Y^B は個人 A, B それぞれの消費財 X, Y の消費量を示す。また，各個人の所得は同じであるとする。以下のうちで正しいものはどれか。

（ア）$X^A = Y^A$，$X^B = Y^B$ が成立することもある。

（イ）$X^A = X^B$，$Y^A = Y^B$ が必ず成立する。

（ウ）$X^A < X^B$，$Y^A < Y^B$ が成立することもある。

（エ）$X^A < Y^A$，$X^B > Y^B$ が成立することもある。

（オ）$X^A < X^B$，$Y^A > Y^B$ が必ず成立する。

■5 次の文章のうちで正しいものはどれか。

（ア）限界効用がプラスであることは，必ずしも効用が逓減することを意味しない。

（イ）予算制約線が直線で描けるのは，価格が一定で変化しないからである。

（ウ）限界代替率が逓減すれば，必ず限界効用も逓減する。

（エ）クロスの代替効果は必ずマイナスになる。

（オ）所得効果がプラスであれば，代替効果もプラスになる。

4 消費理論の応用

　本章では消費理論の応用として，労働供給，貯蓄，不確実性，顕示選好の理論などを取り上げる。

> 1．家計の労働供給も，通常の財の需要行動と同じ理論的な枠組みで分析することができる。ただし，労働供給と賃金率との関係は，代替効果と所得効果が相殺する方向に働くので，理論的には確定しない。
> 2．異時点間の消費と貯蓄の決定も，通常の財の需要行動と同じ理論的な枠組みで分析できる。
> 3．不確実な世界では，家計は期待値ではなく期待効用を最大化するように行動すると考えるのが，もっともらしい。
> 4．顕示選好の理論を解説する。

4.1　労働供給

■ 労働供給の理由

　家計は財やサービスを需要するだけではない。労働を供給して労働所得を稼いでいる。この節では，家計の労働供給を考えてみよう。

　人はなぜ働くのであろうか。もちろん，働くこと自体に何らかの満足をみいだす場合もあるだろう。特に会社人間とよばれるサラリーマンにとっては，働くこと自体が目的となり，給料を稼ぐために働くという意識は少ないかもしれない。しかし，多くの人にとって所得がなければ働く意欲はなくなるだろう。それでもなお働く人は，ボランティア活動をしているのと同じである。

　ただし，人が所得を求めて働く場合でも，労働時間を自らの裁量で最適に決定できるかどうかについては，疑問もある。たしかにアルバイトなどのパー

4.1 労働供給

トで働いている人の場合は，1日のうちで何時間働くか自らの意思で決定できるだろう。しかし，多くのフルタイム労働者の場合は，どこの会社で働くか（＝就職での企業）は選択できても，1日に何時間働くか，1年に何日働くかはあまり選択できないかもしれない。

この節では，労働者は自らの働く時間を最適に選択できるという想定で，議論を進めていく。これは，フルタイム労働者であっても，残業などの仕事についてはある程度自らの裁量で調整可能であるし，また，働く時間が決まっている場合でも，どのくらい熱心に働くかは，自ら選択できると考えているからである。

■ 問題の定式化

第3章で定式化した消費の理論は，通常の財・サービスの消費水準に関する選択問題だけでなく，いろいろなケースに応用できる。まず最初に，家計の労働供給問題に適用してみよう。

まず，第3章で想定した家計の効用関数を，次のように修正して定式化する。

(1) $$U = U(c, H - L)$$

ここで，c は通常の財の消費量，H は家計の保有している労働供給可能時間（1日を単位としてとれば24時間），また L は労働供給時間である。$H - L = x$ は総時間のうち働いていない時間＝余暇の時間である。家計は，通常の財の消費と同じく，余暇の時間が多ければ多いほど，満足度が高くなると考えよう。この章では各財相互間での選択問題を，簡単化のために捨象し，財全体の消費量と余暇の消費量（あるいは労働時間）という2つの大きな対象に関する選択問題を考える。したがって，効用水準もこれら2つのものの消費に依存していると定式化している。

フルタイム労働者の場合には，L はどのくらい熱心に働くかの指標と解釈することもできる。その場合は，熱心に働くほど出来高払いでの収入も増加するが，熱心に働くと疲れもよりたまるという状況を想定している。タクシーの運転手などはこうした例に当てはまるだろう。

したがって，効用関数に関する通常の性質が当てはまる。すなわち，消費

103

c も余暇の時間 $H-L$ もその限界効用はプラスであるが，しだいに逓減する。あるいは，限界効用が逓減しなくても，限界代替率は逓減する。

たとえば，コブ=ダグラス型の効用関数を想定すると，(1) 式は次のように特定化される。

(1)′ $U = c^{0.5}(H-L)^{0.5}$

リンゴが c，ミカンが $H-L$ と考えれば，この効用関数 (1)′ は第 3 章で想定したコブ=ダグラス型の効用関数と同じである。

■ **労働供給に関する無差別曲線**

(1) 式から c と $H-L=x$ についての図4.1で，効用水準を一定に維持する無差別曲線 I を描くことができる。2つの消費対象 c, x ともに効用を増大させるが，限界効用は逓減すると考えると，通常の無差別曲線同様，原点に向かって凸の曲線が描ける。もちろん，右上方の無差別曲線ほどより高い効用水準に対応している。なお，第 3 章でも議論したように，限界効用が逓減しなくても限界代替率が逓減すれば，原点に凸の無差別曲線を描くことができる。

では，縦軸に消費量 c をとり，横軸に労働供給時間 L をとる場合には，ど

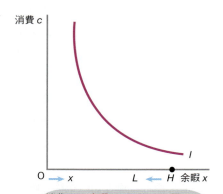
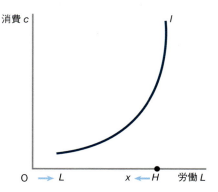

消費 c と余暇 x についての図で，効用水準を一定にする無差別曲線が描かれる。この無差別曲線は，消費に関する通常の無差別曲線と同じ形状である。

消費 c と労働供給時間 L の図では，無差別曲線は右上がりとなる。図4.1とは左右対称となる。

図4.1　消費と余暇の無差別曲線　　**図4.2**　消費と労働供給の無差別曲線

のような無差別曲線が描かれるだろうか。この場合には，図4.2のように，右上がりで横軸の右方向に向かって凸な無差別曲線が描ける。その理由は，余暇 x と労働 L とがちょうど逆方向に測られるからである。図4.1で横軸に H という労働供給可能時間を表示すると，その点から原点方向に L を，また，原点から H の方向に x を表すことができる。したがって，図4.1の無差別曲線を左右反対にすると，図4.2の無差別曲線になる。

■ 家計の予算線

では，家計の予算線はどのように定式化できるだろうか。労働供給するのは所得を稼ぐためである。単位時間（たとえば1時間）あたりの賃金を w，消費財の価格を p とすると，次のような予算制約が存在する。

$$(2) \qquad pc = wL$$

すなわち，労働所得 wL が総消費金額 pc に等しい。

ここでは，所得として稼いだものはすべて消費すると考えている。労働所得までは消費に回せるが，それ以上の消費をすることはできない。この節では使い残しをしても何ら経済的な満足度は上昇しないと考えている。その結果，家計は所得をすべて使いきってしまう。もちろん，現実には所得のうち一部が現在の消費に使われないで，貯蓄として将来のためにとっておかれる。これは貯蓄行動である。消費と貯蓄の最適な選択は，本章の第2節で分析する。

■ 最適な労働供給問題

さて，家計の最適な労働供給問題は，(2) 式の制約のもとで (1) 式を最大にするように L と c を決定する問題である。図4.3には，無差別曲線とともに予算線 AB を描いている。この予算線 AB は (2) 式を次のように変更して得られる。すなわち，$L = H - x$ を (2) 式に代入して，

$$(2)' \qquad pc + wx = wH$$

が得られる。右辺は労働供給可能時間の経済的価値＝初期保有労働時間の価値であり，左辺は財と余暇の消費額を意味する。

この式を図示したのが，図4.3における予算線 AB である。OA は $c = 0$ の

105

4 消費理論の応用

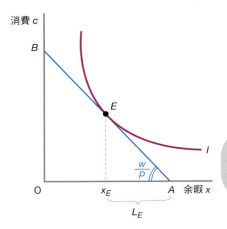

予算線 AB と無差別曲線との接点 E が主体的均衡点であり，x_E が最適な余暇の水準，$A-x_E$ が最適な労働供給の水準である。E 点で家計の効用が最大になる。

図4.3　主体的均衡点

ときの x の大きさであるから H に対応している。また，OB は $x=0$ のときの c の大きさであり，wH/p に対応している。予算線 AB の傾きは w/p である。**w/p は消費財で測った賃金**であり，**実質賃金**とよばれている。

■ **主体的均衡点**

　家計の最適点は，第3章でも議論したように，**予算線と無差別曲線との接点 E** である。E 点に対応する x の水準 x_E が最適な余暇の水準であり，$A-x_E$ が最適な労働供給水準 L_E である。

　家計の主体的均衡点の経済的な意味を考えてみよう。E 点では，無差別曲線の傾きと予算線の傾きが一致している。前者は，労働供給を1時間追加的に拡大する際の**限界的デメリット**（＝余暇を1時間追加的に抑制する限界的なデメリット）を表し，後者は，労働供給を1時間追加的に拡大する際の**限界的メリット**（＝余暇を1時間追加的に抑制する限界的なメリット）を表している。

　すなわち，**無差別曲線の傾きは，その点での余暇の限界代替率を表している**。労働供給時間が1時間増加すれば，余暇も1時間縮小するが，それが**消費財 c で測ってどのくらいのコストとして評価されているか**を示している。余暇 x が小さいほど，労働供給を1時間追加的に拡大して，余暇を追加的に犠牲にすることのデメリットは大きい。逆に x が大きいほど，労働供給時間

106

4.1 労働供給

L を拡大して x を犠牲にすることのデメリットは小さい。

また，予算線の傾きは消費財で測った実質的な賃金率（時間当たり賃金）であり，労働を 1 時間拡大することでどれだけの追加所得が得られて，どれだけ追加的に消費財が購入可能かを表している。これは，労働供給を拡大することの消費財で評価したメリットである。

図4.3の E 点よりも左上方の点では，無差別曲線の傾き（の絶対値）の方が，予算線の傾き（の絶対値）よりも大きい。これらの点では労働を拡大することのデメリットの方がメリットよりも大きいので，労働供給を縮小させて，余暇を拡大することが望ましい。

逆に，E 点よりも右下方の点では，無差別曲線の傾きの方が予算線の傾きよりも小さく，労働を拡大させるメリットがデメリットよりも大きい。したがって，この点では労働供給をさらに拡大させて，余暇を縮小させることが望ましい。主体的な均衡点 E では，労働供給を拡大する（限界的）メリットと（限界的）デメリットが等しく，これ以上労働供給を調整する必要はない。

別の図での主体的な均衡点

図4.2に対応して，横軸に労働供給をとる図4.4では，予算線は原点からの直線 OA のように表される。この場合の主体的均衡点は，やはり，予算線と無差別曲線との接点 E で与えられる。図4.4の E 点では，上の図4.3と同様に，労働を拡大させる限界的なメリットとデメリットが一致している。

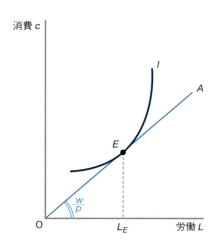

横軸に労働供給をとる図では，予算線 OA は原点からの直線になる。主体的均衡点 E は予算線 OA と無差別曲線との接点であり，最適な労働供給は L_E となる。

図4.4　最適な労働供給

■ 労働供給と賃金率

では，主体的均衡点での最適な労働供給水準 L_E は，賃金率 w/p とどのように関係しているであろうか。まず，賃金 w の上昇の効果を分析しよう。図4.5に示すように，横軸に余暇 x をとる場合，w の上昇によって予算線 AB は右上方にシフトする。ただし，A 点は変化しない。これは，$OA = H$ という関係が常に成立しているからである。w が上昇しても全然労働をしなければ，H 時間をすべて余暇の消費に当てるという関係は変化しない。

さて，賃金 w の上昇によって，予算線の傾きはより急になる。賃金率が高くなっているので，余暇を減少して労働供給を拡大すると，今までよりも高い賃金所得を手にできるし，より大きな消費が可能となる。その結果，主体的均衡点は，図4.5で E_0 から E_1 へと変化する。ここで，消費，余暇ともに正常財であるとすれば，E_1 は E_0 の上方にあるが，右側にあるのか左側にあるのかは確定しない。これは，w 上昇の余暇に与える代替効果と所得効果が相殺する方向に働くからである。

この点を確かめるために，E_1 と同じ効用水準を与える無差別曲線 I_1 上でその傾きが w の上昇以前の相対価格 w/p と同じ水準となる点 E_2 を求めてみよう。すると，E_0 から E_2 への動きは所得効果に対応しており，E_2 から E_1 への動きは代替効果に対応していることがわかる。

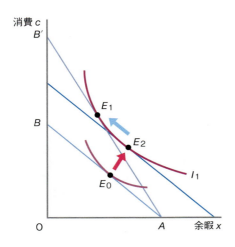

賃金率 w の上昇によって，予算線 AB は AB' へと右上方にシフトする。主体的均衡点は E_0 から E_1 へと移動する。E_0 から E_2 への動きが所得効果，E_2 から E_1 への動きが代替効果である。

図4.5　賃金率の上昇

4.1 労働供給

■ 所得効果と代替効果

余暇の消費が正常財であるとすれば，w 上昇による所得効果はプラスに働く。したがって，E_2 点は E_0 点の右上方にある。これに対して代替効果は，w/p が上昇したことで余暇を消費することが相対的に不利になったため，余暇の消費から通常の財の消費へと代替する方向に働く。すなわち，図4.5に示すように，E_1 点は E_2 点の左上方にある。

その結果，賃金の上昇は，通常の財の消費 c に対しては代替効果，所得効果ともに c を増大させる方向に働くが，余暇の消費（$x = H - L$）に対しては代替効果からは減少方向，所得効果からは増加方向へと，x は相殺する方向に動く。労働供給と余暇は逆の関係にあるから，労働供給が拡大するか縮小するかについても，代替効果と所得効果の相対的な大きさいかんで決まることになる。代替効果の方が所得効果よりも大きければ，w の上昇によって，x は減少し，労働時間 L は増大する。逆に，所得効果の方が大きければ，w の上昇によって，x は増大し，L は減少する。

■ 消費財の価格の上昇

次に消費財の価格 p 上昇の主体的均衡に与える効果を考えてみよう。図4.6に示すように，p の上昇によって予算線 AB は左下方にシフトする。今度の場合も，A 点は変化しない。したがって，p の上昇の効果は，w の上昇の効果とはちょうど逆の効果，すなわち，w の低下の効果と等しい。これは，(2)′式を書き直すと，

$$c + \frac{w}{p} x = \frac{w}{p} H$$

と変形できることからもわかるように，w/p という実質賃金の大きさのみが主体的均衡にとって問題であって，w の変化と p の変化は w/p を通じてしか予算線に影響しないためである。

以上のことから，p が上昇する場合，代替効果の方が所得効果よりも大きければ（小さければ），労働供給 L は減少する（増大する）。

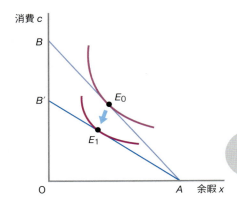

消費財の価格 p の上昇によって，予算線 AB は左下方へシフトする。主体的均衡点は，E_0 から E_1 へ移動する。

図4.6　消費財価格の上昇

■ **労働供給関数**

したがって，労働供給関数は次のように定式化できる。

(3) $$L = L\left(\frac{w}{p}\right)$$

図4.7に示すように，実質賃金 w/p と労働供給との関係は，一般的に確定しない。通常は w/p の水準が低い場合には，代替効果の方が所得効果よりも大きくて，労働供給曲線は右上がりである。また，w/p がかなり高くなると，w/p がさらに上昇しても，それ以上稼ぐよりは余暇の消費の方を選好する傾向が生じて（所得効果の方が代替効果よりも大きくなって），労働供給曲線は右下がりになると考えられている。

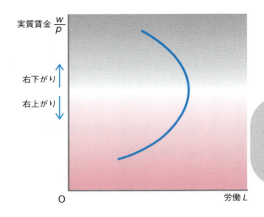

実質賃金 w/p が低いときには代替効果の方が所得効果よりも大きく，労働供給曲線は右上がりであり，w/p が高くなると，所得効果が代替効果を上回り，労働供給曲線は右下がりになる。

図4.7　労働供給曲線

線形の労働供給関数

労働供給関数としては，次のような線形（一次関数）の例が考えられる。

$$L = a\left(\frac{w}{p}\right) + b \qquad a, b > 0$$

この例では，実質賃金率が上昇すると，必ず労働供給は拡大する。これは，代替効果が所得効果よりも大きいケースを想定していることになる。

実証の結果

では，実際の家計の労働供給では代替効果と所得効果のどちらが大きいと計測されているだろうか。労働供給は，フルタイムの労働者とパートタイムの労働者では，異なるだろう。また，わが国も含めて，多くの国では男性の労働者はフルタイムで働くケースが多く，女性の労働者はパートタイムで働くケースが多い。したがって，女性と男性で区別した実証研究が多くなされている。

その結果によると，女性については，実質賃金と労働供給とはプラスの相関が有意に検出されている。これは，女性の労働供給において，代替効果の方が所得効果よりも大きいことを示唆している。また，男性については労働時間と実質賃金率とのプラスの相関は，それほど有意には得られていない。これは，男性のフルタイムの労働の場合，労働時間の調整よりは，働く熱心さの調整が行われている可能性が高く，働く熱心さをデータでうまく抽出しにくいためとも考えられる。

黒田・山本［2007］[1]では，1990年代以降のわが国の都道府県・年齢層・性別集計データを利用することにより，異時点間の労働供給弾性値を推計した。それによると，賃金が限界的に変化したときに人々の労働市場への参入・退出行動がどの程度変化するかを表す「就業の選択」と，労働者1人当たりの労働時間がどの程度変化するかを表す「労働時間の選択」の両方を合わせた弾性値は，男女計で0.7〜1.0程度であった。男女で比較すると，男性（0.2〜0.7程度）よりも女性（1.3〜1.5程度）の方が弾性値は高く，賃金の変化に応じて，就労の意欲が高くなったり，より多くの時間を労働供給したり，敏感に反応している。労働供給変化の多くは労働市場への参入・退出変化を反映したものだと見なせるだろう。

■ 関数の特定化

ところで，簡単な関数の特定化としてよく用いられるコブ＝ダグラス型の効用関数 (1)′ を想定すると，最適化行動の結果として，労働供給関数はどのように導出されるだろうか。この場合，次のような供給関数が得られる。

---

1) 黒田祥子・山本勲［2007］「人々は賃金の変化に応じて労働供給をどの程度変えるのか？：労働供給弾性値の概念整理とわが国のデータを用いた推計」金融研究2007年4月，日本銀行金融研究所。

4 消費理論の応用

表4.1 労働供給のまとめ

主体的均衡条件	労働供給を追加的に増加する限界的デメリット（余暇の限界代替率）＝労働供給を追加的に増加する限界的メリット（実質賃金率） 無差別曲線の傾き＝予算線の傾き
所得効果	余暇の消費が正常財であれば，賃金率の上昇で実質所得が拡大すると，余暇の需要が増加し，労働供給は減少する
代替効果	賃金率の上昇で相対的に労働供給が有利になり，労働供給が増加する 女性労働では，代替効果が強く計測される コブ=ダグラス型の効用関数では，代替効果と所得効果は完全に相殺する

$$L = 0.5H$$

すなわち，最適な労働時間は労働可能な時間 H の半分（0.5）になり，実質的な賃金率（w/p）には依存しない。これは，コブ=ダグラス型の効用関数では，代替効果と所得効果とが完全に相殺されるからである。

なお，この性質は，0.5という効用関数におけるウェイトの数字には関係していない。どんなウェイトであっても，コブ=ダグラス型の効用関数 (1)′ を想定すると，代替効果と所得効果が完全に相殺されるのである。

4.2 消費と貯蓄の選択

■ 貯蓄動機

貯蓄の動機にはいろいろな考えがあるだろう。予期せぬ支出に備えるためとか，老後の備えであるとか，将来遊ぶ資金にするためとか，人によってさまざまであろう。しかし，多くの人にとって重要な動機は，現在の消費を我慢することで，将来消費の資金を蓄積できるという貯蓄のメリットである。この点から考えると，貯蓄は，現在の消費と将来の消費との配分を調整する機能をもっている。この節ではこうした観点から，貯蓄と消費の最適な選択

のメカニズムを検討してみよう。

■ ライフサイクル仮説

消費と貯蓄の選択を考えてみよう。ライフサイクル仮説では、現在と将来の2期間からなるモデルを想定し、家計は現在消費と将来消費とを最適に配分するように、消費・貯蓄の決定をすると考える。たとえば、家計が60年間生存するとすれば、2期間に分割すると、1つの期間は30年になる。30年をひとまとめにして消費計画を立てると想定するのは、あまり現実的ではないかもしれない。しかし、1年を1つの意志決定期間と考えれば、それほどおかしくはないだろう。その場合、本来ならば60期に及ぶ多期間からなるモデルで考える必要がある。けれども、分析の理論的な考え方は2期間のモデルと同じであるから、この節では議論を単純化して、現在と将来の2期間からなるモデルで最適な貯蓄の決定を考えている。

いま、c_1 を現在の消費、c_2 を将来の消費としよう。このとき、家計の効用関数は、次のように定式化される。

(4) $\qquad U = U(c_1, c_2)$

c_1, c_2 をリンゴやミカンのような通常の財と考えれば、第3章での効用関数に関する性質がそのまま成立する。すなわち、c_1, c_2 が増加すれば、効用水準 U も増大するが、それぞれの消費水準の効用に与える限界的な大きさ（限界効用）はしだいに逓減する。なお現在消費、将来消費ともに正常財であると考えるのは、もっともらしい。

■ 無差別曲線と時間選好率

したがって、現在消費と将来消費の図4.8において、第3章と同様な原点に向かって凸の無差別曲線を描くことができる。限界効用が必ずしも逓減しなくても、限界代替率が逓減すれば、原点に凸の無差別曲線が描かれる点も、第3章と同様である。

ところで、図4.8で無差別曲線の傾きである現在消費の限界代替率は、特別の言葉でよばれることがある。これが、時間選好率という概念である。す

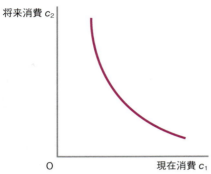

現在消費と将来消費からなる効用水準を一定に維持する無差別曲線は，原点に凸の形状である。

図4.8　現在消費と将来消費の無差別曲線

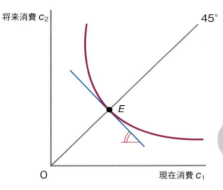

現在消費と将来消費が同じ水準 E 点での無差別曲線の傾きは，時間選好率に対応している。

図4.9　時間選好率

なわち，時間選好率は，現在消費が限界的に減少したとき，どれだけ将来消費が増加しないと家計が満足しないかを示す大きさである。**時間選好率が大きいほど，家計は現在の消費を将来の消費に対してより高く評価していること**になる。現在消費が小さいときには，限界的には現在消費の方をより高く評価しているから，時間選好率も大きくなる。逆に，現在消費が大きく将来消費が小さな組合せの場合は，限界的には現在消費をあまり評価していないから，時間選好率は小さくなる。

なお，図4.9に示すように，$c_1 = c_2$ という現在消費と将来消費が同じ水準 E での無差別曲線の傾きで，時間選好率を特に定義する場合もある。これは，45度線と無差別曲線との交点での無差別曲線の傾きである。この定義では時間選好率は，2つの消費水準が同じであるとき，家計が将来消費と比較して

現在消費をどのくらい評価しているのかを示す。

もちろん，限界代替率は1である必然性はない。そこでの傾きが1よりも大きければ，現在消費の方を将来消費よりも高く評価しているし，逆に1よりも小さければ，現在消費よりも将来消費の方を高く評価しているといえる。一般的に，人々は現在消費を将来消費よりも重要視しているから，この定義での時間選好率は1よりも大きいと考えられる。

■ **予算線**

では，この最適貯蓄問題に対応する予算制約式は，どのように定式化できるであろうか。現在の消費をあきらめて貯蓄すると，その分だけ将来の所得を増大させることが可能となり，将来消費も増大する。貯蓄をs，貯蓄の収益率である利子率をrとすると，現在および将来の期における予算制約式は，それぞれ次のように与えられる。

(5-1) $\qquad c_1 = Y_1 - s$

(5-2) $\qquad c_2 = Y_2 + (1+r)s$

ここで，Y_1，Y_2 はそれぞれ現在と将来における（労働）所得である。rs は利子所得であり，家計にとっては通常の財の消費における財の価格と同様に，利子率は所与と考えて行動する。たとえば，利子率が10%のときに，100だけ貯蓄sをすれば，次の期には10だけの利子所得rsが生まれる。これと貯蓄の元本$s=100$を加えた110が，貯蓄からの総収益である。

（5-2）式からsについて解くと，

$$s = \frac{c_2 - Y_2}{1+r}$$

この式を（5-1）式に代入して，sを消去すると，結局次式を得る。

(6) $\qquad c_1 + \dfrac{c_2}{1+r} = Y_1 + \dfrac{Y_2}{1+r}$

この式は，現在と将来との2期間の予算制約式を1つにまとめた現在価値での予算制約式である。

Point──5　現在価値とは

　ここで，現在価値とは異なる時点の経済的な変数の大きさを，同じ時点の経済的な変数に置き直したときの価値を意味する。

　Y_1 は現在での所得であり，Y_2 は将来発生する所得である。同じ労働所得であっても，発生する時点が異なることに注目しよう。たとえば，$Y_1 = Y_2 = 100$ とする。表面的には同じ数字であるが，発生する時点が異なるから，経済的な価値は同じになるとはいえない。もし，Y_1 をそっくり貯蓄に回せば，$r = 0.1$（利子率が10％）とすると，将来時点では110に増えることになる。言い換えると図4.10に示すように，現在の100と将来の110とは，$r = 0.1$ の場合には同じ経済的な価値がある。逆にいうと，将来時点で100だけの価値のものは現在時点では100/1.1の価値でしかない。分母の1.1はより一般的には $1 + r$ である。現在価値とは，このようにして将来の価値を利子率で割り引いて，現在時点での価値に置き直したものである。

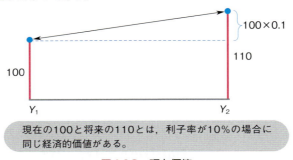

現在の100と将来の110とは，利子率が10％の場合に同じ経済的価値がある。

図4.10　現在価値

■ 選択可能な消費の組合せ

　上で説明したように，(6) 式の左辺は消費の現在価値を表し，右辺は所得の現在価値を表している。(6) 式は，貯蓄 s とは独立な式であることに注意したい。(5-1, 2) 式にみられるように，貯蓄 s を変化させると，c_1, c_2 の配分を変化させることはできるが，(6) 式が示すように，消費の現在価値の大きさを変化させることはできない。それを変化させるには，所得の現在価値を変化させるしかないのである。

　さて，縦軸に c_2，横軸に c_1 の図4.11で表すと，(6) 式から直線 AB が描

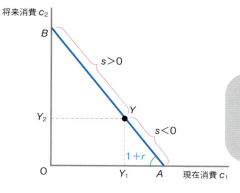

図4.11 予算制約式

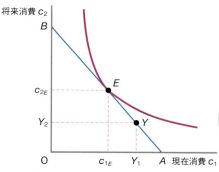

図4.12 最適な貯蓄

かれる。この直線 AB において Y 点は，(Y_1, Y_2) という所得の組合せに対応する点であり，貯蓄 $s=0$ の場合に実現する消費の組合せを意味している。$s>0$ であれば，Y 点よりも左上方の点が選択可能であり，$s<0$（すなわち借り入れ）であれば，Y 点よりも右下方の点が選択可能となる。

■ 最適な貯蓄の決定

では，予算線 AB 上でどの点を選択するのが，家計にとってもっとも望ましいであろうか。これは，(6) 式の制約のもとで (4) 式を最大にする問題を解くことに他ならない。

これまでの最大化問題と同様に，主体的な均衡点は図4.12の無差別曲線と予算線との接点 E で与えられる。E 点に対応する消費の組合せ (c_{1E}, c_{2E}) が最適な消費水準であり，これを実現するように，最適な貯蓄水準も決定さ

れる。図4.12では最適な貯蓄水準は $Y_1 - c_{1E}$ で表される。

主体的均衡点の経済的意味を考えてみよう。無差別曲線の傾きは，現在消費の限界代替率＝時間選好率である。これは，現在消費を追加的に増加させるときの限界的なメリットを示している。予算線の傾きは現在消費と将来消費の相対価格＝利子率である。これは，現在消費を追加的に増加させるときの限界的なデメリットを示している。

あるいは，〈無差別曲線の傾き＝1＋時間選好率〉は貯蓄を増加させることのデメリットであり，〈予算線の傾き＝1＋利子率〉は貯蓄を増加させるメリットである。時間選好率が利子率よりも大きければ，貯蓄をそれ以上増やすことが得にならないし，逆に時間選好率の方が利子率よりも低ければ，貯蓄をそれ以上増やすことが得になる。この両者が一致している点が，貯蓄の最適点になっている。

■ 利子率と貯蓄

ここで，利子率 r が上昇したときに貯蓄 s に与える効果を分析してみよう。図4.13において，r の上昇によって予算線 AB は Y 点の左側では右上方に，また，Y 点の右側では左下方に回転する。貯蓄をすれば，いままでと同じ s でもより高い利子所得 rs を稼ぐことができるので，$s > 0$ である限り，家計

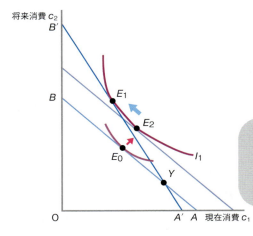

利子率が上昇すると，予算線 AB は Y 点を中心として右に回転する。主体的均衡点は E_0 から E_1 へと移動する。このうち，E_0 から E_2 への動きが所得効果であり，E_2 から E_1 への動きが代替効果である。

図4.13 利子率上昇の効果

の消費機会は拡大する。逆に，$s<0$（負の貯蓄＝借り入れを行っている場合）であれば，利子率の上昇は，同時に借り入れ利率の上昇を意味するから，ローンの返済額が増加する。したがって，$s<0$ の領域では消費機会は減少する。Y 点では $s=0$ であるから，r の変化によって消費機会は影響されない。

　r の上昇により現在消費と将来消費の相対価格は上昇し，予算線の傾きは高くなる。いま最適点が Y 点の左側にあったとしよう（あるいは，$Y_2=0$ で Y 点が横軸上にあるとする）。図4.13に示すように，均衡点は E_0 から E_1 へと移動する。これは，いままでの分析同様に，所得効果と代替効果に分解して考察することができる。

　すなわち，E_1 と同じ効用水準を与える無差別曲線 I_1 上で，傾きが E_0 と同じ E_2 点をみつけると，E_0 から E_2 への動きが所得効果，E_2 から E_1 への動きが代替効果を表している。現在消費，将来消費ともに正常財であると考えると，所得効果はプラスであるから，E_2 は E_0 の右上方にある。r の上昇による代替効果は，現在消費よりも将来消費の価格（$1/(1+r)$）を低下させて，将来消費を有利化するから，現在消費から将来消費への代替の動きが生じる。

　したがって，E_1 は E_2 よりも左上方にある。その結果，将来消費 c_2 は必ず増大するが，現在消費 c_1 が増大するかどうかは不確定となる。逆にいうと，利子率 r の上昇で貯蓄 s が刺激されるかどうかは，代替効果と所得効果の相対的な大きさに依存している。代替効果の方が所得効果よりも大きければ，r の上昇によって c_1 は減少し，貯蓄 s は増大する。

　代替効果は，利子率が上昇したことで貯蓄するのが相対的により有利になったことから，貯蓄が刺激されるという価格変化による効果である。所得効果は，将来の利子収入が増加すれば，いまそれほど貯蓄をしなくても，ある程度の将来所得の増加が期待できるので，むしろ貯蓄を減らして，現在の消費を増やそうという実質所得増加による効果である。

■ 所得と貯蓄

　次に，現在所得 Y_1 の拡大の主体的均衡に与える効果を分析してみよう。Y_1 の増加によって予算線 AB は平行に右上方にシフトする。図4.14に示す

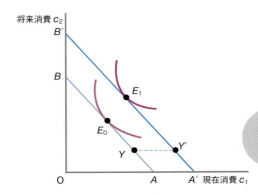

現在所得 Y_1 の増加によって，予算線 AB は平行に右上方にシフトする。新しい均衡点 E_1 は当初の均衡点 E_0 の右上方にある。

図4.14　現在所得の増加

ように新しい均衡点 E_1 は古い均衡点 E_0 の必ず右上方にある（c_1, c_2 が正常財と想定している）。したがって，現在消費，将来消費ともに増加する。では貯蓄はどうであろうか。

　c_1 は増加しているが Y_1 も増加している。Y_1 が c_1 よりも大きく拡大していれば，貯蓄 s も増加していることになる。ところで，c_2 も増加している以上，Y_1 の増加の方が c_1 の増加よりも大きくなくてはならない。c_1 の増加と c_2 の増加をあわせたものが Y_1 の増加に等しいからである。したがって，Y_1 が増大すると，s は必ず増加することになる。

　では，将来所得 Y_2 の増加の場合はどうであろうか。このときも予算線 AB は右上方に平行シフトする。均衡点が上の図4.14で E_0 から E_1 へと移動することは同じである。相違点は，今度の場合現在所得 Y_1 が変化していないことである。$s = Y_1 - c_1$ であるから，Y_1 が変化しない以上，c_1 と s は逆方向に変化する。したがって，Y_2 の拡大によって貯蓄 s は減少する。

■ 貯蓄関数の定式化

　以上の議論をまとめると，貯蓄関数は次のように定式化されよう。

(7) 　　　　$s = s(r, Y_1, Y_2)$

貯蓄 s は現在所得 Y_1 の増加関数であり，将来所得 Y_2 の減少関数であるが，貯蓄 s と利子率 r との関係は理論的には不確定になる。上でもみたように，代替効果が所得効果よりも大きければ，s は r の増加関数となる。

> [数値例]
>
> これまで同様，コブ=ダグラス型の効用関数を想定しよう。
> $$U = c_1^{0.5} c_2^{0.5}$$
> この場合，$Y_2 = 0$ であれば，代替効果と所得効果は完全に相殺し合って，貯蓄は利子率には依存しない。すなわち，最適化行動の結果として，$c_1 = 0.5Y_1$。よって，$s = 0.5Y_1$ が貯蓄関数になる。
>
> $Y_2 > 0$ の場合は，
> $$c_1 = 0.5 \left(Y_1 + \frac{Y_2}{1+r} \right)$$
> となるから，貯蓄は利子率の増加関数になる。
> $$s = 0.5 \left(Y_1 - \frac{Y_2}{1+r} \right)$$
> これは，r の上昇で将来の労働所得の現在価値が減少して，労働供給が刺激される効果（人的資本効果）によるものである。

実証分析の結果

　貯蓄と利子率との関係は，実証分析でも大きな関心を集めてきた。1978年に発表されたボスキン（Boskin, M. J.）の有名な研究[2]では，貯蓄は利子率によってかなり大きくプラスに影響される。すなわち，利子率が変化した場合の代替効果は，所得効果よりも相当大きいとされている。もしそうであれば，貯蓄を刺激するには，高金利政策で利子率を高めに誘導するなどの政策が有効であろう。あるいは，利子に関する課税を軽減して，実質的な利子率＝家計にとっての実質的な貯蓄の収益率を高めにすることも考えられる。アメリカで1980年代のレーガン政権下で貯蓄課税が軽減されたのも，それによって貯蓄を刺激しようとする試みであった。しかし，貯蓄が利子率によってそれほどプラスに影響されるのかについては，疑問視する実証研究もある。

　わが国における貯蓄の税引後利子率に対する弾性値に関する研究はあまり多くない。1988年以前に適用されていたマル優（少額貯蓄非課税）制度は低所得者には貯蓄促進的であるが，高所得者には効果がないようである。また銀行預金に対する通貨需要では低所得者は税引後金利に有意に反応するが，高所得者は有意に反応しないという報告もある（竹澤・松浦［1998］）[3]。しかし，わが国における貯蓄と税制に関して有意な結果をみいだした実証研究は乏しい。

---

2) Boskin, Michael. J., "Taxation, Saving and the Rate of Interest," *Journal of Political Economy*, April 1978.

3) 竹澤康子・松浦克己［1998］，「勤労者家計の通貨需要関数の実証分析」郵政研究所 Discussion Paper。

4 消費理論の応用

表4.2 貯蓄のまとめ

主体的均衡条件	貯蓄の限界的なメリット（利子率）＝貯蓄の限界的なデメリット（時間選好率）無差別曲線の傾き＝予算線の傾き
所得効果	利子率の上昇で実質的な所得が増加すると，現在消費が正常財であれば，貯蓄は減少する
代替効果	利子率の上昇で，将来消費の方が現在消費よりも有利になるので，貯蓄は増加する
コブ=ダグラス型	将来所得がゼロで，コブ=ダグラス型の効用関数であれば，代替効果と所得効果は完全に相殺される。将来所得があれば，代替効果の方が大きくなる

❖*Case Study* 貯蓄の目的

　2018年の家計調査によると，二人以上の世帯における2018年平均の1世帯当たり貯蓄現在高（平均値）は1752万円で，前年に比べ60万円，3.3％の減少となり，2年連続の減少となっている。貯蓄保有世帯全体を二分する中央値は1036万円（前年1074万円）である。また，年間収入は622万円で，前年に比べ5万円，0.8％の増加となり，貯蓄年収比（貯蓄現在高の年間収入に対する比）は281.7％で，前年に比べ12.0ポイントの低下となっている。（総務省統計局：家計調査報告（貯蓄・負債編）—2018年（平成30年）平均結果—（二人以上の世帯）https://www.stat.go.jp/data/saV/sokuhou/nen/index.html）

　また，ゆうちょ財団が2018年に実施した調査によると，世帯で貯蓄している目的を複数回答で尋ねたところ，「病気，災害，その他不時の出費の備え」が57.7％で最も多く，僅差で「老後の生活への備え」が55.0％であり，ともに5割台で特に高い。「子どもの教育費」は28.6％であった。ほとんどの貯蓄が目的を持って行われているが，「特に目的はなく，安心のための貯蓄」も29.4％を占めている。（一般社団法人ゆうちょ財団：「第3回　家計と貯蓄に関する調査」http://www.yu-cho-f.jp/wp-content/uploads/surVey_report-5.pdf）

4.2 消費と貯蓄の選択

Column——2	消費税引き上げで消費や勤労意欲は抑制されない

　近い将来の財政再建や社会保障改革に伴い，**消費税の引き上げが話題にされ
ている**。これはやむを得ないという意見が強い一方で，消費税の引き上げが消
費意欲を減退させるという懸念も根強い。確かに，増税すれば，消費意欲は抑
制される。しかし，増税が民間活力にマイナスに働くのは当然であって，こう
した弊害は消費税の引き上げに特有のものではない。かりに増税が避けられな
いとして，所得税ではなく消費税を引き上げることで，特別に消費意欲減退効
果があり得るとすれば，消費税の引き上げには慎重であるべきだろう。

　90年代の税制改革は，実は，税収一定のもとで所得税を減税し，消費税を引
き上げたものであった。こうした改革は，直間比率（直接税と間接税の税収比
率）の是正とよばれたが，その意図は所得税を引き下げて勤労意欲を刺激する
ものであった。

　しかし，そもそも，税収一定のもとで消費税と所得税の組合せを変えて，直
間比率を変えても，消費量も労働意欲も何ら影響されない。なぜなら，所得税
の減税それ自体は手取りの賃金を上昇させて，勤労意欲を刺激するが，同時に，
消費税が増税されれば，それによって勤労意欲は抑制される。働いて得た所得
は消費に向けられるから，消費税が増税されれば，そのこと自体は働くことの
有利さを打ち消す効果をもっている。

　また，消費税率が上昇したからといって，消費が抑制されることはない。消
費税が増税される分だけ，所得税の減税があるから，可処分所得は増加し，そ
れがちょうど消費税の増税による消費者価格の引き上げ分を相殺する。消費税
率の変更が消費だけに効いて，所得税率の変更が勤労意欲だけに効くという考
えは，まったくの誤解である。

　これは，直感的には，課税ベースが両方の課税で等しいことによる。すなわ
ち，支出と収入は必ず一致する。毎年毎年の私たちの予算配分をみれば，消費
しないで貯蓄することもある。しかし，人生の一生という長い期間をみれば，
貯蓄したものは最終的にどこかで消費している。貯蓄や利子所得などは一生の
長い予算を合計すると，相殺されて消えてしまう。結局，消費の現在価値と労
働所得の現在価値は必ず等しい。課税ベースが等しい以上，受け取る段階で課
税する（労働所得税）のと，支払う段階で課税する（消費税）のとは同じ効果
をもつ。

　もちろん，耐久消費財については消費税率が引き上げられる際に，「駆け込
み需要」とその反動がある。消費税が3％から5％に引き上げられた1997年，

123

また5％から8％に引き上げられた2014年には引き上げ前の3月に車が売れて，引き上げ後の4月には売れなくなった。こうした一時的な変化はある。しかし，駆け込み需要の影響は時間の経過にともない，元に戻る。税収が一定である限り，消費税率の引き上げそれ自体で消費や勤労意欲が落ち込むことはない。

4.3　不確実性

■ 危険分散

　これまで，不確実性の要因は考慮してこなかった。しかし，現実の経済活動では不確実な要因あるいはリスクは，重要な影響をもっている。たとえば，天候などは需要，供給それぞれの大きさを決める際に，不確実な要因としてかなりの影響を与えるだろう。また，1995年の阪神大震災のような天災や2001年9月11日の同時多発テロは，いつ起きるかわからないリスク要因である。さらには，国際的な政治・経済環境が悪化して貿易が円滑に行われなくなれば，経済活動にも大きな悪影響があるだろう。こうした国民経済全体に対するショックから，個々の経済主体の個別的なショック（病気や事故など）に至るまで，不確実要因は現実の経済生活では無視できない。

　このような不確実要因を考慮すると，これまでの分析はどのように修正されるだろうか。まず，リスクがあると，家計の消費行動は危険分散的になるだろう。これは，「卵を運ぶ際にすべての卵を1つのバスケットに入れない」のと同じ行動である。このような経済活動の例としては，貯蓄手段の分散がある。

　第2節で述べたような最適な貯蓄の大きさが決まったとして，それをどのような貯蓄商品に投資するかという選択を考えてみよう。貯蓄手段としては，利子収入が完全に保証されている郵便貯金や銀行預金から，元本の保証はない株式や債券投資あるいは土地の購入などの実物投資まで，さまざまな手段が利用可能である。貯蓄の収益にリスクが全然なければ，もっとも高い収益

4.3　不確実性

の資産に投資すればいい。逆に，すべての投資対象が同じ収益をあげるのであれば，どれに投資しても同じである。しかし，リスクの度合いが投資対象で異なれば，どれにどれだけ投資するかという問題が生じる。これが，ポートフォリオの選択問題である。

　一般的には，収益の高い投資対象はリスクも大きい。うまくいけば儲かるかもしれないが，うまくいかなければあまり収益はあがらない。逆に，安全な投資対象は収益そのものは高くない。経験的にいわれているのは，3分割の法則である。すなわち，安全資産である預金・貯金に3分の1，株式，債券などリスクもある金融資産に3分の1，土地や金など実物資産に3分の1ずつ分けて投資するのが望ましい。

　これは一つの例であり，3分の1という分け方自体にはそれほどの意味はない。しかし，1つの資産に集中的に投資するよりは，ある程度分散して投資する方が望ましい。これがリスク分散（危険分散）の考え方である。リスク分散はポートフォリオの選択だけではない。企業が多角的な経営に乗り出したりする場合も，こうした例であろう。あるいは，海外旅行などで知らない料理ばかりをバイキング形式で食べる際にも，1つの料理に集中するよりは多くの料理に分散して食べる方が，口に合わない料理のみを食べることが避けられるし，食中毒などのリスクを回避できるだろう。こうしたリスク分散行動の背後にある最適化行動を，これまでの枠組みを応用して考えてみよう。

■　期待値───────────────────────────

　不確実性がある場合の重要な概念は，期待値である。不確実というのは，いくつかの「状態（＝state）」のうち，どの状態が実際に起きるのかが，事前に完全には予想できないことである。どの状態が起きるかについて何の情報ももっていないこともあるだろう。しかし，通常は，どれくらいの頻度（＝確率）でそれぞれの状態が起きるのか，主観的にせよ情報をもっていると考えられる。期待値とはそれぞれの状態で発生する大きさを，それぞれの状態が生じる確率で加重して平均した値である。

125

4　消費理論の応用

　たとえば，サイコロを転がして，出てくる目の大きさを予想してみよう。
1 から 6 まで同じ確率で出てくると予想されるから，それぞれの目の出る確
率はすべて 1/6 である。このときの出てくる目の期待値は，

$$\frac{1+2+3+4+5+6}{6} = 3.5$$

となる。

■ サンクト・ペテルスブルグの逆説

　では，家計は期待値を最大にするように行動しているだろうか。次のよう
な例を考えてみよう。コインの「表」か「裏」かで配当が異なるゲームを想
定しよう。1 回投げて「表」が出れば，ゲームは終わりとなる。「裏」が出
たら 2 円もらって，2 回目のコインを投げる。そこで「表」が出ればゲーム
は終わりであり，「裏」の場合は，$2 \times 2 = 4$ 円もらえる。すなわち，ゲーム
は「表」が出るまで続けられる。「裏」が出続ければ，2 倍ずつ配当が増加
していく。このようなゲームに対して，どのくらいのお金を支払って参加す
る気になるだろうか。

　このゲームの期待値を求めてみると，

$$\left(\frac{1}{2}\right)0 + \left(\frac{1}{4}\right)2 + \left(\frac{1}{8}\right)4 + \left(\frac{1}{16}\right)8 + \cdots$$

であるから，期待値は無限大となる。最初の項は，第 1 回目に「表」が出て
ゲームがそのまま終わりになる状態を示し，第 2 項は「裏」（1 回目）・「表」（2
回目）の確率とこのときの収益を掛けた大きさ，第 3 項は「裏」（1 回目）・「裏」
（2 回目）・「表」（3 回目）の確率とこのときの収益を掛けた大きさを示す。

　期待値が無限大ということは，期待値を判断基準として人々が行動してい
るとすれば，どんな大金を払っても，このゲームに参加すべきであるという
ことになる。しかし，たとえば，1 億円支払って，このゲームに参加する人
は実際にはいないだろう。これは，期待値が実は不確実性の判断基準として
もっともらしくないことを示唆している。この例は数学者ベルヌーイ（Ber-
nouilli, D.; 1700-82）の1738年の論文によって提起された問題で，当時ベル
ヌーイが住んでいた場所からサンクト・ペテルスブルグの逆説とよばれてい
る。

126

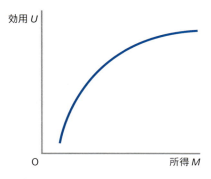

効用水準 U は所得 M の増加関数である。所得とともに効用は増加するが，限界効用は逓減する。

図4.15　効用関数

■ **期待効用**

期待値に代わる有力な判断基準が，**期待効用**である。期待効用は，それぞれの状態での効用水準を，それぞれの状態の起きる確率で加重和したものである。したがって，期待効用の大きさは，どのような効用関数を前提とするかで異なってくる。

家計の効用 U がその人の所得 M に依存するとしよう。効用関数は，次のように定式化される。

(8)　　　$U = U(M)$

図4.15は，縦軸に効用水準，横軸に所得水準をとって，効用関数を描いたものである。限界効用が逓減すると考えると，所得とともに効用の増加のスピードが小さくなる。こうした効用関数を前提として，期待効用がどうなるのか考えてみよう。

サンクト・ペテルスブルグの逆説のゲーム例では，期待効用は

$$\left(\frac{1}{2}\right)U(0) + \left(\frac{1}{4}\right)U(2) + \left(\frac{1}{8}\right)U(4) + \left(\frac{1}{16}\right)U(8) + \cdots$$

となる。今度の場合，限界効用が逓減するので，第2項以降の値はそれぞれ1/2以下である。しかも，しだいに小さくなる。したがって，限界効用がある程度のスピードで減少していけば，期待効用は無限大にならない。大金を投じてまでもこのようなゲームをする家計がいないことを説明できるだろう。

あるいは，次のようなゲームを考えよう。確率0.5で100円か1100円がもらえるとする。このゲームの参加料は600円とする。ゲームの期待値は600円であるから，期待値で行動する家計は，このゲームに参加しても参加しなくて

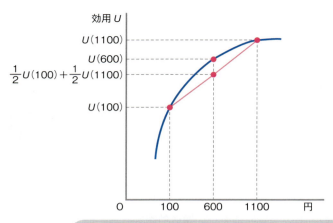

図4.16 ゲームの期待効用

も無差別になる。しかし，所得の限界効用が逓減する家計では，図4.16に示すように，600円確実に手にする場合の期待効用 $U(600)$ の方が，ゲームの期待効用 $0.5U(100) + 0.5U(1100)$ よりも大きい。よって，このゲームには参加しない。

このように所得の限界効用が逓減する家計には，リスクを回避して安全な（確実に得られる）所得を選好する。通常は，家計はこの意味でリスクを回避する主体であると考えられる。たとえば，期待値が同じであれば，賃金所得が景気の良いときと悪いときで大きく変動するよりは，景気の良し悪しにかかわらず一定である方が，賃金契約としてより望ましいと考えるだろう。あるいは，職業選択に際しても，毎年毎年安定的な所得が期待できる大企業のサラリーマンや公務員を志向して，毎年の所得が大きく変動する自営業や自由業を選択したがらないかもしれない。

これに対して，企業は期待所得（＝期待利得）に関心があると考えられる。あるいは，家計でも人によっては所得の限界効用が逓減しない人もいるだろう。図4.17のように限界効用が一定であるケースは，期待値を基準に行動しているのと同じである。

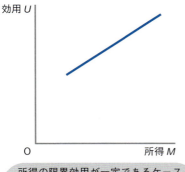

所得の限界効用が一定であるケースは、期待値で行動しているのと同じである。

図4.17 限界効用一定のケース

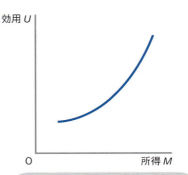

所得の限界効用が逓増するケースでは、期待値でみて小さくてもリスクのあるゲームに参加する誘因がある。

図4.18 限界効用逓増のケース

表4.3 リスクに対する選好

リスク中立	所得の限界効用が一定 変動所得と安定所得とは期待値が同じであれば、無差別
リスク回避	所得の限界効用が逓減 期待値が同じであっても、変動所得よりは安定所得を好む
リスク志向	所得の限界効用が逓増 ギャンブルを好む 期待値が同じであれば、変動所得の方を選好する

　さらに、極端な場合は、所得の限界効用が増加する人もいるかもしれない。このような場合は、図4.18に示すように、所得が増加すれば、効用がどんどん大きくなる。したがって、期待値でみても望み薄のわずかなチャンスであっても、一攫千金を夢見て、リスクのあるゲームに参加することになる。こうした行動はギャンブルによくみられる現象である（表4.3）。

4 消費理論の応用

| Column――3 | ギャンブル |

　不確実な環境での消費行動として，無視できないのがギャンブルである。宝くじや競輪・競馬，あるいはパチンコなどのギャンブル行為は広範に観察されるし，かなり多額の支出をそのようなギャンブルに投入する家計も多い。一般的にギャンブルでは，期待値は投入金額以下である。宝くじの場合にはその収益の半分以上が自治体の収益となって，宝くじの購入者には半分以下しか還元されない。それでも人々がギャンブルをするのは，期待効用が大きいからと考えられる。

　サンクト・ペテルスブルグの逆説とは，逆のケースであるから，こうしたギャンブル行為を正当化するには，金額とともに効用が逓増する効用関数を想定しなければならない。このとき，期待値が小さくても期待効用が大きくて，ギャンブルをする誘因が生まれる。宝くじであれば，高額賞金が獲得できる場合の効用を非常に高く評価しており，一攫千金の夢を求めて，投資する。こうした選好をもつ人は，危険愛好者とよばれている。

　ただし，ギャンブルの場合は，純粋に所得に関心があるというよりも，そのゲームに参加することでスリル感を味わうという別の満足を得ているのかもしれない。そうした点を考慮すれば，たとえ，所得の限界効用が逓減する人であっても，宝くじや馬券を買うことが合理的に説明できるだろう。

危険回避の程度

　限界効用が逓減する効用関数は，危険回避的な選好を反映している。限界効用がより大きなスピードで逓減するほど，言い換えると，図4.19のように効用曲線の曲がり方が大きいほど，危険回避の程度も大きいといえるだろう。したがって，ここでの効用は基数的な意味での効用である。

　危険回避度には2つの定式化がある。絶対的危険回避度と相対的危険回避度である。相対的危険回避度は所得の限界効用の弾力性に対応している。これら2つの回避度は異なる状況で有益な結果をもたらす。もし所得が増加するとともに，危険資産の保有を増加させ，よりリスクを許容するようになるときには，絶対的危険回避度は所得とともに増加することが知られている。

$$R_A(Y) = -\frac{U''(Y)}{U'(Y)} : 絶対的危険回避度 \qquad \begin{pmatrix} A：absolute の A \\ R：relative の R \end{pmatrix}$$

$$R_R(Y) = -\frac{YU''(Y)}{U'(Y)} : 相対的危険回避度$$

ここで，$U'(Y)$ は所得の限界効用（1階の微分），$U''(Y)$ は限界効用の変化（2階の微分）を意味する。

130

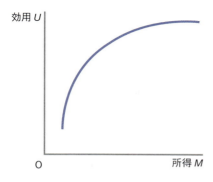

> 限界効用が大きなスピードで逓減するほど，危険回避の程度も大きい。

図4.19　限界効用逓減のケース

■ 条件付き財

次に，リスクがある場合の2つの消費財間での選択の問題を考えよう。たとえば，明日の天気が不確実であり，雨になるか晴れるか確率はともに0.5とする。雨になれば傘が必要であり，晴れればアイスを需要したいと考える。通常の財の消費と異なるのは，傘に対する需要は雨の場合のみ生じ，アイスに対する需要も晴れる場合のみ生じる点である。こうした状況では，条件付きの財という概念が有益である。

雨が降るという条件を満たしたときにのみ，傘を引き渡すという契約を今日するとしよう。また，晴れるという条件を満たしたときにのみ，アイスを購入するという契約を今日するとしよう。それぞれの価格を p_1，p_2 とすると，家計の予算制約式は次のように定式化される。

$$(9) \quad p_1 x_1 + p_2 x_2 = M$$

ここで，x_1，x_2 はそれぞれ傘とアイスの購入量であり，M は所得である。財の購入契約は今日行われるから，家計は2つの財を同時に購入する契約をして，企業に支払いをする。しかし，実際に引き渡されるのは，明日どちらかの状態が生じたときに，それに対応する財のみである。もう一つの財については支払いは済んでいるが，実際には引き渡されることはない。

こうした世界での家計の事前的な効用は，期待効用（EU）で与えられる。

$$(10) \quad EU = 0.5 U(x_1) + 0.5 V(x_2)$$

ここで，第1項は，雨のときの傘の消費から得られる効用 $U(x_1)$ をその確率0.5でウェイトしたものであり，第2項は，晴れのときのアイスの消費か

4 消費理論の応用

ら得られる効用 $V(x_2)$ をその確率0.5でウェイト（加重）した大きさである。

　家計の消費の最適化問題は，予算制約式と所得 M，価格 p_1，p_2 を所与として，期待効用を最大にする問題である。これは，形式的には第3章の消費の最適化問題と同じである。したがって，これまでの議論がそのまま適用できる。言い換えると，条件付きの財の市場とそこでの価格が与えられれば，不確実性があってもあたかも不確実性がないかのように，問題を定式化することができる。このとき，市場メカニズムはうまく機能する。

リスク回避に関する研究

　「誰が所得再分配政策を支持するのか？」という，大竹・富岡 [2003][4] の研究では，リスク回避の程度を実際に検証している。すなわち，アンケートの設問「ふだんあなたがお出かけになるときに，天気予報の降水確率が何%以上の時に傘をもって出かけますか？」に対する回答からリスクに対する態度の指標を作成している。具体的には，リスク回避度の指標として，「1−（雨傘を携行する最低降水確率）/100」という変数を使用している。

　その結果，雨傘を携行する最低降水確率で測ったリスクに対する態度の指標を用いると，リスク回避度が高い人ほど所得再分配の強化を支持するという結果を得ている。一方で，このリスク態度をコントロールしたうえでも，自営業者は，再分配政策の強化に対して反対する可能性が高い。自営業主は政府の再分配政策から受ける恩恵が相対的に少ない，また元来彼らが個人主義あるいは自助努力を尊ぶ性向の強い人々であると考えられる。

Column――4	気象と寿命に関する予想

　気象に関する予想は経済活動にも大きな影響を与える。特に，冷夏になりすぎると，エアコン・ビールなど夏の季節商品が売れないし，逆に，暖冬になりすぎても，冬物の季節商品が売れない。そうした気象変化をあらかじめ予想できれば，生産や在庫の調整で対応することもできるが，予想外の異常気象ではそうした調整も不可能になる。その結果，異常気象が起きると，それを予想できなかった気象庁への風当たりが強くなるだけでなく，経済活動にも悪影響が懸念される。

　しかし，異常気象を的確に予測するのは困難である。したがって，最近では，

---

4) 大竹文雄・富岡淳 [2003]，「誰が所得再分配政策を支持するのか？」ESRI Discussion Paper Series No.40

気象変動のリスクを損害保険でカバーする手段が利用されるようになってきた。気象の変動で利益が大きく変動しても，それを損害保険でカバーできれば，それほど実害はないし，その分だけ，気象予報に敏感になりすぎなくてもすむ。こうした新しいタイプの損害保険商品（天候デリバティブ）は，今後大きな市場に発展する可能性がある。

しかし，気象変動のリスクをすべてカバーする保険を市場で提供することは無理である。あくまでも，補助的な効果でしかない。したがって，経済活動に限定しても，気象予想の精度が劇的に向上しない限り，冬は冬らしく，夏は夏らしくなってほしいというのが，大方の実感だろう。

これに対して，寿命の予想はどうだろうか。平均寿命は毎年延びてはいるものの，年によって大きく変動するものでもない。したがって，日本人の平均的寿命に関してはかなり正確に予想できる。しかし，個人レベルで考えると，自分の寿命を正確に予想できる人はごく少ないだろう。多くの人は，予想外に長生きしたり，逆に，予想外に早死にしたりしている。したがって，気象変動の場合と同様に，リスクをカバーする生命保険の存在意義は大きい。自分の寿命リスクがある程度保険でカバーできれば，個々の家計にとって，望ましい将来設計を立てやすくなる。家計の将来不安も軽減されるから，消費意欲も向上する。

なお，最近では，病気になる確率が遺伝子レベルで予想可能になりつつある。したがって，科学技術の進歩とともに，ミクロレベルでの寿命予測がより正確になるだろう。これは新しいビジネス機会をもたらすと同時に，寿命リスクを分散するという生命保険市場にとっては，大きな障害になるかもしれない。

4.4　顕示選好の理論

■ 顕示選好とは何か

効用関数やそれに対応する無差別曲線を想定しないで，家計の消費行動から間接的に消費者の選好に関して何らかの有益な情報を得ようとする試みが，顕示選好の理論である。これは，1つの価格体系 $P_A = (p_{1A}, p_{2A})$ のもとで，ある家計が財1と財2の組合せの一つである $B = (x_{1B}, x_{2B})$ を購入できたにもかかわらず，実際には $A = (x_{1A}, x_{2A})$ という組合せを選択したとすると，

4 消費理論の応用

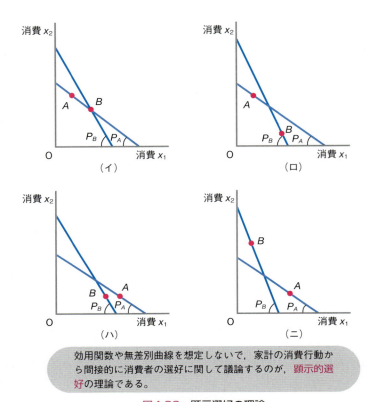

> 効用関数や無差別曲線を想定しないで，家計の消費行動から間接的に消費者の選好に関して議論するのが，顕示的選好の理論である。

図4.20 顕示選好の理論

この家計は「B よりも A を顕示的に選好する」とみなすものである。

　逆に，ある別の価格体系 $P_B=(p_{1B}, p_{2B})$ のもとで，今度は B が A よりも選択されたとすれば，それはその価格体系では A を購入することが予算制約上不可能であったことを意味する。なぜなら，A と B の両方が購入可能であったとすると，家計は B よりも A を選択したはずだからである。

　図4.20では，A と B とが（イ）の関係にあったとすると，B が選ばれた価格体系においても A は選択可能であったことになり，A が顕示的に B よりも選好されたという上の理論と矛盾する。（ロ）も同様な理由で排除される。この図では，（ハ）と（ニ）が上の理論と両立する。

4.4　顕示選好の理論

まとめ

●家計の労働供給や貯蓄の決定メカニズムも，標準的な財の消費理論を応用することで分析できる。

●最適な労働供給時間は，余暇の限界代替率と実質賃金率が等しい点で決定される。賃金率の上昇は代替効果からは労働供給を刺激するが，所得効果からは労働供給を抑制する。

●貯蓄は異時点間で最適に消費を配分する手段として用いられる。最適な貯蓄は，時間選好率が利子率と一致する点で行われる。利子率が上昇すると，代替効果からは貯蓄を刺激するが，所得効果からは貯蓄を抑制する。

●不確実性のある世界では，リスク分散がリスクを回避する家計の最適な行動となる。

●サンクト・ペテルスブルグの逆説は，期待値ではなく期待効用を最大にするように家計が行動することを示唆している。

重要語

- □労働供給
- □実質賃金
- □ライフサイクル仮説
- □時間選好率
- □利子率
- □現在価値
- □リスク分散
- □期待値
- □期待効用
- □サンクト・ペテルスブルグの逆説
- □条件付きの財
- □顕示選好の理論

問　題

■1　（　）の中に適当な用語を入れよ。

（ア）（　）は，労働供給を追加的に拡大する際の限界的なメリットを示す。

（イ）代替効果が所得効果を上回れば，実質賃金の上昇で労働供給は（　）する。

（ウ）時間選好率が大きいほど，家計は現在消費を将来消費と比べて（　）く評価している。

（エ）最適な貯蓄は，（　）と時間選好率が一致する点で行われる。

（オ）期待効用は，それぞれの状態での（　）をそれぞれの状態の起きる確率

135

で加重和したものである。

■2　効用関数が $U = c_1 c_2$ で現在のみ所得が100あるとする。利子率が5％であるとすると，現在の最適な貯蓄額はいくらか。ただし，c_1 は現在消費，c_2 は将来消費である。

■3　図のような労働供給曲線において，賃金の増加による所得効果が代替効果を上回るのは，どの部分か。

（ア）SC
（イ）SC'
（ウ）CC'
（エ）CS'
（オ）$C'S'$

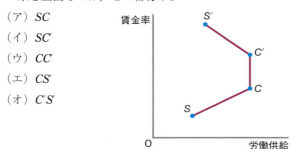

■4　同一労働には同一賃金が支払われるはずである。しかし，現実には同じような労働をしても支払われる賃金が同じであるとは限らない。こうした現象はどのように説明できるか。

■5　高所得 $Y_H = 100$ と低所得 $Y_L = 20$ が同じ確率0.5で生じるとする。家計の効用関数が

$$U = Y^{0.5}$$

で示されるとき，期待効用を最大にするにはどのような保険が望ましいか。

■6　以下のような2期間モデルを考える。

$$U = c_1^{0.2} c_2^{0.8}$$

$$c_1 = Y_1 - s, \quad c_2 = Y_2 + [1+r]s$$

ここで $U =$ 生涯の効用，$Y_1 =$ 第1期の所得，$Y_2 =$ 第2期の所得，$r =$ 利子率，$c_1 =$ 第1期の消費，$c_2 =$ 第2期の消費，$s =$ 貯蓄である。貯蓄関数を求めよ。

5 企業と費用

　本章では，企業の費用最小化問題を取り上げる。費用の最小化は利潤を最大化するためには不可欠の企業行動である。

---

1. 企業の生産活動の技術的な関係を示す生産関数を説明する。
2. 費用最小化行動を分析するのに有益な概念である等生産量曲線と等費用曲線を説明する。
3. 家計の効用最大化問題と企業の費用最小化問題を比較する。
4. 費用関数を企業の費用最小化問題の解として導出する。

5.1　企業の目的

■ 企業と生産要素

　企業の生産活動は，実際には複雑なプロセスを経ている。資本設備や労働など生産要素を投入し，他の企業から原材料を購入して，それを加工し，新しい財・サービスを生み出していく。その際には経営上の管理システムなどの企業組織がどのように円滑に機能するかも重要であろう。ミクロ経済学の基本的な枠組みでは，生産活動を非常に抽象化されたモデルで考えている。まず生産要素が生産工程に投入され，生産プロセスを経て，生産物に生まれ変わる。生産プロセス自体は分析の対象とせず，生産要素の投入と生産物の関係が主要な関心となる。

　ここで，生産要素とは，生産に投入される人や物，より具体的には労働や

137

図5.1　生産と生産要素

資本である。また，農業のような自然を対象とする産業では，土地も重要な生産要素である（図5.1）。

■ 短期と長期

　生産要素を資本と労働の2つに集約すると，現実にはそれぞれの調整にある程度の時間がかかるだろう。資本を増加させる行動は投資であり，どの程度投資を行うかは企業が長期的に生産を拡大し，成長するために重要な意思決定である。資本設備の増加にはかなりの時間を要するから，短期的には資本は一定であり，長期になって初めて資本が調整可能であると想定するのも，それほどおかしくない。

　これに対して，労働の場合は，労働市場から比較的時間をかけないで人を雇用することができる。アルバイトなどパートの雇用を調整するには，それほど時間的コストは必要ない。もちろん，フルタイムの労働者の調整には，それなりの時間を要する。雇用が過剰であるからといって，フルタイムの労働者をすぐ解雇できるわけではない。最近，雇用調整としてのリストラが話題になっているのは，逆にいうと，雇用調整の困難さを反映したものである。とはいえ，資本設備と比べると，ある程度短期間で調整が可能である。

　したがって，短期とは労働の調整は可能であるが，資本の調整が不可能な期間であり，長期とは資本も含めてすべての生産要素が自由に調整できる期間であると定義する。熟練労働などで短期的に調整が困難な労働の場合は，むしろ，物理的資本と同じく，時間を通じて蓄積される人的資本として理解する方が，もっともらしいだろう。

■ 利潤の極大とその他の目的

　生産活動の中心的な経済主体である企業は，何を目的として行動しているのだろうか。企業の最大の目的は利潤の追求である。しかし，現実には利潤の追求のみならず，社会的な責任を果たし，従業員の経済的な満足度を満たし，かつ株主の利益も確保する必要がある。これらの一見両立しそうにないさまざまな目標も，結局は長期的な利潤の追求という概念でまとめることができよう。利潤が獲得できるから，従業員の経済的な要求にも対応できるし，社会的な貢献も可能になり，もちろん，株主の配当にも答えていくことができるのである。

2 つの利潤の考え方：会計上の利潤・経済学上の利潤

　会計上の利潤とは，企業にとっての収入から実際に支出した費用を差し引いたもの（当期純利益）である。これに対して，経済学上の利潤とは，収入から経済的にみて実質的にかかった費用（機会費用）を差し引いたものになる。機会費用はほかのもっともよい用途を利用する機会を失ったことで得られなくなる収入であるから，内部留保で投資費用を賄う場合のように，実際にお金が支出されなくても経済学では費用と見なす場合がある。

5.2　生産関数

■ 生産関数の定式化

　企業の生産活動を理論的に定式化する際に重要な概念が，生産関数である。生産関数は，生産要素と生産物との（効率性を前提としたうえでの）技術的な関係を表したものである。その背後には，複雑な生産プロセスが一定の効率的な管理のもとで運営されているはずだという想定がある。いかに品質を管理しながら，生産プロセスを効率的に運営していくのか，そのためにはどのような組織が望ましいのか，こういう問題は経営学では重要であるが，さしあたってミクロ経済学の入門のレベルでは考えない。利潤を最大化するには費用を最小化するのが前提となる。したがって，ある一定の効率的な運営が行われ，生産要素と生産水準との間に安定的な技術的関係が導出されてい

5 企業と費用

表5.1 生産関数の数値例

資本の投入

	1	2	3	4
1	10	15	18	20
2	15	20	24	27
3	18	24	29	33
4	20	27	33	36

労働の投入

ると考える。

　いま 2 つの生産要素 x_1, x_2 を投入して生産物 y が生み出されるとしよう。生産関数は，次のように与えられる。

(1) 　　　$y = f(x_1, x_2)$

　(1)式のような生産関数の数値例として，表5.1のような関係を想定しよう。表5.1は労働（x_1）と資本（x_2）という 2 つの生産要素を投入して，ある生産物をつくる数値例である。この数値例にみられるように，生産関数は，形式的にみると，家計における効用関数と似た性質をもっている。すなわち，生産要素の投入量 x_1, x_2 が増大すると，生産量 y も増加するが，ある 1 つの生産要素のみを投入し続けていくと，生産の増加の大きさ（＝限界生産）はしだいに低下する。これを限界生産逓減の法則という。

　表5.1では，〈労働投入＝x_1〉が 1，〈資本投入＝x_2〉が 1 のとき，生産 y は10であり，労働のみを追加的に 1 単位増加させて，$x_1 = 2$ としたとき，生産は15に拡大する。このときの労働の限界生産は $15 - 10 = 5$ である。さらに $x_1 = 2$ から労働のみ追加的に 1 単位増加させとき，生産 y は18に拡大する。このときの労働の限界生産は $18 - 15 = 3$ である。

140

5.2 生産関数

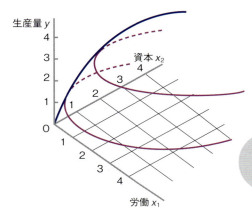

2つの生産要素の投入量 x_1, x_2 を水平平面，生産量 y を垂直面にとった立体図は，生産関数を立体的に図示している。

図5.2　生産関数の立体図

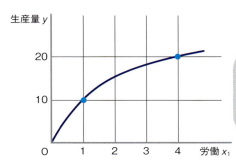

ある生産要素の投入量 x_2 を固定して，別の生産要素の投入量 x_1 と生産量 y との関係を図示したのが，2次元での生産関数である。x_1 のみを拡大したときの生産に与える効果＝限界生産は逓減する。

図5.3　生産関数：x_2 固定

図による説明

図5.2は，水平面に x_1, x_2 を，垂直軸に y をとった立体図である。これは，効用関数の立体図とよく似た形状をしている。第 3 章と同様に，立体図を平面図に置き直すために，生産要素のうち 1 つだけの変化が生産量に与える効果を描いてみよう。これが図5.3である。

すなわち，図5.3では x_2 を固定しておいて，x_1 のみを変化させたときの x_1 と y との関係を描いている。x_1 を増加させると，y も増加するが，その増加の大きさ（＝曲線の傾き＝限界生産）はしだいに小さくなっていく。もちろん，x_1 を固定して，x_2 と y との関係を図示しても，同様の限界生産逓減の法則が得られる。

表5.2 生産関数と効用関数

	生産関数	効用関数
x_1 の増加で	限界生産プラス	限界効用プラス
限界的増加の程度	限界生産逓減	限界効用逓減
数字の意味	基　数	序　数

■ **効用関数との相違点**

以上みたように，生産関数は効用関数とよく似た性質をもっている。ともに，限界生産，限界効用はプラスであるが，その増加の程度は逓減する。しかし，両者の間には重要な相違もある。効用関数の場合には，特別の分析を除いて序数的な効用が意味をもち，基数的な効用を前提とすることは必要なかった。すなわち，限界効用がどのくらいの大きさで逓減するのか量的な目安がなくても，消費の理論は十分に説明可能であった。

これに対して，生産関数は序数的ではなく，基数的な概念である。利潤が基数的な概念だからである。生産量は市場で販売され，販売収入や利潤の大きさのもとになる数字である。これが変化すれば，企業の行動にも大きな影響を与える。したがって，限界生産がどの程度の大きさで逓減するかは，企業の最適行動を分析するうえでは不可欠な情報である（表5.2）。

S字の生産関数

限界生産が逓減するのがもっともらしいとしても，すべての x_1 の水準で逓減す

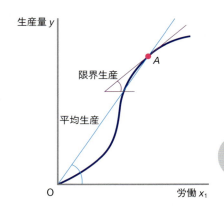

x_1 が小さいときは限界生産が逓増し，あるA点を越えて限界生産が逓減する生産関数は，S字型をしている。

図5.4　S字型の生産関数

るとは限らない状況もありえる。たとえば，図5.4のようなＳ字の形状をした生産関数を想定しよう。これは，x_1が小さいときにはむしろ限界生産が逓増し，ある点を越えて初めて，限界生産が逓減するものである。

労働の投入を考えても，最初のうちは仕事に慣れてくると生産の能率が上昇して，むしろ限界生産が増大するケースも十分想定できよう。しかし，あまり労働を投入しすぎると，やがては能率が低下して限界生産も低下していく。

■ 限界生産と平均生産

限界生産とは別の概念に平均生産という言葉がある。これは，投入量1単位あたりの生産量である。いま，x_1のみが生産要素であるとして，図5.4のような生産関数が想定できるとしよう。A点での限界生産はそのA点での生産曲線の傾きであるが，平均生産はそのA点を結ぶ原点Ｏからの直線の傾き（A点での生産量／A点での労働投入）である。限界生産が逓増する限り平均生産も拡大するが，限界生産が逓減すると，やがては平均生産も減少する。

ただし，限界生産と平均生産とは常に同じ方向に動くわけではない。図5.5のように，$x_1>0$であっても，あるB点までは生産ができないケースでは，限界生産はすべての範囲で逓減するとしても，平均生産はA点までは上昇する。

なお，投入物が2つ以上の場合には，ある生産要素投入のみが変化するときに，その生産要素1単位あたりでみて，平均生産を定義することができる。

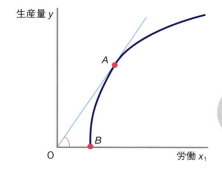

あるB点までは生産できないケースでは，限界生産がすべての範囲で逓減するとしても，平均生産はA点までは上昇する。

図5.5　限界生産と平均生産

表5.3　規模の拡大の効果

収穫一定	投入量を 2 倍にすると生産量も 2 倍
収穫逓増	投入量を 2 倍にすると生産量は 2 倍以上
収穫逓減	投入量を 2 倍にすると生産量は 2 倍以下

収穫一定

では，2 つの生産要素 x_1，x_2 を同時に増加させた場合はどうであろうか。このとき，生産量も拡大するが，限界生産が逓減するとは必ずしもいえない。たとえば，x_1，x_2 をともに 2 倍にしたとき，y も 2 倍になるのであれば，収穫一定とよばれる。これは，数学的には一次同次の生産関数ともよばれる（表5.3）。また，y が 2 倍以上になる場合は収穫逓増，y が 2 倍以下にしか増えない場合は収穫逓減とよばれる。

通常は，収穫一定の生産関数を想定することが多い。これは，企業の設備（＝工場など）の規模を 2 倍にすれば，技術的には生産量も 2 倍になると考える方が，もっともらしいからである。同じ工場をもう 1 つ設置して，すべての生産要素投入を 2 倍にすれば，生産量も 2 倍になるだろう。

すべての生産要素に関して収穫逓減を仮定するのはまれである。収穫逓減の場合は，生産関数に明示的に含まれていない生産要素が別に存在して，それが市場で取引される生産要素のように，簡単には 2 倍にできない状況を反映している。その例としては，土地などの天然資源，あるいは生産上の効率を管理する経営能力など希少な経営資源などが考えられる。

また，収穫逓増の場合は，規模が拡大するにつれて学習効果などが働いて，生産効率が上昇する場合などが想定されている。あるいは，その生産を開始するのに多くの固定のコストが必要であるケースでも同じような現象が生じることがある。

■ コブ=ダグラス型の生産関数

生産関数の特定化として，よく用いられるのが，コブ=ダグラス型の生産関数である。たとえば，次のような式である。

$$y = x_1^{0.5} x_2^{0.5}$$

この生産関数は，それぞれの生産要素については限界生産が逓減するが，生産要素全体では収穫一定である。つまり，x_2 を一定に固定すれば，x_1 と y との関係は収穫が逓減するが，x_1，x_2 を同じ割合で拡大させれば，y も同じ割合で拡大する。

この場合の x_1 についての限界生産は，

$$\frac{\Delta y}{\Delta x_1} = 0.5 x_1^{-0.5} x_2^{0.5}$$

となる。

5.3　等生産量曲線と等費用曲線

■ 等生産量曲線

　企業の利潤最大化行動は，費用最小化行動を前提とする。企業が最大の利潤を獲得するように行動しているとすれば，その前提として生産に要する費用を最小にして，より効率的に生産しなければならない。どこまで生産量を拡大するかは利潤最大化行動の結果として決まってくるが，どの水準の生産量であっても，その水準を生産するのに要する費用をできるだけ小さくすることは，企業の利益に合致している。したがって，まずは費用を最小化する最適化行動を分析しよう。

　そのために，等生産量曲線と等費用曲線という概念を導入しよう。まず等生産量曲線から説明する。これは，生産量 y をある任意の一定水準に固定したときに，それを実現する生産要素 x_1, x_2 の組合せである。つまり，図5.2の立体図を一定の y で切断した等高線に他ならない。これは，第3章での無差別曲線に対応する概念である。図5.6に示すように，等生産量曲線 AB は原点 O に向かって凸の曲線であり，無差別曲線と同様の形状をしている。

　等生産量曲線が右下がりであるのは，直感的にも明らかである。x_1 の投入を増加させると，同じ生産水準 y を維持するには，x_2 の投入を減らすしかない。原点に向かって凸であるのは，限界生産が逓減することによる。これは，家計の無差別曲線が原点に向かって凸である理由が，限界効用（あるいは限界代替率）の逓減であったのと同じである。

　すなわち，x_1 が小さく x_2 が大きい C 点では，x_2 を1単位減らしたときに，y の減少分は小さく，x_1 を増加させたときの y の増加分は大きい。したがって，

145

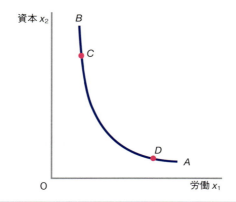

等生産量曲線 AB は原点に向かって凸の曲線であり，無差別曲線と同じ形状である。

図5.6　等生産量曲線

x_2 の減少分に比べてあまり x_1 の増加分を大きくしなくても，y の値を一定に維持できる。これに対して，x_2 が小さく x_1 が大きい D 点では逆の関係にあるから，x_2 の減少分に比較して x_1 の増加分をかなり大きくしないと，同じ y が維持できない。

■ 等生産量曲線の 4 つの性質

無差別曲線と同様に，等生産量曲線にも以下のような性質がある。
(1) 等生産量曲線は，右下がりである。
(2) 等生産量曲線は，原点に向かって凸である。
(3) 等生産量曲線は右上方に行くほど，より大きな生産水準に対応している。
(4) 2 つの等生産量曲線が交わることはない。

以上 4 つの性質は，いずれも無差別曲線の性質に対応している。したがって，(3)(4) の性質の直感的な意味は，明らかであろう（表5.4）。

技術的限界代替率

また，無差別曲線同様に，等生産量曲線の傾きで生産要素間の限界代替率を定義することができる。これを技術的な限界代替率とよんでいる。

5.3 等生産量曲線と等費用曲線

表5.4 等生産量曲線の性質

右下がり	ある生産要素の投入が増加すれば，別の生産要素の投入を減少しないと同じ生産量は維持できない
原点に凸	限界生産逓減
右上方ほど生産量は大きい	2つの生産要素の投入量がともに増加すれば，生産量も増加する
交わらない	交われば，投入量が増加しても，生産量は減少してしまう

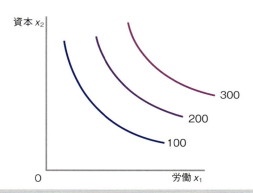

生産水準の拡大の比率と等生産量曲線の幅の比率が同じであれば，収穫一定の生産関数である。

図5.7 収穫一定

$$x_1 \text{ の技術的限界代替率} = \frac{x_2 \text{ の増加幅}}{x_1 \text{ の減少幅}} \quad (\text{同じ } y \text{ を維持する})$$

限界代替率は逓減する。これは，限界生産が逓減することから直ちに導出される。

等生産量曲線の幅

等生産量曲線の性質（3）にあるように，右上の曲線ほど生産水準は高い。生産関数は基数的な概念であるから，等生産量曲線間の幅の大きさも，重要な情報をもっている。いま，$y = 100$，200，300 に対応する3つの等生産量曲線を描いてみよう。図5.7のように，生産水準の拡大の比率と等生産量曲線の幅の比率が同じであれば，収穫一定の生産関数になっている。

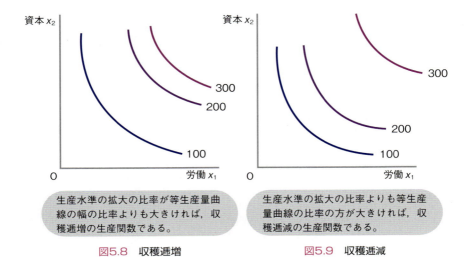

図5.8 収穫逓増　　　図5.9 収穫逓減

逆に，図5.8に示すように，生産水準の拡大の比率の方が大きければ収穫逓増となり，また，図5.9のように，等生産量曲線の幅の比率の方が大きければ，収穫逓減である。なぜなら，等生産量曲線の幅の比率が大きいということは，生産量を拡大するのに，x_1, x_2 ともに大きく投入量を増加しなければならないことを意味しており，生産性が低下している状況だからである。

■ 等費用曲線

次に，**等費用曲線**を定義しよう。等費用曲線は，生産に要する総費用が一定となる生産要素投入量の組合せを意味する。

いま，x_1, x_2 という生産要素をある一定期間生産に投入するのに，それぞれ w_1, w_2 だけの費用がかかるとしよう。x_1 が労働という生産要素であれば，w_1 は単位時間当たりの賃金（＝賃金率）を意味し，x_2 が資本の投入であれば，w_2 は資本のレンタル・コストを意味する。あるいは，原料の場合にはその原料の市場での価格である。このとき，生産にかかる総費用 c は，

(2) $\qquad c = w_1 x_1 + w_2 x_2$

で定義される。

図5.10で直線 AB は，ある総費用 c に対応する x_1, x_2 の組合せ（2）式を

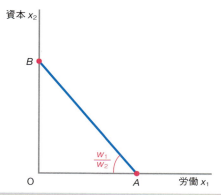

図5.10　等費用曲線

等費用曲線 AB は，ある一定の総費用に対応する生産要素 x_1, x_2 の組合せを示し，右下がりの直線となる。傾き w_1, w_2 は 2 つの生産要素の価格の比を表す。

示している。等費用曲線は右下がりである。ある生産要素の投入を拡大すれば，総費用を一定に維持する以上，他の生産要素の投入を減らすしかない。要素価格が一定である限り，等費用曲線は直線である。なぜなら，所与の要素価格のもとで生産要素をいくらでも調整できるからである。

OA はすべての生産費用が x_1 のみの投入費用でまかなわれるケースを意味しており，$x_2 = 0$ より OA $= c/w_1$ の関係がある。逆に，B 点はすべての生産費用が x_2 のみの投入費用でまかなわれる場合を表しており，$x_1 = 0$ より OB $= c/w_2$ の関係がある。等費用線 AB の傾きは w_1/w_2 であり，2 つの生産要素の価格の比を表す。生産要素 x_1 の価格 w_1 が高くなるほど，x_1 を 1 単位増加させて同じ総費用を維持するには，x_2 をより大きく減少させる必要がある。等費用曲線は，総費用を一定にする x_1, x_2 の組合せであり，原点に近い等費用曲線ほど，総費用 c の大きさは小さい。

5 企業と費用

5.4 費用関数

■ 費用関数の概念

生産関数は，投入量 x_1, x_2 と生産量 y との技術的な関係を示す関数である。では，y をもっとも効率的に生産するのにどれだけの費用 c がかかるのであろうか。この点を定式化した概念が，費用関数である。すなわち，**費用関数**は，ある生産量とその生産量をもっとも効率よく生産する場合に要する費用との関係を示す関数である。そのためには，生産要素をもっとも効率よく生産に投入する際に，どれだけの費用がかかるかを計算しなければならない。これは，企業の費用最小化問題を考えることを意味する。

■ 企業の費用最小化問題

x_1, x_2 を拡大すれば，w_1, w_2 が一定のもとでも c は増加し，また y も増加するだろう。このときのもっとも効率的な生産要素の組合せに対応する費用 c と生産 y の関係を定式化したものが，費用関数である。企業は利潤を最大にするように行動するから，そのためには費用を最小にする誘因をもつ。同じ生産水準を実現するのであれば，安い費用で生産できる方が利潤が高くなるからである。したがって，企業の費用最小化問題は，次のように定式化される。すなわち，w_1, w_2 を所与として (1) 式の制約のもとで (2) 式を最小にする問題である。

この問題は数学的にも解くことができるが，ここでは第 3 章の消費の理論と同様に，図を用いて議論しよう。(1) 式を等生産量曲線として図示すると，図5.6のように描くことができる。また，(2) 式を等費用曲線として図示すると，図5.10のように描くことができる。

図による説明

以上 2 つの図で示された等生産量曲線と等費用線を同時に用いることで，企業の費用最小化問題を図で説明してみよう。図5.11は，ある一定の生産水準 y のもとでの等生産量曲線 I を描いている。この曲線上でもっとも総費用の小さな点が，費

150

5.4 費用関数

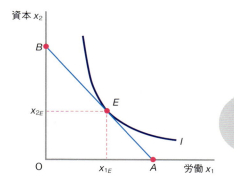

費用最小化問題の解は，等生産量曲線と等費用線との接点 E となり，それに対応する x_{1E}, x_{2E} が最適な生産要素の投入水準である。

図5.11　費用最小化

用最小化問題の解となる点である。

費用最小化問題では，等生産量曲線 I が制約線であり，この曲線かあるいはこの曲線の上方の点が，与えられた生産量を満たす生産要素の組合せである。その中で総費用のもっとも少ない点を選択することになる。等費用曲線の性質から，原点に近い等費用線ほど総費用は小さくなるので，最適点は等生産量曲線 I と等費用線 AB との接点 E になる。なぜなら，E 点以外の点では，等生産量曲線と等費用線が交わっている。そこは E 点を通る等費用曲線 AB よりも必ず右上方の等費用線であるから，総費用は E 点以上に大きくなるからである。

主体的な均衡点

したがって，E 点が企業の主体的な均衡点であり，E 点に対応する生産要素の投入水準 (x_{1E}, x_{2E}) が最適な投入水準となる。また，それに対応する総費用 cE が最適な総費用である。所与の生産水準 y と 2 つの要素価格の比率 w_1/w_2 が与えられれば，E 点を求めることができるし，最小化される費用の大きさも決まる。では，E 点の経済的な意味を考えてみよう。

等生産量曲線の傾きは技術的な限界代替率であり，x_1 の追加的な拡大により同じ生産量を維持するには，どれだけの x_2 の投入が節約できるかを示している。これは，x_1 の拡大が費用を削減する効果でみると，限界的なメリットである。これに対して，等費用線の傾きである生産要素価格の比率 w_1/w_2 は，同じ費用を維持するときに，x_1 の追加的な拡大でどこまで x_2 が削減できるかを示している。これは，x_1 の拡大の費用削減効果でみると，限界的なコストに対応する。

E 点の左上方では，x_1 拡大の限界的なメリットの方がコストよりも大きいので，x_1 をさらに拡大することで，費用をより削減できる。逆に，E 点の右下方では，x_1 拡大の限界的なコストの方がメリットよりも大きいので，x_1 を縮小して初めて費用

5　企業と費用

表5.5　費用最小化のまとめ

主体的な均衡	同じ生産水準で総費用が最小になる生産要素の投入量の組合せをみつける
条　件	技術的限界代替率（x_1 の追加的な拡大で同じ生産量を維持するのにどれだけ x_2 が節約できるか）＝生産要素価格比率
図では	等生産量曲線の傾き＝等費用曲線の傾き（限界的なメリット＝限界的なデメリット）

を削減できる。E 点では両者が等しいので，主体的な均衡点になっている。

費用関数

したがって，費用最小化問題の解としての最適な費用水準 c は，y と w_1, w_2 の関数として定式化できる。これが**費用関数**である。

(3)　　　$c = c(y, w_1, w_2)$

また，それぞれの生産要素に対する需要関数も同様にして，y と w_1, w_2 の関数として定式化できる。

(4-1)　　　$x_1 = x_1(y, w_1, w_2)$

(4-2)　　　$x_2 = x_2(y, w_1, w_2)$

■ 家計の効用最大化行動との類似点：双対問題

第3章で分析したように，家計の効用最大化行動の主体的な均衡点は，無差別曲線と予算線との接点であった。それと，ここでの企業の費用最小化の主体的均衡点を比較してみよう。無差別曲線は等生産量曲線と似た形状であり，家計の予算線が企業の等費用曲線と似た形状をもっている。家計と企業ともに，主体的な均衡点は2つの曲線の接点で与えられる。これは，上でも説明したように，この接点で企業あるいは家計の選択する経済変数（企業の場合は生産要素 x_1，家計の場合は消費財 x_1）の限界的なメリットとデメリットが一致しているからである。

ただし，相違点もある。家計の最適問題では，図5.12のように予算線 AB を所与として，それと接する無差別曲線を求めた。ここでの企業の最適問題では，図5.13のように等生産量曲線 AB を所与として，それと接する等費

152

5.4 費用関数

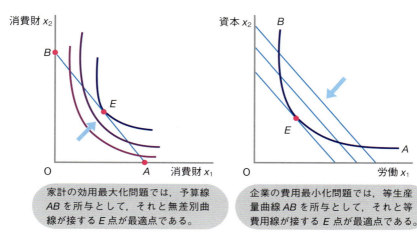

図5.12 家計の効用最大化　　　　図5.13 企業の費用最小化

家計の効用最大化問題では，予算線 AB を所与として，それと無差別曲線が接する E 点が最適点である。

企業の費用最小化問題では，等生産量曲線 AB を所与として，それと等費用線が接する E 点が最適点である。

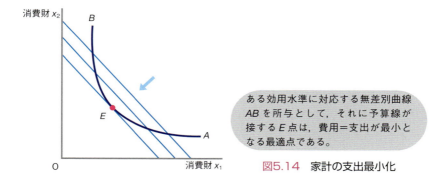

ある効用水準に対応する無差別曲線 AB を所与として，それに予算線が接する E 点は，費用＝支出が最小となる最適点である。

図5.14 家計の支出最小化

用線を求めている。つまり，前者の問題では原点から右上方へ効用が拡大する点を求めたのに対して，後者の問題では原点に向かって費用が縮小する点を求めている。

ところで，家計にとっても効用を最大にするためには，できるだけ少ない費用で同じ効用を確保することも必要であろう。家計の効用最大化問題を，企業の費用最小化問題と同様に，ある効用水準を確保するのにもっとも効率的な消費支出を求める費用最小化問題としても，定式化することができる。これが，支出関数アプローチとよばれているものである。

すなわち，図5.14で示すように，ある効用水準に対応する無差別曲線 AB

を所与として，この制約のもとで総消費支出額を最小にするような x_1, x_2 の組合せを考えてみよう。これは，原点に向かって費用＝支出額を最小にする問題である。この問題の解は，無差別曲線と予算線の接点 E となる。したがって，費用最小化でアプローチしても，効用最大化でアプローチしても，主体的な均衡点は同じになる。このような2つの対の問題設定が同じ主体的均衡をもたらすことを，双対問題とよんでいる。

5.5　費用曲線

■ 生産量拡大の効果

では，費用関数はどのような特徴をもっているだろうか。まず生産量 y の拡大の効果から分析しよう。y が大きくなると，図5.15に示すように，等生産量曲線が右上方に平行シフトする。均衡点は E_0 から E_1 へと移動する。

E_1 は E_0 の右上方にあるから，E_1 での等費用線もより高い費用に対応している。y の拡大によって x_1, x_2 は増加する。したがって，生産量 y の拡大で総費用 c は増加する。すなわち，c は y の増加関数となる。y の1単位の増加が c をどれだけ増加させるかは，y 拡大の限界費用 MC とよばれている。

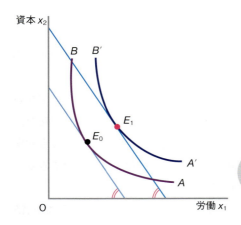

生産量 y の拡大によって，主体的均衡点は E_0 から E_1 へと移動する。x_1, x_2 の投入量も増加し，費用も増加する。

図5.15　生産量拡大の効果

5.5 費用曲線

$$限界費用 = \frac{費用の増加分}{生産量の増加分}$$

また生産量1単位あたりの費用は平均費用 AC とよばれている。

$$平均費用 = \frac{費用}{生産量}$$

■ 限界費用曲線

限界費用曲線 MC は，限界費用 MC と生産量 y との関係を示したものである。限界生産が逓減する通常の生産関数を想定すると，限界費用曲線は，図5.16のように右上がりの曲線として描かれる。これは，資本など短期的に調整の効かない生産要素の投入を固定しておいて，労働など可変的な生産要素の投入のみを拡大したときに，生じる現象である。限界生産が逓減するとき，たとえば生産量を2倍にするためには，生産要素を2倍以上投入しなければならない。その結果，要素価格が一定であっても，生産費は2倍以上に増加する。

もし，すべての生産要素が調整可能であり，収穫一定の生産関数を想定できるのであれば，限界費用は生産水準が拡大しても変化しないであろう。その場合は，図5.17のように，水平な限界費用曲線 MC が描かれる。

さらに，収穫逓増の生産関数の場合には，生産量とともに限界費用が逓減する場合も想定できる。このときには図5.18のように，右下がりの限界費

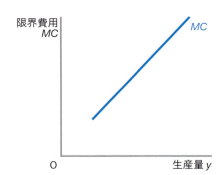

限界生産が逓減する生産関数を前提とすると，限界費用曲線は右上がりとなる。

図5.16 右上がりの限界費用曲線

155

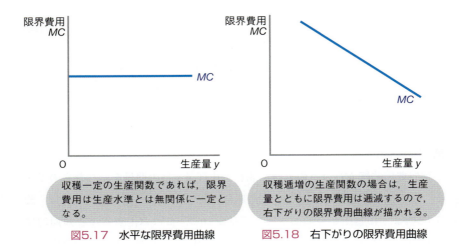

図5.17 水平な限界費用曲線

図5.18 右下がりの限界費用曲線

(左吹き出し) 収穫一定の生産関数であれば，限界費用は生産水準とは無関係に一定となる。

(右吹き出し) 収穫逓増の生産関数の場合は，生産量とともに限界費用は逓減するので，右下がりの限界費用曲線が描かれる。

用曲線 MC となる。

■ 平均費用曲線

平均費用曲線 AC は，平均費用 AC と生産量 y との関係を示したものである。平均費用曲線の形状は，それに対応する限界費用曲線 MC の形状に大きく依存している。すなわち，平均費用は，それが限界費用よりも小さければ，生産量 y とともに上昇し，逆に，それが限界費用よりも大きければ，生産量 y とともに減少する性質をもっている。

表5.6のような数値例を考えてみよう。この場合，$y=4$ までは限界費用よりも平均費用の方が大きい。この領域では平均費用は減少している。逆に，$y=5$ 以上では限界費用の方が平均費用よりも大きくなり，この領域では平均費用は逓増している。

この理由を考えてみよう。限界費用は追加的な生産に要する費用であり，平均費用はこれまでの生産全体についての費用を 1 単位あたりで表した費用概念である。限界費用の方が平均費用よりも大きければ，追加的に生産を拡大すると，1 単位あたりでこれまでの費用よりも大きな費用で，新しい 1 単位が加わることになる。これを含めて新しい平均費用を計算すると，いま

表5.6　限界費用と平均費用：数値例

生産量 y	1	2	3	4	5	6	7
費用 c	10	11	13	16	20	25	31
限界費用 MC	1	2	3	4	5	6	7
平均費用 AC	10	5.5	4.3	4	4	4.2	4.4

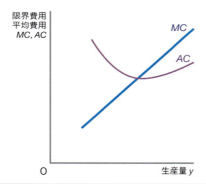

平均費用曲線は，限界費用曲線の上方では右下がりであり，下方では右上がりとなる。

図5.19　限界費用と平均費用：ケース1

までよりも単位コストでみて，より大きな生産が加わるから，平均費用は増大する。逆に，限界費用が平均費用よりも小さければ，1単位追加して生産することで，いままでよりも単位コストの安い生産が追加されるので，その分を含めて全体の平均費用を計算すると，平均費用が減少する。

　したがって，図5.19に示すように，平均費用曲線 AC は限界費用曲線 MC の上方では右下がりであり，下方では右上がりとなる。限界費用曲線が最初からずっと右上がりの曲線の場合は，平均費用曲線は最初は右下がりとなり，限界費用曲線と交わってから右上がりに転じる。また，図5.20のように限界費用曲線が水平線の場合には，平均費用曲線も同じ水平線となり，両方の曲線は一致する。さらに，図5.21のように限界費用曲線が最初からずっと

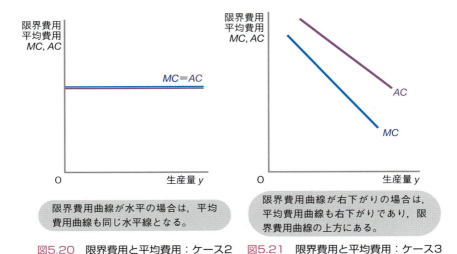

図5.20 限界費用と平均費用：ケース2　　図5.21 限界費用と平均費用：ケース3

右下がりの場合は、平均費用曲線も右下がりであり、限界費用曲線よりも上方に位置している。

■ 生産要素価格の変化

次に、2つの要素価格の比率 w_1/w_2 の上昇の効果を分析しよう。要素価格 w_1 の上昇で等費用曲線の傾き（の絶対値）は大きくなる。その結果、図5.22において均衡点は E_0 から E_1 へと移動する。生産量 y が一定である限り、等

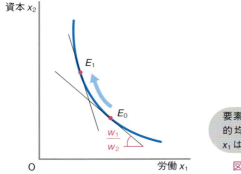

要素価格 w_1/w_2 が上昇すると、主体的均衡点は E_0 から E_1 へ移動する。x_1 は減少し、x_2 は増加する。

図5.22　生産要素価格の変化

生産量曲線はシフトしない。したがって、等費用線の傾きの絶対値が上昇した分だけ、新しい均衡点 E_1 は古い均衡点 E_0 の左上方になる。

すなわち、w_1/w_2 の上昇によって、x_1 は減少し、x_2 は増加する。これは、消費の理論に対応させると、価格変化の代替効果に他ならない。では、総費用 c に与える効果はどうであろうか。図5.10を改めてみてみよう。w_1/w_2 が w_1 の上昇によってもたらされた場合には、$OB = c/w_2$ が増加しているので、c は増加する。しかし、w_1/w_2 が w_2 の低下によってもたらされている場合は、$OA = c/w_1$ が低下しているので、c も減少する。

■ 規模の経済と範囲の経済

規模の経済とは、生産量の増加により平均費用が減少することを指す用語である。上述したように、単位あたりの固定費用が減少することが規模の経済が生じることである。

これに対し、範囲の経済とは、複数の生産要素を投入することで平均費用が削減できる現象を意味する。こうした現象が生じる理由は、複数の生産要素を共通利用することで、ある種の経営資源が有効に利用されて、単なる総和以上の効果が得られるからである。

たとえば、郵便局の窓口で郵便、貯金、保険を販売しているときのように、異なる商品を同じ店に販売するときに発生する。あるいは、食品会社が複数の商品をスーパーに商品を輸送するとき、同じトラックに異なる商品を載せていけば、販売コストが低下する。また、自動車メーカーで複数の車種を生産する場合に、軽トラックと大型トラックには共通する部品が多いので、原材料を大量購入し安くすることができ、技術も共用することができる。しかし、まったく関連のない事業同士では範囲の経済は発生しない。

規模の経済は同じ生産要素を拡大投入する際に単位あたりの固定費が削減することであり、範囲の経済は異なる生産要素を投入することで平均費用が削減することである。この2つの経済性は同時に生じる。

5　企業と費用

5.6　短期と長期の費用曲線

■ 固定費用と可変費用

　これまで2つの生産要素 x_1, x_2 は対称的に扱ってきたが，この節では，これら2つの生産要素を区別してみよう。x_1 を労働の投入，x_2 を資本の投入と考えると，労働の投入と比較して，資本の投入水準を変化させるには時間がかかるだろう。資本ストックの拡大は投資行動を必要とするが，それにはある程度の時間がかかると考える方が自然である。これに対して，労働の投入の場合は，労働市場で容易に労働者を雇用することができる。したがって，短期的には労働のみが生産要素として調整可能であり，資本は長期において初めて調整可能であると考えることができる。その意味で労働を雇用する費用は可変費用であり，資本を使用する費用は固定費用である。

■ 短期の費用関数

　いま資本の投入 $x_2 = x_2{}^*$ で一定となる短期における費用関数を考えてみよう。図5.23において $x_2 = x_2{}^*$ という制約は，$x_2{}^*$ を通る水平線として描かれている。この線と等生産量曲線との交点が短期の主体的な均衡点 E_0 であり，それに対応する総費用線 c が短期の総費用を与える。

$$(5) \qquad c = c(y, w_1, w_2, x_2{}^*)$$

　ここで，生産量 y 拡大の効果を分析してみよう。y の増加は等生産量曲線を右上方にシフトさせるから，新しい均衡点 E_1 は E_0 の右にくる。短期的には x_2 は変化できないので，x_1 の増加で生産を拡大するしかない。その結果，c も増大する。

　では，y 拡大の限界費用はどのような特徴をもっているだろうか。x_1 のみが拡大すると，限界生産逓減の法則が働く。これは逆にいうと，y が大きな水準であるほど x_1 の限界生産が小さいから，同じ1単位の y の拡大に対して必要とされる x_1 の投入がより大きくなることを意味する。したがって，w_1 が一定であれば，c の増加も大きくなる。すなわち，限界費用は逓増する。

160

表5.7 費用の概念

総費用	費用の総額
限界費用	生産量を追加的に1単位拡大する際に要する費用（費用の増加/生産の増加）
平均費用	生産量1単位あたりの費用（費用/生産量）
可変費用	総費用のうち，生産量に応じて変化する費用
固定費用	総費用のうち，生産量とは独立に要する費用

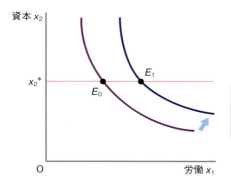

$x_2 = x_2^*$ という制約がある短期では，x_2^* を通る水平線と等生産量曲線との交点が主体的な均衡点 E_0 である。生産量 y の拡大によって，新しい均衡点は E_1 となり，x_1 が増加し，費用 c も増加する。

図5.23 短期の費用関数

■ 短期の平均費用

固定費用は短期では一定である。したがって，生産量が拡大するにつれて，1単位あたりの固定費用（＝平均固定費用）は減少していく。平均費用は1単位あたりの費用（＝平均可変費用＋平均固定費用）であるから，生産量1単位あたりの固定費用が逓減すると，平均費用も減少する。他方で，限界費用が増加すれば，平均費用も増加する圧力が加わる。

当初は限界費用の増加圧力は小さいから，1単位あたりの固定費用が逓減する効果が効いて，平均費用は最初は減少する。平均費用がどの程度の水準まで減り続けるかどうかは，平均固定費用の減少のスピードと平均可変費用の上昇のスピードに依存する。しかし，限界費用が増大する場合には，その効果はしだいに大きくなるから，平均費用はやがては上昇に転じるだろう。

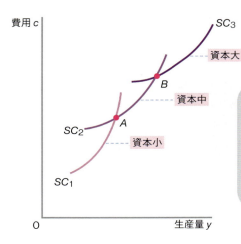

図5.24　3つの短期総費用曲線

■ 長期の費用関数

なお，**長期の費用関数**は，労働 x_1 とともに資本 x_2 も調整できるケースである。ここで，長期の費用曲線と短期の費用曲線の関係を調べてみよう。まず，総費用曲線について考える。

図5.24には，いくつかの資本投入 x_2 の水準に対応する短期総費用曲線 SC_1，SC_2，SC_3 を描いている。3つの短期費用曲線の中では，SC_1 に対応する x_2 がもっとも小さい。SC_2 に対応する x_2 の水準がその次に小さく，SC_3 に対応する x_2 がもっとも大きい。y の水準が小さいときには，あまり資本投入 x_2 を投入しない方が固定費用が少なくてすむので，SC_1 がもっとも効率的（＝費用が小さい）である。しかし，y が大きくなるにつれて，労働投入 x_1 のみの拡大で対応すると，労働の限界生産が逓減する。その結果，あまり生産が拡大せず，生産を拡大するには労働 x_1 をかなり投入しなければならず，生産費用が割高になる。そして，A 点を越えると，それ以上生産を拡大するには，むしろ資本（x_2）を増加させた方が安くつく。これが，A 点の右側で SC_2 の方が SC_1 よりも下方にくる理由である。さらに，B 点を越えると，もっと資本（x_2）を増加させて，SC_3 に移る方がより効率的な生産ができる。

長期の総費用曲線では資本も自由に調整できるので，それぞれの短期の総費用曲線のもっとも効率的な点のみを選択することが可能となる。言い換え

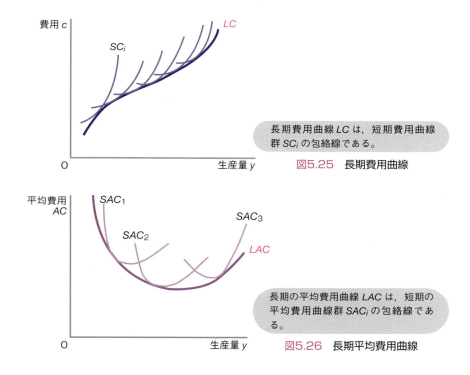

図5.25 長期費用曲線

図5.26 長期平均費用曲線

ると，図5.25に示すように，長期費用曲線 LC は短期費用曲線群 SC_i の包絡線になっている。包絡線とは，短期の費用曲線群のもっとも下方の点の軌跡である。

では，平均費用については，短期と長期ではどのような関係があるだろうか。平均費用についても，短期の平均費用曲線群 SAC_i の包絡線として，長期の平均費用曲線 LAC が描かれる。図5.26に示すように，同じ生産量 y のもとで平均費用の小さい点ほど，総費用も小さくなるので，短期の平均費用曲線のもっとも小さい点を選択することで，長期の平均費用曲線が導出される。これは，資本という短期的には調整不可能な生産要素を，長期的に調整する際のもっとも効率的な方法だからである。なお，長期の平均費用が最小になる点は，生産の最適規模とよばれている。

最後に，限界費用について，短期と長期の関係をみておこう。限界費用に

5 企業と費用

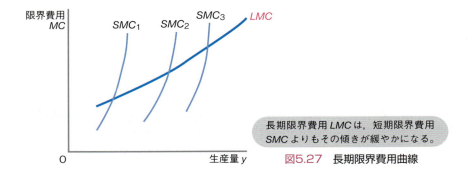

長期限界費用 LMC は，短期限界費用 SMC よりもその傾きが緩やかになる。

図5.27　長期限界費用曲線

表5.8　短期と長期の関係

総費用	長期費用は短期費用の包絡線
平均費用	長期平均費用は短期平均費用の包絡線 長期平均費用の最小点：生産の最適規模
限界費用	長期限界費用の傾きは短期限界費用の傾きよりも小さい 短期限界費用の包絡線として長期限界費用曲線は描けない

ついては，短期限界費用曲線 SMC の包絡線として，長期の限界費用曲線 LMC を描くことができない。図5.27に示すように，長期限界費用曲線は短期限界費用曲線よりも，その傾きが緩やかになっている。これは，労働のみを調整するときよりも，労働と資本の両方を調整する方が，限界生産は逓減しにくいからである。収穫一定の生産関数の場合には，短期の限界費用曲線は右上がりであるが，長期の限界費用曲線は水平になる。

Column——5　経験曲線

　生産の費用は生産プロセスに習熟していくと，軽減されることがある。つまり，生産の経験を蓄積することは，生産費用を節約する効果がある。図のように，平均費用と生産量の累積額との間にはマイナスの関係を描くことができる。このような曲線を**経験曲線**とよんでいる。

　一般に累積生産量が2倍になると平均費用が20～30％減少する関係にあることが経験的に知られている。この経験則は，1960年代に米国のコンサルティングファームが経験曲線効果として提唱した。

　IT部品の生産などでは，作り始めは歩留まり率が悪くて，不良品が大量に出ることが多い。しかし，生産に慣れて，生産量が蓄積するにつれて，歩留まり率も改善され，平均費用を軽減させることができる。こうした効果があると，早めに生産量を拡大することが得になるから，既存の企業の方が技術的に優位に立つ。

　しかし，経験曲線があまり成立しないケースも存在する。製品・生産工程の双方で技術革新の著しい業界では，製品や生産工程の刷新のたびに，新しい経験曲線が構築されるため，過去の経験が無意味になる。経験曲線は，労働集約的な業種で，生産技術の革新が大きくないときに観察されやすいだろう。

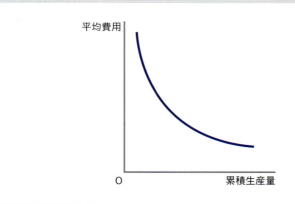

5 企業と費用

まとめ

●企業の目的は利潤の最大化であるが，そのためには費用を最小化する必要がある。企業の生産活動の技術的な制約を定式化したものが，生産関数である。ある生産要素のみを投入し続けると，その限界生産は逓減する。

●費用最小化行動を説明する際に有益な概念が，等生産量曲線と等費用曲線である。等生産量曲線は無差別曲線同様の原点に向かって凸の性質をもっている。

●費用関数は，ある生産量とその生産量を最も効率よく生産する場合に要する費用との関係を示す関数である。平均費用曲線は限界費用曲線の上方で右下がりであり，下方では右上がりとなる。

●長期の総費用曲線および平均費用曲線は，短期の総費用曲線および平均費用曲線のそれぞれ包絡線として導出される。

重要語

□生産要素	□生産関数	□限界生産逓減の法則
□平均生産	□収穫一定	□等生産量曲線
□等費用曲線	□技術的限界代替率	□費用関数
□限界費用曲線	□平均費用曲線	□固定費用
□可変費用	□長期の費用関数	□生産の最適規模

問題

■1 次の文章のうち，正しいのはどれか。

（ア）生産関数も効用関数と同様，序数的な概念で必要十分である。

（イ）限界生産が逓減するとき，平均生産も逓減する。

（ウ）等生産量曲線は，無差別曲線同様，原点に向かって凸である。

（エ）等生産量曲線は，右上がりである。

（オ）等費用曲線が直線になることはない。

■2 2種類の生産要素 x_1, x_2 を用いて y 財を生産するときの生産関数が

$$y = x_1^{0.5} x_2^{0.5}$$

のとき，x_1 の x_2 に対する相対価格が2であれば，この企業が費用最小化を

5.6　短期と長期の費用曲線

したときの x_1/x_2 の投入比率はいくらか。

■3　次の文章のうち，正しくないのはどれか。

（ア）長期の総費用曲線は，短期の総費用曲線の包絡線である。

（イ）長期の限界費用曲線は，短期の限界費用曲線の包絡線である。

（ウ）長期平均費用の最小点が，生産の最適規模である。

（エ）長期の平均費用曲線は，短期の平均費用曲線の包絡線である。

（オ）長期の平均費用曲線が短期の平均費用曲線の下方にあることはない。

■4　総費用関数が

$$C = 4.8 + 2y + 0.3y^2$$

で与えられている。平均費用，限界費用関数を求めよ。また，平均費用が最小となる生産量を求めよ。

■5　以下の文章の（　）に適当な言葉を入れよ。

　　（ア）の経済とは，生産量の増加により（イ）費用が減少することを意味する。これは単位あたりの（ウ）費用が減少するからである。また，（エ）の経済とは，複数の生産要素の投入で（オ）費用が削減できることを意味する。

6 生産の決定

　本章では，費用関数を前提として企業の利潤最大化行動を説明する。

1. 費用関数を用いて，利潤と生産量との関係を定式化して，企業の主体的な均衡条件を導出する。
2. 損益分岐点や操業停止点が，費用関数の形状とどのように関係するのかを考える。
3. 企業の利潤最大化行動から供給関数を導出して，市場の供給曲線も導出する。

6.1 利潤の最大化

■ 市場の構造

　第1章で述べたように完全競争市場において企業は，家計と同様に，価格を所与として行動する。これは，個々の企業にとって一定の市場価格でいくらでも生産した量だけ，販売できることを意味する。また，市場価格を個々の企業行動で変更することもできない。

　もちろん現実の企業を考えると，特に大企業の生産している財・サービスでは，企業自体がある程度の価格支配力をもっている状況の方がもっともらしいだろう。また，市場価格のもとでいくらでも販売できるという想定も，非現実的と思われるかもしれない。価格所与の仮定が成立しないとすれば，市場が独占や寡占などの不完全競争市場になっているからである。そうした市場での企業の生産，供給・価格設定行動は，本書後半の各章で分析する。

　この章では，価格支配力のない小さな企業を想定して生産と供給の意思決定問題を分析したい。そうすることで，完全競争市場での供給サイドの分析

新世社・出版案内　Feb. 2024

法学新刊

法学叢書 2-I
法学叢書 行政法 I　行政法総論
興津征雄 著　　　　　　　　　　　　　　A5判／864頁　本体4,800円

行政法が「わかる」とはどういうことなのか。個々の事例や個別法の仕組みの解説のみならず，それらを支えるべき法論理の構造を分析して，法制度や判例のあり方に明快で合理的な法律構成を与えるという実定法学の問題意識に立ち，概念の定義から出発し，論理のステップを紙幅を費やして丁寧に説き明かした画期的基本書。行政法を学び始めた読者が司法試験の論文式問題に対応できるレベルまで到達できることを目指し，予備試験・司法試験問題と解説との対応も明記した。

＜目次＞
本書で何を，どうやって学ぶのか／行政の主体と機関／行政法の法源と行政内部規定／要件と効果／法律関係の形成・確定の法的仕組み／法効果発生要件としての行政処分／法の解釈・適用と行政裁量／行政手続／強制／制裁／行政調査／行政指導と協定／法律による行政の原理／行政活動をめぐる紛争類型／個別法の解釈と適用―実体的違法事由（その1）／裁量権の踰越・濫用―実体的違法事由（その2）／行政手続の瑕疵―手続的違法事由／行政計画と処分の違法性／行政調査と処分の違法性／行政機関の矛盾挙動をめぐる紛争―信義則／行政処分の職権取消し・撤回の違法性／他

＊電子版も弊社ホームページ（https://www.saiensu.co.jp）にて販売中。

ライブラリ 今日の法律学 1
憲法
柳瀬 昇 著　　　　　　　　　　　　　　A5判／416頁　本体3,200円

憲法学の基礎を確実に理解することに意を払い，標準的な解釈論を通説と判例の見地から平明に解説したコンパクトな基本書。とくに初学者にとって誤解されやすい論点については丁寧に説明し，随所に解説図や整理表を挿入して一層の理解を配慮した。2色刷として憲法解釈論上の重要概念をすべて青色で示している。

本体2,450円
……ざまな側面を……るよう解説。企……向づけ，成長させ……みやすい2色刷。

……ス・マネジメント
A5判／272頁　本体2,600円
……者と第一線にいる研究者により……本文解説に右頁の図表・コラムが対……理解を配慮した。見やすい2色刷。

A5判／288頁　本体2,500円
……計の基礎的な概念を明快に説き明かす入門テキス……論の項目に加え，租税制度や税務行政・税理士制……化の進展により重要視される国際課税についても解

発行 **新世社**　　発売 **サイエンス社**
〒151-0051　東京都渋谷区千駄ヶ谷1-3-25
TEL (03)5474-8500　FAX (03)5474-8900
＊表示価格はすべて税抜きです。

ホームページのご案内
https://www.saiensu.co.jp

経済学叢書 Introductory

入門 計量経済学 第2版

山本 拓・竹内明香 共著　　　　A5判／288頁

確率や統計学の知識がなくてもExcelを用いて計量経済...
ことができる好評入門書の改訂版。近年のデータ分析...
み，パネル・データ分析とAR（1）モデルの章を新設し...
分析と時系列分析の概念や仕組みについて解説した。...
問題を設け，一層の理解を配慮した。2色刷。

グラフィック［経済学］6

グラフィック 国際経済学

阿部顕三・寳多康弘 共著　　　　A5判...

国際経済学における基本的なテーマを精選し，初...
や考え方を着実に身に付けられるよう解説した入...
国際貿易と貿易政策を，第II部では国際金融と国...
左頁に本文解説，右頁に対応した図表や数値例...
き形式・2色刷。

グラフィック［経済学］2

グラフィック マクロ経済学 第3...

宮川　努・外木暁幸・滝澤美帆 共著

初版刊行以来，好評を博してきた入門テキ...
と新古典派という二つの立場からのマクロ...
では短期の経済と長期の経済とに分けた...
ている。さらに統計データをアップデイ...
最近のトピックスについて紹介した。見...

ライブラリ 経済学レクチャー＆エクササ...

レクチャー＆エクササイズ 地方...

足立泰美 著　　　　A5判／...

地方財政論をはじめて学ぶ方のための教科書。本文で地方...
や仕組みについて学び，練習問題で確認することにより，知識の定着を...
図る構成になっている。また，概念や仕組みを表す図解や，統計データ...
の図表を豊富に掲載することで，視覚的な理解にも配慮している。地方...
財政の抱える問題を知り，有効な対策を考えるきっかけになる一冊。

経営学・会計学新刊

グラフィック経営学ライブラリ 1

グラフィック 経営学入門

上田隆穂・榊原健郎 編著

広く名の知られた一つの企業―ライオン株式会社―にリアルに解説した。これまでにない様々な事
例を通じて経営学の基礎を学ぶ大学生のみならず高校生や新社会人の方に
スト。初めて経営学の基礎・企業の営みのさ
好適。読みやすい見開きレイアウト＋2色刷。

A5判／288頁　本体2,700円

A5判／272頁

経営学入門

立教大学経営学部 編

「企業」と「経営」の入門テキスト。企業の基本的概念を理解しながら，
紹介しながら，具体的に経営学の基本的概念・企業の活動を理解をし
業経営の基礎・企業の諸活動・企業とガバナンスの4部により構成。

グラフィック経営学ライブラリ 5

グラフィック ヒューマン・リソ...

守島基博・島貫智行 編著

人材マネジメント論の第一人者であるテキスト。左頁の
まとめられた最新テキスト。左右見開きにより一層の...

ライブラリ 会計学15講 11

税務会計論15講

高久隆太 著

15講構成により税務会計
ト。従来の税務会計
度。近年グローバ
説している。

6.1 利潤の最大化

ができるし，価格メカニズム・市場メカニズムのもっている規範的な意味についても，分析を進めることができるからである。

■ 利　潤

企業の利潤最大化行動を考察しよう。利潤は売上から生産費を差し引いた残りである。いま，生産物 y の市場価格を p とすると，売上額は py となる。市場での規模に比較して個々の企業の規模は小さく，市場価格 p のもとでいくらでも生産物を販売することができると想定しよう。これは，自分の生産物の販売数量が市場価格 p に影響を与えないことを意味する。このとき，生産水準 y に比例して売上額 py は増加する。では，企業はどこまで生産を拡大するだろうか。これは，利潤が最大となる生産水準を求める問題である。

数式を用いると，利潤 π は売上額 py から費用を引いたものであるから，次のように定義される。

(1) $$\pi = py - c(y)$$

ここで，$c(y)$ は短期の費用関数であり，労働投入のみが可変的な生産要素であり，資本は固定的な生産要素と考えている。

■ 短期の決定

図6.1には，売上額 py と総費用関数 $c(y)$ をそれぞれ示している。売上額は傾き p の直線であり，費用 c は y の逓増的な増加関数である。すなわち，費用は y とともに増加する。限界費用は逓増するので，総費用曲線の傾きはしだいに大きくなっていく。この2つの線の垂直距離の差が利潤 π に相当する。企業は π がもっとも大きくなる $y = y_E$ を選択する。

図6.2は，図6.1の2つの曲線の垂直方向の距離である利潤 π を縦軸に，また，生産量 y を横軸にとって，両者の関係を描いたものである。この図に示すように，利潤 π は生産量 y とともに変化し，y が小さいときには増加するが，y が大きくなると減少に転じる。この利潤曲線の頂上 E で利潤が最大になる。それに対応する生産水準 y_E が企業の最適生産量である。

169

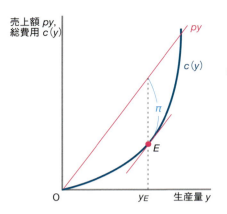

図6.1 売上と費用　　図6.2 利潤曲線

■ **主体的均衡点の意味**

E 点では，売上額曲線の傾き p と総費用曲線の傾き $c'(y)$ とが等しい。すなわち，最適点では

(2)　　　$p = c'(y)(= MC)$

が成立している。これが**企業の利潤極大条件**である。

この式の直感的な意味を考えてみよう。p は y を1単位拡大したときの限界的な収入の増加（＝限界収入）を意味する。市場価格が一定のもとでいくらでも販売できる完全競争の世界では，限界収入は常に所与の市場価格に等しい。市場価格＝限界収入は生産量とは独立に与えられるから，y が拡大しても一定値 p のままである。$c'(y)$ は y を1単位拡大するときにどれだけ費用が増加するか（＝**限界費用** MC）を示す。c' は y とともにしだいに大きくなる。

限界収入が限界費用よりも大きければ，すなわち，$p > c'(y) = MC$ であれば，もう1単位追加的に生産を拡大することで，利潤をさらに増大させることができる。したがって，生産をさらに拡大することが企業の利益増になる。

6.1 利潤の最大化

逆に，限界収入よりも限界費用が大きければ，追加的に生産を拡大することで，利潤は減少する。この場合は，生産を拡大するよりは生産を縮小する方が，企業の利益増になる。(2) 式が成立して，限界収入と限界費用が一致している点では，これ以上生産を拡大することも生産を縮小することも，企業の利益増加にならない。したがって，そうした点が企業の利潤最大化点であり，主体的な均衡点となる（表6.1）。

表6.1 利潤極大化

条　件	限界収入＝限界費用
意　味	生産を追加的に拡大することの限界的なメリット（限界的な収入の増加）＝生産を追加的に拡大することの限界的なデメリット（限界的な費用の増加）
図では	限界収入＝価格であるから，総費用線と販売収入線の傾きの一致する点 価格＝限界費用の点

[数値例]

$p=10, c(y)=y^2+5$ のときの企業の利潤最大化行動を分析しよう。このとき，利潤は

$$\pi = 10y - y^2 - 5$$

となる。限界費用 $MC=2y$ と価格 $p=10$ とが一致する条件より，

$$y=5$$

が最適な生産量になる。そして，最大となる利潤は上の利潤の式に $y=5$ を代入して，

$$\pi = 20$$

となる。

表による説明

上の数値例での生産量 y，販売収入 py，総費用 c，利潤 π を表で表すと，表6.2が得られる。この表が示すように，$y=5$ のときの利潤 π が最大利潤20となる。

171

6 生産の決定

表6.2 最大となる利潤

生産量 y	1	2	3	4	5	6	7	8	9
販売収入 py	10	20	30	40	50	60	70	80	90
総費用 c	6	9	14	21	30	41	54	69	86
利潤 π	4	11	16	19	20	19	16	11	4

■ 限界費用と価格

限界費用と価格を図6.3に示すと，企業の主体的な均衡点は2つの曲線の交点 E になる。この図で，価格線 p は p を通る水平線である。完全競争市場では，いくら生産しても市場価格は変化せず，p の市場価格のもとですべて販売されるからである。他方で，限界費用曲線 MC は右上がりの曲線である。

この2つの曲線の垂直方向の差に注目しよう。たとえば，A 点まで生産しているとき，1単位余計に生産を拡大すると，利潤はどうなるだろうか。$AL = p$ であり，$AB = MC$ である。A 点では $p > MC$ となっている。これは，生産を限界的に拡大することによる販売収入の増加分 p の方が，費用の増加分 MC よりも大きいことを意味する。その差額 $p - MC = BL$ は，1単位の生産の拡大によって利潤の増加する額を示している。A 点が E 点よりも右にある場合は $p < MC$ だから，生産を拡大するとむしろ損失が膨らむのである。

ところで，$y = 0$ から E 点まで生産することで得られる利潤の総額は，図6.3ではどの面積として表すことができるだろうか。生産を1単位追加するときの利潤の増加分は $p - MC$ であるから，これをすべての生産について加えると，E 点まで生産したときの総利潤が求められる。これは，図6.3では p を通る水平線と MC 曲線との間で囲まれた面積 pED の大きさに等しい。

ただし，上の面積は固定費用を考慮していない。固定費用がなければ面積 pED は総利潤と一致するが，固定費用があるときには総利潤は固定費用の大きさだけ面積 pED よりも小さくなる。なぜなら，固定費用は生産水準と

6.1 利潤の最大化

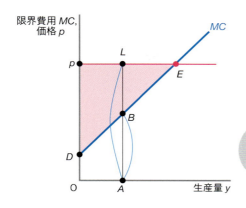

企業の主体的な均衡点は，限界費用と価格が一致する E 点となる。利潤の額は，固定費用がなければ面積 pED に等しい。

図6.3 限界費用と価格

は無関係に生じる費用だからである。

■ 平均費用と利潤

図6.4に，平均費用曲線 AC を描いてみよう。第5章でもみたように，平均費用曲線 AC はちょうどそれが底になるところで，限界費用曲線 MC と交わる。E 点での価格と平均費用との差額 EF は，生産1単位あたりの利潤の大きさである。したがって，EF と生産量 y との積が総利潤になる。言い換えると，図6.4で面積 $EFHp$（薄いアミかけ部分）が総利潤の大きさに相当する。**平均費用は固定費用も含めた単位生産水準あたりの費用**であるから，面積 $EFHp$ は固定費用も考慮した総利潤に等しい。

逆にいうと，固定費用が存在すれば，面積 $EFHp$ は図6.3あるいは図6.4の面積 pED よりも，固定費用の分だけ小さくなる。では，面積 pED と等しい大きさは，この図6.4ではどこで示されるだろうか。それは，固定費用を除いた平均費用で表せばよい。それが**平均可変費用 AVC** である。図6.4に平均可変費用曲線 AVC を描いてみよう。固定費用が排除されている分だけ，この曲線 AVC は平均費用曲線 AC よりも下方にある。そして，この曲線と価格線との差額 EI の大きさが1単位あたりの利潤である。したがって，固定費用を考慮しない総利潤は，面積 $EIJp$ で与えられる。この面積は，図6.3あるいは図6.4の面積 pED に等しい。

173

6 生産の決定

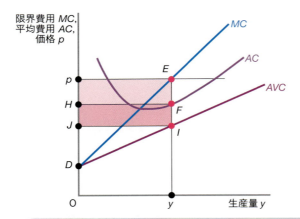

面積 EFHp は固定費用も含めた総利潤に等しい。固定費用を考慮しない総利潤は，面積 EIJp で与えられる。

図6.4　平均費用と利潤

■ 損益分岐点

　固定費用も含めた総利潤がゼロになる生産水準は，**損益分岐点**とよばれる。図6.5において，価格水準が低水準であるか，あるいは要素価格が高水準であるなどの理由で，主体的均衡点 B で平均費用 AC と価格 p も一致しているとしよう。すなわち，

(3) 　　　$p = MC = AC$

が実現しているとしよう。この点では企業はプラスの利潤をあげることができない。損失も出ないかわりに，利益も出ない。こうした平均費用が最小となる B 点を損益分岐点とよぶのは，もっともな定義であろう。

　総利潤がゼロであるからといって，企業は何らもうけていないわけではない。企業の販売収入が資本や労働などの生産要素の提供者に支払われ，残った利潤がゼロであることを意味している。言い換えると，経営者への報酬（あるいは資本への対価）という意味で，正常な利潤は確保されているといえる。あるいは，超過利潤がゼロの状態といってもいい。

6.1 利潤の最大化

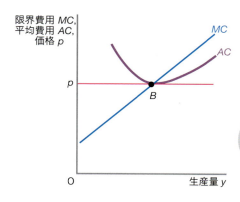

固定費用も含めた総利潤がゼロになる水準 B が，損益分岐点である。ここでは，平均費用が最低水準となっている。

図6.5 損益分岐点

■ 操業停止点

ところで，正常利潤が確保できず，生産することでむしろ損失を出している場合に，企業は生産を止めることが望ましいだろうか。固定費用が存在しなければ，損益分岐点が生産をするかどうかの判断基準となる。損失を被ってまで生産を続ける誘因はない。しかし，固定費用があるときには，話が異なってくる。

総利潤がゼロというのは，固定費用をちょうど回収できるだけのプラスの利潤が，生産をすることで確保されていて，それが固定費用を相殺しているとも解釈できる。損益分岐点以下では，固定費用を回収するだけの利潤は期待できない。

しかし，生産をすることでプラスの利益がわずかでも生じるならば，生産をしないよりはましだろう。固定費用は生産を開始する前にすでに投入した費用であり，生産をやめたからといって回収できない埋没費用（サンクコスト）である。したがって，固定費用を考慮しないで可変費用のみを考慮して，利益が少しでもあれば，生産を全面的にゼロにするよりは，企業の利益は上がっているのである。すなわち，生産をすることが望ましい条件として次式を得る。

(4) $\quad p = MC > AVC$

図6.6では，価格 p が平均費用 AC よりも低くても，面積 pED あるいは面積 $pEIJ$ がプラスである限り，企業は生産を続ける誘因をもつ。言い換えると，

175

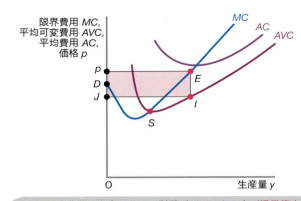

固定費用を考慮しないで利潤がゼロになる点が操業停止点である。この点は，限界費用曲線 MC と平均可変費用曲線 AVC の交点 S で与えられる。ここでは，平均可変費用が最低水準となる。

図6.6　操業停止点

価格水準か生産効率などの変化で，

(5) 　　　$p = MC \leq AVC$

を満たす S 点が主体的な均衡点として成立している場合に，はじめて企業は生産を止める誘因をもつのである。

$p = AVC$ の条件が成立すれば，生産からの利潤はゼロである。$p < AVC$ の不等式が成立していれば，生産することでマイナスの利潤（損失）が生じる。他方で，$p = MC$ が供給曲線の性質として成立している。したがって，生産を停止することが望ましい条件として (5) の条件を得る。このような平均可変費用が最小となる S 点を，操業停止点とよんでいる。

■ S 字型の費用構造

図6.7のような S 字型の生産関数をもっている場合には，最初は生産効率が逓増的であり，規模の経済が働くが，しだいに生産効率が減少して，規模の経済が働かなくなる。この生産関数に対応する費用関数は，図6.8のような逆の S 字型の形状をもっている。すなわち，最初は費用の増加は逓減的であるが，やがては費用の増加が逓増的になる。

このとき，価格を p とすると，図6.9のように総費用線の傾きが p と一致

生産量 y
O
生産要素 x
S 字形の生産関数の場合，最初は規模の経済が働いているが，やがて限界生産が逓減する。

図6.7　S字型の生産関数

費用 c
O
生産量 y
S 字形の生産関数に対応する費用関数は，逆の S 字形となる。

図6.8　S字型の費用関数

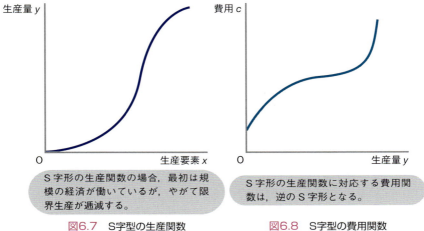

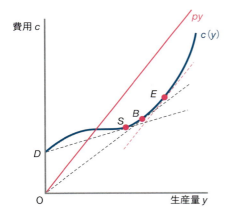

費用 c
py
c(y)
E
B
S
D
O
生産量 y
S 字形の生産関数の場合，原点を通る価格線と接する B 点が損益分岐点であり，D 点を通る価格線と接する S 点が操業停止点である。

図6.9　損益分岐点と操業停止点

表6.3　利潤と生産

利潤最大点	利潤が最大となる生産水準
損益分岐点	固定費用を含めて総費用と総収入が一致する点 利潤はゼロ
操業停止点	固定費用を含めないで，可変的な総費用と総収入が一致する点 利潤はマイナス

する点が主体的均衡点 E である。損益分岐点は B 点で，総費用線と販売収入線が接するまで価格が低下するときに生じる。また，操業停止点は，さらに価格が低下して，固定費用分の損失が生まれる S 点（D 点からの傾き p の直線と総費用線が接する点）に対応している。

Column——6　損益分岐点分析

　経営学では企業の採算ラインを示す**損益分岐点**の分析は，企業が事業分析を行う際のもっとも簡単な手法である。この手法は，ある製品に関して，予定した価格と原価構成で損益分析点（固定費用を含めたコストと売上収入が均衡する点，つまり，売上高－変動費用＝固定費用になる点）に達するためには，何個の製品を売ればよいかを試算する手段として用いられる。

　このように損益分岐点を利用した分析・管理は，利益管理計画立案のよりどころとなるだけではなく，利益を生める企業体質を作り上げるためにも重要な手がかりとなる。損益分岐点を基礎とした売上高，費用，利益の管理手法は，経営者および企業経理の担当者に，有効な経営指標を把握するための基本的な手法である。

　また，効率的な経営をするには，不採算の財の生産を中止して採算の良い財の生産を行うなど，生産財の構成を見直すことは重要な課題である。損益分岐点を利用した限界利益分析による最適プロダクトミックスの選択，決定は有効な手段になっている。

6.2　供給曲線

■　企業の供給曲線

　企業の主体的な均衡条件である（2）式から，最適な生産水準 y は p の増加関数となる。図6.10でいうと，価格 p の拡大により売上額線が左へ回転すると，均衡点は E_0 から E_1 へと右上方へと移動する。限界費用 MC が逓増的であるから，いままでよりも限界費用がかかっても採算がとれるようになる。その結果，生産は刺激される。なお，図6.6のように y が低いときに MC が逓増する領域をもっているケースでも，操業している点では平均可変

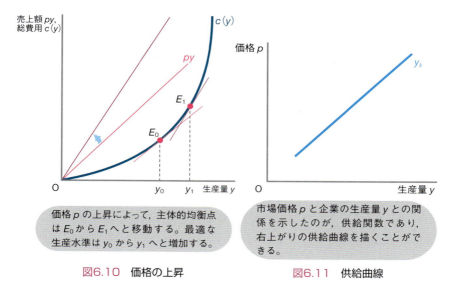

図6.10 価格の上昇　　　　　図6.11 供給曲線

費用 AVC は右上がりであり，MC も右上がりとなっている。

このような市場価格と企業の生産量とのプラスの関係を示すのが，供給関数である。

(6) 　　　$y = y(p)$

供給関数は，市場価格 p の増加関数となる。図6.11で縦軸に価格，横軸に生産量 y を表すと，**供給曲線** y_s **は右上がりの曲線として描くことができる**。したがって，**供給曲線は限界費用曲線と一致している**。

■ 家計の需要曲線との相違点

家計の需要曲線も，家計の主体的均衡点が価格によってどのように変化するかを考察することで導出された。こうした分析の方法は，企業の供給曲線を導出するのと同じであった。しかし，両者には重要な相違がある。

家計の需要曲線の場合，その財が劣等財であり所得効果が大きければ，価格が上昇するとかえって需要量が増加するという逆説的な状況（ギッフェン財）もあり得る。その財の限界効用が逓減すると想定しても，こうした状況は排除できなかった。企業の供給では家計の劣等財に相当するケースは生じ

6 生産の決定

表6.4 企業と家計

	企 業	家 計
目 的	費用最小化	効用最大化
条 件	等生産量曲線の傾き ＝等費用曲線の傾き	無差別曲線の傾き ＝予算線の傾き
相 違	代替効果のみ	代替効果と所得効果

ない。これは，価格の変化が企業の主体的な均衡点に与える効果として，代替効果のみしか働かず，所得効果が存在しないからである。家計の場合，外生的な所得を一定として効用の最大化を目的として消費計画を立てている。ところが企業の場合には，そのような所得制約は存在しない。したがって，価格の変化による所得効果が存在しない。価格と限界費用が等しいという限界条件のみから，最適な生産量が決定されるのである。

この点は，家計の消費行動についても，代替効果のみを抽出する支出関数アプローチと同様の性質である。

6.3 市場の供給曲線

■ 2つの企業の供給曲線

いま，2つの企業がある同じ財を供給しているとしよう。企業1,2それぞれの供給曲線が，図6.12のように描かれているとしよう。このとき，2つの企業の供給を足し合わせた企業全体の供給曲線は，どのようにして求められるだろうか。

個々の家計の需要曲線から家計全体の需要曲線を導出した方法と同じ方法を用いればよい。すなわち，生産水準である横軸の方向にそれぞれの企業の供給量を合計して，新しい曲線を描くと，それが市場のあるいは企業全体の供給曲線になる。

図6.13に示すように，企業全体の供給曲線は，個々の企業の供給曲線よ

180

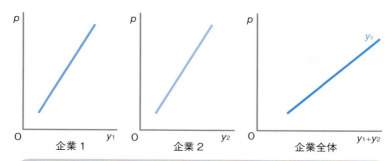

それぞれの企業の供給曲線を横軸の方向に合計して，企業全体の供給曲線を導出できる。

図6.12　企業全体の供給曲線

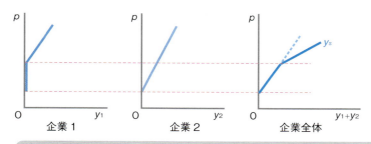

企業全体の供給曲線は，個々の企業の供給曲線よりも傾きが緩やかになる。

図6.13　なめらかな供給曲線

りも傾きの緩やかな曲線になる。個々の企業レベルでは操業停止点が存在して，それよりも価格が低いと供給量はゼロになり，供給曲線が不連続になる可能性がある。しかし，図6.13に示すように，たくさんの企業が供給していれば，不連続な曲線は消されていくから，企業全体の供給曲線はかなりなめらかな曲線になる。この点も，家計全体の需要曲線の性質と同様である。

■ 産業の長期均衡

しかし，市場における需要曲線と供給曲線を比較すると，異なる点もある。それは，長期的に企業の数が一定かどうかという問題である。短期的には，その産業に存在している企業の数は一定であるから，その限りでは上で述べ

6 生産の決定

表6.5 短期均衡と長期均衡

	意　味	利　潤
短期均衡	企業の数が一定	超過利潤が存在し得る
長期均衡	退出・参入が自由	正常利潤のみ 超過利潤ゼロ

たようにして，市場の供給曲線を導出すればよい。

しかし，長期的には，企業はその産業から退出するかもしれないし，あるいは，他の産業から新しく企業が参入するかもしれない。長期的には，企業の数は一定とは考えられない。この場合，企業全体としての供給曲線はどのように考えられるだろうか。

企業はどのような要因で，その産業から退出したりその産業に参入したりするのだろうか。正常な利潤を上回る超過利潤があれば，他の産業から企業が参入するだろう。逆に，正常利潤を確保できなければ，正常利潤が確保できるような他の産業に企業は移っていくだろう。

超過利潤は，価格 p が長期平均費用 LAC よりも高い場合に生じる。このとき，他の産業から企業がどんどん参入してくる。その結果，企業全体の供給量は増加するだろう。第2章でもみたように，供給量が増加すれば，価格は低下するだろう。その結果，$p - LAC$ の大きさは縮小する。最終的には

(7) $\qquad p = LAC$

が成立する。

あるいは，$p = LAC$ が成立するまで，新規の参入が刺激されるといってもよい。逆に，$p < LAC$ であれば，その企業は正常利潤が確保できないので，退出する。退出する企業が増えれば，企業全体での供給量は減少する。その結果，市場価格は上昇して，最終的には $p = LAC$ が実現する。あるいは，$p = LAC$ が実現するまで，退出が行われる。

したがって，長期的には図6.14に示すように，その産業で生産しているすべての企業について，$LAC = p$ という条件を満たす点が主体的な均衡点 E として実現している。すべての企業で長期平均費用の最小となる最適規模が

182

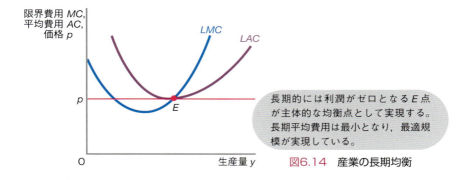

図6.14 産業の長期均衡

長期的には利潤がゼロとなるE点が主体的な均衡点として実現する。長期平均費用は最小となり，最適規模が実現している。

実現していることになる。

まとめ

- 企業は，価格と**限界費用**が一致する点まで生産することで**利潤**を最大化している。
- 固定費用も含めた総利潤がゼロになる点が，**損益分岐点**であり，可変費用のみで利潤がゼロになる点が，操業停止点である。
- 企業の供給関数は価格の増加関数として導出される。**市場の供給関数**は，企業の供給関数の合計として，求められる。
- **長期均衡**では正常利潤を上回る利潤は期待できない。

重要語

- □ 利潤
- □ 限界収入
- □ 限界費用
- □ 平均費用
- □ 損益分岐点
- □ 操業停止点
- □ 供給曲線
- □ 長期均衡
- □ 最適規模

問題

■1 （ ）の中に適当な用語を入れよ。

（ア）企業の目的は（ ）最大化行動である。

6 生産の決定

（イ）企業の主体的な均衡は，価格が（　）と一致する点である。

（ウ）固定費用も含めた総利潤がゼロになる点は，（　）である。

（エ）損益分岐点以下では，（　）を回収するだけの利潤は期待できない。

（オ）正常利潤を上回る（　）があれば，新しく企業が参入してくる。

■2　完全競争市場で市場価格が500円のとき，ある企業の平均費用が450円，限界費用が550円で生産しているとしよう。この企業は，どのような行動をとればいいか。

（ア）生産を拡大して，利潤を増加させる。

（イ）生産を縮小して，利潤を増加させる。

（ウ）このままでよい。

（エ）利潤がマイナスだから，生産を止めるべきである。

（オ）損失を生じているから，生産を止めるべきである。

■3　代表的企業の費用関数が

$$C = X^2 + 25$$

で示される。また，産業全体の需要曲線が

$$X = 100 - p$$

で示される。ここで，C は費用，X は生産量，p は価格である。このとき，すべての企業の費用関数が同じであるこの市場で，長期均衡における企業の数はいくつか。

■4　ある財を生産する企業の平均費用曲線が

$$3y + \frac{30}{y}$$

であるとする。ここで y は生産量である。この財の価格が30とすると，この企業の最適な生産量はいくらか。

■5　損益分岐点の説明のうちで、正しいものはどれか。

（ア）損益分岐点では利潤が最大になっている。

（イ）損益分岐点では利潤がマイナスである。

（ウ）損益分岐点では利潤がゼロである。

（エ）固定費用がなければ、損益分岐点は操業停止点に等しい。

（オ）固定費用があれば、損益分岐点は操業停止点と一致しない。

7 市場と均衡

　本章では，完全競争市場での需要と供給の均衡を分析するとともに，完全競争市場のもつ資源配分上の機能についても考える。

1. 完全競争市場での均衡の存在と安定性を説明する。
2. 均衡への調整プロセスとして，いくつかの代替的なメカニズムの動学的な性質を調べる。
3. 各経済主体にとって市場で取引することの利益を説明する。
4. 市場に政策的に介入することの国民経済的なコストについて考える。
5. 資源配分の効率性の重要な概念であるパレート最適性を説明し，厚生経済学の基本定理を解説する。

7.1 完全競争

■ プライス・テイカー

　すでに，消費行動の説明や企業行動の説明の際も触れたように，完全競争市場において個々の家計と企業は価格を所与として，それぞれ最適な意思決定の計画を立てている。そこでは自らの需要量，供給量が変化しても，市場価格には何の影響も与えない。すなわち，一定の市場価格のもとで，いくらでも好きなだけ需要あるいは供給することができると想定されていた。

　これは，図7.1に示すように，個別の家計にとって直面している供給曲線が市場価格で水平線であり，個別の企業にとっても直面する需要曲線が市場価格で水平線であると解釈することもできよう。このように価格を所与とする経済主体を，価格与件者（＝プライス・テイカー）とよんでいる。完全競

185

7　市場と均衡

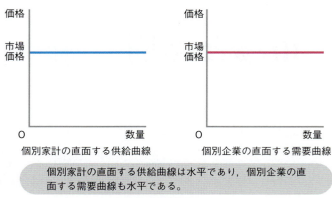

個別家計の直面する供給曲線は水平であり，個別企業の直面する需要曲線も水平である．

図7.1　プライス・テイカー

争市場では，すべての経済主体がプライス・テイカーとして行動する．

■ 完全競争

　完全競争市場は，市場メカニズムを分析する際の基本的な市場概念である．リンゴ，ミカンなどの農産物を始め，多くの財・サービス市場ではある特定の企業の**価格支配力**のない場合が多い．

　もちろん，現実の市場のうち多くの市場では，大企業がある程度の価格支配力をもっているケースもある．しかし，ここではそうした不完全市場を分析する前に，完全競争市場での価格調整メカニズムを考察する．そうすることで，第9章以降で対象とする不完全市場での弊害もより明らかにされるだろう．また，完全競争市場での均衡の存在や安定性を分析することは，どのような価格の調整を通じて市場メカニズムが機能しているのかを明らかにするうえでも，有益だろう．

■ 企業と家計の数

　完全競争市場では，個々の家計や企業がプライス・テイカーとして行動している．したがって，個々の経済主体の経済的規模はそれほど大きくはない．家計であれば，ある特定の経済主体が巨額の資産や所得を保有して，大量に

7.1 完全競争

表7.1 完全競争市場

家　計	所与の価格のもとで主体的均衡
企　業	所与の価格のもとで主体的均衡
価　格	需給を一致させる水準に決定

1つの財を購入している状況は想定していない。企業の場合も，ある特定の大企業が大量に1つの財を供給するケースは，完全競争市場では考えにくい。言い換えると，完全競争市場では家計や企業の数がかなり多い（いわば無数に存在する）と考えている。

■ 需要と供給

　これまでの各章で，ある財の市場において家計全体の需要関数と企業全体の供給関数を導出した。この章では，それら2つの需要と供給を総合して，市場における均衡の決定と市場メカニズムのもっている資源配分機能について考察しよう。

　まず，ある財 y の生産＝需要水準と市場価格水準の決定について，みておこう。図7.2は縦軸にこの財の価格 p，横軸にこの財の生産量 y_S および需要量 y_D を表している。需要曲線 y_D は右下がりであり，供給曲線 y_S は右上がりである。2つの曲線の交点 E が市場均衡点である。E 点ではそこで成立する市場価格 p_E のもとで，消費者はもっとも望ましい需要量 y_E を購入してお

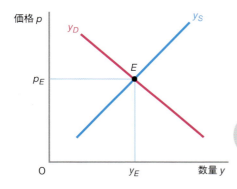

市場均衡 E では，需要と供給が等しい。この点は，需要曲線 y_D と供給曲線 y_S の交点で与えられる。

図7.2　市場均衡

り、また、企業も p_E のもとでもっとも望ましい生産量 y_E を生産している。E 点では生産＝需要であるから、この市場に参加するすべての人々の主体的均衡が満足されている。こうした状態は、市場均衡とよばれる。

第2章で議論した需要曲線、供給曲線の背後には第3〜6章までの各経済主体の主体的な均衡条件があり、それが市場均衡で満足されている。各経済主体は、均衡価格 p_E のもとでいくらでも需要できる、あるいはいくらでも供給できるという前提で、自らの最適な需要量、供給量を決定する。そして、それらの最適水準が実際に市場での均衡価格による交換を通じて、実現している。

■ 均衡の存在

家計の需要曲線が（通常は）右下がり、企業の供給曲線が右上がりであるからといって、必ず両曲線が交わり、市場均衡点が存在するとは限らない。図7.3は、均衡点 E が存在しないいくつかの特殊なケースを描いている。

まず図7.3-(イ) では、価格がゼロになっても、需要よりも供給の方が大きいケースである。このとき、均衡価格はゼロであり、家計は無料でその財を需要することができる。このような財は、自由財とよばれている。

図7.3-(ロ) では、生産量 $y=0$ であっても供給曲線の方が需要曲線よりも

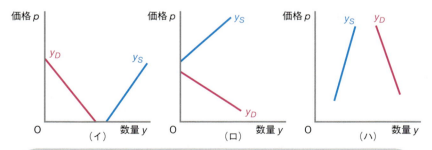

（イ）では、価格がゼロでも需要が供給よりも小さい自由財である。（ロ）では、生産量ゼロでも供給曲線の方が需要曲線よりも上方にある。家計の評価の割には生産コストが高すぎる。（ハ）では、価格がどんなに上昇しても常に需要量の方が供給量よりも大きい。

図7.3　均衡が存在しないケース

上にくるケースである。この場合は，この財に対する家計の評価が低すぎるか，企業の生産コストが割高すぎるかいずれかの理由で，この財が市場で供給されない。採算上，その財の市場が成立しないケースである。たとえば，ソーラー・カーや宇宙旅行の市場などがこの例である。

図7.3-(ハ) では，価格 p がどんなに上昇しても常に需要量の方が供給量よりも大きなケースである。このとき，常に超過需要が存在するので，価格は上昇を続けるだろう。市場でこの財がある程度取引されることは考えられるが，均衡価格は存在しない。

■ 競り人

通常の需要，供給曲線を前提として，経済的に意味のある均衡点 E が存在するとしよう。では，均衡価格 p_E あるいは均衡生産＝需要水準 y_E はどのようにして実現されるであろうか。完全競争市場では，家計も企業も市場価格を与件として行動する。家計あるいは企業に価格を調整する能力はない。価格は，需要と供給が一致するように市場で調整される。より現実的には，市場で価格の調整を行う競り人（オークショナー）とよばれる人の存在を想定してもいいだろう。現実の市場でも，魚や野菜などの卸売市場では，競り人が需給を調整して，市場での取引価格を設定している。

競り人は，ある価格を市場価格として家計や企業に提示する。家計や企業は，その価格を所与としてそれぞれにとって最適な需要量，供給量を決定し，その値を競り人に報告する。競り人はすべての家計の需要量を合計して，総需要量を算出する一方で，すべての企業の供給量を合計して，総供給量を算出する。総需要量と総供給量が一致していれば，そこでの価格が均衡価格であり，それに基づいて家計と企業間で財の取引が行われる。また，総需要量と総供給量とが一致していなければ，競り人が提示価格を変化させて，総需要量，総供給量が一致するまで競りを続行する。

提示価格の変化によって本当に需給が一致する均衡が達成されるのかどうかは，均衡の安定性にかかわる問題であり，以下の第2節で議論したい。

7 市場と均衡

均衡価格と均衡取引量

需要曲線を

$$D = -ap + b$$

供給曲線を

$$S = cp + d$$

と表すことができたとしよう。この場合の均衡価格と均衡取引量を求めてみよう。

需給が一致する条件

$$D = S$$

に，上の需要，供給それぞれの関数の式を代入すると，

$$-ap + b = cp + d$$

これより，均衡価格は

$$p = \frac{b-d}{c+a}$$

また，均衡取引量は

$$D = S = \frac{-a(b-d)}{a+c} + b$$

となる。なお，$b > d$ は均衡が存在する条件である。

7.2 市場価格の調整メカニズム

■ 均衡価格の達成

競り人は容易に均衡価格を実現することができるだろうか。図7.4は，競り人の価格調整メカニズムを表したものである。いま，p_0 という価格で総需要の方が総供給よりも大きく，その市場では（$y_D{}^0 - y_S{}^0$）だけの超過需要の状態にあるとしよう。このとき，競り人は p_0 よりも価格を上昇させることで，価格調整を図る。p_0 よりも価格が上昇すると，図7.4に示すように超過需要の大きさは縮小する。競り人は超過需要がゼロになるまで価格を上昇させることで，均衡価格 p_E に到達することができる。

逆に，p_0 が均衡価格 p_E よりも高く，超過供給が存在する場合は，価格を低下させることで，超過供給を解消させて，均衡価格を実現することができる。このように，超過需要に応じて価格を上昇させ，超過供給に応じて価格を下落させる調整メカニズムを採用すれば，結果として，均衡価格をみつけ

190

7.2 市場価格の調整メカニズム

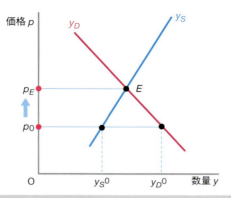

p_0 の価格で $y_D{}^0 - y_S{}^0$ だけの超過需要があれば、競り人は価格を上昇させる。その結果、均衡価格に到達することができる。

図7.4　均衡価格の達成

ることができる。

■ 均衡の安定性

このように価格調整メカニズムの結果として均衡価格が実現することを、「均衡が安定である」という。以上の調整メカニズムが安定的であるのは、p_E 以上の価格のもとで超過供給が存在し、逆に p_E 以下の価格のもとでは超過需要が存在するという性質による。これは、需要曲線が右下がりであり、供給曲線が右上がりであれば、必ず成立する性質である。

ただし、需要曲線、供給曲線が標準的な形状をもっていない場合には、必ずしも上で述べた調整メカニズムが安定的であるとはいえない。たとえば、労働市場を想定しよう。第4章でも述べたように、労働供給関数は必ずしも右上がりであるとはいえず、場合によっては図7.5に示すように、右下がりの形状をもっているかもしれない。このような場合、均衡点は2つ以上存在し得る。そして、図7.5に示すように、不安定な均衡点の可能性も排除できない。

通常の財に対する需要曲線についても、劣等財で所得効果が代替効果よりも大きければ（ギッフェン財であれば）、右上がりの需要曲線を想定できるだろう。図7.6に示すように、需要曲線が右上がりの部分をもてば、均衡点

191

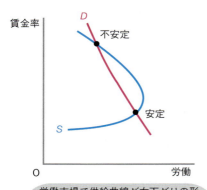

労働市場で供給曲線が右下がりの形状をもてば，不安定な均衡も排除できない。超過需要に応じて賃金が上昇するとすれば，不安定な均衡点に落ち着くことはできない。

図7.5　不安定な均衡：労働市場

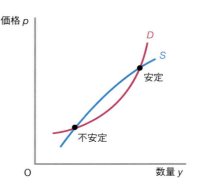

消費財の場合でも，ギッフェン財であれば，右上がりの需要曲線が想定される。このときも不安定な均衡が存在し得る。

図7.6　不安定な均衡：財市場

は2つ以上存在し得る。このときも，不安定な均衡点が存在する可能性は排除できない。

■ ワルラス的調整過程

以上想定してきた価格の調整メカニズム，すなわち，超過需要のときに価格が上昇し，超過供給のときに価格が低下する調整メカニズムは，ワルラス的調整過程とよばれている。

図7.7のように，需要曲線 y_D が右下がりで供給曲線 y_S が右上がりの標準的なケースでは，この調整過程は安定的であり，均衡点に到達する。需要曲線が右上がりの場合はどうであろうか。このときは，図7.8に示すように，均衡価格 p_E の上方で供給量が需要量を上回り，逆に均衡価格の下方で需要量が供給量を上回っているときに，安定的となる。これは，供給曲線が需要曲線を上から交わることを意味している。

逆に，供給曲線が右下がりの場合は，図7.9にあるように，供給曲線の傾き（の絶対値）が需要曲線の傾き（の絶対値）よりも大きいときに，この調整過程が安定的となる。

7.2 市場価格の調整メカニズム

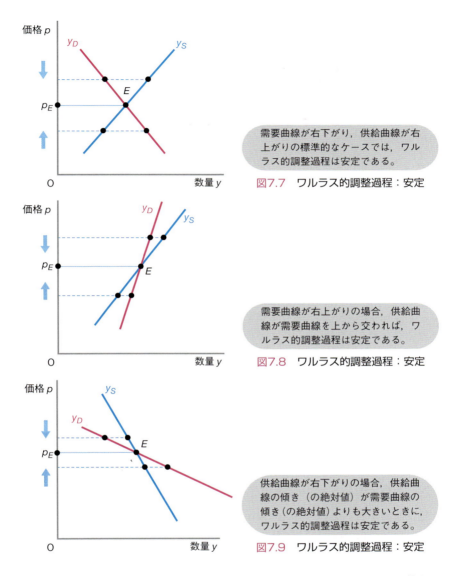

図7.7 ワルラス的調整過程：安定

需要曲線が右下がり，供給曲線が右上がりの標準的なケースでは，ワルラス的調整過程は安定である。

図7.8 ワルラス的調整過程：安定

需要曲線が右上がりの場合，供給曲線が需要曲線を上から交われば，ワルラス的調整過程は安定である。

図7.9 ワルラス的調整過程：安定

供給曲線が右下がりの場合，供給曲線の傾き（の絶対値）が需要曲線の傾き（の絶対値）よりも大きいときに，ワルラス的調整過程は安定である。

以上まとめると，ワルラス的な調整過程が安定的となるのは，絶対値をつけない傾きでみて

$$\frac{1}{需要曲線の傾き} > \frac{1}{供給曲線の傾き}$$

193

が成立しているときである。

■ マーシャル的調整過程

ワルラス的な調整過程とは異なる調整過程としては，次のようなものが考えられる。いま，図7.10においてy_0の供給量が生産されたとしよう。この生産量が市場で完全に需要されつくすには，y_0を通る垂直線を短期の（仮想的な）供給曲線とみなして，この曲線と需要曲線との交点p_Dの価格がつかなければならない。しかし，企業にとってはy_0の生産量は，y_0の垂直線と供給曲線との交点p_Sの価格が所与としたときに，利潤が最大になる生産量である。したがって，$p_D < p_S$であれば，企業は生産量を縮小させる誘因をもつ。生産が縮小されるにつれて，p_Dは上昇し，p_Sは低下する。市場均衡点は$p_D = p_S$となる点であり，これは，2つの曲線の交点Eに他ならない。

すなわち，p_Dを需要者価格，p_Sを供給者価格とよぶと，供給量を所与としたときに短期的に実現する市場価格は需要者価格となる。この需要者価格が供給者価格を上回れば，生産が拡大し，逆に供給者価格が需要者価格を上回れば，生産が縮小するという調整過程が考えられる。このような調整過程をマーシャル的調整過程という。

マーシャル的調整過程は，徐々に生産量が変化すると考えたときの調整過程である。y_0を通る垂直線は，短期の供給曲線とも理解することができる。短期的にはy_0と需要曲線との交点p_Dが実現し，その需要者価格が企業にとっての採算上の基準価格である供給者価格よりも大きいか，小さいかで，企業はどちらの方向への生産の調整を行うかを決めるのである。

需要曲線が右下がり，供給曲線が右上がりの通常のケースでは，ワルラス的調整過程同様，マーシャル的調整過程でも，均衡点は安定的に実現できる。しかし，需要曲線が右上がりあるいは供給曲線が右下がりという標準的でないケースでは，2つの調整過程での安定性は一致するとは限らない。

たとえば，図7.11のように供給曲線が右下がりであり，その傾きの絶対値が需要曲線の傾きの絶対値よりも大きいケースを想定しよう。このとき，ワルラス的調整過程は安定的であった。しかし，マーシャル的な調整過程で

7.2 市場価格の調整メカニズム

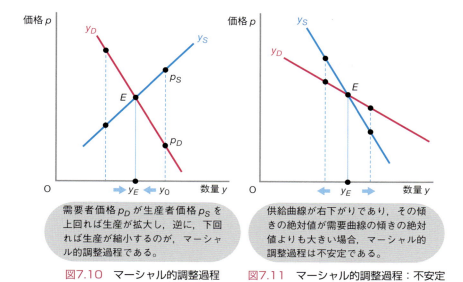

図7.10 マーシャル的調整過程：需要者価格 p_D が生産者価格 p_S を上回れば生産が拡大し，逆に，下回れば生産が縮小するのが，マーシャル的調整過程である。

図7.11 マーシャル的調整過程：不安定：供給曲線が右下がりであり，その傾きの絶対値が需要曲線の傾きの絶対値よりも大きい場合，マーシャル的調整過程は不安定である。

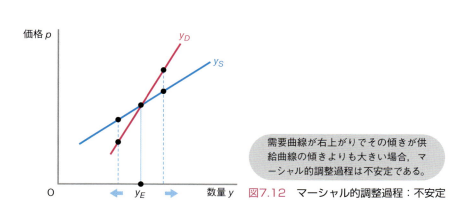

図7.12 マーシャル的調整過程：不安定：需要曲線が右上がりでその傾きが供給曲線の傾きよりも大きい場合，マーシャル的調整過程は不安定である。

は，y_E の左側で常に $p_S > p_D$ となるため，左側で生産が縮小し，逆に，y_E の右側では常に $p_S < p_D$ となるため，生産が拡大して，均衡点 E は実現しない。マーシャル的調整過程は不安定になる。

また，図7.12のように，需要曲線が右上がりのケースで，その傾きが供給曲線の傾きよりも大きい場合も，ワルラス的な調整過程は安定的であった

195

7　市場と均衡

が，マーシャル的な調整過程は不安定である。y_E の右側では常に $p_D > p_S$ で
あり，どんどん生産が拡大してしまう。逆に，y_E の左側では常に $p_D < p_S$ で
あり，どんどん生産が縮小してしまう。

　マーシャル的な調整過程の安定条件は，絶対値をつけない傾きの比較で，
次のように与えられる。

　　供給曲線の傾き　＞　需要曲線の傾き

需要曲線が右上がりかあるいは供給曲線が右下がりという逆説的なケースで
は，マーシャルの調整過程で安定的なケースではワルラスの調整過程では不
安定になり，逆に，ワルラスの調整過程で安定的なケースではマーシャルの
調整過程で不安定になる。

■　クモの巣の理論───────────────────────

　ワルラス的でもマーシャル的でもない調整過程として有名な調整モデル
が，クモの巣の理論である。これは，生産量の調整に1期の遅れを導入し
ている。図7.13において，今期の生産量が y_1 で与えられるとしよう。この
とき，y_1 を通る垂直線と需要曲線との交点 A で今期の価格 p_1 が形成される。
生産者は p_1 を所与としてこの価格のもとで利潤を最大にするように，次期
の生産計画を立てるとしよう。

　このとき，次期の生産量 y_2 は，p_1 を通る水平線と供給曲線との交点 B で
の横軸の大きさ y_2 になるだろう。こうして y_2 が決まると，それがちょうど
需要されつくすように，C 点で p_2 が決まる。そして，p_2 を所与として第3
期の生産計画が D 点で立てられる。

　このような調整過程では，図7.13に示すように，右回りのクモの巣のよ
うな動きを経て，しだいに均衡点 E に近づいていく。これが，クモの巣の
調整過程である。マーシャルの調整過程との相違は，生産の調整が微調整に
とどまる（マーシャル調整過程）のか，1期で100％行われる（クモの巣）
のかの相違である。

　農家の生産計画などでは，クモの巣の調整過程が現実的に観察される。作
付け前に予想された価格と実現した価格が異なることから，農産物市場では，

196

7.2 市場価格の調整メカニズム

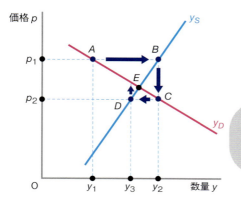

供給量が前期の価格に対応する水準で決定され，今期の価格は今期の供給量がすべて需要される水準に決定される市場での調整過程が，クモの巣の調整過程である。

図7.13 クモの巣の調整過程

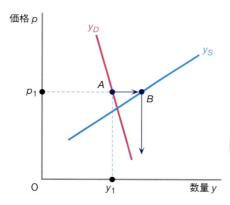

需要曲線が右下がり，供給曲線が右上がりの標準的なケースでも，クモの巣の調整過程は不安定の可能性がある。

図7.14 クモの巣の調整過程：不安定

クモの巣の調整過程に特有の周期変動が発生することがある。たとえば，牛肉市場における周期変動はビーフサイクル，豚肉市場における周期変動はピッグサイクルとよばれている。したがって，クモの巣の不安定なサイクルは，現実にもあり得る現象である。

通常の需要，供給曲線の形状であれば，ワルラス，マーシャルの調整過程では必ず安定的であった。しかし，クモの巣のサイクルは，図7.13のように安定的であり，やがては均衡点に収束しているケースもあれば，図7.14のように発散するケースもある。需要曲線が右下がり，あるいは供給曲線が右上がりの標準的なケースでも，不安的なサイクルは必ずしも排除できない。

7　市場と均衡

表7.2　調整過程のまとめ

	意　味	安定条件
ワルラス的調整過程	超過需要で価格上昇超過供給で価格下落	1/供給曲線の傾き＞1/需要曲線の傾き
マーシャル的調整過程	需要者価格が生産者価格より大なら生産拡大	供給曲線の傾き＞需要曲線の傾き
クモの巣の調整過程	今期の需要者価格で来期の生産を決定	供給曲線の傾きの絶対値＞需要曲線の傾きの絶対値

　この調整過程での安定条件は，次のように与えられる。

　供給曲線の傾きの絶対値　＞　需要曲線の傾きの絶対値

7.3　市場取引の利益

■　市場で取引することの利益

　市場で家計が財を購入し，企業が財を販売することは，個々の経済主体にとっては自らの主体的な意思決定の結果である。政府など他の第三者に強制されたものではない。家計はその財を購入しないときよりも自らの満足度＝効用水準が高くなるから，市場価格でその財を購入する。また，企業もその財を生産しないときよりも自らの利潤が大きくなるから，市場価格でその財を販売する。

　市場で家計と企業が取引することで，お互いに利益をあげているのである。強制されない経済活動では，必ず当事者に利益がある。これは，自由な経済活動を基本とする市場経済の基本的なメリットである。では，市場価格での取引によって，企業と家計はどの程度の利益をあげているのだろうか。

198

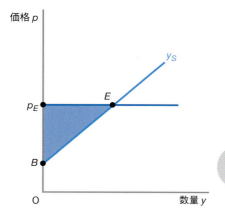

市場で取引することで生じる企業の利益は利潤であり，面積 $p_E EB$ の大きさで表される。

図7.15　生産者余剰

■ 利潤の図による大きさ

企業の利益は利潤の大きさで図ることができる。単純化のために，固定費用はないものとしよう。第6章でもみたように，利潤の大きさは，価格と限界費用曲線との間の面積で表される。供給関数は，限界費用曲線に他ならないからである。したがって，図7.15で $p_E EB$ の大きさは，企業の利潤の大きさであり，企業がこの財を市場で販売することの利益を示している。

■ 消費者余剰の大きさ

では，家計にとって財を購入することの利益は，どの面積で表されるだろうか。家計のメリットは効用の増加である。しかし，効用の変化は主観的なものであり，しかも金銭で示されるものではない。どうすれば，効用の変化を金銭単位で測ることができるだろうか。

家計の主体的な均衡条件は，価格と限界代替率が一致することである。限界代替率は，その財の消費水準について家計の限界的な評価を示している。すなわち，図7.16でその財を y_1 まで購入しているとき，追加的にもう1単位購入を増加させたときの限界的な評価の大きさが，〈y_1 での需要曲線の高さ $= y_1 F$ の大きさ〉である。

これは，家計のその財の限界的な支払い意欲を財の単位で（金銭に置き換えて）示したものである。それぞれの財の消費水準のもとで，需要曲線まで

7 市場と均衡

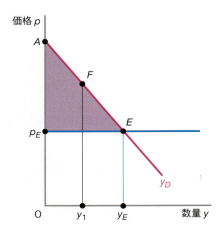

家計にとって財を購入することで生じる利益である消費者余剰は，需要曲線と価格線との間の面積 AEp_E で表される。

図7.16 消費者余剰

の高さが，その消費量での家計の限界評価（金銭単位）を示している。したがって，この財を E 点まで消費することから得られる家計の評価の総額は，AEy_EO の大きさで表すことができる。言い換えると，この大きさ AEy_EO を仮に支払って y_E まで消費したとすれば，家計の効用は当初の水準（この財を何ら消費していない水準 $y=0$）での効用にとどまっている。

これに対して，y_E までの購入に必要な所得は，Ey_EOp_E であるから，これとの差額 $AEp_E = AEy_EO - Ey_EOp_E$ は，家計が y_E までこの財を購入することで得られるネットの利益を示している。これを，消費者余剰とよんでいる。家計は効用を最大化すべく行動するが，これは消費者余剰を最大化すべく消費行動を決定しているのと同じである。

消費者余剰と対応させて，利潤を企業の生産者余剰とよぶこともある。すなわち，消費者余剰は需要曲線と均衡価格を通る水平線との間の面積であり，生産者余剰は供給曲線と均衡価格を通る水平線との間の面積である。

■ 社会的厚生の大きさ

消費者余剰と生産者余剰の合計が，社会的余剰であり，図7.17では面積 AEB の大きさで示される。これは，需要曲線と供給曲線との間の面積で表される。この大きさが，〈市場取引を経て社会全体に発生する総余剰＝社会

7.3 市場取引の利益

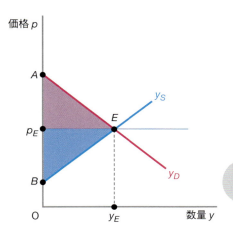

生産者余剰と消費者余剰の合計が社会的余剰であり，面積 AEB で表される。

図7.17　社会的余剰

表7.3　余剰の概念

消費者余剰	消費者の財を購入することで得られる効用の増加の金銭表示 ：需要曲線と価格線との間の面積
生産者余剰	企業の利潤：供給曲線と価格線との間の面積
社会的余剰	消費者余剰＋生産者余剰
超過負担 （厚生損失）	完全競争市場での資源配分が実現しないことから生じる社会的余剰の減少分

的厚生〉である。市場メカニズムの一つの重要な機能は，完全競争市場でこの社会的な厚生がもっとも大きくなることである。逆にいうと，不完全競争市場では完全競争市場と比較して，社会的な余剰が小さくなってしまう。

なお，後で説明するように，たとえば独占市場では，企業の利潤は独占的な行動によって完全競争市場よりも大きくなるが，家計の消費者余剰の方が小さくなり，結果として，社会的な余剰は完全競争市場よりも小さくなってしまう。あるいは，政府が市場に介入して人為的に資源配分を変えると，社会的な余剰は減少する。

家計の利得と企業の利得を単純に合計して社会的な利得を計測して良いのかという疑問があるかもしれない。ここではすべての家計は同じであり，最

201

終的な企業の所有者であると考えている。したがって，企業の利益は何らか
の形で最終的には家計に帰属する。このとき，消費者余剰と生産者余剰の合
計額で社会厚生を表すことができる。もちろん，家計間での格差を考慮すれ
ば，企業の利益がすべての家計に同様に帰着するわけではない。これは分配
面では重要な論点であるが，効率性を評価する際には，単純化の想定として，
分配における公平・不公平の問題を考えていない。

■ 見えざる手

　完全競争経済では，第2章でも議論したように，社会的に必要とされる財・
サービスの生産が十分に行われるように価格調整が図られる。その財の社会
的な必要度が，価格という客観的な尺度で市場で明示されるために，その価
格をシグナルとして企業や家計が経済行動を行うことで，結果として第5節
で示すように，社会的に最適な資源配分が実現する。

　個人レベルでの意思決定では，自らの効用や自らの利潤の最大化のみを考
慮して，私的な利益を追求していても，それが価格というシグナルを通じて，
資源の効率的な配分をもたらし，結果として社会的にも望ましい状態が達成
されるのである。これが，アダム・スミスの「見えざる手」の言葉で有名と
なった，市場メカニズムがもっている価格の資源配分機能である。

7.4　政策介入のコスト

■ 関税政策

　ところで現実の経済では政府は，いろいろな政策手段で市場に介入してい
る。そうした介入には一見それなりのもっともらしさがある。しかし，その
結果，社会的な余剰は減少することが多い。この節ではいくつかの政策を想
定して，政策介入のコスト（厚生損失＝死加重）を考えてみよう。

　まず最初に，関税政策の効果を考える。関税とは，外国からの輸入財に税
金を課することである。関税の目的としては，そこから税収を稼いで政府支

7.4 政策介入のコスト

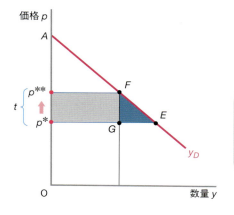

関税政策によって国内価格が p^* から p^{**} に上昇すると、消費者余剰は $p^{**}FEp^*$ の面積だけ減少する。関税収入は面積 $p^{**}FGp^*$ であり、これは消費者余剰の減少分よりも △EFG だけ小さい。この △EFG が関税政策による超過負担である。

図7.18 関税政策

出の財源にすることや、輸入財と競合している国内の産業を保護することなどが考えられる。以下では、分析を単純化するため、税収を目的とした関税政策を採り上げよう。国内の競合している企業は存在しない（国内でその財は何ら生産されていない）と想定する。（国内に競合企業が存在する場合の分析は、練習問題として読者に考えていただきたい）。

図7.18において、外国でのその財の価格が p^* であり、自国は p^* のもとでいくらでもこの財を輸入できるとしよう。関税がなければ均衡点は E であり、家計の消費者余剰は AEp^* の面積で示される。ここで、財1単位あたり t の関税が課せられたとしよう。国内価格は $p^{**}=p^*+t$ に上昇する。均衡点は F 点に移動するから、消費者余剰は AFp^{**} に減少する。消費者余剰の減少分は、$p^{**}FEp^*=AEp^*-AFp^{**}$ の面積で表される。

関税によって国内価格が上昇したのであるから、消費者余剰が減少するのは当然であろう。しかし、政府は関税を課すことで税収をあげている。この税収はどれだけ確保できているのだろうか。1単位あたりの関税が t であり、$p^{**}F$ まで輸入が行われるから、関税収入の大きさは、$p^{**}FGp^*$ の面積で表される。これが関税政策のメリットである。

関税政策のメリットである税収とデメリットである消費者余剰の減少分とは、どちらが大きいだろうか。図7.18から明らかなように、三角形 EFG の面積だけ、消費者余剰の減少分の方が大きい。言い換えると、関税収入を家

203

7　市場と均衡

計に補助金として還付しても，家計の消費者余剰の減少を完全には相殺できず，家計の実質的な所得は三角形 EFG の大きさだけ減少する。この EFG の大きさを関税政策の超過負担（厚生損失＝死加重）とよんでいる。

■　輸入制限政策 ─────────────────────────────

　次に輸入制限政策の効果を分析しよう。関税によって実質的に輸入量を減少させるのではなく，数量割り当てで輸入枠自体を直接抑える政策を考える。この政策は，通常は国内産業の保護を目的として行われる。コメの輸入制限政策がその代表的な例であろう。ここでは，議論を単純にするため，国内競合企業が存在しないケースでの輸入制限を想定しよう。

　図7.19において，輸入制限がなければ p^* という外国の価格で E まで輸入されているはずである。政府は輸入量を p^*G の大きさに押さえ込むとしよう。輸入量が減少するので，国内での販売価格は p^{**} まで上昇する。その結果，家計の消費者余剰は関税政策の場合と同様に，$p^{**}FEp^*$ の大きさだけ減少する。この政策では政府の税収は得られない。では，国内の経済主体で誰か得をする主体はあるのだろうか。

　それは輸入業者である。輸入業者は p^* の価格で外国から財を輸入して p^{**} の価格で国内で販売している。輸入価格と国内価格との差額 $p^{**}p^*$ の大きさは，関税のケースにおける税率と同じである。輸入業者の利潤が $p^{**}FGp^*$ であり，これは関税の場合の税収の大きさに一致する。

　輸入業者は輸入制限による価格の上昇で利益を得るが，これは消費者余剰の減少分ほど大きくはない。政策介入をしないときと比較すると，その差額＝三角形 EFG が社会的な余剰（＝消費者余剰と生産者余剰の合計）の減少分であり，輸入制限政策の超過負担である。たとえば，政府が輸入業者の利潤を100％税金を課して徴収し，すべて消費者に配分しても，消費者余剰の減少分を完全には相殺できない。

　なお，現実の政策では輸入業者が政府自身である場合も多い。たとえば，農畜産振興機構は安い国際価格で肉を輸入して高い国内価格で販売して，利益をあげている。また，コメの部分的な開放政策でも政府が安い価格で輸入

204

7.4 政策介入のコスト

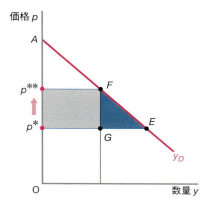

輸入制限政策によって国内価格は p^* から p^{**} に上昇すると，消費者余剰は $p^{**}FEp^*$ の面積だけ減少する。輸入業者の利益は面積 $p^{**}FGp^*$ であり，これは消費者余剰の減少分よりも $\triangle EFG$ だけ小さい。

図7.19 輸入制限

して，高い国内価格で販売している。こうした手法は実質的には関税政策と同じである。上の分析は，そうした方法で政府が利潤を稼いでも，その利潤の大きさ（＝関税収入の大きさ）は必ず消費者余剰の減少分を完全にはカバーできないことを，示している。

> **Column――7　最適関税の理論**
>
> 　他国の経済厚生を犠牲にしてでも，ある国の経済厚生を最大化する輸入関税がその国にとっての最適関税である。その結果，世界全体でみれば最適な資源配分は実現しない。こうした最適関税の理論において，2つの結果が導出されている。
> 　第1に，ある国がその貿易財の世界価格に影響を与えるほどの大国なら，そのような大国は関税を高めることにより意図的に輸入需要を減らし，交易条件を高める（輸入財の世界価格を低める）ことができるため，その国の最適関税率は正になる。
> 　第2に，より大きい国ほど，同じ関税引き上げでも交易条件をより強く高めることができるから，最適関税率は高くなる。ただし，関税率を高くすると，長期的には経済成長にマイナスに働く可能性がある。経済成長も考慮した動学モデルでは，それを考慮しない静学モデルの場合よりも最適な関税率は低くなる。

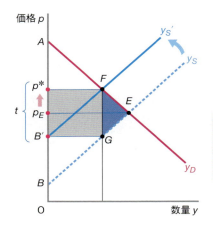

図7.20 間接税

間接税によって消費者価格が p_E から p^* へ上昇すると，消費者余剰は面積 p^*p_EEF だけ減少する。生産者余剰は面積 $p_EB'GE$ だけ減少する。間接税収は $p^*B'GF$ だけ生じるが，これは生産者余剰と消費者余剰の減少分よりも $\triangle EFG$ だけ小さい。

■ 間接税

　ある財の消費に間接税が課せられるケースを想定しよう。ある財（たとえばビール）の販売に対して1単位あたり t 円の消費税がかかるとしよう。図7.20において，こうした間接税がなければ，均衡点は需要曲線 y_D と供給曲線 y_S の交点 E である。

　間接税を企業が納税すれば，$t>0$ の場合には1単位ビールを生産するのにいままでよりも t 円だけ余計なコストがかかる。これは，限界費用が t 円だけ増加したのと同じである。したがって，間接税によって供給曲線は t 円だけ上方にシフトする。新しい均衡点は新しい供給曲線 y_S' と需要曲線 y_D との交点 F になる。

　この政策によって生産者余剰，消費者余剰，税収は，どのようになるだろうか。ビールの価格が p_E から p^* に上昇したことで，家計の消費者余剰は減少する。消費者余剰の減少の大きさは，面積 p^*FEp_E で表される。間接税の負担によって，企業の利潤も減少する。利潤の減少の大きさは，面積 p_EEGB' で示される。ここで，間接税後の利潤 p^*FB' は面積 $B'GB$ に等しいことに注意したい。したがって，間接税を課税する前の利潤 p_EEB よりも面積 $B'GB$ だけ差し引いた面積 p_EEGB' が，企業の利潤の減少分である。

　これに対して，間接税による政府の税収は p^*FGB' の大きさで表される。

$p^*B' = t$ が税率であり，p^*F が課税後のビールの販売量だからである。政府の税収は間接税政策のメリットであり，消費者余剰と生産者余剰の減少分は間接税政策のデメリットである。これらの大きさを比較すると，図7.20からも明らかなように，社会的な余剰は三角形 EFG の大きさだけ減少している。これが，間接税の超過負担である。政府が後で間接税収を家計と企業に還元しても，この超過負担の大きさだけは相殺することができない。

■ 価格維持政策

次に，価格を均衡価格以外の水準に政策的に維持するときのコストを考えてみよう。まず価格を均衡価格よりも高い水準に維持する政策をとり上げよう。こうした介入は，第2章でも議論したように，労働市場での最低賃金政策などの例がある。

図7.21において均衡価格 p_E で，均衡点 E という状況を考える。政府が価格を p^* に維持すると，新しい均衡点は F 点となる。消費者余剰は，面積 p^*FEp_E の大きさだけ減少する。生産者余剰は価格の上昇による利益の拡大効果と，生産量の減少による利益の縮小効果の両方が生じる。前者の拡大効果は面積 p^*FIp_E であり，後者の縮小効果は面積 IEG である。p_E より少しだけ p^* を上昇させると，最初は必ず拡大効果の方が大きい。しかし，p^* をあまり上昇させすぎると，縮小効果の方が大きくなる。かりに生産者の利害を反映して価格の維持政策が採用されたとすると，価格引き上げ幅はそれほど

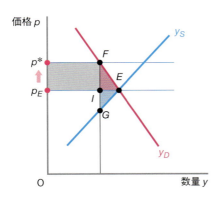

価格維持政策によって価格が p_E から p^* へ上昇すると，消費者余剰は面積 p^*FEp_E だけ減少し，生産者余剰は面積 p^*FIp_E マイナス △IEG だけ増加する。しかし，社会的余剰は △EFG だけ減少する。

図7.21　価格維持政策

大きくならずに，拡大効果の方が縮小効果よりは大きいだろう．

さて，消費者余剰と生産者余剰の合計である社会的余剰がどう変化するかを考えよう．図7.21からも明らかなように，生産者余剰の拡大効果 p^*FIp_E は消費者余剰の減少分の一部しか相殺できないから，社会的な余剰は必ず減少する．そして，その減少分は三角形 EFG の面積に等しい．これが，価格維持政策の超過負担である．

なお，賃金維持政策の場合には家計が供給サイド，企業が需要サイドになるから，生産者余剰の増加が家計の所得の増加分，消費者余剰の減少分が企業の利潤の減少分に対応する．

■ 低価格政策

最後に，均衡価格よりも取引価格を人為的に押さえ込む政策介入の効果を分析しよう．これは，第2章でも議論したように，生活必需品などで場合によっては採用される政策である．

この政策の効果は，上でみた価格維持政策の効果とよく似ている．価格が p_E ではなく p^* に押さえ込まれると，図7.22において，企業の生産者余剰は p_EEFp^* だけ減少する．価格の低下により家計の消費者余剰は，p_EIFp^* だけ増加するが，購入量の減少により GIE だけ減少する．消費者余剰の変化の大きさは確定しないが，通常は価格低下によるプラスのメリットの方が大きいだろう．しかし，社会的な余剰は，三角形 EFG の大きさだけ，必ず減少

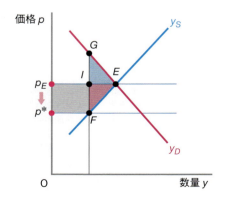

低価格政策によって価格が p_E から p^* に下落すると，生産者余剰は面積 p_EEFp^* だけ減少するが，消費者余剰は面積 p_EIFp^* マイナス $\triangle GIE$ だけ増加する．社会的余剰は $\triangle EFG$ だけ減少する．

図7.22　低価格政策

する。これが，低価格政策の超過負担である。

7.5 資源配分の効率性

■ パレート最適

　この節では，資源配分の効率性をより厳密に定義してみよう。ここで重要な概念がパレート最適である。パレート最適は，ある人の経済状態を悪化させることなしには，別の人の経済厚生を改善することができない状態を意味する。言い換えると，パレート最適でなければ，誰の経済厚生を悪化させることなく，他の誰かの経済厚生を改善することができる。こうした状況はパレート改善とよばれる。パレート改善であれば，改善される前の状態では資源が有効に，あるいは効率的に，配分されていなかったことになる。パレート最適の状態では，そうした改善の余地がもはや残されていないという意味で，資源が効率的に配分されていると考えていい。

■ 2人の交換モデル

　ここで，議論を単純化するために，生産活動を捨象した交換経済を想定しよう。いま A，B という2人の個人がそれぞれ，財 x，y を消費したいと考えているとしよう。それぞれの個人の効用関数は，次のように定式化される。

(1) $\qquad U_A = U(x_A, y_A)$

(2) $\qquad U_B = U(x_B, y_B)$

ここで，U_A，U_B はそれぞれの個人の効用水準，x_A，y_A は個人 A の財 x，y の消費水準，x_B，y_B は個人 B の財 x，y の消費水準である。

　個人 A は y 財のみを y^* の量だけ初期に保有しており，個人 B は x 財のみを x^* の量だけ初期に保有しているとしよう。図7.23において縦軸に y 財の消費水準，横軸に x 財の消費水準を表す。原点 O_A から個人 A の消費水準をそれぞれ両軸に表し，同様に，原点 O_B から個人 B の消費水準を表す。横軸の大きさはこの経済全体での x 財の消費可能量 x^* であり，縦軸の大きさは

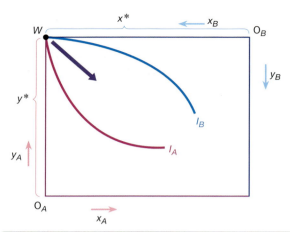

個人 A，B ともに初期保有量の組合せの点 W から右下方に移動することで，効用を増加させることができる。

図7.23　2人の交換モデル

経済全体での y 財の消費可能量 y^* である。

　個人 A の無差別曲線および個人 B の無差別曲線をそれぞれの原点に向かって凸な曲線として図示しよう。W は初期保有量の組合せ（$x_A=0$，$y_A=y^*$）（$x_B=x^*$，$y_B=0$）を示す点であり，W を通るそれぞれの個人の無差別曲線が，I_A，I_B である。W 点から I_A，I_B の内部の点に移動すれば，両者ともに交換による利益を享受できる。すなわち，お互いに相手と財を交換することで，自らの効用を増加させることができる。図7.23のような2人の交換モデルを表す図をボックス・ダイヤグラム，またはエッジワース・ボックスとよぶ。

■ 契約曲線

　効率的な資源配分は，パレート最適の条件が満たされるような交換で実現する。この点を図7.24で考えてみよう。これは，契約曲線の図として有名なものである。個人 A，B の無差別曲線の接線の軌跡 PP が契約曲線であり，これはパレート最適な配分状態を示している。このことは，次のように考えるとわかりやすい。

7.5 資源配分の効率性

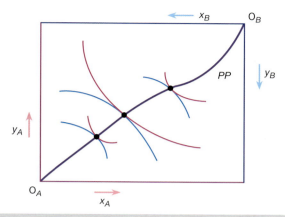

パレート最適の条件を満たす契約曲線 PP は，2人の個人の無差別曲線の接点の軌跡である。

図7.24　契約曲線

個人 B の効用水準をある（任意の）値 U^* に固定したとして，この制約のもとで個人 A の効用を最大にするように財 x, y を2人間で配分する問題を考えよう．すなわち，(1) 式を

(3) $\quad U(x_B, y_B) = U^*$

(4) $\quad x_A + x_B = x^*, \quad y_A + y_B = y^*$

という制約のもとで最大にする問題である．この問題の解は，パレート最適な資源配分の条件である．なぜなら，個人 B の効用を U^* で一定に維持しながら，U_A をより大きくする余地が残されているとすれば，それはパレート改善の余地があることになり，パレート最適の定義と矛盾するからである．

この問題は，図7.25では個人 B の効用を $U_B = U^*$ のもとで固定しておいて，その無差別曲線 U^* 上で，U_A がもっとも高い点を求める問題に他ならない．これは，個人 A の無差別曲線 I_A が個人 B の無差別曲線 U^* と接する点 E で，最適点となる．このような関係が任意の個人 B の効用水準あるいは，任意の個人 B の無差別曲線に対して成立しているから，パレート最適点は両個人の無差別曲線の接点の軌跡として与えられる．効率的な資源配分の条件は，2財の限界代替率が消費者間で一致することである．

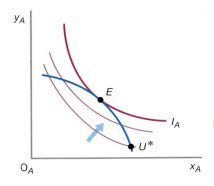

個人 B の効用水準を U^* に固定しておいて，それに対応する無差別曲線上で個人 A の効用を最大化する点 E は，パレート最適点となる。

図7.25　個人 A の効用最大化

■ **生産の効率的条件**

次に 2 つの企業 A, B の間で 2 つの生産要素（労働と資本）をもっとも効率的に配分する問題を考えてみよう。労働の投入量を x_1, 資本の投入量を x_2 とする。労働と資本それぞれの資源制約として

(5) $\quad x_{1A} + x_{1B} = x_1^*, \quad x_{2A} + x_{2B} = x_2^*$

という制約式がある。ここで，x_1^*, x_2^* はそれぞれ労働と資本の経済全体での利用可能量である。x_{1A}, x_{2A} は企業 A での投入量，x_{1B}, x_{2B} は企業 B での投入量である。

消費者の交換でのボックス・ダイヤグラムと同じような図7.26を用いて，生産要素の効率的な配分の条件を求めてみよう。O_A を原点として企業 A の生産要素の投入量を，また O_B を原点として企業 B の生産要素の投入量を描く。横軸の大きさは x_1^* であり，縦軸の大きさは x_2^* である。この図の任意の点は，企業 A, B 間での生産要素の配分の組合せを示している。

さて，企業 A, B の等生産量曲線をそれぞれの原点に向かって凸な曲線として描いてみよう。消費者の場合の無差別曲線の議論と同様にして，等生産量曲線の接点の軌跡が もっとも効率的な生産要素の配分の組合せ を示す。すなわち，この軌跡が パレート最適点 である。

パレート最適点以外の F 点がなぜ非効率な点か考えてみたい。F 点では 2 つの企業の等生産量曲線は交わっている。したがって，たとえば F 点から企業 A の等生産量曲線 y_A に沿って G 点に移動したとすると，企業 A の生産

7.5 資源配分の効率性

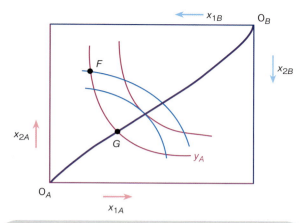

2つの企業A, B間で2つの生産要素（資本と労働）を効率的に配分する条件は，2つの企業の等生産量曲線の接点の軌跡での配分である。

図7.26 生産の効率的条件

量は変化しない。しかし，企業Bの生産量は増加している。それはF点よりもO_Bからみて，より外側の等生産量曲線に位置しているからである。したがって，FからGへの動きは，企業Aの利益を損なうことなく企業Bの利益を拡大している。これは，F点が資源を効率的に配分していなかったことを意味する。

効率的な資源配分の条件は，技術的な限界代替率が企業間で一致することである。

■ 消費と生産の両方を考慮したケース

消費と生産の両方を考慮しても，上での議論が基本的に成立する。すなわち，パレート最適の条件は，消費者間で財の限界代替率が一致し，また企業間で生産要素の技術的な限界代替率が一致することである。

■ 効用フロンティア

パレート最適の条件を満たす資源配分は，上での議論でも明らかなように

213

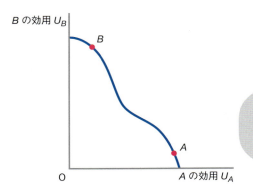

図7.27 効用フロンティア

パレート最適を満たす点に対応する各人の効用の組合せが，効用フロンティアである。効用フロンティア上では，資源配分の効率性が満たされている。

表7.4 パレート最適のまとめ

定　義	ある人の経済状態を悪化させることなしには，誰の経済状態も改善できない資源配分
交換経済での条件	個人 A, B の無差別曲線が接している点の軌跡　2財の限界代替率が消費者間で一致している
生産の効率的条件	企業 A, B 間で等生産曲線が接している点の軌跡　2つの生産要素間の技術的な限界代替率が企業間で一致している

無数にある。契約曲線上の点はすべてパレート最適の条件を満たしているからである。

　それらの点の1つ1つに資源配分のある特定の組合せが対応している。その結果として，各個人の効用水準の特定の組合せも対応している。このようなパレート最適の条件を満たす各個人の効用の組合せの軌跡を，効用フロンティアとよんでいる。

　2人の経済での効用フロンティアは図7.27のように描かれる。効用フロンティアは必ず右下がりである。しかし，その傾きの形状については何ともいえない。効用フロンティアに右上がりの部分があったとしたら，2人の効用をともに上昇させる可能性がある。これはパレート最適の条件とは矛盾する。パレートの意味では非効率な点は，効用フロンティアの内部の点である。

　では，効用フロンティア上でどの点が社会的に望ましい点であろうか。図

7.27で A 点を選択すれば，個人 A の効用は大きく，個人 B の効用は小さい。逆に，B 点を選択すれば，個人 B の効用が大きく，個人 A の効用は小さい。A 点も B 点も効率的な資源配分の点であり，パレート最適基準ではどちらがより望ましいとはいえない。パレート最適な点の間での選択は，**より強い価値判断**（異なる効用水準をもつ個人間の比較）を必要とする。この点は次の章で議論する。

7.6　厚生経済学の基本定理

■ 厚生経済学の基本定理：その1

さて，パレート最適という資源配分の効率性条件と競争均衡との関係を議論しよう。競争均衡では家計の主体的均衡条件が成立しているから，p^* という x 財の y 財で測った相対価格のもとで，効用最大化行動に基づき消費者は次式が成立するように x 財の消費量を調整している。

　　　各人の限界代替率＝p^*

この条件式は，パレート最適の必要条件（＝各人の限界代替率の均等）が競争均衡において満たされることを意味している。したがって，市場均衡ではパレート最適な資源配分をつくり出すことが可能となる。この関係は，厚生経済学の第1の基本定理とよばれている。

　第1の基本定理：完全競争市場で市場の失敗がないとき，資源配分はパレート最適となる。

第1の基本定理は，競争均衡であれば必ずパレート最適であること，すなわち，競争均衡が誰かの効用を下げることなしには，他の誰の効用もあげることができない状況であることを意味する。

■ 厚生経済学の基本定理：その2

ところで，初期保有量のある組合せに対応して，競争均衡での価格が決定され，1つの競争均衡が実現する。したがって，初期の資源保有の配分を変

7 市場と均衡

化させてやれば，無数の競争均衡価格とそれに対応する競争均衡が実現する。よって，パレート最適を満たすどんな資源配分であれ，そうした資源配分を競争均衡として実現することも可能である。すなわち，

> **第2の基本定理**：パレート最適であるどのような資源配分であっても，それは完全競争と適切な生産要素の所有の組合せで実現することができる。

第2の基本定理は，どのようなパレート最適な資源配分も，ある一つの競争均衡として実現されうることを意味する。すなわち，適切に生産要素や消費財の経済主体間での初期保有配分が調整されれば，どのようなパレート最適の資源配分も，ある特定の価格体系のもとで競争均衡の解として実現することができる。

ところで，通常の初期保有量の再配分の方法は，一括の固定税と補助金を通じた再分配である。逆にいうと，一括の固定税や補助金が利用可能でなければ，厚生経済学の第2の基本定理は成立しない。

まとめ

● 完全競争市場では，すべての経済主体が価格与件者（プライス・テイカー）として行動する。需要曲線と供給曲線の交点が市場均衡点であり，企業も家計も主体的な均衡を満たしている。

● 需要と供給を一致させるように価格を提示し，調整するのが，競り人（オークショナー）の役割である。超過需要に応じて価格が上昇し，超過供給に応じて価格が下落すれば，需要曲線が右下がり，供給曲線が右上がりであるとき，均衡は安定的に達成される。このようなワルラス的な調整過程とは異なる調整過程としては，マーシャル的な調整過程やクモの巣の理論などがある。

● 企業の利潤（＝生産者余剰）と家計の消費者余剰を合計したものが，市場で取引することで生じる社会的余剰である。価格が「見えざる手」としてシグナルの役目を果たすことで，社会的余剰が最大化され，資源配分が最適に行われる。

● 関税政策，輸入制限政策，間接税，価格維持政策などで政策的に市場に介入

216

7.6 厚生経済学の基本定理

すると，本来の目的が何であれ，社会的余剰は減少し，超過負担（厚生損失＝死加重）が生じる。

●資源配分の効率性はパレート最適の概念で定義される。厚生経済学の基本定理によると，完全競争市場はパレート最適な資源配分を達成し，また，任意のパレート最適な資源配分は完全競争市場で実現可能である。

重要語

□プライス・テイカー　　□完全競争　　　　　　　□市場均衡
□競り人　　　　　　　　□ワルラス的調整過程　　□マーシャル的調整過程
□クモの巣の理論　　　　□消費者余剰　　　　　　□生産者余剰
□社会的余剰　　　　　　□見えざる手　　　　　　□超過負担
□パレート最適　　　　　□契約曲線　　　　　　　□効用フロンティア
□厚生経済学の基本定理

問　題

■1　（　）の中に適当な用語を入れよ。
　（ア）完全競争市場では，すべての経済主体が（　）として行動する。
　（イ）需要と供給が一致する点が，（　）である。
　（ウ）超過需要に応じて価格を（　）させ，超過供給に応じて価格を（　）させると，均衡価格を実現することができる。
　（エ）消費者余剰は，（　）と均衡価格を通る水平線との間の面積である。
　（オ）完全競争市場で価格のもっている資源配分機能は，（　）ともよばれる。
■2　次頁の図のように需要曲線 D と供給曲線 S が示されるとき，均衡点 E_1, E_2, E_3 における均衡の安定性の記述として正しいものはどれか。
　（ア）E_1, E_2 はマーシャルの安定条件を満たしている。
　（イ）E_1, E_3 はマーシャルの安定条件を満たしている。
　（ウ）E_2, E_3 はマーシャルの安定条件を満たしている。
　（エ）E_1, E_2 はワルラスの安定条件を満たしている。
　（オ）E_2, E_3 はワルラスの安定条件を満たしている。

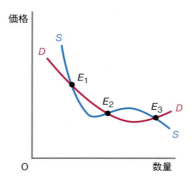

■3　消費者が需要曲線上以外の点で消費を行っていたとすると，需要曲線上の点で消費する場合よりも消費者余剰が減少してしまうことを，図で説明せよ。

■4　輸入財と競合している国内産業が存在し，関税が国内産業を保護する目的で用いられるとき，社会的余剰が関税政策によってどのように変化するか，図で示せ。

■5　2人2財の純粋交換モデルを考える。以下の中で正しいものはどれか。
（ア）各個人の限界代替率が等しいとき，パレート最適である。
（イ）市場均衡はパレート最適である。
（ウ）市場均衡でも，初期保有量の配分如何ではパレート最適にならない。
（エ）各個人の限界代替率が等しくなくても，パレート最適の場合がある。
（オ）パレート最適の中で特定の資源配分だけが競争均衡として実現できる。

8 要素価格と所得分配

本章では，労働や資本などの生産要素の市場における均衡を対象として，要素価格の決定メカニズムを考察する。また，土地の価格などのストックの価格形成を考察し，所得分配についても議論する。

1. 労働市場，資本市場での均衡を考え，要素価格の決定について分析する。
2. 土地の地代であるレントとそれに類似している準レントについて説明する。
3. 土地というストックの価格である地価の決定メカニズムを考察するとともに，バブルを定義する。
4. 所得分配を考察するとともに，所得再分配政策の問題点を説明する。

8.1　要素価格の決定

■ 派生需要

賃金率など生産要素に対する支払いがどのように決定されるか，考えてみよう。第6章で説明したように，企業にとって最適な生産要素に対する需要は，生産される財の価格 p とそれに要する限界費用 MC とが一致する点で与えられる。

選択可能な生産要素が労働 N しかない場合には，生産関数は

$$Y = F(N)$$

として定式化される。ここで Y は生産量，N は労働雇用である。F_N を労働の限界生産とすると，限界費用 MC は労働の限界生産の逆数 $1/F_N$ に賃金率

8 要素価格と所得分配

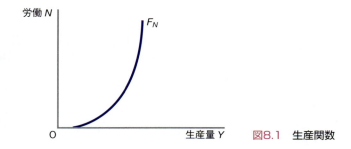

図8.1 生産関数

w を掛けたものに等しい。なぜなら，図8.1に示すように，生産量を限界的に拡大するときに必要となる労働の追加的な投入は $1/F_N = \Delta N/\Delta Y$ である。したがって，そのコストは w/F_N となるからである。

(1)　　　$MC = \dfrac{w}{F_N}$

上述したように，$MC = p$ が財市場での企業の主体的均衡（利潤最大化の条件）として供給関数上で成立しているから，これを用いると，労働需要は次式で与えられる。

(2)　　　$p = \dfrac{w}{F_N}$

あるいは

(2)′　　　$pF_N = w$

この式左辺の pF_N を，労働の限界生産価値という。

図8.2は，縦軸に賃金率と労働の限界生産価値を，また横軸に労働需要をとったものである。w と p は企業にとっては所与の変数であるから，賃金線は w を通る水平線となる。労働の限界生産 F_N は逓減するから，労働の限界生産物価値は N の減少関数であり，図8.2では右下がりの曲線 DD で示される。主体的な均衡点はこれら２つの曲線（賃金線と労働の限界生産価値曲線）の交点 E である。E 点に対応する雇用量 N_E が，企業にとって最適な労働需要である。

企業の主体的均衡点の経済的な意味を考えてみよう。w は労働を追加的に

220

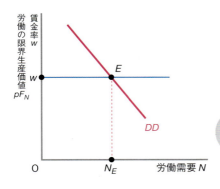

労働の限界生産物価値と賃金率との一致する点が，労働需要の最適点である。

図8.2 労働需要の決定

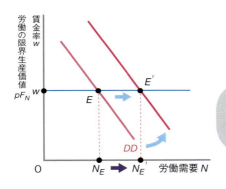

生産物の販売価格 p の上昇によって，労働の限界生産物価値曲線 DD は右上方にシフトするから，主体的均衡点は E から E' へと移動する。労働需要は刺激される。

図8.3 財価格の上昇と派生需要

雇用するコストであり，pF_N は労働を追加的に雇用することから得られる販売収入の限界的な増加分である。前者は労働雇用の限界的なデメリットであり，後者は労働雇用の限界的なメリットである。限界的なメリットがデメリットを上回る限りにおいて，労働需要を拡大することが望ましい。主体的均衡点では両者が等しくなっている。

労働需要は，労働を生産に投入して得られる生産物が，財市場で販売されて収入を生むことから生じる。生産物の販売価格 p が上昇するときの効果を考えてみよう。労働の限界生産物価値は上昇するから，図8.3で DD 曲線は右上方にシフトする。主体的均衡点 E は右に移動する。つまり，労働需要はプラスに刺激される。逆に，価格 p が低下すると，労働の限界生産物価値も低下するから，労働需要は抑制される。

8 要素価格と所得分配

表8.1 生産要素に対する需要と財の需要

生産要素に対する需要：派生需要	その生産要素を使用して生産される財が，どの程度財市場で評価されるかで，その生産要素に対する需要も間接的に影響される＝派生需要
財の需要	その財を消費者がどの程度評価しているかで需要が決まる

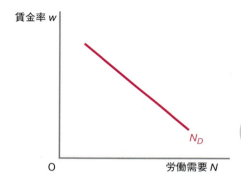

価格 p 所与のもとで賃金率 w と労働需要 N との関係を図にしたものが，労働需要曲線 N_D である。

図8.4 労働需要曲線

このように，生産要素に対する需要は生産物価格の増加関数となっている。これは，財市場での生産物の価値が高く評価されれば，市場価格 p も上昇し，結果としてその生産物を生産するのに必要な労働需要が刺激されるからである。いわば，財市場でのその生産物に対する需要から派生的に，その財を生産するための生産要素に対する需要が生まれる関係にある。その意味で，生産要素に対する需要は「派生需要」とよばれる（表8.1）。

■ 要素需要曲線

価格 p を所与のもとで，賃金率 w と労働需要 N との関係を図にしたのが，労働という生産要素の需要曲線である。図8.4に示すように，労働需要曲線 N_D は右下がりである。賃金率 w が上昇すれば，その分だけ労働を雇用する限界的なデメリットが上昇するので，労働需要は抑制される。

通常の家計の消費財に対する需要曲線と同様，要素価格が1％上昇したと

8.1 要素価格の決定

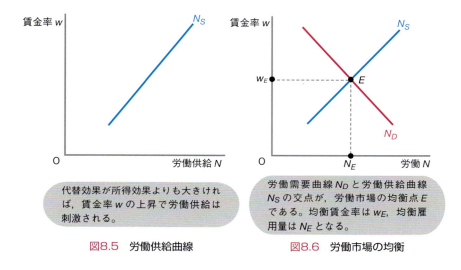

図8.5 労働供給曲線 — 代替効果が所得効果よりも大きければ、賃金率 w の上昇で労働供給は刺激される。

図8.6 労働市場の均衡 — 労働需要曲線 N_D と労働供給曲線 N_S の交点が、労働市場の均衡点 E である。均衡賃金率は w_E、均衡雇用量は N_E となる。

き労働需要が何％低下するかで、生産要素に関する需要の価格弾力性を定義することもできる。

$$需要の価格弾力性 = \frac{需要の減少率（\%）}{要素価格の上昇率（\%）}$$

■ 要素供給曲線

　家計の労働供給については、第4章で分析した通りである。余暇が正常財であり、代替効果が所得効果よりも大きければ、賃金率の上昇で労働供給は刺激される。すなわち、図8.5に示すように、労働供給曲線 N_S は右上がりとなる。逆に、所得効果が代替効果よりも大きい場合は、労働供給曲線は右下がりとなる。

■ 労働市場の均衡

　生産要素市場での均衡も、通常の財市場での均衡と同様に分析することができる。たとえば、労働市場を想定しよう。労働を供給するのは家計であり、労働を需要するのは企業である。図8.6に示すように、家計の労働供給曲線

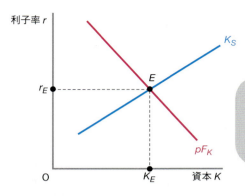

図8.7 資本市場の均衡

資本に対する需要曲線は資本の限界生産物価値 pF_K であり，供給曲線は K_S である。2つの曲線の交点 E が資本市場の均衡点であり，r_E が均衡レンタル価格，K_E が均衡資本水準である。

N_S は，一般的に右上がりと考えられる。また，企業の労働需要曲線 N_D は右下がりである。

2つの曲線の交点 E が労働市場での均衡点であり，そこでの価格（＝賃金率）w_E が均衡賃金率，それに対応する労働雇用量 N_E が均衡労働水準である。なお，いずれの雇用水準でもその賃金のもとでの労働供給は雇用されているので，完全雇用が実現しており，失業は存在しない。

■ 資本のレンタル価格

労働と同様に，資本（K）のレンタル価格である利子率（r）についても，レンタル市場での需給を均衡させるように決定されると考えることができる。

(3) $\qquad r = pF_K$

r は資本を生産に投入する際の限界コストであり，F_K は資本の限界生産である。資本の限界生産価値は pF_K で与えられる。図8.7に示すように，資本に対する需要曲線 pF_K は右下がりであり，資本の供給曲線 K_S は右上がりである。資本市場の均衡は2つの曲線の交点 E となり，r_E が均衡利子率，K_E が均衡資本投入量である。その結果，資本を供給する家計は資本所得を稼ぐことができる。

では，資本（K）にも労働（N）にも配分されない企業の超過利潤（π）は，どのように分配されると考えればいいだろうか。これは，企業の株主に分配

8.2 レントと固定的な生産要素

されると考えるべきであろう。株主も国民経済全体として考えると，家計であるから，この利潤も最終的には家計に分配される。このように考えると，企業の販売収入（py）は，生産要素の提供者と株式の資金提供者に分配される。

以上を数式で表すと，

$$py = wN + rK + \pi$$

となる。

8.2 レントと固定的な生産要素

■ レント

いま，生産活動に投入される生産要素として，労働や資本の他に土地があるとしよう。土地を一定期間生産のために投入するためには，その期間土地を利用する権利を手に入れる必要がある。それが土地の賃貸料＝地代（レント）である。すなわち，土地の所有者に地代を払うことで，土地を一定期間生産活動に投入することができる。では，地代はどのように決まるだろうか。

土地も生産要素である以上，土地の需要は労働や資本の需要と同じ考え方で分析できる。土地 L を生産要素とするときの生産関数は

$$Y = F(L)$$

と表される。F_L を土地の限界生産とする。このとき，図8.8に示すように，土地の限界生産物価値 pF_L が地代 a に等しい点 E まで，土地を生産に投入するのが望ましい。ここで，F_L は土地の限界生産である。

(4) $\qquad a = pF_L$

したがって，上での分析と同様，土地市場での土地需要曲線 L_D は右下がりの曲線として描くことができる。図8.9で縦軸は地代 a を，横軸は土地の投入量 L を表している。では，土地の供給曲線 L_S はどのように考えられるだろうか。

土地は労働や資本と異なり，供給量を長期的にも変化させることはできな

225

8　要素価格と所得分配

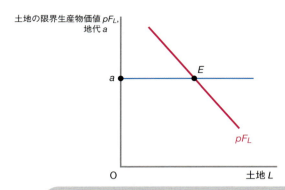

土地のレンタル需要は，土地の限界生産物価値 pF_L が地代 a に等しい E 点で与えられる。

図8.8　土地需要の決定

い。もちろん，戦争で領土を拡張したり，海を埋め立てて国土の面積を拡大することも考えられなくはない。しかし，そうした状況はきわめて例外的であり，時間もかかるだろう。したがって，図8.9に示すように，少なくとも短期的には土地の供給曲線 L_S は L^* で垂直線となる。

　土地市場の均衡点は，土地の需要曲線と供給曲線が交わった E 点である。土地1単位を一定期間借り入れるレント a は，E 点に対応する大きさ a_E で与えられる。また，このとき，土地の所有者が手に入れることのできるレント収入の合計は，図8.9では面積 $a_E E L^* O$ の大きさになる。

　ここで，生産物の販売価格 p が上昇するとき，レント a に与える効果を分析してみよう。p の上昇で土地の限界生産物価値が増加するから，図8.10に示すように，土地の需要曲線 L_D は上方にシフトする。しかし，土地の供給は一定であるから，生産要素としての土地の投入量は市場均衡で何ら拡大しない。したがって，生産物も拡大せず，販売収入は p の拡大に比例して増加するだけである。ところで，上の式より F_L が一定である以上，p の上昇と同じ割合で a も上昇している。その分だけ地代収入も増加している。

　すなわち，生産物価格の上昇による販売収入の増加は，地代収入の増加となって，土地の保有者にすべて帰属するのである。土地が固定的な生産要素

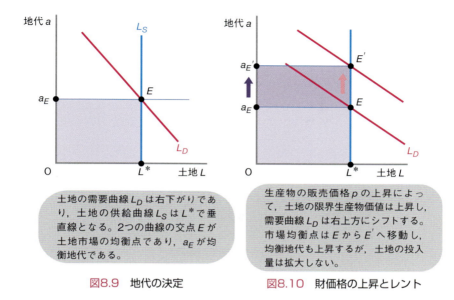

図8.9　地代の決定　　　図8.10　財価格の上昇とレント

であるために，派生需要からの利益を土地の保有者は100％手に入れることができる。

　したがって，土地に対する需要曲線が上方にシフトし，土地の限界生産が増加すれば，地代も上昇する。資本ストックの蓄積が進んだり，技術進歩や人的資本蓄積のために効率性で評価した労働供給が増加する場合には，土地の限界生産が上昇し，土地に対する需要曲線も上方シフトする。経済成長の結果として，このようなことが生じていれば，中長期的に地代が上昇しても何の不思議もない。それは，資源配分の効率性からみて当然の帰結である。

　わが国の地代が高い理由の一つには，経済成長の結果として土地の限界生産が上昇し，地代が上昇したためと解釈できよう。国際的にも土地1単位あたりのGDPの高い国ほど，地代も高くなる傾向にある。また，90年代に入って地代が下落したのも，将来の成長期待が大きく下落したためである。

　ところで，土地の供給が固定されていれば，地代は需要要因ですべて説明される。しかし，一般的にいえば，土地の供給も変化し得る。その結果，長期的にみれば，地代も他の普通の財・サービスの価格同様，需要と供給の一

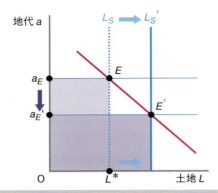

土地の供給曲線 L_S が右へシフトすれば，均衡点も E から E' へ移動し，均衡地代が減少し，土地の投入量が拡大する。

図8.11 土地供給の拡大

致したところで決まるのであって，需要側の要因だけで一方的に決まるものではない。かりに派生需要に関する条件が変化せず，土地の需要曲線 L_D がシフトしない場合でも，図8.11のように何らかの要因で土地の供給曲線 L_S がシフトすれば，地代も変化する。

たとえば，土地の造成に関する技術進歩の結果，今までよりも安いコストで土地をレンタル市場に供給することが可能になれば，地代は低下する。土地の利用規制が緩和され，今までよりも有効に土地が利用可能になれば，同様の現象が生じるだろう。

❖ Case Study　土地の用途規制

わが国の都市計画では，無秩序な市街化を防止し，計画的な市街化を図るため，都市計画区域を「市街化区域」と「市街化調整区域」に区分している。市街化区域は「既に市街地を形成している区域及び10年以内に優先的かつ計画的に市街化を図るべき区域」であって，整備・開発・保全の方針に従って少なくとも用途地域を定め，道路・公園・下水道などの整備をする区域である。また，市街化調整区域は市街化を抑制すべき区域であり，市街化調整区域内では農業

用の建物や，一定規模以上の計画的開発行為は許可されず，また，原則として
用途地域を定めないこととされ，市街化を促進する都市施設は定められないも
のとされている。

　したがって，こうした区域の指定が変更されれば，宅地の供給量は変化する。

■ 準レント

　土地でなくても，固定的な生産要素であれば，同様にレントを手に入れる
ことができる。そして，販売価格の上昇による利益をその生産要素の保有者
が独り占めすることが可能になる。たとえば，才能のある発明家や芸術家な
ど希少な人的資源をもっている人に支払われる報酬は，労働所得であっても
レントとしての性格が強い。経済の規模が拡大して，その人のもっている才
能に対する需要が増大しても，他の人ではまねのできない才能であれば，そ
の人に対する報酬は，それに比例して拡大する。このように，供給量が固定
している財・サービスの供給者に帰属する利益や超過利潤のことを広くレン
トとよぶ場合もある。

　また，資本ストックの場合でも短期的には固定している生産要素であるか
ら，短期的にはレントのような報酬の部分も排除できない。すなわち，資本
に対する需要が拡大しても，短期的に資本設備が拡大できなければ，レント
としての資本所得が増大する。

　また，人為的な理由でレントが発生することもある。こうしたレントを，
準レントとよんでいる。法律や政府の規制で供給が制限されている職業を考
えてみよう。医者や弁護士などがその代表例である。こうした職業では，需
要が増加したときに供給がほとんど増加せず，それに応じて既存の有資格者
の報酬のみが増大することが生じる。

　あるいは，参入が規制されている産業では超過利潤が生じても他の産業か
らの参入が起きないので，長期的に超過利潤が保護されている。わが国では
金融産業や運輸産業などで，政策的に新規参入が規制され，超過利潤が長期
にわたって保護されてきた。こうした利潤もレントの一つである。その結果，
こうした産業では政府の政策に影響を与えるような賄賂・汚職事件がたびた

表8.2　所得とレント

所　得	生産要素に対して支払われる生産報酬 労働所得など
レント	固定的な生産要素に対して支払われる報酬 地代，人的な規制によるレントもある
準レント	短期的に固定的な生産要素に支払われる報酬 資本に対する報酬など

び発生している。銀行員の給料が高額であることが批判されているが，それは給料の中身の多くの部分が銀行員の限界生産を反映したものではなくて，「護送船団方式」によって保護された既得権であり，レントであるという意味での批判になっている。

　短期的にはレントであっても，レントを求めて参入が行われる結果，長期的にはその生産要素の量が変化して，レントが消滅する場合もある。

8.3　レントと土地の価格

■ 地価決定のメカニズム

　これまで，フローの土地の取引価格である地代について考察してきた。この節ではストックとしての土地の取引価格である地価について考えてみよう。まず，土地の所有権の価格である地価がどう決まるかを整理しておこう。土地は資産であるから，地価は資産価格決定の一般的な理論で決定されると考えるのが自然である。

　1単位の土地を今期新しく取得することのコストは，地価であり，その土地を取得することのメリットは，今期から将来にわたって土地の保有から得られる地代の収入である。したがって，地価は現在から将来までの地代の割引現在価値で決められる。

　もし現在の土地の保有者が永遠にその土地を所有するつもりがなく，近い将来転売を予定し，地代よりも売却益を期待している場合でも，地価は無限

8.3 レントと土地の価格

の将来までの地代の割引現在価値に等しくなる。なぜなら，転売した土地を購入する人にはその時点以降の地代収入が入るから，転売時点での地価は，それから先の地代収入の割引現在価値を反映しているはずだからである。所有者がどんなに代わろうと，誰かによって土地が無限の先まで保有されると予想される限りにおいて，転売と地価とは無関係となる。

　土地の場合にはレンタルしないで自ら保有する場合も多い。その場合には，地代収入を犠牲にしているのだから，自ら保有する場合の満足度を金銭で評価すると，地代収入分だけの所得が発生しているとみなせるだろう。機会費用として，地代収入を考慮しているわけである。

数式による定式化

　以上説明した地価決定のメカニズムを，数式で定式化してみよう。手元の資金を運用するに際して，所与の大きさの土地を購入するか，安全資産で運用するかの裁定を考えよう。t 期の土地の価格＝地価を p_t，t 期の地代収入を d_t，国債など安全資産の収益率を r としよう。資金運用の裁定式として，次式が成立する。

(5) $\qquad p_t(1+r) = d_t + p_{t+1}$

ここで，右辺は p_t 円で t 期に土地を購入し，t 期の終わりに d_t だけの地代収入を得て，$t+1$ 期に土地を売却したときの収益を示し，左辺は p_t 円で土地を購入する代わりに，安全資産で運用したときの $t+1$ 期の収益を示す。なお，単純化のため，完全予見で次期の価格が予想できるものとしている。

　(5) 式より，p_t について解くと，次式を得る。

$$p_t = \frac{d_t}{1+r} + \frac{p_{t+1}}{1+r}$$

ところで，次期についても同様の裁定式が成立する。

$$p_{t+1} = \frac{d_{t+1}}{1+r} + \frac{p_{t+2}}{1+r}$$

これを上の式に代入して，次式を得る。

$$p_t = \frac{d_t}{1+r} + \frac{d_{t+1}}{(1+r)^2} + \frac{p_{t+2}}{(1+r)^2}$$

このような関係を無限に繰り返すと，結局，地価の理論値は地代の割引現在価値として，次式で与えられる。（Σ（シグマ）は合計を意味する記号。）

(6) $\qquad p_t = \sum_{j=1}^{\infty} \frac{d_{t+j-1}}{(1+r)^j}$

　(6) 式は資産価格決定の一般的な理論式であり，資産価格の理論値が将来の収益の割引現在価値で決まるとするものである。土地保有の場合の地代収入に相当するものが，株を保有する場合の配当である。したがって，地価の代わりに株価であれば，

231

8 要素価格と所得分配

将来の配当の割引現在価値がその理論値ということになる。

■ バブルとは何か ─────────────────────────────

　わが国の最近の経験では，資産価格の変動は所得分配にも大きな影響を与えた。従来から土地を保有していた家計や企業は，1980年代後半からの「バブル」期に大きな資産価格の上昇を経験し，自分の資産の評価額が上昇した。土地をもっているものと土地をもっていないものとで，大きな資産格差が広がったのである。また，1990年代に入って資産価格が急落して「バブル」が崩壊すると，土地の資産価値が低下し，担保価値の低下ひいては金融機関の不良債権問題などにさまざまな影響を与えている。

　経済学では，バブルをどのように定義しているのだろうか。バブルは，経済合理的な要因で説明できない資産価格の変動を意味する。地価が大きく変動しても，それに経済的な裏付けがあれば，そのような価格変動はバブルではない。地価の上昇は，上でみたように，地代の将来の割引現在価値が上昇すれば，経済的に説明できる。これは，割引率である利子率の低下かあるいは将来の地代の上昇を反映している。

　バブルのうちで経済学の枠組みで説明可能なバブルが，「合理的バブル」といわれる現象である。これは，地価が（6）式に基づく理論地価と大きく乖離する可能性を，（5）式に即して説明しようとするものである。裁定式（5）は，数学的には1次の定差方程式である。地価の理論価格は，この（5）式の1つの解であるが，唯一の解ではない。理論地価以外のさまざまな地価の経路がこの式を満たす可能性がある。

　たとえば，当初第1期の地価が理論価格と異なったとすると，図8.12に示すように，上の式（5）にしたがって，次の第2期の地価をつくり，またそれに対応する第3期の地価をつくっていけば，そのような地価の経路は裁定式を永遠に満たし続けていく。ところが，地価の理論価格よりも高い地価（A点）から出発する限り，地価は加速度的に上昇を続け，逆に，理論価格より低い価格（B点）から出発する場合には，地価は無限に下落していく。このような地価の変動経路は合理的バブルとよばれている。

232

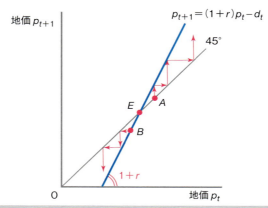

合理的バブルは，均衡点 E から乖離した初期時点での価格水準 p_t のもとで，裁定条件にしたがって地価が変動するケースである。理論値よりも p_t が高いときには地価は上方へ発散していく。

図8.12　合理的バブル

表8.3　資産価格

理論値	将来の収益の割引現在価値
バブル	資産価格のうち，理論値では説明できない部分

　合理的バブルのモデルでは，地価が短期的にこの合理的バブルの経路に沿って動いていると考える。しかし，地価が上昇したり，下落したりすることは永遠には続かないから，いつかは価格の修正が生じ，バブルは破裂する。その結果，長期的な均衡価格である地代の割引現在価値という理論価格の方向への修正が起こると考えるのである。

■ 課税と地価

　次に資産価格と税負担との関係を考察しよう。土地に対する課税には，土地からの所得である地代に対する課税と，土地を保有することへの課税である地価税，固定資産税，都市計画税などがある。

　地代に対する課税の効果を検討しよう。地代に対する課税はネットの地代

収入を小さくするから，それの割引現在価値である地価を下げるだろう。固定資産税や地価税などの土地保有税の場合も，地価の水準を下げる効果をもっている。これは，保有税によって税引き後の地代収入が減少することから生じる。土地保有税の上昇は，地代を割り引く割引率が課税分だけ上昇したのと同じ効果をもたらす。

たとえば，ある土地からの地代収入が年間100万円，利子率が4％，地代の上昇率が3％とすると，理論的な地価は $0.01/(0.04-0.03)=1$ 億円となる。ここで，1％の土地保有税がかけられると，地代を割り引く割引率が，5％に上昇するから，理論地価は $0.01/(0.04-0.03+0.01)=5000$ 万円になる。わずか1％の保有税であっても，場合によっては地価を大きく下げるのである。

■ 追い出し税のメリット

資本市場に不完全性があれば，土地への課税は資源配分上の影響をもたらす。固定資産税や地価税などの保有税は，土地を売却して現金を手にする際に課税されるのではないから，現金が手元になくても，土地を保有している場合には税金を納めなくてはならない。その場合に資本市場が完全であれば，土地を担保に資金を金融機関から借りてきて，そのお金で保有税を払えばいい。しかし，資本市場が不完全な場合には，土地を担保に資金を借りようとしても，高い金利でしか貸してくれないかもしれない。結果として保有税を払いきれないで，その土地を売ってしまう状況も起きるだろう。

このような追い出し税は，公平性という観点からは問題があるかもしれない。しかし，土地をより有効に利用していれば，地代収入で税負担に対応することができる。追い出し税によってもっとも影響を受けるのは，あまり有効に土地を利用してこなかった個人や企業である。したがって，資源配分の効率性からは，追い出し税はそれなりのメリットをもっている。都心の一等地に昔ながらの平屋の商店が存在するという現象は，東京全体の土地の有効利用からみてマイナスであろう。

Column——8　地価の安定は望ましいか

　土地の価格である地価は，戦後60年間という長期間でみれば上昇傾向にあるが，短期的には大きな変動も経験している。中でも1980年代後半からの地価の上昇と1990年代に入ってからの地価の下落は，バブル景気とそれの崩壊という現象を象徴するものとして，記憶に新しい（図1）。金融システムがバブル崩壊後に不安定になり，いくつかの金融機関が破綻したり，1996年に住専の処理に税金が投入される件で国民的な議論を引き起こしたのも，地価の低迷による不良債権の発生が原因になっている（図2）。

　地価が高騰するときには，地価を抑制するのが政策目標とされた。では，地価は安定すればするほど望ましいのだろうか。土地に対する需要は派生需要であるから，地価が安定することは，その背後にある経済環境が安定していることが前提となる。そうでない状況で地価だけを無理に安定させることは好ましくない。逆に，地価が上昇する場合には，経済環境は良好であるケースが多い。

　したがって，むやみに地価を安定させようとすると，経済にマイナスの悪影響をもたらす。とはいえ，良質な住宅を安い価格で提供することも重要な政策課題である。問題は，地価の水準が高すぎるのではなく，土地を有効に活用しきれていないために，住宅環境が悪化した点にある。都心での高層建築を促進して土地をより有効利用することで，高い地価に見合う良質の住宅環境を実現することが大切であろう。

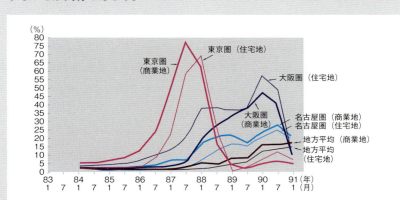

図1　地価上昇率の動向（東京圏から大阪圏，名古屋圏，地方への波及過程）

（資料）国土庁「地価公示」「都道府県地価調査」「国土利用白書」，経済企画庁「経済白書」（1991）より
（出所）http://www.mof.go.jp/f-review/r28/r_28_156_188.pdf

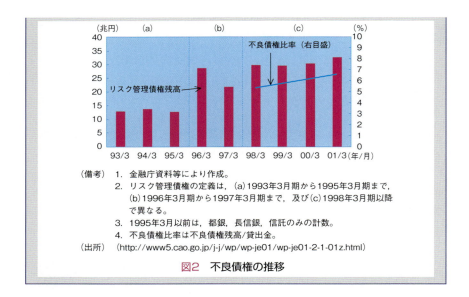

図2 不良債権の推移

8.4 初期保有量と所得分配

■ 所得分配率

いま，単純化のために土地を無視したとして，生産要素として労働 N と資本 K という 2 つの区別があるとしよう。経済全体で生産されたものは，誰かの所得になるから最終的には労働所得と資本所得に分配されるはずである。国民所得 Y のうち労働所得 wN の割合を労働所得の分配率 wN/Y，資本所得 rK の割合を資本所得の分配率 rK/Y という。

$$労働所得の分配率 = \frac{労働所得}{国民所得}$$

$$資本所得の分配率 = \frac{資本所得}{国民所得}$$

■ コブ=ダグラス型の生産関数

コブ=ダグラス型の生産関数を前提としよう。

(7) $\quad Y = K^{\alpha}N^{1-\alpha}$

このとき，資本と労働それぞれの限界生産は

$$\frac{\Delta Y}{\Delta K} = \alpha K^{\alpha-1}N^{1-\alpha} \qquad\qquad \frac{\Delta Y}{\Delta N} = (1-\alpha)K^{\alpha}N^{-\alpha}$$

となる。完全競争市場では，第1節でもみたように，労働と資本それぞれの要素価格 w, r はそれぞれの限界生産に一致する。

$w = (1-\alpha)K^{\alpha}N^{-\alpha}$

$r = \alpha K^{\alpha-1}N^{1-\alpha}$

したがって，労働所得の分配率は

(8) $\quad \dfrac{wN}{Y} = \dfrac{(1-\alpha)K^{\alpha}N^{-\alpha}N}{Y} = 1-\alpha \qquad$（定数）

また，資本所得の分配率は

(9) $\quad \dfrac{rK}{Y} = \dfrac{\alpha K^{\alpha-1}N^{1-\alpha}K}{Y} = \alpha \qquad$（定数）

となる。すなわち，コブ＝ダグラスの生産関数を前提とすると，労働所得，資本所得の分配率は，生産関数の技術的なパラメーターによって一意的に決定されるのである。国民所得が拡大しても，財市場の価格が変化しても，それぞれの所得の分配率は一定になる。

　もちろん，コブ＝ダグラス型の生産関数は一つの仮定であり，現実に必ず成立しているとはいえない。しかし，現実のデータをみても，長期的には労働所得の分配率はかなり安定している。これは，上の関数型がそれほど非現実的ではないことを意味している。

■ より一般的な生産関数

　より一般的な生産関数では，要素所得の分配率についてどのようなことがいえるだろうか。収穫一定の生産関数であれば，要素価格が限界生産価値で決定されるときに，すべての所得は生産要素に分配されつくす。これは，数学的には収穫一定の定義とも対応した性質である。

　これに対して，収穫逓減の生産関数の場合は，要素価格が限界生産価値で

8 要素価格と所得分配

決定されると，所得のうち分配されない部分が残る。すなわち，$Y-wN-rK>0$ となる。これは，表には現れない生産要素が存在し，それが一定であるために収穫逓減が生まれていることを考えると，実はそうした固定的な生産要素にレントが発生している。$Y-wN-rK$ は，そうした土地などの固定的生産要素に対するレントの支払いと理解することができよう。

■ **家計間での分配**

国民経済全体をみれば，所得は最終的に家計に分配される。家計間での分配の状況はどんな要因に依存するだろうか。これは，それぞれの家計が保有している当初の資産の分配状態に依存する。第7章でも説明したように，完全競争市場では効率的に資源が配分されているが，その結果実現する所得分配が社会的にみて公平であるとは，必ずしもいえない。なぜなら，実現する所得は当初の資源の保有状態に依存しているからである。

たとえば，ある家計は親から多額の資産を遺産として受け継いでいるだろう。その家計の受け取る資本所得や地代収入は，大きな金額になると予想できる。これに対して，親から何も遺産をもらわない家計は，そうした資本所得や地代収入を期待できない。また，労働所得についても労働の質は教育水準に依存している。労働の供給可能時間が教育によって労働の質を向上させることで，実質的に増加できるのであれば，教育投資をたくさんできる家計とそうでない家計とで，労働所得に差が出るだろう。あるいは，肉体的，精神的能力の高い家計とそれらの能力の低い家計では，所得に差ができるのは避けられない。このようなさまざまな理由で所得の格差が生じたときに，社会的な公平性を重視すると，ある程度の所得再分配政策が必要とされる。

8.5 所得再分配政策

■ **所得格差モデル**

まず，所得分配の必要性を強調している伝統的な議論から紹介しよう。こ

238

れは，累進的な所得税の正当性を説明する議論でもある。簡単化のために，所得格差のある2人のモデルで考えよう。H, Lという2人の人がいる。それぞれの所得をY_H, Y_Lとし，$Y_H > Y_L$の関係があるとしよう。Hの人は裕福な人，Lの人は貧しい人を代表している。

所得から得られる効用は，2人に共通の効用関数で評価され，

(10)　　　$U_i = U(Y_i)$

で表されると想定する。この効用関数は，所得の増加関数であるが，増加の程度は逓減的であるとする。すなわち，所得が多いと，1円の追加的な所得の増加から得られる効用は，それほど大きくないと考える。ここでの効用は，基数的な概念である。再分配をするには個人間の効用比較が必要になる。そのために基数的な効用が前提となる。再分配が行われなければ，$U_H = U(Y_H) > U_L = U(Y_L)$が成立する。

■ 社会厚生関数

政府は，Hの人から税金をとり，それをLの人へ補助金として与える所得の再分配政策を行う。では，どの程度の再分配が社会的に望ましいだろうか。これは，不平等の状態について，社会的にどのような価値判断をもっているかという問題にも関係してくる。この社会的な価値判断を，社会厚生関数として定式化しよう。

(11)　　　$W = W(U_H, U_L)$

ここで，Wは社会厚生を，また，U_H, U_Lはそれぞれの人の効用水準を意味する。

社会厚生関数の特別な形として有名なものが，次の2つである。

(12-1)　　　$W = U_H + U_L$

(12-2)　　　$W = \mathrm{Min}[U_H, U_L]$

(12-1) 式はベンサム的な価値判断を意味しており，社会全体の効用の総計を大きくすることが政府の目的になる。(12-2) 式はロールズ的な価値判断であり，もっとも恵まれない人にのみ政府が関心をもち，その人の経済状態が改善されれば，他の人の経済状態がどうなっても，社会的に望ましいとい

表8.4 社会厚生関数

一般型	ある人の効用が増加すれば，社会的には望ましい
ベンサム型	社会の構成員のすべての効用の合計が増加すれば，社会としても望ましい
ロールズ型	もっとも効用水準の低い家計の効用が増加した場合にのみ，社会としても望ましい

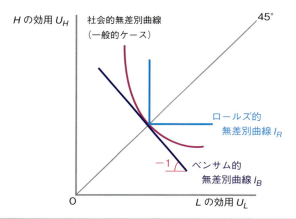

社会厚生を一定にする U_H, U_L の組合せである社会的無差別曲線は，社会厚生関数の定式化によってその形状が決められる。ベンサム的な基準の場合は傾き−1の直線となり，ロールズ基準の場合は45度線上で直角となる。

図8.13 社会的無差別曲線

うことを意味している（表8.4）。なお，$\mathrm{Min}[a, b]$ とは，a, b のうちでもっとも小さなもの（最小値）を示す記号である。

図8.13は，縦軸と横軸にそれぞれの個人の効用水準をとっている。社会的厚生 W を一定にする U_H, U_L の組合せを，社会的な無差別曲線とよぼう。ベンサム的な価値判断（12-1）式に対応する社会的な無差別曲線 I_B は，傾きマイナス45度の右下がりの直線であり，ロールズ的な価値判断（12-2）に対応する社会的な無差別曲線 I_R は，45度線上で直角となる線である。

（11）式で与えられるより一般的な価値判断の場合には，無差別曲線が I_B

と I_R の中間に入り，原点に凸の形状をしている．また，不平等に関心をもつものほど，無差別曲線の傾きが急になり，I_R に近づいていく．

■ 社会的な最適点

さて，Y_H と Y_L を再分配して得られる 2 人の効用の組合せ，すなわち，効用フロンティアは，図8.14で原点から凸の曲線 AB として描ける．所得の限界効用が逓減しているため，所得分配がより平等になり，45度線に近づくほど，両人の効用水準は高くなるからである．また，この曲線は45度線で対称的な形状をしている．社会的にもっとも望ましい点は，効用フロンティア上で社会厚生が最大になる点である．

図8.15に示すように，どのような価値判断であっても，最適点 E は45度線上にある．言い換えると，ベンサム的な価値判断であっても，ロールズ的な価値判断であっても，完全に平等に所得を再分配するのが社会的に望ましい．E 点では，両人の課税後の所得は $(Y_H+Y_L)/2$ という平均所得に等しい．

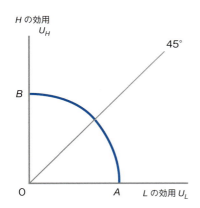

Y_H と Y_L を再分配して得られる効用フロンティアは，原点から上に向かって凸の曲線 AB となる．この曲線は45度線で対称的な形状となる．

図8.14 効用フロンティア

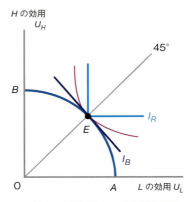

社会的に望ましい再分配の点は，効用フロンティアと社会的無差別曲線が接する E 点である．E 点はどのような価値判断に対応する無差別曲線であっても，45度線上にある．

図8.15 社会的最適点

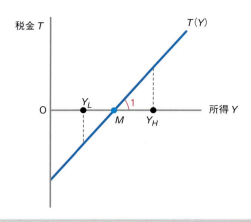

完全平等を実現する税制は，平均所得 M 以上の所得を100％税金で徴収するものであり，最適な限界税率は1となる。

図8.16　最適な所得税制

完全平等を実現する所得税制 $T(Y)$ は，容易に求められる。

$$(13) \quad T = Y - \frac{Y_H + Y_L}{2}$$

すなわち，平均所得以上の所得をすべて税金として徴収し，これを平均以下の所得しかない人に補助金として配分すればよい。この (13) 式を図示したのが，図8.16である。これからもわかるように，最適な限界税率 ($\Delta T/\Delta Y$)（＝課税前所得が1単位増加したときに税金がどれだけ増加するか）は1になる。これは，極端な累進所得税率といえよう。逆にいうと，極端な累進所得税はこのような理論的な枠組みにおいて正当化されるのである。

■ 暗黙の想定

以上の議論では，累進的な所得税制が適用されても，労働所得は変化しないと暗黙に想定されていた。しかし，第4章でも議論したように，家計がある程度最適に労働供給を調整できるとすれば，課税によって労働供給が影響を受けるだろう。特に上で導出された税制 (13) では，平均所得以上の所得を稼いでも，それが100％税金としてもっていかれる。このような状況では

限界的に労働供給を増加させることのメリットはゼロになってしまう。したがって，家計は労働供給をする誘因を失う。この可能性を考慮すると，上での税制は最適な税制とはいえなくなる。

　課税が労働供給を抑制する勤労意欲阻害効果を考慮に入れて，最適な所得分配の政策を再検討する試みが，最近の所得分配政策分析の基本的な考え方である。それによると，不平等についてのもっともらしい価値判断のもとで，ある程度の所得再分配政策は必要になるが，あまり極端な再分配政策は，効率性の面でのコストが大きくなるため，望ましくない。

■ リスクシェアリング

　ところで，所得が多いか少ないかは，本人の努力の結果である場合も多いが，運・不運の場合もある。たまたま景気が悪くなって所得が落ち込むケースも考えられるし，幸運に恵まれて所得が増加する場合もある。運・不運の結果として所得の変動が予想されるときには，事前にリスクをシェアするような再分配政策が望ましくなる。

　いますべての人が，Y_H，Y_L 2つの所得のどちらかになる可能性があるとし，その確率が1/2であるとしよう。事前には所得は10か50かどちらかであり，その確率はそれぞれ1/2である。平均的な期待所得は30になる。危険回避的な選好をもつ個人であれば，もし確実に30だけの所得が得られるとすれば，そこからの効用は，所得格差のある場合の平均的な期待効用を上回る。運が良くても悪くても，政府の再分配政策の結果，手取りの所得が30になれば，$(10, 50)$ のいずれになるかわからない状態よりも，満足度は高くなるからである。

　したがって，すべての個人は完全平等を実現する再分配政策で得をする。本人の努力とは無関係に変動する所得については，モラル・ハザードの弊害が生じないので，政府による極端な再分配政策（＝完全平等）が望ましい。

8 要素価格と所得分配

| Column――9 | 年金改革 |

　年金制度を改革するには，まず，（勤労世代の保険料で老年世代の給付をまかなうという）賦課方式の公的年金の守備範囲を限定することが大前提である。年金のもっとも基本的な役割は，長寿のリスクを分散することである。65歳から74歳までの高齢者を「前期高齢者」，また，75歳以上の高齢者を「後期高齢者」とよぶと，長寿のリスクは後期高齢者にとって大きな心配材料である。しかし，前期高齢者は総じて健康であり，資産もあり，外国旅行など活発な消費活動をしている。高齢者を一括りで議論するよりは，これら2つの時期に分けて議論する方が有益であろう。

　賦課方式を前提とする限り，わが国では少子高齢化社会の進展とともに，1960年以降に生まれた若い世代では，平均的な個人にとって公的保険料は大きな負担をもたらす。これは，公的年金の目的が，長寿というリスクを回避するためではなくて，1970年代以降公的年金制度が拡充されていった時期の高齢者（すなわち，2003年時点での後期高齢者）の所得保障を重視してきた弊害である。

　そもそも年金の基本的な役割が「長生きすることで生活費が余計にかかる」という長寿のリスクをカバーすることにあるなら，平均寿命よりも長生きするリスクのみをカバーすればよい。保険の基本的な考え方は，悪いこと（極端に長く生きることで予想外の生活費がかさむ）が生じるリスクを全員でカバーすることである。

　2017年現在，わが国では，男性は81歳，女性は87歳まで平均寿命が伸びている。したがって，60歳から65歳への支給開始年齢の引き上げは，まだまだ微調整すぎるといえよう。わが国よりも平均寿命の短い欧米諸国で支給開始年齢が65歳以上であることを考慮しても，わが国で支給開始年齢を65歳以上へさらに引き上げるのは，十分検討に値する。平均寿命を超えるまで長生きした人々に対してのみ，賦課方式の公的年金で対応する。そうすれば，人口の少ない後期高齢者に対する年金給付総額はマクロ的に大幅に削減されるから，将来の勤労世代の負担も大幅に軽減される。今後も平均寿命が延びていけば，給付開始時期をさらに先に延ばせばよい。

　また，前期高齢者の老後資金は個人勘定の私的年金でまかなうようにすれば，そのための保険料は必ず自分の老後に返ってくるから，実質的な負担にならないし，働くことからの引退時期に年金給付総額が影響を与えることもない。

244

8.5 所得再分配政策

まとめ

●労働，資本，土地などの生産要素の価格は，その要素に対する企業からの需要と家計の供給とが一致する点で決定される。生産要素に対する需要は，その生産要素を投入して生産される財の需要から派生的に生じる派生需要である。

●土地は固定的な生産要素であるため，派生需要が増加すると，地代も比例的に上昇する。固定的な生産要素に対する価格は，レントとしての色彩が強い準レントである。

●ストックとしての土地の価格は，現在から将来までの地代の割引現在価値で与えられる。バブルとは，合理的な要因（＝理論値）で説明できない地価の変動を意味する。土地への税負担が増加すれば，地価は低下する。

●収穫一定の生産関数の場合，要素価格が限界生産物価値で決定されるときに，すべての所得は生産要素に分配される。家計間での所得分配は，家計間での当初の資産の保有状況に依存する。もっともらしい社会的厚生関数のもとで，ある程度の所得再分配政策は正当化される。

重要語

□派生需要 　　　　□資本のレンタル価格 　□レント
□準レント 　　　　□地価の決定 　　　　　□バブル
□土地保有税 　　　□追い出し税 　　　　　□所得分配率
□社会的厚生関数 　□社会的な最適点 　　　□ベンサム基準
□ロールズ基準

問　題

■1　（　）の中に適当な用語を入れよ。

（ア）生産要素に対する需要は，生産物価格の（　）関数である。

（イ）生産要素に対する需要は，（　）需要とよばれる。

（ウ）短期的に固定的な生産要素に支払われる超過利潤を，（　）とよぶ。

（エ）経済的な要因で説明できない資産価格の変動は，（　）である。

（オ）土地保有税により，地価は（　）する。

245

8　要素価格と所得分配

■2　マクロの生産関数が，$Y = K^{0.6}N^{0.4}$（K：資本，N：労働）で示されるとき，資本労働比率（K/N）はいくらか。ただし，資本のレンタル価格は2，賃金率は3とする。

■3　完全競争市場で国民の総所得が最大となることを示せ。

■4　21世紀は世界的にみると，労働が余剰になり，原油などの自然資源が希少になることが予想される。したがって，労働への課税を軽くし，資源への課税を重くすることが望ましいという議論がある。こうした議論はもっともらしいか。

■5　所得再分配に関する以下の文章で正しいものはどれか。

（ア）労働所得が課税によって抑制されるとしても，ロールズ的な価値判断の下では完全平等が望ましい。

（イ）労働所得が課税によって影響されなければ，ベンサム的な価値判断の下でも完全平等が望ましい。

（ウ）労働所得が課税によって抑制されるとき，完全平等は望ましくない。

（エ）本人の経済活動とは無関係に所得が変動する場合，リスクを回避する個人にとっては完全平等が望ましい。

（オ）完全平等を累進的な所得税で実現するときでも，最適な所得税率は100%以下である。

■6　すべての個人に一律で生活費を現金給付する「ベーシックインカム（BI）」について説明せよ。

9 独　占

　本章では，独占市場での均衡を分析する。また，自然独占産業での政府による規制の効果と望ましい料金政策なども検討する。

1. 完全競争市場と対比させて，独占企業の利潤最大化行動を説明する。
2. 独占の弊害や差別価格，買い手独占について検討する。
3. 自然独占産業での望ましい価格・生産水準に関する政策を解説する。
4. 公益企業の料金規制を分析する。

9.1　独占企業の行動

■ 独占とは

　市場である財を供給している企業が1つしかない状態は（売り手）独占とよばれる。なぜその市場に1つの企業しか存在していないのかは，いくつかの理由が考えられる。政策的，人為的な規制があって，他の産業から企業が参入できないこともあるだろう。また，特許や希少な経営資源を独占的に使用していて，他の企業では代替品が供給できないことも考えられる。あるいは，後で説明するように規模の経済が働いて，規模が大きくなるほど生産上の効率が高くなり，結果として1つの企業しかその財を供給できない場合（＝自然独占）も考えられる。

　独占市場は完全競争市場とは正反対の市場状態であり，独占企業は自らの利潤を最大にするように価格と生産量の両方を決定する。完全競争の市場で

247

9 独 占

はすべての経済主体が価格を与件として行動したが，独占企業は価格を与件とするのではなく，自ら価格を決定することができる。他方で，少数の企業が財を供給する寡占市場と異なり，他の企業の行動を考慮する必要はない（寡占については第11章で解説する）。以下，完全競争と対比させる形で，独占企業の利潤最大化行動を定式化してみよう。

■ 独占企業の特徴

独占企業の利潤 π は完全競争企業と同様に，販売収入と費用との差額で定義される。

$$(1) \qquad \pi = py - c(y)$$

ここで，p は独占企業の生産する財の価格，y は生産水準，$c(y)$ は y を生産するときの費用関数である。(1) 式は，独占企業でも完全競争下の企業でも一般的に成立する利潤の定義式である。

独占企業の特徴は，プライス・テイカーではなく，販売価格 p を操作することができる点にある。すなわち，自らの生産量が市場全体の生産量であるから，自らの生産水準 y を抑制すれば，価格 p を上昇させることが可能になり，逆に大量の生産物を市場で販売しようとすれば，価格 p を引き下げなければならない。独占企業は価格支配力をもっているプライス・メイカーである。

ある生産水準 y をすべて販売するには，どの程度の水準で p を設定すればよいかを示す関数を，逆需要関数として定式化しよう。これは，需要関数を逆に読んで，任意の水準に生産量が与えられたときの需要量を示すものである。

$$(2) \qquad p = p(y)$$

図9.1には，独占企業が直面する逆需要曲線 (2) を描いている。需要曲線が右下がりであれば，この図に示しているように，p と y との間は右下がりの関係がある。逆需要関数 (2) を図示すると，家計の需要曲線と同じになる。同じ曲線を縦軸からみるのか，横軸からみるのかの相違である。(2) 式の逆関数 $y = y(p)$ が家計の需要関数である。

248

9.1 独占企業の行動

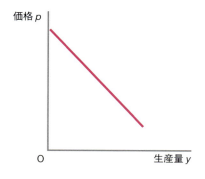

独占企業が直面する需要曲線は右下がりであり，価格を操作することで販売量も操作することができる。

図9.1 直面する需要曲線

　独占企業は家計の需要行動を理解しており，価格を引き下げればどれだけの需要が生まれるのか，あるいは，価格を引き上げるにはどれだけ生産を抑制すればいいのかを理解しており，(2) 式に示される家計の需要行動を前提として，価格付けと生産水準の決定を行う。

　完全競争市場でも需要曲線は右下がりである。企業が全体としてより多くの財を販売するためには，市場価格が下落して需要を拡大させる必要がある。これが需要の制約である。しかし，完全競争市場における個々の企業にとっては，市場価格のもとでいくらでも需要があると想定して，価格を与件として行動している。これは，個々の企業が市場全体の中で十分に小さく，需要の制約を考慮する必要がないためである。これに対して，独占企業は自らしか供給主体が存在しないので，市場での需要の制約を考慮せざるを得ない。逆にいえば，この制約を考慮する限り，価格を自由に設定することもできる。

■ 独占企業の最適問題

　(2) 式を (1) 式に代入すると，利潤は次のように定式化される。

(1)′　　　$\pi = p(y)y - c(y)$

独占企業の最適問題は，(1)′式を最大にする y を求める問題である。これは，数学的に解くこともできるが，以下では図9.2を用いて，直感的に議論してみよう。

　曲線 OA は販売収入 py を表し，曲線 OB は費用 $c(y)$ を表している。完全競争の場合には販売収入は一定の傾き p の直線であった。独占企業の場合に

9 独占

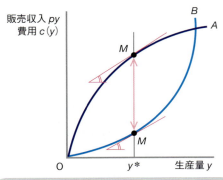

曲線 OA は販売収入曲線であり，OB は費用曲線 $c(y)$ である。2つの曲線の差額である利潤は，2つの曲線の傾きが一致する点 M で最大となる。

図9.2 利潤最大点

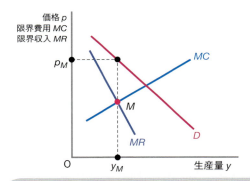

限界収入 MR と限界費用 MC とが一致する点が，独占企業の主体的均衡点 M であり，最適な生産量は y_M，価格は p_M となる。

図9.3 独占企業の主体的均衡

は，生産量 y が拡大するにつれて価格 p が低下するから，販売収入 py は増加するが，その傾きはしだいに小さくなる。y 拡大の限界的な収入の増加分（＝限界収入）は，p が低下するにつれて，しだいに減少していく。

図9.2に示すように，利潤が最大になる点 M は，収入曲線 OA と費用曲線 OB との差額が最大になる点である。この最大点では両方の曲線の傾きが一

250

致している。すなわち，利潤が最大となる点 M では，

〈収入曲線 OA の傾きである**限界収入** = 費用曲線 OB の傾きである**限界費用**〉

という条件が成立している。

図9.3は，縦軸に限界収入と限界費用をとり，横軸に生産量をとったものである。限界収入曲線 MR は右下がりであり，限界費用曲線 MC は右上がりである。図9.3に示すように，限界費用曲線 MC と限界収入曲線 MR との交点 M に対応する産出量が独占企業の最適な生産量 y_M であり，それを市場でちょうど販売しつくす価格水準 p_M が独占企業の設定する最適価格である。なお，限界収入曲線の傾き（の絶対値）は需要曲線の傾き（の絶対値）よりも，大きい。

■ 独占度

独占企業の主体的な均衡条件は，式を用いると次のように表される。

(3) $$p + \frac{\Delta p}{\Delta y} y = MC$$

(3) 式の左辺が限界収入（MR）であり，右辺が限界費用（MC）である。限界収入 MR は価格 p よりも $(\Delta p/\Delta y)y$ の大きさ（$\Delta p/\Delta y < 0$ だから，これはマイナスになる）だけ小さい。これは，y の拡大によって p が減少することで，$(\Delta p/\Delta y)y$ だけ販売収入が限界的に減少することを意味している。

いままでより1単位よけいに販売するためには，財の価格を需要曲線に沿って $\Delta p/\Delta y$ だけ引き下げなければならない。その結果，y を販売して得られる収入も $(\Delta p/\Delta y)y$ だけ減少する。これは，限界収入を引き下げる要因である。

(3) 式を書き直すと，次式を得る。

(3)′ $$p \left(1 + \frac{\Delta p}{\Delta y} \cdot \frac{y}{p} \right) = MC$$

あるいは

$$p \left(1 - \frac{1}{\varepsilon} \right) = MC$$

9 独占

表9.1 独占度と価格弾力性の関係

独占度	需要の価格弾力性
0	無限大
1	1
大きくなるほどマークアップ率も高くなる	弾力性は小さくなる

ここで，$\varepsilon = -(p/y)(\Delta y/\Delta p)$ は，需要の価格弾力性の大きさを示している。$1/\varepsilon$は独占度とよばれている。

　独占企業の主体的均衡を満たすεは1よりも大きい。なお，εが大きいほど，独占企業の設定する価格は限界費用とあまり乖離しなくなる。もしεが無限大であれば，あるいは$1/\varepsilon$がゼロであれば，価格は限界費用と一致するから，完全競争と同じ状態が実現する。逆に，価格弾力性が小さいほど，あるいは独占度が大きいほど，限界費用と独占企業の価格との乖離も大きくなる。

　また，(3)′式を書き直すと

$$\frac{p}{MC} = \frac{1}{1 - \frac{1}{\varepsilon}}$$

とも表現することができる。この式の左辺は，限界費用と比較して価格がどれだけ上乗せされているかを示しており，マークアップ率である。この式はマークアップ率が独占度あるいは需要の価格弾力性で決まることを意味する。独占度が上昇する（需要の価格弾力性が小さい）ほど，マークアップ率は高くなる。

　需要の価格弾力性が小さいときには，消費者にとって他の代替的な財が容易にみつからないことを示唆している。価格が高くても独占企業の供給する財をある程度買わざるを得ない場合，独占企業は消費者の足元をみてマークアップ率を高くすることができる。逆に，消費者にとって代替可能な財が他の市場で存在する場合には，独占企業が少し高い価格をつけると，需要は他の市場へ大きく流れるだろう。需要の価格弾力性が大きく，独占企業はマークアップ率を低めに設定せざるを得ない。

[数値例]

いま，逆需要関数が

$p = 100 - y$

費用関数が

$c = 10y$

で与えられるとしよう。この費用関数のケースでは限界費用が一定（＝10）である。このときの生産量の変化に対応して，価格，費用，販売収入，利潤がどのように変化するかは，表9.2にまとめられている。この表にみられるように $y=45$ のときに，利潤が最大になっている。

表9.2

生産量 y	30	35	40	45	50	55	60	65
価格 p	70	65	60	55	50	45	40	35
限界収入 MR	40	30	20	10	0	−10	−20	−30
販売収入 py	2100	2275	2400	2475	2500	2475	2400	2275
費用 c	300	350	400	450	500	550	600	650
利潤 π	1800	1925	2000	2025	2000	1925	1800	1625

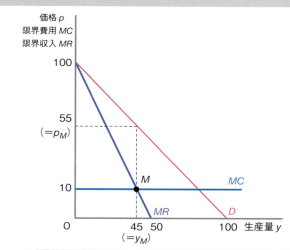

独占企業の最適条件は，限界収入 $100-2y$ が限界費用 10 に一致する M 点であり，$y_M=45$，$p_M=55$ となる。

図9.4　数値例での主体的均衡

これを計算で確かめてみよう。販売収入は

$$(100 - y)y = 100y - y^2$$

であるから，限界収入は，これを y について微分して

$$100 - 2y$$

となる。限界費用は常に10であるから，独占企業の主体的な均衡条件は

$$100 - 2y = 10$$

である。これより，

$$y = 45$$

が最適な生産水準であり，このときの〈限界収入＝限界費用〉は10，価格は55である。

図9.4を参照されたい。なお，この図に示されているように，需要曲線が直線の場合，限界収入曲線も直線となり，その傾き（の絶対値）は，需要曲線の傾き（の絶対値）の2倍となる。このとき，マークアップ率は

$$55/10 = 5.5$$

となる。つまり，限界費用の5.5倍の価格を設定していることになる。このとき，$\varepsilon = 11/9 > 1$ である。

■ 独占企業の供給曲線

独占企業は限界収入と限界費用が一致する点を選択して，供給量と価格を同時に決めている。したがって，供給曲線という概念は独占企業には当てはまらない。そもそも供給曲線は，企業が価格を所与として（＝プライス・テイカーとして）行動する場合の，価格と供給量との組合せを示したものであ

表9.3　完全競争と独占

	完全競争	独 占
企業の数	無数	1
企業の主体的均衡条件	価格＝限界費用	限界収入＝限界費用
供給曲線	右上がり	存在しない
資源配分の効率性	満たされている	生産が過小で，価格が過大のため超過負担あり

9.2 独占と市場

る。独占市場で企業が自ら価格をつける場合には，供給曲線ではなく，供給点（価格と供給量のある最適な組合せ）を選択している。

なお，独占の数値例では $MC=$ 一定の仮定がよくなされる。これは，限界費用が供給曲線にならない独占企業における簡便法である。完全競争企業の場合，$MC=$ 一定と仮定すると，供給曲線は水平となるから，最適な供給量は不定となり，需要に応じて決定されることになる。

9.2 独占と市場

■ 独占の弊害

独占市場と完全競争市場との比較をしてみよう。独占企業が利潤を最大にしているときに，社会的余剰はどのような大きさであろうか。第7章で説明したように，社会的余剰は，消費者余剰と生産者余剰の合計の大きさで表される。独占利潤は生産者余剰であるから，独占企業の主体的な均衡点ではこれが最大となっている。しかし，消費者余剰は価格の上昇によって減少しており，社会的余剰もその影響を受ける。

図9.5において，単純化として，限界費用一定のケースを想定してみよう。独占企業の主体的均衡点 M は，限界費用曲線 MC と限界収入曲線 MR の交点である。そして，価格が H の大きさで示される。独占利潤は面積 $HFCM$ で表される。消費者余剰は面積 AFH で表される。したがって，社会的な余剰の大きさは面積 $AHMC$ で表される。この大きさを，独占企業が何ら独占利潤を追求しない場合と比較してみよう。もし企業が価格を限界費用に等しく設定したとすると，E 点が均衡点となる。このとき独占利潤はゼロであるから，生産者余剰は生じない。しかし，消費者余剰は面積 AEC の大きさだけ生じている。

これら2つのケースを比較すると，面積 AEC の方が面積 $AHMC$ よりも，面積 HME の大きさだけ大きい。すなわち，価格が限界費用に等しく設定されている場合と比較すると，独占企業が利潤を最大にするケースでは，三角

255

9 独占

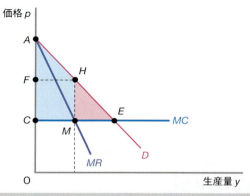

独占利潤は面積 HFCM であり，完全競争市場より価格が上昇していることで生産者余剰が増大している。しかし，消費者余剰は面積 FHEC だけ減少しており，社会的余剰は△HEM だけ減少している。

図9.5 独占の超過負担

形 HME だけの社会的余剰の損失が生まれている。これが，独占の弊害である。

独占によって独占利潤は最大化されるが，消費者余剰は大きく減少する。独占利潤 HFCM をかりに政府が100％税金で徴収して，それを補助金として家計に還元しても，家計の消費者余剰の減少（FHEC）を完全には相殺できない。三角形 HME は，完全競争市場と比較して独占市場の超過負担あるいは死加重（＝厚生損失）の大きさを示している。

■ 異なる市場での価格差別

独占企業が2つの異なる市場で同じ財を供給する場合を考えよう。たとえば，日本とアメリカという異なった場所で，同じ財を独占的に供給している企業を想定する。あるいは，同じ場所でも大人と子どもや平日と休日など，年齢や時間で市場が区別できる場合もあるだろう。このような2つの異なる市場でそれぞれの市場での需要曲線が異なるとき，独占企業はたとえ限界費用が同じであっても，異なる価格をつける方が独占利潤を最大化するために望ましい。これが，価格差別の問題である。

それぞれの市場での主体的な均衡条件は，限界収入が限界費用と一致する点である。図9.6に示すように，市場1の方が市場2よりも需要曲線の傾き

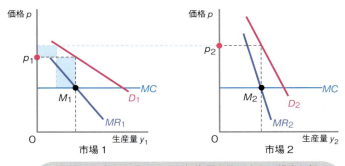

市場1の方が市場2よりも価格弾力性が大きい場合，価格を市場1の方が市場2よりも低く設定することで，独占利潤の合計を大きくすることができる。

図9.6 異なる市場での価格差別

（の絶対値）が小さく，より弾力的な市場であるとしよう。このとき，それぞれの市場での限界収入曲線を比較すると，市場1の方が市場2よりも，より緩やかな傾きをもっている。したがって，価格は市場2の方が市場1よりも高くなる。同じ財であっても，価格を差別することで利潤をより拡大することができる。

　需要の価格弾力性が大きい市場では，そうでない市場よりも価格を低めに設定することで，2つの市場での独占利潤の合計は大きくなる。この例としては，ダンピングが考えられる。日本の企業がアメリカで日本国内での販売価格よりも低い価格で販売することは，アメリカからみればダンピング行為である。

　通常，ダンピングは意図的に低い価格で生産を拡大し，競争相手の企業を市場から追い出し，その後で独占状態になったところで，独占利潤を確保する高い価格を設定する行動と理解されている。これは，ダンピングをする場合には競争相手が存在することを前提としており，独占ではなく第11章で分析する寡占市場での経済行為である。こうした行為をどう理解すべきかは，第11章で議論したい。

　本章で想定しているように，独占市場ではそもそも競争企業が存在しないので，他の企業を追い出すというダンピングの弊害は問題にならない。もち

ろん，独占利潤を追求している以上，消費者余剰が減少するという超過負担は存在する。

　大人よりも子どもの価格を安く設定したり，平日と休日で価格に格差を設定するのも，価格弾力性の相違を考慮した価格差別行為としてよくみられる現象である。こうした価格差別化の誘因が企業の利潤最大化行動の中に存在していることは，注意したい。

■ 非線形の価格付け

　独占企業の場合，家計の購入量に応じて価格を変化させる非線形の価格付けをすることもできる。たとえば，ある財 Y を生産している独占企業が，1個の Y の購入であれば10の価格で販売し，2個の Y の購入であれば2個目の Y の価格を8に引き下げ，同様に，3個目の Y の購入であれば3個目の Y の価格を6に下げるという価格付けである。

　たくさん購入すればするほど，追加の購入価格が下がるので，家計にとっても得のように思われるかもしれない。しかし，逆にいえば，上の例では3個を購入する際に，すべてを6の価格で販売しないで，1個目は10，2個目は8の価格で販売している。すべての購入単位を安い価格（上の例では6の価格）で購入する場合よりも，家計の購入金額は増加し，その分だけ独占企業の利潤が増加する。

　こうした価格戦略の場合，独占企業にとって最適な価格付けは，需要曲線上での価格と購入量の組合せを実現するような価格付けである。そうすれば，消費者余剰をすべて独占利潤として吸収することができる。家計にとっては，その財をまったく消費しない場合と無差別であるから，それでもこうした価格付けをする企業からこの財を購入することは損ではない。独占企業の利潤が社会的余剰と一致する。

　この場合，独占企業は利潤を最大化することで，社会的余剰も最大化しているので，資源配分の効率性が確保される。独占でも市場が失敗しない特殊なケースである。

9.2 独占と市場

■ 買い手独占 ────────────────────

　ここまで，財市場での独占企業の行動を分析してきた。同じような議論は，労働市場など生産要素市場での取引でも考えることができる。ただしその場合，独占企業は売り手ではなく，買い手として現れることが多い。労働市場での買い手独占について分析してみよう。

　ある企業が労働市場で独占的に労働者を雇用しているとしよう。ある限定された地域に１つの企業しか雇用機会がなく，その地域の多くの労働者がその企業に労働供給をするケースである。いま単純化のために生産物市場は完全競争市場であり，財の価格は一定 $p(=1)$ としよう。

　労働供給 N は，以下のように

(4)　　　$N = N(w)$

として，賃金率 w の増加関数となる。この式を書き直すと，独占企業の直面する賃金関数

(4)′　　　$w = w(N)$

が得られる。この式は独占企業が雇用量を拡大しようとすれば，賃金も増加させねばならないことを意味する。企業は賃金率を上昇させてはじめて，雇用を拡大できる。逆にいうと，雇用量を減少（増加）させると，賃金率も低下（上昇）させることができる。

　さて，独占企業の主体的な均衡を考えよう。第８章でも議論したように，労働を追加的に雇用する限界的なメリットは，労働の限界生産価値 pF_N である。労働を追加的に雇用する限界的なコストは，賃金コストである。完全競争市場では，これは賃金率 w に等しい。しかし，買い手独占の場合は，雇用を拡大することで市場賃金が上昇する効果も考慮する必要がある。

　限界賃金支出 ME は

$$w + \frac{\Delta w}{\Delta N} N$$

で表される。

　第１項は賃金率であり，第２項は雇用の増加による賃金率の上昇にともなうコストの増加を示している。賃金率の上昇はすべての雇用者に適用されるから，第２項には N がかかっている。第２項がプラスであるから，ME は w

259

9 独占

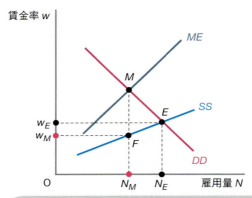

> 買い手独占の市場では，限界支出曲線 ME と需要曲線 DD との交点 M が独占企業の主体的均衡点であり，労働雇用は N_M，賃金率は w_M になる。完全競争市場と比較すると，労働雇用は減少し，賃金率も低下する。

図9.7 買い手独占

よりも高くなる。これは，売り手独占の場合の限界収入の定式化において，価格の変化がすべての需要者に適用されるのと同じ理屈である。したがって，主体的な均衡条件は

(5) $\quad w + \dfrac{\Delta w}{\Delta N} N = p F_N$

となる。

図9.7は，この条件を描いたものである。右下がりの需要曲線 DD は右辺の労働の限界生産価値の大きさを示している。これが，企業にとっての労働の評価である。右上がりの供給曲線 SS は賃金と雇用との関係を示した曲線であり，労働者の供給行動を意味する。完全競争市場では，両曲線の交点 E が均衡点になる。しかし，独占の場合には限界支出曲線 ME を考慮する必要がある。この曲線は，供給曲線 SS よりも傾きの急な右上がりの曲線になる。そして，独占企業の均衡点は ME 曲線と DD 曲線との交点 M で与えられる。

その結果，賃金水準は F 点に対応する w_M で，また雇用水準は N_M で求められる。これを E 点での賃金率 w_E と雇用量 N_E と比較すると，買い手独占の場合に賃金率が低く，雇用量も小さいことがわかる。すなわち，労働需要

9.2 独占と市場

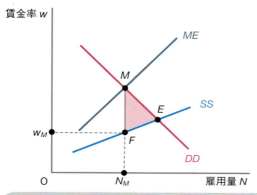

買い手独占による超過負担は，△EMF で表される。この大きさだけ労働者の賃金収入の減少の方が独占企業の利潤の増加よりも大きい。

図9.8 買い手独占の超過負担

表9.4 買い手独占と売り手独占

	買い手独占	売り手独占
意　味	需要企業が1つ 供給家計は無数	供給企業が1つ 需要家計は無数
主体的均衡 条件	限界支出＝限界生産価値	限界収入＝限界費用
完全競争と の比較	賃金過小 雇用過小	価格過大 生産過小

を制限することで賃金率が低下するので，あえて E 点まで雇用するよりは，M 点まで雇用を抑制する方が，独占企業の利潤が拡大するのである。

売り手独占と同様，買い手独占の場合にも企業の利潤は拡大するが，それは消費者や労働者の利益を害するという行為をともなっている。買い手独占によって社会的余剰は，図9.8では三角形 EMF だけ小さくなっている。これが，買い手独占の超過負担（＝死加重）である。このように買い手独占の企業行動は，売り手独占の企業行動と同様の手法で分析することができる。

9.3 自然独占と規制

■ 自然独占

これまで，なぜ独占が存在するのかは議論しないで，独占企業の行動を分析してきた。独占が経済的な理由で存在するとすれば，規模の効率性がもっとも重要な理由であろう。電力，ガスなどの公益産業では規模の経済性が大きく，事実上1つの企業が供給を独占している。このような独占を自然独占とよんでいる。

ここで自然独占を定義するために，「厳密な劣加法性」を定義しよう。いま，費用関数が $c(y)$ で与えられるとして，y の生産量を x_i ずつ任意の m 個に分割したとしよう。

$$(6) \qquad y = \sum_{i=1}^{m} x_i$$

このとき，

$$(7) \qquad c(y) < \sum c(x_i)$$

ならば，厳密に劣加法性であるという。

(7) 式は1つの企業が生産する方が，複数の企業に分割して生産するよりも，総費用が少なくてすむことを意味する。そして，費用関数が厳密に劣加法的であり，市場需要関数のもとで独占企業が非負の利潤を得ているときに，自然独占の状態にあるという。これは，需要に比較して規模の経済が大きいために，1企業しか事実上存在し得ない状況を意味している。

なお，厳密にいえば，自然独占は生産量の増加に見合って平均費用が逓減するという規模の利益と同値ではない。図9.9のように右上がりの部分のある平均費用関数でも，劣加法性の条件を満たすことは可能である。底の点 E から新しい企業が生産を開始しても，固定費用の分だけまた負担しなければならない。その企業は OF の大きさ（＝固定費用）を負担する分だけ，既存の企業が平均費用が上昇していても，新しい企業の生産条件は劣ることになる。この場合，劣加法性から1つの企業だけが y の生産水準で生産する方が，

9.3 自然独占と規制

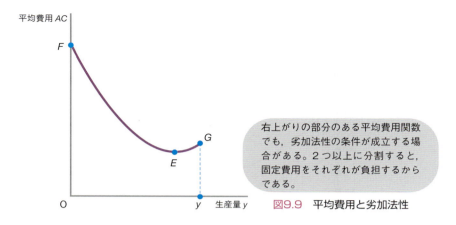

右上がりの部分のある平均費用関数でも、劣加法性の条件が成立する場合がある。2つ以上に分割すると、固定費用をそれぞれが負担するからである。

図9.9　平均費用と劣加法性

複数の企業が分割して生産するよりは平均費用は小さくなる。もちろん、規模の経済が成立すれば、必ず劣加法性の条件も満たしており、自然独占になる。

■ 限界費用価格形成原理

　自然独占企業にはどのような規制が必要であろうか。まず自然独占に対して何ら規制しないケースから考えよう。図9.10において HD は市場需要曲線、MR は限界収入曲線、LAC は長期平均費用曲線、LMC は長期限界費用曲線を意味する。第1節でもみたように、独占企業は限界収入が限界費用と一致する M 点を選択するから、生産量は y_M、価格は p_M となる。ここでの社会厚生の大きさは、$Hp_MF + Fp_MG_M = HGMF$ の大きさで与えられる。

　このとき社会厚生を最大にするためには、生産量を y_E、価格を p_E に設定して、限界費用が市場需要と一致する E 点を選択する必要がある。このときの社会厚生は、HEG で与えられる。これが **限界費用価格形成原理** である。しかし、図9.10に示すように、この際に CEp_EI の大きさの損失が独占企業に発生している。この損失は、政府からの一括の補助金で穴埋めせざるを得ない。

263

9 独占

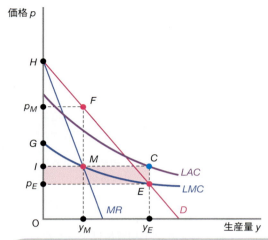

限界費用と価格を一致させる限界費用価格形成原理では、価格は p_E、生産量は y_E、社会的余剰は面積 HEG となる。しかし、生産量 y_E では長期平均費用が価格 p_E よりも大きくなるため企業に面積 CEp_EI の損失が生じる。

図9.10 　限界費用価格形成原理

■ X 非効率性

ただし、結果として損失が穴埋めされるということを、企業が前もって理解していれば、費用を最小にする（＝費用曲線の上で生産活動をする）誘因が乏しくなるかもしれない。このような非効率性の発生のことを、**X 非効率性**とよんでいる。

次に、補助金が利用できないケースを考えてみよう。政府による規制として、価格を平均費用に一致させるというケースも考えられる。図9.11に示すように、平均費用と市場需要が一致する B 点を選択して、生産量を y_A、価格を p_A とする組合せである。このときの社会的余剰は、$HBp_A(=HBKG)$ となる。この余剰の大きさは、限界費用価格形成原理のときの余剰よりも、BEK の大きさだけ小さい。

ここでは独立採算制であるから、政府からの補助金は不要である。しかし、常に独立採算が保障されていれば、赤字を回避するための価格の引き上げが保障されているのと同じであり、X 非効率性は必ずしも排除されない。

264

9.3 自然独占と規制

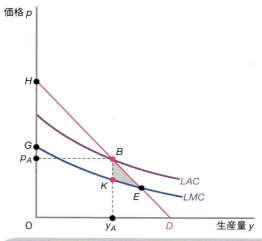

平均費用と価格を一致させる平均費用価格形成原理では、価格は p_A、生産量は y_A、社会的余剰は面積 $HBKG$ となる。企業に損失は生じないが、限界費用価格形成原理と比較して、社会的余剰は面積 BEK だけ減少する。

図9.11　平均費用価格形成原理

■ セットアップ・コスト

　では、企業が独占利潤を最大化したとしてもプラス（ゼロも含めて）の利潤が確保できず、自然独占が成立しないほど、規模の経済が働いている場合はどうであろうか。図9.12では、長期平均費用曲線 LAC が常に市場需要曲線 DD の上方にあり、どの生産水準でもプラスの利潤が確保できない場合を示している。これは、電力産業におけるダム建設などのように初期の固定費用が巨大であるときに生じる。

　限界費用価格形成原理による規制を実施するのであれば、E 点が均衡点であるから、生産量は y_E、価格は p_E である。このときの企業の損失 CIp_EE を補助金として政府が負担すれば、この産業が維持できる。したがって、この場合の産業確立のセットアップ・コストは CIp_EE の大きさで与えられる。

　独占利潤の最大化にまかせる場合にも、政府による援助が望ましく、そうすることで社会厚生も増大するケースも考えられる。限界費用曲線 LMC と限界収入曲線 MR との交点 M が均衡点であるが、生産量 y_M、価格 p_M のも

265

9 独占

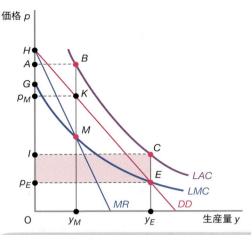

企業が独占利潤を最大化しても利潤がマイナスになるケースでは，産業を確立するための補助金が必要となる。限界費用価格形成原理を適用する場合には，CIp_EE のセットアップ・コストがかかる。独占利潤を最大化させる場合には，BKp_MA のセットアップ・コストがかかる。

図9.12 セットアップ・コスト

とでも BKp_MA の大きさの企業の損失が発生する。これが y_M で生産し，p_M の価格で販売するときの消費者余剰 $HKMG$ より小さければ，政府による補助は望ましい。この産業を維持するには，参入に際してこの大きさ BKp_MA だけの補助金が必要となる。したがって，産業確立のセットアップ・コストは，企業をどのように規制するかの政策にも依存している。

Column──10　違法コピーと特許

　IT技術の発達で，他の企業の製品を模倣することが容易になってきた。たとえば，コンピュータソフトウェアのコピーはほとんどゼロの限界費用で可能である。限界費用ゼロで財・サービスが利用になるとすれば，資源の効率性の観点からはあえてそうした行為を取り締まらなくてもよいという議論もあるだろう。

　たしかに，既存の財・サービスを有効利用するという観点に立てば，限界費

用ゼロで供給できるものはそうした方が，資源配分の効率性に寄与する。しかし，それを認めると，新しい財・サービスを供給する誘因を企業に与えられなくなる。せっかく高い開発費用をかけて新商品を市場に供給しても，ただでまねされてしまうと，開発費用も回収できないから，そうした投資をすることが採算に合わなくなる。その結果，新商品はまったく供給されないから，家計にとっても損失は大きい。新規開発への誘因も考慮すると，資源配分の効率性は実現されない。

　この問題を解決するには，一定期間新製品の販売を独占的に認める特許制度を導入することである。そうすれば，新規の商品を開発しても，その期間はそれなりに高い価格でその財を独占的に販売できる。独占的な創業者利得を得ることができて，開発費用を十分に回収できる。あるいは，ライバル企業にライセンス料を支払わせることで，同じ製品を販売することを認めてもよい。

　こうした仕組みは知的所有権，特許制度として国際的にも確立している。問題は，その実効性である。たとえば，ある国がこうした制度に参加しないで，ただで模倣することを野放しにすると，システム全体がうまく機能しない。同様に，ネット上での模倣行為を的確に監視し，違反行為を取り締まることができるかどうかも，重要な点である。また，こうした創業者保護制度はある一定の期間で終了させることも重要である。あまりに保護しすぎると，独占的な利潤を獲得するだけで，当該産業におけるさらなる技術革新や新規参入による新たな圧力を損なう結果にもなりかねない。

9.4　公益企業の料金規制

■ ピーク・ロード料金

　貯蔵が困難で，かつ需要が大きく変動する財の場合，ある時点で発生する最大需要を満たすような水準に生産能力が決定されることが多い。電力や電話などがその例である。電力需要は真夏の日中がピークであるし，電話も特定の時間帯に集中しやすい。このような財の場合には，同一料金を維持するよりはピーク時料金を高く，非ピーク時の料金を低く設定することが社会的な最適料金（ピーク・ロード料金）設定となる。以下，簡単な2期間モデルを用いて説明しよう。

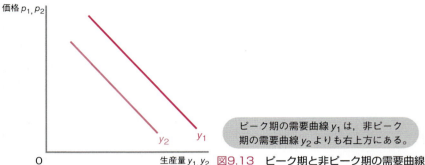

図9.13 ピーク期と非ピーク期の需要曲線

いま夜と昼あるいは平日と休日という具合に消費の期間を第1期と第2期に分割しよう。図9.13に示すように、ピーク期である第1期の需要曲線 $y_1 = y_1(p)$ は、非ピーク期である第2期の需要曲線 $y_2 = y_2(p)$ よりも右上方に位置しているとする。

■ 企業の費用条件

次に、公益企業の費用条件を定式化しておこう。企業の費用は運営費用（経常費用）と資本費用（固定費用）の2つからなっている。運営費用は設備を一定にして生産量を増やすときに生産量とともに増加する可変費用であり、人件費や燃料費などが該当する。この限界費用 b は一定であるとして、短期可変費用を by_i と定式化しよう。資本費用は設備についての単位期間あたりの費用であり、利子支払いや減価償却費用などが該当する。K を各期の最大生産能力、β を限界資本費とすると、資本費用は βK で定式化される。なお、資本費用は短期的には固定費用である。

図9.14には、運営費用が描かれている。短期限界費用 b は一定であるから、生産能力 K_0 以下の生産水準では限界費用は b で水平となるが、K_0 点ではこれ以上の生産は短期的に不可能となり、限界費用は無限に上昇する。

■ 最適条件

政府の目的は、消費者余剰と生産者余剰の合計からなる社会的余剰を最大

9.4 公益企業の料金規制

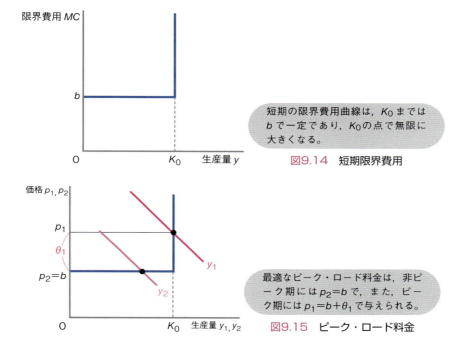

図9.14 短期限界費用

短期の限界費用曲線は，K_0まではbで一定であり，K_0の点で無限に大きくなる。

図9.15 ピーク・ロード料金

最適なピーク・ロード料金は，非ピーク期には$p_2=b$で，また，ピーク期には$p_1=b+\theta_1$で与えられる。

にするように，2つの価格p_1, p_2を決定することである。この問題は2段階に分けて分析することができる。

（Ⅰ）$K=K_0$のもとでp_1, p_2を決める問題

ピーク期を第1期，非ピーク期を第2期としよう。図9.15に示しているように，第1期の需要関数$y_1(p_1)$の方が第2期の需要関数$y_2(p_2)$よりも上方にある。このとき，p_2についての最適条件は，

(8) $\qquad p_2 = b$

である。

p_1についての最適条件は，

(9) $\qquad p_1 = b + \theta_1$

となり，生産能力が完全に利用されるように，ピーク期の料金が設定される。ここでθ_1はK_0におけるピーク期のy財の需要曲線の縦軸の大きさ（y財の限界的な評価）とbとの差額である。

$\theta_1 > \beta$なら，料金収入の方が費用を上回るから，公益企業は黒字になり，家計部

9 独占

門への利益の分配が行われる。逆に，$\theta_1 < \beta$なら，料金収入よりも費用の方が大きくなるから，公益企業は赤字になり，家計から企業への税金による補塡が行われる。

（Ⅱ） 生産能力の最適化

K_0 から少しだけ（ΔKだけ）生産能力を拡大させるとしよう。社会的な便益の増加は $(\theta_1 + b) \Delta K$ であり，社会的な費用の増加は $(b + \beta) \Delta K$ である。したがって，最適な生産能力は，限界便益と限界費用が一致する点

$$(10) \qquad \theta_1 + b = b + \beta$$

すなわち，

$$(10)' \qquad \theta_1 = \beta$$

で与えられる。したがって，Kの最適水準は

$$(11) \qquad K = y_1(b + \beta)$$

となる。また，最適なピーク・ロード料金は，

$$(12) \qquad p_1 = b + \beta, \quad p_2 = b$$

となる。ピーク期にyを1単位増やすには投資が必要であり，そのためのコストが限界資本費βである。非ピーク期には限界費用は限界運営費bのみである。このような料金体系では収支は均等になっている。資本費用はすべてピーク期の需要者によって負担される。

■ **2部料金制度**

ピーク・ロード料金と似た料金体系に，2部料金制度がある。これは，基本料金と従量料金の2つの部分からなる料金体系であり，日本でも電力，電気，ガス，水道料金などで幅広く用いられている。このような2部料金制度をピーク・ロード料金制度と比較して，その資源配分の効率性に関する意味を考えてみよう。

典型的な2部料金制度では，基本料金がそれぞれの需要者の期間内の最大需要に依存して決定される。2部料金とピーク・ロード料金との相違は，ピーク・ロード料金のもとでは需要者全体の総需要がピークの期間に資本費用（＝固定費用）が課されるのに対して，2部料金制度では個々の需要者の最大需要（契約容量）に応じて資本費用（＝固定費用）が課される点にある。

2部料金制度のもとでは，各個人の予算制約式は次のようになる。

$$(13) \qquad py_1 + py_2 + x = M - \alpha y^*$$

ここで，第1期がピーク期であり，第2期が非ピーク期である。pはそれぞ

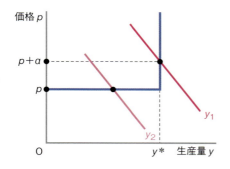

図9.16 2部料金制度

最適な2部料金は，非ピーク期には p で，ピーク期には $p+\alpha$ で与えられる。これは，基本料金で固定費用を回収し，従量料金で可変費用を回収するものである。

れの期に共通の従量価格，y_i はそれぞれの期の消費量，x は他の財の消費，M は所得，y^* は契約容量，α は契約容量1単位あたりの基本料金である。

この個人の第1，2期の需要関数は，図9.16のように描ける。第1期の方がピーク期であるから，より右上方に位置している。この個人は第1期に契約容量まで需要し，第2期には契約容量まで需要しないとすると，2部料金制は，第1期の実質的な価格が $p+\alpha$，第2期の価格が p となる。

■ ピーク・ロード料金との比較

2部料金制度のもとでは，公企業の予算制約式は

$$(14) \quad pY + \alpha Y^* = bY + \beta K$$

である。ここで，Y はすべての家計の需要の合計，Y^* はすべての家計の契約容量の合計である。基本料金で資本費用（＝固定費用）を徴収し，従量料金で運営費用（＝可変費用）を徴収するというのが，2部料金の意図であるから，料金体系は，

$$(15) \quad p = b, \quad \alpha = \beta\left(\frac{K}{Y^*}\right)$$

となる。

いま，各家計のピーク需要が同じ第1期に発生し，しかも，第2期にはすべての家計で契約容量に達しないとしよう。この場合には $K = Y^*$ であるから，上の家計行動の分析からもわかるように，

$$(16) \quad p_1 = b, \quad p_2 = b + \beta$$

が実質的に成立している。これは最適なピーク・ロード料金と一致する。し
たがって，2部料金のもとでもピーク・ロード料金のケースと同様に，最適
な資源配分が達成される。2部料金は，基本料金で固定費用を徴収するとと
もに，従量料金を限界費用価格形成原理で設定するものと解釈できる。

Column——11　民間企業での2部料金

　2部料金制度は民間（独占）企業でも多く活用されている。たとえば，スポー
ツクラブでの入会金と利用料金やテーマパークなどの入場券とアトラクション
利用料金との組合せや，ゲーム機，PCプリンターやコピー機などのIT関連財
における本体の価格とソフト，インクやトナーなど利用にともなって付随的に
発生する消耗品の価格の組合せなどである。

　こうしたケースでは，テーマパークなどにみられるように，固定費用に相当
する入場料金を高く設定して，あとは乗り放題などで利用料金を割安にする戦
略と，ゲーム機，コピー機などのように，本体価格を割安に設定して，多くの
製品をまず販売して，あとでソフトや消耗品を高く販売することで利益を確保
する戦略の2つがある。

　ディズニーランドのように独占的なブランドを構築している場合には，入場
料金を高くすることで，採算を確保しようとするが，携帯電話など競争の激し
い分野では，ハードの料金は安くして，あとで通話料で採算を確保する傾向が
ある。

9.5　参入をめぐる競争

■　内部補助

　2種類以上の生産物を生産する自然独占産業への参入の問題を考えよう。
独立採算制，すなわち，公企業が生産する生産物全体についての収支均衡が
制約としてある場合，公企業はある生産物の販売で得た利潤を別の生産物の
販売にともなう損失を穴埋めするために使う可能性がある。これを内部補助
という。

9.5 参入をめぐる競争

　企業が全体で N 種類の生産物を生産しているとき，総収入を $R(x_N)$，総費用を $C(x_N)$ と表すと，収支均衡の条件は，

(17)　　　$R(x_N) = C(x_N)$

となる。内部補助の条件とは，N のある一部分 S について

(18)　　　$R(x_S) > C(x_S)$

が成立することである。この場合，S に含まれる生産物については，既存独占企業よりも低い価格を設定して別の企業が参入して，既存独占企業の市場を一部かあるいはすべて奪うことが可能となる。

　もし，需要者の一部を保護するために，政策当局によって既存独占企業の内部補助が要求され，かつそうすることが社会的にも望ましいとすれば，参入規制も必要であろう。なぜなら，参入規制がなければ，既存独占企業は収益の高い上述の生産市場で参入企業に利益を奪われながら，なおかつ収益性の低い市場でも生産を続けざるを得ない。その結果，既存独占企業の経営は悪化する。これを，クリーム・スキミング（牛乳から美味しいクリームの部分のみすくい取ること）という。このような問題は，ピーク・ロード的な性質をもつ財の場合にも発生する。

　たとえば，全国で同一料金設定をして事実上地方の顧客を優遇し，都市部の顧客を冷遇してきた国鉄が，私鉄や他の交通サービスとの競争で，都市部での黒字を地方の赤字の補填に埋め合わせることができなくなった。その結果，民営化された。

■ 競争可能市場

　産業への参入，退出が自由であり，かつ退出する際に参入したときの費用や投下された設備などの固定費用が完全に回収されるとしよう。このような市場は，競争可能市場（コンテスタブル・マーケット；contestable market）とよばれる。参入，退出の自由はその市場での規制がないことを意味しており，固定費用が完全に回収されることは，市場から撤退する際のサンクコスト（埋没費用）が存在しないことを意味する。

　サンクコストとは，事業用に投下された費用のうち，事業の縮小あるいは

9　独　占

廃止に際して直ちには回収不可能な費用である。企業が撤退する際に設備などの資産を転売したり転用しようとしても、うまくいかないときに、それらの費用は容易には回収できないサンクコストになる。

自然独占市場が競争可能市場であれば、潜在的な競争の可能性が最大限の圧力として働くために、既存独占企業は超過利潤がゼロで効率的な生産を行うように誘因づけられる。このとき、参入、退出が自由という条件のもとで内生的に企業の数が決定され、市場内の企業は利潤極大化行動のもとで供給を行うので、次のような均衡が実現する。

(1)　価格は平均費用に等しい。

(2)　生産は効率的に行われ、価格＝平均費用＝限界費用が成立する。

(3)　企業の数は、産業全体として総生産量がもっとも効率よく生産される水準になる。

すなわち、人為的な参入、退出の規制を廃止すれば、このような望ましい状況が自然に達成されると主張するものである。しかし、参入、退出の規制を廃止しても、競争可能市場で均衡が実現するとは必ずしもいえない。上の3つの特徴は、競争可能市場での均衡が存在すれば、という条件付きで意味をもつ。

■ クリーム・スキミングと市場均衡

クリーム・スキミングが生じるような複数財を生産している産業では、自然独占産業であっても、競争可能市場での均衡が存在しないケースもあり得る。たとえば、3つの財が生産可能である産業を想定しよう。消費者はそれぞれの財を1単位だけ需要したいと考えている。このとき、費用構造によっては、社会的に効率な自然独占企業に3種類の財を同時に生産させようとしても、2種類のみを生産する別の企業が利潤を求めて参入する誘因が生じる。このとき、競争可能市場均衡は、潜在的な参入企業のクリーム・スキミングによって破壊され、成立しなくなる。

また、供給について優先権がなければ、複数の供給者が互いにゆずらず、供給が拡大して需要価格が平均費用を下回ってしまうという破滅的な過当競

争も回避できない。この破滅的な競争の可能性は，公益事業において参入や価格の規制が政策的に行われる一つの根拠になっている。したがって，潜在的な競争圧力があったとしても，それにより公的な規制なしですべてがうまくいくとも限らない。さらに理論的には，参入企業が既存企業の報復的な価格付けを予想しないという非現実的な仮定が採用されている点や，サンクコストが現実の自然独占企業（＝公益企業）では無視できない点などが，競争可能市場均衡に対する批判となっている。

■ ヤードスティック競争

　規制の実施にあたって，既存独占企業の情報上の優位性を覆すために，既存企業を分割したり，新規参入を認めたりして，複数の企業に情報面での競争を促進させることも考えられる。このような観点から注目されているのが，ヤードスティック競争の理論である（ヤードスティックとは物差し・尺度のこと）。

　この理論によれば，複数の企業A, Bが存在するときに，企業Aの費用情報に基づいて企業Bの料金を決定し，逆に，企業Bの提供する費用情報に基づいて企業Aの料金を決定するように設定する。このとき，2つの企業ともに費用を水増しして報告すれば，相手企業の価格が上昇する。これは独占的市場において，通常は相手企業の利潤を増大させるので，そのような費用を水増しする誘因が生じなくなる。また，相手企業よりも費用の削減に成功すれば，それが自らの企業の利潤に反映されるから，費用削減の誘因をもつことになる。

　なお，同じ市場で複数の企業が存在していなくても，電気やガスのように地域独占が行われている場合には，地域の異なる独占企業間で共通の尺度に基いて評価しあうヤードスティック競争を行うこともできる。

■ 公正報酬率規制

　公正報酬率規制とは，公益事業の料金を，営業費，固定資本の減価償却費，税金などから構成される原価に，もっともらしい公正報酬を加えた「総括原価」を超えない水準に設定するというものである。現実の公益企業の料金決

定では，わが国も含めてこの方式が採用されることが多い。この方式では，料金収入が総括原価という平均費用原理に対応した価格付けを行っている。また，設備投資にも公正報酬率を保証するものとなっており，公益事業に特有のサンクコストを回収できるように配慮されている。

この方式の問題点は，事業用資産の率が規制されているため，利潤の拡大を意図する規制企業が必要以上に資産を拡大する誘因をもつことである。その結果，過度の安全対策や，比較的需要の低い消費者に対する過度の設備の投入（たとえば，地方路線へのジャンボ機の就航や過疎地への新路線の建設など）が行われる。これを，アパーチ=ジョンソン効果とよんでいる。

また，費用が低下すれば料金が自動的に引き下げられるため，公益企業は費用引き下げの誘因をもたない。逆に，公正報酬率規制では費用が上昇する際に容易にそれを価格に転嫁できるため，費用を増大させる誘因を規制企業にもたせる。その結果，長期的に非効率的な生産が温存される傾向にある。

■ 規制産業の企業行動

最後に，自然独占産業への規制についてまとめておこう。たとえば，企業による独占力が問題であり，それから消費者の利益を擁護するのであれば，料金規制や独占企業のX非効率性を改善する規制が必要となる。破滅的な過当競争によるデメリットを回避するのであれば，料金規制，設備投資規制，参入規制なども検討に値する。政策的に内部補助を行う必要があれば，それが維持できるような参入規制も考えられる。

しかし，参入規制によって保護された自然独占企業は，費用削減，技術開発，設備投資，消費者サービスなどの面で努力を怠る可能性も否定できない。しかも，独占企業は規制をする政策当局に対しても，そのような技術に関する情報面で優位に立っているだろう。情報をうまく管理することで，独占企業は準地代（レント）を獲得することが可能となり，その結果，競争市場での市場メカニズムにさらされている通常の企業と比較して，規制産業での企業では従業員の給料の高水準，役員の高待遇，非効率的な生産などの問題が発生しやすい。

9.5 参入をめぐる競争

◆Case Study　電力の自由化

　2011年3月11日の東日本大震災による原子力発電所の事故，計画停電の実施，電気料金の値上げなどで，エネルギー政策への関心が高まり，電力システム改革＝電力の自由化が進展した。2016年4月から一般家庭向けの電力小売が自由化され，誰でも電力会社や料金メニューを自由に選択できるようになった。新規参入する会社が増え，消費者のニーズに応じたサービスが提供され，競争原理によってコスト削減が進み，電気料金が抑制されることが期待される。そして，2020年4月に電力会社の送配電部門を別の会社に分離することで，送配電ネットワークを公平に利用できるようになる。これにより，企業にとってもビジネスチャンス，イノベーションにつながることが期待される。

表9.5　料金規制の方法

料金設定	考え方	問題点
限界費用価格形成原理	限界費用に価格を一致させる	補助金を与える必要があり，X非効率になる
平均費用価格形成原理	平均費用に価格を一致させる	独立採算が保証されるとX非効率性が生じ得る
ピーク・ロード料金	ピーク期の料金を非ピーク期の料金よりも高くする	分配の公平性で問題
2部料金	基本料金と従量料金の2つの部分からなる	非ピーク期にも契約容量を需要すると効率的にはならない
ヤードスティック競争	競合する企業の費用情報で料金を決定	競合する企業が存在しない場合もある
公正報酬率規制	原価に公正報酬を加えて料金を設定	必要以上に資産を拡大する誘因をもつ

9 独 占

まとめ

●供給企業が1つの状態が，独占である。独占企業の主体的均衡は，限界収入が限界費用と一致する点であり，そこでは価格が限界費用よりも高くなる。独占企業は，生産量を抑制して価格を引き上げる誘因をもっており，完全競争市場と比較して，消費者余剰の減少が大きく，社会的余剰も減少する。

●規模の経済性のために，事実上1つの企業しか存続できない状況は，自然独占である。社会的余剰を最大化するため，価格を限界費用に等しく規制するのが，限界費用価格形成原理であるが，X非効率性の問題が生じる。

●公益企業の料金規制としては，ピーク・ロード料金，2部料金，公正報酬率規制，ヤードスティック競争などがある。競争可能市場では，資源配分上望ましい状況が達成される。

重要語

- □独占
- □限界収入
- □限界費用
- □独占度
- □マークアップ率
- □価格差別
- □買い手独占
- □自然独占
- □限界費用価格形成原理
- □X非効率性
- □セットアップ・コスト
- □ピーク・ロード料金
- □2部料金
- □内部補助
- □競争可能市場
- □クリーム・スキミング
- □ヤードスティック競争
- □公正報酬率規制

問 題

■1 （ ）の中に適当な用語を入れよ。

（ア）独占企業の主体的な均衡は，（ ）が限界費用と一致する点で求められる。

（イ）独占度が大きいほど，（ ）と価格との乖離も大きくなる。

（ウ）需要の価格弾力性が（ ）ほど，独占企業の価格が高くなる。

（エ）独占企業は利潤を最大にしているが，（ ）を減少させて，社会的余剰を減少させている。

（オ）買い手独占企業の主体的な均衡は，（ ）が労働の限界生産価値に一致する点で求められる。

278

9.5 参入をめぐる競争

■2 A, B 2つの企業がそれぞれの産業で独占企業であるとする。需要曲線と費用が次のように与えられているとしよう。

A： $p_A = 20 - 0.5y_A$, $\quad AC_A = MC_A = 10$

B： $p_B = 40 - y_B$, $\quad AC_B = MC_B = 30$

このとき，独占による厚生の損失はどちらの産業の方がどれだけ大きいか。

■3 独占企業の生産する財について，需要曲線と限界費用曲線が次のように与えられている。

需要曲線：$D = 10 - 2p$

限界費用曲線：$MC = S - 5$

（D：需要量，S：供給量，p：価格）

このときの独占価格と供給量を求めよ。

■4 自然独占企業における価格設定に関する記述として，正しいのはどれか。

（ア）価格を限界費用にある一定のマークアップをかけたもので調整して，利潤をゼロにするのが，限界費用価格形成原理である。

（イ）独立採算性を認めても，X非効率性は排除できない。

（ウ）最適なピーク・ロード料金は，通常ピーク期の料金の方を低く設定している。

（エ）利潤最大化行動をとる方が独立採算制をとるよりも，生産量は多くなる。

（オ）ヤードスティック競争とは，料金を総括原価を超えない水準に設定するというものである。

■5 独占企業に関する記述で正しいものはどれか。

（ア）独占企業は価格を決めることができるが，生産量を決めることはできない。

（イ）独占企業は価格を下げなくても，望むだけの量を販売できる。

（ウ）独占企業は価格を下げれば，利潤を増やせる。

（エ）独占企業は市場価格の下で最適な生産量を決める。

（オ）独占企業は価格を上げることで，独占利潤を獲得できる。

279

10 ゲーム理論

　本章では，寡占市場での企業行動を分析する準備として，ゲーム理論を解説する。

1. ゲーム理論の基本的な考え方を説明し，囚人のディレンマという有名なゲームの例を紹介する。
2. ゲームの解を求める標準的な概念であるナッシュ均衡を説明する。
3. 動学的なゲームに発展させて，その性質を調べる。
4. 繰り返しゲームでの特徴を検討し，囚人のディレンマが解決可能かどうかを考える。
5. オークションの理論など，経済分析への応用例を紹介する。

10.1　ゲーム理論の構造

■ ゲーム理論と経済学

　1994年のノーベル経済学賞は，ゲーム理論で優れた業績を上げた3人の経済学者（ナッシュ（Nash, J. F. ; 1928-2015），ゼルテン（Selten, R. ; 1930-2016），ハーサニ（Harsanyi, J. C. ; 1920-2000））に与えられた。ゲーム理論は1950年代から経済学の一つの分野として研究されていたが，経済学全体の理論的な分析に大きな影響を与えるようになったのは，ここ2,30年くらいである。最近ではゲーム理論は，ミクロ経済学を中心としたさまざまな分野で経済現象を解明するための有益な分析用具として用いられている。

　ゲーム理論の分析が体系的に行われるようになったのは，ノイマン（Neumann, J. v. ; 1903-1957）とモルゲンシュテルン（Morgenstern, O. ;

1902-1977）の『ゲーム論と経済活動』が1944年に刊行されてからである。彼らは，ゼロ・サム・ゲームでの合理的な戦略を主として分析した。しかし，当時はゲーム理論は経済分析においてあまり大きな影響力をもたなかった。これは，囚人のディレンマのゲームなど経済現象によくみられる戦略的行動に対して，有効な分析手法が提供されなかったためである。

1950年代に入って，ナッシュは非協力ゲームの概念を用いて協力ゲームを再検討する試みを開始し，ナッシュ均衡の概念を定式化した。そして，第11章で説明するように，ナッシュ均衡の概念は，寡占市場でのクールノー均衡やベルトラン均衡に応用されて，経済分析の有効な道具になった。さらに，1970年代にゼルテンが動学的なゲームにナッシュ均衡を拡大して，完全均衡という概念を定式化したことで，ゲーム理論はより多くの分野で使われるようになった。

また，ハーサニによって不確実性のもとでナッシュ均衡や完全均衡がどのように適用可能かが研究されるにいたって，ゲーム理論はミクロの応用分野に幅広く使われるようになってきている。最近では，限定された合理性のもとで，学習，認識，言語，進化という認知科学や心理学，生物学などとの関連も視野に入れて，人間の一見非合理的な行動もゲーム理論の枠組みを拡張して説明しようとする試みが展開されている。さらに，オークションの理論が現実の経済政策でも活用されるなど，ゲーム理論は使える分析用具として大きな影響をもっている。

■ ゲーム理論の考え方 ─────────────────

ゲーム理論の基本的な考え方は，ある主体が何らかの意思決定をする際に他の主体がどのように行動するかを予想して，最適な行動を決定するというものである。その際に，自分の意思決定の結果，相手がどのように行動するかを相手の立場に立って予想する。いわば，自分で自分と相手の2つの立場を使い分けながら，最適な選択をするのである。これが，囲碁や将棋，チェスなどのゲームでの先手と後手の手の選択とよく似ているので，ゲーム理論とよばれる。したがって，ゲーム理論の特徴はその戦略的な思考にある。

10　ゲーム理論

　ミクロ経済学の分野で戦略的な思考が必要になるのは，経済主体間の意思決定がお互いに相互に影響し合う環境である。これがもっともよく当てはまる例が，寡占市場での企業行動である。本章では，以下の第11章で対象とする寡占市場の企業行動に適用することを念頭に置きながら，ゲーム理論について簡単に説明しておこう。まず，ゲーム理論の構造から紹介したい。

■　プレーヤーと戦略

　ゲーム理論ではプレーヤーとよばれる意思決定の主体が登場する。各プレーヤーが選択できる手を戦略とよんでいる。そして，各プレーヤーがそれぞれ特定の戦略を選択した結果として，各プレーヤーが手にすることのできる利得をペイオフとよんでいる。経済学の例であれば，家計のとる戦略としてはどの財をどれだけ消費するか，寡占的な企業の場合には，自社の生産量をどのくらいにするか，またその価格付けをどうするかなどであり，ペイオフは家計の効用や企業の利潤の大きさである（表10.1）。

　また，どのような戦略がお互いに選択可能であるのか，その結果どのようなペイオフが実現するのかというゲームの構造や，さらにお互いに合理的に行動するということを，各プレーヤーは知っていると考える。

　たとえば，じゃんけんなら，「グー」，「チョキ」，「パー」の3つの戦略があり，自分と相手がどの戦略を選んだときに勝ち負け（＝ペイオフ）がどう決まるのかを，お互いに知っている。また，もし，自分が「グー」を出すことを相手が知っているとすれば，その場合相手は「パー」を出すだろう（＝合理的に行動する）と考える。

表10.1　ゲーム理論の概念

プレーヤー	ゲームをする主体
戦　略	プレーヤーの選択できる手段
ペイオフ	ゲームのすべてのプレーヤーがある戦略を選択したときの各プレーヤーの利得表

10.1 ゲーム理論の構造

表10.2　コイン・ゲーム

		プレーヤー B	
		表	裏
プレーヤー A	表	1, −1	−1, 1
	裏	−1, 1	1, −1

■ **ゼロ・サムのゲーム**

　次のような簡単なコイン・ゲームを想定しよう。プレーヤー A，B はそれぞれコインを 1 枚もっている。表10.2に示すように，自分のコインの表か裏かをみせ合い，両者とも同じであれば，すなわち，（表，表）か（裏，裏）であればプレーヤー A の勝ちであり，両者が異なれば，すなわち，（表，裏）か（裏，表）であればプレーヤー B の勝ちとしよう。もちろん，自分の戦略を決定する際に相手がどのような戦略を選ぶのかは，わからない状況を想定している。

　この場合のペイオフと各プレーヤーの戦略との関係をまとめたものが，表10.2である。表10.2でたとえば，（1, −1）はプレーヤー A のペイオフが 1であり，プレーヤー B のペイオフが −1 であることを意味する。勝った方は負けた方から 1 円だけもらうことができる。このようなコイン・ゲームは，お互いのペイオフの合計が常にゼロであるから，ゼロ・サムのゲームとよばれている。

■ **囚人のディレンマ**

　次に，以下のようなゲームを想定しよう。プレーヤー A，B ともに，神に対して願い事ができるとする。それは，「神が相手のプレーヤーに3000円与える」という願いか，「神から自分が1000円もらえる」という願いのいずれかである。このようなゲームでの 2 人のペイオフは，表10.3にまとめられている。

　プレーヤー A がプレーヤー B のために神に3000円贈ってほしいと願うと

283

10 ゲーム理論

表10.3 囚人のディレンマ

		プレーヤー B	
		協 力	非協力
プレーヤー A	協 力	3, 3	0, 4
	非協力	4, 0	1, 1

(単位：1000円)

同時に，プレーヤー B も A のために神に3000円贈ってほしいと願うと，お互いに3000円ずつ手にすることができる。お互いに3000円与え合うというのは「協力」しているケースと解釈できる。一方，プレーヤー A が自分のことしか考えないで，神から自分に1000円もらいたいと願い，プレーヤー B も自分のことしか願わなかった場合には，お互い1000円ずつ手にすることができる。この場合，お互いに自分が1000円もらい合うというのは「非協力」のケースと解釈できる。さらにどちらか1人が相手に3000円を与えると願い，もう1人が自分に1000円をもらえるよう願った場合には，後者が4000円を手にすることができる。相手の戦略を所与とすると，このようなゲームではお互いに非協力の誘因が生じる。

　このようなゲームは，囚人のディレンマとよばれている。たとえば，2人の囚人は取り調べに対して，「自白する」か「自白しない」かという2つの戦略をもっている。自分が自白しないと，相手の囚人の利益になる。お互いに自白しないと，2人ともに利益を受ける。しかし，自分だけ自白して相手に罪をかぶせると，自分としては大きな利益が期待できる。

　表10.3で「相手に3000円与える」というのは自分が「自白しない」＝「協力」戦略に対応している。また，「自分が1000円もらう」という戦略は，自分が「自白する」＝「非協力」という戦略に対応している。お互いに自白しなければ（＝協力解），3000円ずつ手にできる。しかし，お互いに自白し合うと（＝非協力解），1000円ずつしかもらえない。自分にとってもっとも好都合なケースは，自分だけが自白して相手が自白しないケースである。このとき，自白した方は4000円もらい，自白しなかった方のペイオフはゼロであ

284

る。

この囚人のディレンマのゲームでは，相手のとり得る戦略のそれぞれについて，自分の戦略のペイオフは「非協力」の方が「協力」よりも高い。表10.3では，プレーヤー B が「協力」（相手 A に3000円与える）という戦略をとれば，プレーヤー A は「非協力」（自分に1000円）という戦略を採用して4000円もらった方が得をする。また，プレーヤー B が「非協力」（自分に1000円）という場合でも，プレーヤー A は「非協力」（自分に1000円）で1000円を手にした方が得をする。したがって，プレーヤー A が合理的に行動するのであれば，彼（彼女）は「非協力」の戦略（＝自白する）を選ぶことになる。

同様なことは，プレーヤー B にとっても同じであるから，彼（彼女）も「非協力」（＝自白）の戦略を選択する。その結果，（非協力，非協力）＝（1000，1000）がゲームの解となる。この解は，お互いに「協力」（＝自白しない）した場合の解（3000，3000）よりも 2 人のプレーヤーにとって，低いペイオフしか与えない。囚人はディレンマに直面している。

以上の議論では，相手の戦略を所与とした場合に，相手のとり得る戦略のすべてのケースについて自分の特定の戦略が望ましいとき，彼（彼女）はその戦略を選択するだろうと考えた。このような戦略を支配戦略とよんでいる。囚人のディレンマのゲームでは，お互いに「非協力」の戦略が支配戦略となっている。

第11章でも議論するように，経済学のゲーム的状況の多くのケースが，ここで説明した囚人のディレンマの構造をもっている。たとえば，寡占状態にある企業間での生産量や価格水準の決定を考えてみよう。寡占企業間でカルテルなどを形成して協力し合えば，お互いに多くの利潤が獲得できる。しかし，自分以外の企業が協力しているのであれば，自分だけ協力しないで抜け駆け（＝非協力）する方がもっと利潤が大きくなる。しかし，すべての企業が抜け駆けを考えると，結果としてカルテルは崩壊して，すべての企業の利潤は落ち込んでしまう。

285

10　ゲーム理論

表10.4　支配される戦略：その1

プレーヤー B

		左	中	右
プレーヤー A	上	1, 0	1, 3	0, 1
	下	0, 3	0, 1	4, 0

表10.5　支配される戦略：その2

プレーヤー B

		左	中
プレーヤー A	上	1, 0	1, 3
	下	0, 3	0, 1

表10.6　支配される戦略：その3

プレーヤー B

		左	中
プレーヤー A	上	1, 0	1, 3

■　支配される戦略

　もちろん，囚人のディレンマだけがゲームのすべてではない。たとえば，次のようなゲームを想定しよう。表10.4に示すように，プレーヤー A は「上」か「下」か2つの戦略がある。プレーヤー B は「左」，「中」，「右」の3つの戦略がある。ペイオフが表10.4のように与えられているとしよう。

　プレーヤー B にとっては，「右」の戦略は「中」の戦略に支配される。プレーヤー A が「上」「下」どちらを選択しても，プレーヤー B のペイオフは「中」の方が「右」よりも大きいからである。したがって，プレーヤー B は決して「右」を選択しないだろう。これをプレーヤー A も知っていれば，「右」の選択は排除してゲームを考えていくことになる。これが，合理的な行動という仮定の意味するところである。プレーヤー A は，プレーヤー B の実際の戦略の決定行動はみることができないが，プレーヤー B が合理的に行動する限り，「右」という戦略をとらないだろうと予想することはできる。

　表10.5は「右」の戦略を除外したゲームのペイオフを示している。このゲームでは，プレーヤー A にとっては「下」の戦略は「上」の戦略に支配される。

286

したがって，プレーヤー A は「下」を選択しない。これをプレーヤー B も知っ
ていると考えると，「下」の戦略は除外できる。

したがって，ゲームは表10.6のように書き直すことができる。このゲー
ムではプレーヤー A は必ず「上」の戦略を選択するので，プレーヤー B は
こうしたプレーヤー A の行動を考慮すると，「中」を選択するのが望ましい。
その結果，（1, 3）というペイオフが，このゲームの解として決まることにな
る。すなわち，プレーヤー A は「上」をプレーヤー B は「中」を戦略とし
て選ぶ。A は 1 を手にし，B は 3 を手にする。

このようなゲームの解法は，支配される戦略を消去して，最終的に残され
た戦略としてゲームの解を求めるものである。しかし，このようなやり方で
は必ずしもプレーヤーが選択する戦略を 1 つに絞りきれないケースも多い。

たとえば，次節の表10.7のようなゲームでは，支配される戦略はゼロで
あり，まったく絞りきれない状態になる。したがって，ゲームの解を求める
には，支配される戦略の消去という方法よりも強い概念を導入する必要があ
る。それが，ナッシュ均衡という概念である。

10.2　ナッシュ均衡

■ ナッシュ均衡とは

相手のそれぞれの戦略に対して，自らの最適な戦略を決めることは容易で
あろう。お互いに最適戦略である戦略の組合せとしてゲームの解を求めると，
そのような解はナッシュ均衡解である。次のような例で考えてみよう。表
10.7では，プレーヤー A は，(T, M, W) という 3 つの戦略がとり得るし，
プレーヤー B は (L, C, R) という 3 つの戦略がとり得る。

それぞれのプレーヤーの最適戦略を考えてみよう。まずプレーヤー A に
ついて，プレーヤー B の (L, C, R) のそれぞれの戦略に対応する最適戦略は，
順に (M, T, W) である。すなわち，プレーヤー B が L を選択すればプレー
ヤー A は M を選択するときに，自分のペイオフが最大になり，プレーヤー

10 ゲーム理論

表10.7　ナッシュ均衡

		プレーヤー B		
		L	C	R
プレーヤー A	T	0, 4	5, 0	5, 3
	M	5, 0	0, 4	4, 3
	W	3, 5	3, 5	7, 6

BがCならばプレーヤーAはTを，また，プレーヤーBがRならばプレーヤーAはWを選ぶときに，自分のペイオフが最大になる。また同様にしてプレーヤーBの最適な戦略を考えてみると，プレーヤーAの（T, M, W）のそれぞれの戦略に対するプレーヤーBの最適戦略は，順に（L, C, R）である。

したがって，両方のプレーヤーの最適戦略の組合せは，（W, R）である。このとき，プレーヤーAは相手がRをとると考えて，それを所与としたときの最適戦略Wを選択し，プレーヤーBは相手がWをとると考えて，それを所与としたときの最適戦略Rを選択している。これが，ナッシュ均衡であり，ゲームの解として両方のプレーヤーのペイオフは（7, 6）となる（表10.7）。

他の戦略の組合せは，ナッシュ均衡の定義を満たしていないことに注意しよう。たとえば，（M, C）という組合せを考えてみよう。プレーヤーAがMを選択すれば，プレーヤーBにとってはCの選択が最適反応である。しかし，プレーヤーBがCを選択するとき，プレーヤーAにとってはMではなくTを選択する方が望ましい。したがって，（M, C）の組合せは2人の最適戦略の組合せにならない。表10.7の例では，最適戦略の組合せは（W, R）の1つのケースしか存在しない。

■ 逢い引きのディレンマ

最適戦略の組合せであるナッシュ均衡は，いつも1つであるとは限らない。ナッシュ均衡は複数存在する場合もある。その例として次のようなゲームを考えよう。表10.8に示すように，太郎と花子が「コンサート（C）」か「スポー

10.2 ナッシュ均衡

表10.8 逢い引きのディレンマ

太 郎

		C	S
花子	C	3, 1	0, 0
	S	0, 0	1, 3

ツ観戦（S）」かどちらかでデートするケースを想定しよう。太郎は，どちらかといえばスポーツ観戦の方がよく，花子はどちらかといえばコンサートの方がよい。もちろんお互いに自分の好みを優先してバラバラに選択しても，デートが成立しないからペイオフはゼロである。

このようなゲームでは，ともにスポーツ観戦（S, S），ともにコンサート（C, C）の2つの組合せがナッシュ均衡になる。これは，逢い引きのディレンマとよばれるゲームである。このようなゲームでは，ゲームの解としてどちらのナッシュ均衡解が実際に選択されるかは何ともいえない。

■ コイン・ゲームと混合戦略 ─────────────

表10.2のようなコイン・ゲームにナッシュ均衡が存在するかどうかを考えてみよう。このゲームではこれまでの枠組みではナッシュ均衡は存在しない。なぜなら，プレーヤーAにとってはプレーヤーBと同じ戦略をとるのが最適戦略であるのに対して，プレーヤーBにとってはプレーヤーAとは逆の戦略をとるのが最適戦略である。したがって，お互いに最適戦略となる組合せは存在しない。

ここで，自分のとる戦略に不確実性を入れてみよう。たとえば，プレーヤーAが自らの戦略をサイコロにしたがって決定し，偶数の目が出たら表を，また，奇数の目が出たら裏を選択するとしよう。つまり，プレーヤーAは表が出る確率が1/2，裏が出る確率も1/2の不確実な戦略を採用することになる。このように複数の戦略をある確率で組み合わせて採用することを混合戦略とよんでいる。混合戦略も考慮すると，ナッシュ均衡は必ず存在することがい

289

える。

　プレーヤー A が上のような混合戦略を採用している場合の，プレーヤー B の最適な戦略を考えてみよう。表か裏が1/2の確率で生じる場合には，プレーヤー B にとっては表を出しても裏を出しても期待利得は同じである。また，プレーヤー B が同様な混合戦略を行っても，同様に期待利得は同じである。この場合，プレーヤー B はどのような戦略でもかまわないことになる。したがって，プレーヤー B もサイコロを振って奇数なら裏，偶数なら表という戦略をとるのも最適戦略となる。また，プレーヤー A にとってもプレーヤー B がそのような混合戦略をとる場合には，上の混合戦略をとるのも最適戦略であるから，結局，このような最適な混合戦略の組合せがナッシュ均衡となる。

■ ナッシュ均衡と経済分析

　ナッシュ均衡は，経済分析をゲーム理論的な立場から考察する際の基本的な概念になっている。相手の戦略を所与として，そのもとで自分の最適な戦略を決めるという考え方は，寡占市場のみならず完全競争市場での企業や家計の行動にも適用できる。すなわち，価格を与件として各経済主体が自らの最適な生産，消費量を決定し，市場で需給が一致するように価格が決まる。このように考えると，完全競争での市場均衡はナッシュ均衡としても定式化できるのである。

表10.9　ゲーム理論の解

支配される戦略の消去	相手のとり得るすべての戦略について，自分のある戦略が必ず他の自分の戦略よりも望ましくないとき，支配される戦略という。この支配される戦略を消去して残る戦略の組合せで，ゲームの解を求める。
ナッシュ均衡	相手のある戦略に対して，自分のもっとも望ましい最適戦略を求める。お互いに最適戦略である戦略の組合せで，ゲームの解を求める。混合戦略も考えると，必ずナッシュ均衡解が存在する。

10.3 動学的なゲーム

　なお，囚人のディレンマのゲームは経済分析でもたびたび登場するが，このゲームのナッシュ均衡は，支配戦略の均衡（非協力，非協力）と同じである。ナッシュ均衡は支配戦略の均衡よりも弱い概念であるから，支配戦略で均衡が存在すれば，それはナッシュ均衡でもある。しかし，逆は成立しない。上でもみたように（表10.7），支配戦略で均衡が存在しなくても，ナッシュ均衡は存在する。

　ナッシュ均衡の場合の問題点は均衡が存在しないことではなく，むしろ逢い引きのディレンマのゲームのように，複数のナッシュ均衡が存在し，その中から現実にどれが選択されると考えればよいのかという問題である。

10.3　動学的なゲーム

■ 動学的なゲームとは

　これまでのゲームでは，各プレーヤーは相手がどのような戦略をとるのか予想はできても，実際に相手の戦略を観察できないと想定した。この節ではあるプレーヤーは自分の戦略を決定する際に，相手がどう選択したかを知っているとしよう。これは，まず相手が先に動いてその戦略を決定し，それを自分も知っており，その後で自分の最適な戦略を決めるケースである。

　このように相手の戦略がわかった後で自分の戦略を順次決めていくゲームは，動学的なゲームとよばれる。これに対して，これまでの節で考察したゲームを同時ゲームとよんでいる。

　次のようなゲームのペイオフを想定しよう。表10.10に示すように，プレーヤー A の戦略は (T, W) であり，プレーヤー B の戦略は (L, R) である。前節で考察した同時ゲームでは，ナッシュ均衡解は (T, L) (W, R) の2つである。このゲームを動学的なゲームにしたとき，解はどのようになるだろうか。ゲームの構造として，まずプレーヤー A が先に戦略を決定し，それをプレーヤー B はみた後で，自らの最適な戦略を決めるとしよう。

　このようなゲームの構造は，ゲームの木とよばれる図10.1で表すことが

291

表10.10 動学的なゲーム

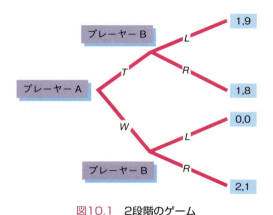

図10.1 2段階のゲーム

できる。このゲームの解はどう求めればよいだろうか。プレーヤーAの戦略が決まった後でのBの最適な戦略について分析してみよう。

まず，プレーヤーAがTを選択したとしよう。このとき，プレーヤーBにとっての最適な戦略はLとなり，プレーヤーAのペイオフは1となる。また，プレーヤーAがWという戦略を選択したときは，プレーヤーBにとっての最適な戦略はRであるから，そこでのAのペイオフは2である。

次に，プレーヤーAが最初に(T, W)のどちらかの戦略を決定するかを分析しよう。プレーヤーAにとってみれば，自分がある戦略を選択すれば，それをプレーヤーBも知っていて，プレーヤーBがそのもとでプレーヤーBのペイオフを最大にするように行動すると予想できる。したがって，プレーヤーBが合理的に行動するとプレーヤーAが予想する限り，プレーヤーA

にとってはその後のプレーヤー B の行動を織り込んで自分の最適な戦略を決定することになる。

図10.1のゲームでは，プレーヤー A にとっては戦略 W を選択して2を手にする（このときプレーヤー B は R を選択すると予想できる）方が，戦略 T を選択して1を手にするより（このときプレーヤー B は L を選択すると予想できる）も，望ましい。その結果，(W, R) がゲームの解となる。

■ 部分ゲーム完全均衡

(W, R) は全体のゲーム（=ゲームの木全体）での解であるとともに，プレーヤー A の選択を所与としたときのプレーヤー B の最適反応を考慮した部分ゲーム（=プレーヤー A が選択し終わった後でのゲーム）においても均衡解となっている。このようなゲームの解を，部分ゲーム完全均衡とよんでいる。

上の例でもわかるように，こうした動学的なゲームでは，後ろ向きに解いていくことでゲームの解をみつけることができる。このような手法を，後ろ向き帰納法（バックワード・インダクション）とよぶ。上と同様に，次のような例で考えてみよう。図10.2にあるようなゲームの木を想定する。すな

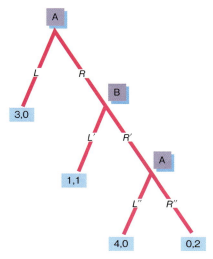

図10.2　3段階のゲーム

10 ゲーム理論

わち，3段階のゲームになっている。最初にプレーヤー A が L か R という戦略を選択する。L を選択した場合は，ゲームはこれで終わりであり，両者のペイオフは $(3, 0)$ となる。次に，プレーヤー A が R を選択した場合，プレーヤー B はこれをみてから，L' か R' を選択する。もしプレーヤー B が L' を選択すれば，ゲームは終わりとなり，両者のペイオフは $(1, 1)$ である。最後に，プレーヤー A はプレーヤー B の選択を見て，R' であれば，それを既知として L'' か R'' を選択できる。この場合のペイオフは $(4, 0)$ か $(0, 2)$ である。

　動学的なゲームであるから，後ろ向きに解いてみよう。まず第3段階から考える。プレーヤー A は自らのペイオフの大きい L'' を選択する。これを前提として第2段階のプレーヤー B の選択を考えよう。L' を選択すれば，プレーヤー B のペイオフは1であるが，R' を選択すると B のペイオフは0になる。なぜなら，プレーヤー A は L'' を選択することを B も予想できるからである。したがって，プレーヤー B は L' を選択する。これを前提として最初の段階を考えよう。プレーヤー A にとっては L を選択すると3のペイオフ，R を選択すると1のペイオフとなる。したがって，プレーヤー A は L を選択する。結局このゲームの解はプレーヤー A が L を選択して，両者が $(3, 0)$ を手にすることで終わりとなる。

■ 脅迫は有効か

　警察官が犯人を追いつめたとしよう。犯人が爆弾を保有しており，警察官が近づくと爆発させると脅迫したとしよう。このような脅迫は信用に値するだろうか。これは，2段階の動学的なゲームの応用と考えることができる。第1段階で，警察官が犯人を捕まえるために近づくか，あるいは，近づかないで犯人を取り逃がすかの戦略を決める。第2段階で，犯人は警察官が近づかなければ逃げるし，近づけば爆弾を爆発させるか，あるいは警察官に捕まるかの選択をする。

　動学的なゲームであるから，後ろ向きに解いてみよう。第2段階で警察官が近づいたとして，犯人は本当に爆弾を爆破させるだろうか。そうすれば，

294

警察官のみならず犯人自身も死んでしまう。もし，犯人が合理的に行動するとすれば，爆破させることはしないと考えられる。したがって，これを考慮すると，第1段階での警察官の最適な戦略は，犯人を捕まえるために，近づくことである。このゲームでは，爆破するという脅迫が有効ではなく，警察官に信用されないのである。

■ 凶悪犯罪と死刑

　凶悪犯罪を起こせば死刑になる。これは，罪を犯したものへの罰として，社会的に許容されている。しかし，凶悪犯でも人間である。いったん罪を犯したとしても，その後で真摯に反省していて，更生の余地があるなら，必ずしも死刑にしなくてもよいのではないかという議論もある。

　殺人事件などの凶悪犯罪を犯した後では，被害者を生き返らせることはできない。いわばサンクコストである。その時点で最適な政策は，凶悪犯人でも更生の余地があるなら，死刑にしない方が望ましいだろう。これは，ある意味でパレート改善の判断である。

　しかし，凶悪犯罪を犯しても，後で反省すれば死刑を免れることが，事前にわかってしまうと，潜在的な凶悪犯罪者に悪いシグナルを与える。すなわち，後で反省さえすれば，凶悪犯罪を犯しても死刑にならないと予想して，かえって凶悪犯罪を促進させるかもしれない。これは，潜在的な凶悪犯罪者が動学ゲームを最適に解く場合に生じる解である。

■ 逢い引きのディレンマ：再考

　同時ゲームでは複数存在していたナッシュ均衡が，部分ゲーム完全均衡では1つに絞り込まれる。たとえば，表10.8で取り上げた逢い引きのディレンマのゲームを思い出してみよう。この同時ゲームでは2つのナッシュ均衡が存在していた。では，動学的なゲームでは均衡は1つに絞り込まれるだろうか。次のような動学的なゲームを考える。先に太郎がコンサートに行くかスポーツ観戦に行くかを決定する。それをみた後で，花子が自分もコンサートに行くかスポーツ観戦に行くかを決定する。

295

10 ゲーム理論

太郎の決定を受けた後での花子の最適戦略を考えよう。バラバラに行くと，花子のペイオフも小さくなる（ゼロ）から，花子としては太郎に追随して，太郎がスポーツ観戦を選んでいればスポーツ観戦を，また，コンサートを選んでいればコンサートを選ぶのが，花子の最適戦略になる。太郎はこうした花子の行動を織り込んで，自らの最適な戦略を決定すればいい。太郎にとってはコンサートよりもスポーツ観戦の方がペイオフが高いので，スポーツ観戦を選択する。したがって，ゲームの解は（スポーツ観戦，スポーツ観戦）となる。これが，部分ゲーム完全均衡解である。同時ゲームでは2つ存在した均衡が，動学的なゲームでは1つに絞り込まれる。

ただし，動学的なゲームではどのプレーヤーが先に動くかは，モデルの前提として与えられている。表10.8のようなゲームでは先に動いた方が得をしている。後から動く方は，先に動いた方の追随をするしかない。したがって，花子が先に動けば（コンサート，コンサート）がゲームの解となる。どちらが先に動くかを決める問題は，ここでは未解決のまま残されている。

■ どちらが得か

動学的なゲームでは先に動いた方が必ず得をするかというと，必ずしもそうではない。コイン・ゲームの場合には，先にコインをみせると必ず相手に負けてしまう。後から動く方が得をするから，先に動く誘因はない。先に動く方が得か，後から動く方が得かは，ゲームのペイオフいかんでどちらともいえない。

寡占企業間でも価格競争である企業が先に価格を引き上げて，他の企業がそれに追随することはよくある。また，ある企業が先に新製品を発表してから，他の企業が同じような製品を供給することもよくある。こうした場合に，先に価格を設定したり，新製品を発表したりする企業が，必ず有利であるかは不確定である。たとえば，価格を引き上げるとき需要がどの程度減少するかを見極めてから，価格の引き上げ幅を検討した方が得かもしれない。しかし，後から価格設定を考えると，先に決めた企業の価格に拘束されて，より自由度のある価格設定はできなくなる。

296

10.4 繰り返しゲーム

10.4 繰り返しゲーム

■ 有限回の繰り返しゲーム

　同じ同時ゲームを複数回繰り返す場合を想定しよう。この場合繰り返されるそれぞれの段階でのゲームを，段階ゲームとよんでいる。段階ゲームにおいてナッシュ均衡がユニークにただ１つ存在するのであれば，繰り返しゲームでも毎回そのナッシュ均衡が実現すると考えるのは，もっともらしいだろう。

　囚人のディレンマのゲームでは，ナッシュ均衡は(非協力，非協力)であった。では，(協力，協力) というお互いに望ましい解は，繰り返しゲームの状況ではナッシュ均衡解として実現できるだろうか。１回限りであれば非協力しか考えないプレーヤーであっても，何度も同じゲームを同じ相手と繰り返す場合には，お互いに協力し合って，ともに利益を分かち合おうとする誘因が生まれるかもしれない。

　寡占企業間でのカルテル行為などにみられる協力行動は，交渉相手が固定され，何度も同じゲームを行っている状況でみられる行動であろう。テニスの試合のように国際的な舞台で多くの選手が参入退出しているスポーツでは，協力（＝八百長）は無理であろうが，大相撲のように固定された相手同士で繰り返しゲームを行う世界では協力（＝八百長）の疑惑が，ときどき指摘されている。

　実は，有限回の繰り返しゲームでは，すべての回で（非協力，非協力）がゲームの解として実現してしまう。なぜなら，後ろ向きに解いていくと，一番最後のゲームでは，１回のゲーム（＝第１節で議論した同時ゲーム）と同じになるから，(非協力，非協力)が解となる。その前のゲームを考えると，このゲームで相手に協力しても，次のゲーム（＝一番最後のゲーム）で相手は必ず協力しないことがわかっている。その場合，今回だけ相手に協力する誘因はなくなる。したがって，この段階ゲームでは（非協力，非協力）が解となる。そうすると，その前のゲームでも（非協力，非協力）がゲームの解

297

10 ゲーム理論

表10.11　ゲームの種類

同時ゲーム	お互いに相手の戦略がわからないゲーム
動学的なゲーム	あるプレーヤーの戦略を既知として，次のプレーヤーが戦略を決めるゲーム
繰り返しゲーム	同時ゲームが何回も繰り返されるゲーム

となり，結局，すべての段階ゲームにおいて（非協力，非協力）がゲームの解となってしまう。

■　**無限回の繰り返しゲーム**──────────────────

　では，無限回の繰り返しゲームではどうであろうか。このゲームでは，最後のゲームがないから，今回協力することで，将来の損失を回避する誘因が生まれる。今回協力しなければ，すなわち，自分だけ自白して相手が自白しなければ（非協力，協力），自分の利得はかなり大きい。

　表10.3では自分＝4000円，相手＝0円。しかし，今回自分のみが自白したことが，繰り返しゲームでは将来の行動に影響する。次回のゲームでは前回自白したプレーヤーに対しては相手も自白するという行動をとるだろう。したがって，次回以降は常に（自白，自白）＝（非協力，非協力）が解として実現する。この場合の自分のペイオフは常に1000円である。今回のペイオフである4000円を手にすると，次回以降のペイオフは1000円になる。これに対して，ずっと協力（自白しない）を続けると，毎回3000円手にすることができる。どちらが得であろうか。

　一般的にいうと，段階ゲームでのペイオフを u_t，割引率を r とすると，ペイオフの割引現在価値は

$$\sum_{t=1}^{\infty} \frac{u_t}{1+r}$$

となる。このとき，r が高くない限り，協力するというナッシュ均衡が生まれる。

　最適戦略としては，次のようなものが考えられる。前回相手が非協力でな

298

10.4　繰り返しゲーム

表10.12　囚人のディレンマ：罰の戦略のペイオフ

今回非協力	4	1	1	1	1	1	1
ずっと協力	3	3	3	3	3	3	3

ければ（＝協力であれば），今回自分は協力する。しかし，前回相手が非協力であれば，今回以降永遠に自分も非協力を選択する。これは，罰の戦略（＝トリガー戦略）とよばれている。このとき，お互いに罰の戦略をとり，結果としてずっと協力し続けるのが，ナッシュ均衡になる。

　たとえば，表10.12のような囚人のディレンマのペイオフを想定しよう。相手，自分が前回協力しているとき，自分が今回非協力に転じると，今回の自分のペイオフは4であるが，次回以降は相手が協力してくれないのでずっと1のペイオフしか得られない。したがって，表10.12のようなペイオフの現在価値は $4+1/r$ となる。これに対して，今回も次回以降もずっと協力し続けると，毎回3のペイオフが得られるから，その現在価値は $3+3/r$ となる。したがって，

$$3+\frac{3}{r}>4+\frac{1}{r}$$

すなわち

$$r<2$$

であれば，協力解はナッシュ均衡になる。

　将来のペイオフを割り引く際の割引率が小さいほど，現在の利得よりも将来の利得の方を相対的に重視するから，協力解がナッシュ均衡解になる可能性は高くなる。

■ フォーク定理

　無限回の繰り返しゲームでは，囚人のディレンマ・ゲームでの非協力解以上のペイオフを，ナッシュ均衡として実現することができる。これは，フォーク定理とよばれている命題である。この命題は，囚人のディレンマを解決することが，無限回の繰り返しゲームでは可能であることを意味しており，経

299

10 ゲーム理論

済分析においても重要な役割をもつ定理である。

10.5　経済分析への応用

■ オークション：手法

　インターネットでの売買が盛んになるにつれて，さまざまな財・サービスの取引がネット上でオークションにより行われている。自分には不要だけれども利用価値のあるものを処分する場合，ネット上でその商品を公開し，もっとも高い価格をつけた人に売却するオークションは，急速に普及してきた。また，公共入札や電力の売買など企業間（あるいは政府と企業）の市場でも，オークションは活発に利用されている。1990年代にヨーロッパでは，次世代携帯電話の周波数の割り当てを各国政府がオークションで行い，巨額の財政収入を得た。

　オークションには2つのやり方がある。一つは指し値を引き上げていくものであり，もう一つは指し値を引き下げていくものである。前者は絵画の売却などで通常よくみられる手法であり，買いたい人たちの間で指し値を徐々に引き上げていき，最後に最も高い指し値を提示した人が，その権利を獲得する（イングリッシュ・オークション）。後者のオークションでは，売りたい人が提示価格をしだいに引き下げていき，もっとも早くその提示価格を受け入れた人が，購入する権利を獲得する（ダッチ・オークション）。

　また，オークションは動学ゲームのように，徐々に指し値を変更しつつ，時間をかけて購入したい人の数を絞り込んでいく手法ばかりではない。公共調達でよく行われるように，1回限りの投票で決める場合もある。そのときは，もっとも高い指し値を書いた人が購入の権利を獲得する。

　さらに，購入の権利を獲得する人が実際に購入する場合の価格についても，その人の指し値で落札するやり方（ファースト・プライス・オークション）と，（その人の指し値ではなくて）2番目の指し値の価格で落札するやり方（セカンド・プライス・オークション）とがある。

300

■ セカンド・プライス・オークション

　セカンド・プライス・オークションでは，人々は自分の評価額を正直にオークションで示すことが，最適な戦略となる。たとえば，自分にとっての評価額が100円だとする。このとき，100円以下の評価額を指し値で示すと，他の人に落札された場合に損をするから，100円以下で指し値をすることはない。なぜなら100円までであれば，自分が落札して得になるし，また，自分が落札した場合に実際に払う価格は自分以外の2番目の落札者の価格であり，それは自分の指し値とは独立であるから，自分が指し値を引き上げたとしても，落札価格は上昇しないで，自分が落札する可能性だけが増加するからである。

　しかし，100円以上の価格を指し値とするのは，得にならない。100円以上の価格を指し値とすると，2番目の指し値の人も100円以上の価格を提示する可能性がある。その場合，自分が落札しても，100円以上で購入することになり，損をする。また，2番目の人が100円以下の価格を指し値とする可能性もあるが，その場合，自分があえて100円以上の価格を指し値としなくても，自分が落札できることには変わりがない。したがって，いずれの可能性を考慮しても，100円という評価額をちょうど指し値とするのが最適な戦略になる。

　このセカンド・プライス・オークションは，じつは指し値を引き上げていく公開の引き上げオークションとよく似ている。つまり，公開オークションでも最後は2人の勝負になるが，先に降りた人の価格はその人の評価額よりも少しだけ高い価格になるから，結局落札価格は2番目の人の評価額に近い水準で決まってくる。

■ ファースト・プライス・オークション

　次のようなファースト・プライス・オークションの入札ゲームを考える。有名画家の絵に対して，太郎は182万円，花子は171万円の評価額をもっている。2人の参加者が入札価格を紙に書いて封印し，一番高い値段をつけたものが自分の指し値で落札する。2人とも相手の評価額を知っているものとする。5万円単位で値段をつけるとしよう。この入札では，どちらがいくらの

10 ゲーム理論

表10.13 入札額に対応するペイオフ

花 子

		165	170
太郎	170	12, 0	6, 0.5
	175	7, 0	7, 0
	180	2, 0	2, 0

(単位：万円)

値段で落札するだろうか。なお，両者が同じ指し値をつけたときは，くじで決定する。

　2人の入札額に対応するゲームのペイオフは表10.13のようにまとめられる。

　花子は175万円以上の値札をつけて落札しても，ペイオフはマイナスになるので，170万円止まりである。太郎の方が評価額が高いのでそれ以上の値段をつけることができる。ただし，185万円以上をつけることはない。

　このペイオフから，ナッシュ均衡を求めると，太郎が175万円をつけて花子が170万円をつける解が得られる。つまり，太郎が170万円をつければ，花子は170万円をつけることが最適になる。しかし，花子が170万円をつけるのであれば，太郎は175万円をつける方が望ましい。このとき，花子は170万円以下のいずれの値段をつけても落札できないので，170万円をつけることも最適な戦略になる。

　このように，落札価格は参加者の中の2番目に高い評価額（171万円）に近い金額（175万円）になる。これは，一般的にオークションでは成立する結果である。

Column——12	勝者の呪い

　国債入札，掘削権オークション，不動産競売などのように，商品の価値について共通の市場価値が与えられる商品のオークションで，各プレーヤーはこの

302

転売時の市場価格（商品の共通価値）を予め知ることができないため，各自で推定しなければならない。その場合，後で決まる商品の転売市場価格を上回った推定をしていたプレーヤーほど高値で入札するので，落札する（勝者となる）可能性が高い。すなわち，「勝者」である落札者は，商品の共通価値を上回る推定額を出して落札したことで，その価格が転売市場価格を上回っていると，転売で損失を被ってしまう。勝者が結果として損をするという意味で「勝者の呪い」という。プレーヤー（入札者）が多ければ多いほど，この呪い（損する額）も大きくなる。

■ ホールドアップ問題

ホールドアップ問題とは，契約条項に曖昧さがある点を悪用して，あるいは契約条項の履行を強制できないのを見越して，取引の相手が自己に有利な行動をとることである。したがって，その原因は契約に不完全さがあるときに，それを口実に開き直る誘因を与えることがある。開き直ることが有利であり，かつ，こうした意図的な不履行を防ぐような完全な契約がデザインできないときに，合理的な行動の結果としてホールドアップ問題が起きる。

たとえば，A社の投資には，B社の部品が不可欠であるとする。さらにA社は製品の質を高めて前よりも高い価格で販売できるようにする投資が可能であるとしよう。投資の結果，A社の販売収入は増加する。ただし，その投資は，B社からの部品投入に先行して実施しなければならず，費用もかかる。

このとき，A社がこの投資を実行するかどうかは，部品の納品価格をめぐるB社との交渉に依存する。投資した後でB社からの納入がストップすれば困るので，A社はB社が投資後に部品の納入価格を引き上げても，断れないかもしれない。A社に価格決定権がある場合にはそうした事後的な部品価格の引き上げは避けられるので，投資は実行されやすい。しかし，そうでないならば，実行されないこともありうる。価格決定権のあり方しだいでは有益な投資活動が実施されない可能性がある。

下請取引関係では，下請企業が，比較的少数の親事業者を相手に，長期的に継続される取引関係の中で，設備や技術のような関係特殊的な資源の蓄積を行っている。親事業者にとっても，下請企業は生産能力を補うための存在

10 ゲーム理論

である一方で，長期的取引関係の中で蓄積された専門的な技術や製造設備を活用するための存在でもある。

　つまり，下請取引関係は，市場取引を介しながらも，長期継続的な取引関係の中で，参加企業がある程度まで固定化されている。それぞれの企業が自立性を保ちながら，関係特殊的資源を共有する形で，密接な相互依存関係にある分業関係，すなわち垂直連携ネットワークを形成している。したがって，こうした固定化された関係は，親企業が下請企業に対して取引上の優越的地位にある。親企業が下請企業に親企業専用の設備を導入させ，後にそれをもとに価格交渉を行うケースは，ホールドアップ問題の典型である。

■ コミットメントと動学的不整合性

　人々が洪水多発地域に居住する例を想定しよう。そのような地域に居住するのは資源配分の効率性からみて最適ではないとする。当初，つまり，人々が居住しない前では，政府の最適なルールは堤防を構築しないことであり，それによって人々がその地域に居住しないように誘導することである。しかし，人々はそうした政府の政策ルールを信用しない。なぜなら，人々が居住してしまえば，政府は堤防を構築せざるを得ないからである。ひとたび人々が居住してしまえば，洪水の被害を防止するために，巨額の費用を投じて堤防を構築するのが最適な政府の行動になる。したがって，当初の堤防を構築しないというルールは動学的に不整合であり，結果として人々はそこに居住してしまう。

　政府が現在から将来にわたってどのような政策を決定すべきかを定式化している。しかし，将来時点になると，政府は当初のルールを変更することを望むかもしれない。もしそれが望ましい場合は，当初の最適政策ルールは「動学的不整合」とよばれる。さらに，民間の経済主体がこうした政府の行動変化を予想すれば，結果として実現する均衡は最適にならない可能性がある。これは，当初に想定していた政策にその後もコミットできるかどうかという拘束（コミットメント）の問題である。こうした問題は，動学的ゲーム問題として分析されている。

■ マクロ経済政策

　ゲーム理論は，第11章で分析するように，寡占市場を中心としてミクロ経済学に幅広く応用されているが，ミクロ経済学以外の経済学の分野にも応用例は多い。たとえば，マクロの経済政策を考えてみよう。政府が国民経済全体の経済厚生を最大化するように金融政策を操作するとしよう。金融政策としては，民間部門には予想されない拡張的な貨幣量の増加で，GDP を拡大させることができるとしよう。GDP の拡大は失業率を低下させるので，常に望ましい。しかし，拡張的な金融政策はインフレ率を上昇させるという弊害ももっている。こうしたときに，どこまで拡張的な金融政策を行うべきかは重要な政策問題である。

　こうした分析では，民間部門が政府の金融政策をどのように予想するかがポイントとなる。政府の戦略は金融政策の程度（貨幣供給の伸び率）であり，民間の戦略は予想インフレ率である。インフレ率がどのくらいかを予想することで，民間部門は最適な経済活動の水準を決定できるからである。これは，民間部門が予想インフレ率を決定し，その後で政府が金融政策を決定するという動学的なゲームとして定式化できる。そして，経済厚生を最大にしようとして選択する政府の戦略が，必ずしもゲームの解としては，経済厚生を最大にする解にならない可能性が指摘されている。

■ 2 国間交渉

　最近，日米間での貿易摩擦を反映して，自動車や半導体などさまざまな分野で2国間交渉が行われている。こうした経済問題での交渉は，ゲーム理論の立場から分析することが可能である。特に，アメリカが自由貿易を主張しながら，ときとして，対日制裁のために課徴金を課したり，保護貿易を実行するのは，繰り返しゲームの罰の戦略として理解することができるだろう。すなわち，もし日本が保護貿易（＝非協力）を選択するのなら，アメリカも対抗して保護貿易（＝非協力）を選択する。無限回の繰り返しゲームで考えると，自由貿易の解が協力解として実現する可能性がある。

10 ゲーム理論

■ 政党と経済政策

　経済政策を実行するのは政府であるが，現実には与党が政権をとり，与党の政治家の理念で政策が決定されている。与党の政治家がどのように経済政策を決定しているのかは，ゲーム理論の立場からの研究が行われている。特に，与党といえども選挙に負ければ政権を明け渡さざるをえない。政権交代の可能性を考慮すると，いまどのような政策が望ましいかは，将来どのような政党に政権を明け渡す可能性があるかにも依存する。

　そうした状況では，政党間でのとり得る政策がそれぞれの政党の戦略であり，政党間でのゲームの解として，現在の政策も決定される。動学的なゲームを考えると，必ずしも自らの理想とする政策を現在の与党が実行することが，与党にとっても最適とはならない可能性があり得る。

まとめ

●ゲーム理論は，ある主体が意思決定をする際に，他の主体がどのように行動するかを予想して，最適な行動を決定すると考える。経済分析の多くの状況では，囚人のディレンマのゲームが当てはまる。

●お互いに最適戦略である戦略の組合せとしてゲームの解を求めるのが，ナッシュ均衡である。ナッシュ均衡は支配される戦略の消去で解を求めるよりも弱い概念であり，混合戦略まで含めると，必ず1つ以上の解が存在する。ナッシュ均衡は，逢い引きのディレンマのゲームのように，複数存在する場合もある。

●相手の戦略を既知として自分の戦略を決めていくゲームは，動学的なゲームである。その場合のゲームの解は，部分ゲーム完全均衡である。

●同じゲームが複数回繰り返されるゲームは，繰り返しゲームである。無限回の繰り返しゲームを想定すると，囚人のディレンマのゲームであっても，非協力解以上のペイオフを，ナッシュ均衡として実現することが可能となる。これが，フォーク定理である。

●また，ゲーム理論はオークションの理論など，経済分析へも数多く応用されている。

306

10.5 経済分析への応用

重要語

☐ プレーヤー   ☐ 戦略   ☐ ペイオフ
☐ ゼロ・サム・ゲーム   ☐ 囚人のディレンマ   ☐ 支配戦略
☐ 支配される戦略   ☐ ナッシュ均衡   ☐ 逢い引きのディレンマ
☐ コイン・ゲーム   ☐ 混合戦略   ☐ 動学的なゲーム
☐ 同時ゲーム   ☐ 部分ゲーム完全均衡   ☐ 後ろ向き帰納法
☐ 繰り返しゲーム   ☐ 罰の戦略   ☐ フォーク定理
☐ オークション   ☐ コミットメント

問 題

■1 （ ）の中に適当な用語を入れよ。

（ア）プレーヤーが手にすることのできる利得は，（ ）とよばれている。

（イ）囚人のディレンマのゲームでは，お互いに（ ）の誘因が生じる。

（ウ）ナッシュ均衡とは，お互いに（ ）の戦略の組合せである。

（エ）相手の戦略がわかった後で自分の戦略を決めるのが，（ ）ゲームである。

（オ）囚人のディレンマのゲームを（ ）の繰り返しゲームで考えると，非協力解以上のペイオフをもたらすことは可能である。

■2 次のゲームでのナッシュ均衡解を求めよ。

		プレーヤー B	
		協 力	非協力
プレーヤー A	協 力	6, 6	0, 3
	非協力	7, 0	1, 1

■3 次の文章のうち，正しいのはどれか。

（ア）支配される戦略が存在しないときには，ナッシュ均衡も存在しない。

（イ）動学的なゲームでは，先に動いた方が必ず得をする。

（ウ）繰り返しゲームでは，非協力解より高いペイオフを実現できる場合もある。

307

10 ゲーム理論

（エ）逢い引きのディレンマのゲームでは，先に動いた方が損をする。

（オ）コイン・ゲームでは，ナッシュ均衡は存在しない。

■4　次のようなゲームを考えよ。企業1がA, Bどちらかを選択する。企業2は，企業1がどちらを選択したか観察したうえで，C, Dのどちらかを選択する。企業1がAを選び企業2がCを選んだときの企業1の利得は3，企業2の利得は3である。企業1がAを選び企業2がDを選んだときの企業1の利得は0，企業2の利得は0である。企業1がBを選び企業2がCを選んだときの企業1の利得は1，企業2の利得は1である。企業1がBを選び企業2がDを選んだときの企業1の利得は1，企業2の利得は5である。

　　このゲームにおける部分ゲーム完全均衡を解答せよ。

■5　以下のゲームのナッシュ均衡解を求めよ。なお，戦略A, aはプレーヤー1の戦略，B, bはプレーヤー2の戦略を示す。

プレーヤー2

		戦略B	戦略b
プレーヤー1	戦略A	0, 0	0, -2
	戦略a	2, 0	-2, 2

11 寡　占

　本章では，不完全競争市場である寡占市場での企業行動をゲーム理論の枠組みを用いて説明するとともに，その市場均衡の特徴を分析する。

---

1. 寡占市場での価格の下方硬直性を説明する屈折需要曲線の考え方を解説する。
2. カルテルの目的とその不安定性を，囚人のディレンマのゲームに対応させて説明する。
3. 複占のモデルの代表的な考え方であるクールノー・モデルを解説する。
4. クールノー・モデルと代替的なモデルであるベルトラン・モデルを解説する。
5. 動学的な複占のモデルであるシュタッケルベルグ均衡を説明する。
6. 独占的競争の概念を説明して，寡占と競争との関係を考える。

11.1　寡占とは

■ 寡占と複占

　ある産業で財・サービスを供給する企業の数が少数に限定されており，したがって，それぞれの企業が価格支配力をある程度もっているが，同時に，他の企業の行動によっても影響される状態を，寡占という。寡占の中でも特に企業の数が2つに限定されている場合を，複占とよんでいる。

　ある財の市場がどの程度の寡占的状況であるのかは，いろいろな要因に基づいているだろう。たとえば，日本ではビールは事実上4社の寡占であるが，

309

外国では多くの企業がビールを生産している。他方で，日本酒の市場ではかなり多くのメーカーが競合している。これは歴史的な背景もあるだろうが，ビールの生産に対する規制の影響が大きい。

■ 同質財と差別財 ─────────────────────

寡占市場で取引される財は，同質財と差別財の2つのケースがある。同質財は完全競争市場で想定している財であり，複数の企業の生産する財が需要者にとって同じ財であり，どの企業が生産したかは無差別となる。これに対して，差別財の場合は，個々の企業の生産する財が機能的にはほとんど同じものであっても，需要者にとって無差別ではなく，どの企業が生産したかという情報もある程度意味をもってくる。

寡占市場では，通常，鉄鋼，セメント，トラックなど資本財や中間財など企業に対して販売される財は同質財のケースが多く，逆に，化粧品，ビールや乗用車など消費者に対して販売される財には差別財が多い。

11.2 屈折需要曲線の理論

■ 屈折する需要曲線 ─────────────────────

寡占市場での企業は，独占市場や完全競争市場での企業と異なり，他の企業の行動に無関心ではいられない。企業間の相互依存関係が，寡占市場での価格形成や生産水準にも影響を与えるからである。この点を理論的にきちんと分析するには，ゲーム理論的な枠組みが必要となる。その前に，この節では，寡占市場における価格硬直性を説明する有力な概念である屈折需要曲線を紹介しよう。

いま，差別財を生産するある企業の直面する個別需要曲線が図11.1のような形をしていると想定しよう。寡占企業の個別需要曲線は，独占企業の直面する需要曲線と同様に，右下がりであろう。すなわち，その寡占企業がより多くの財を販売するには，価格を低下させなければならないし，逆に，生

11.2 屈折需要曲線の理論

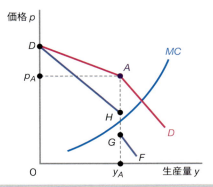

A 点で屈折した個別需要曲線が屈折需要曲線 DAD である。これに対応する限界収入曲線は，DH と GF の2つの曲線に分かれる。HG の部分で限界費用曲線が交われば，この企業の主体的均衡点での価格は p_A，生産量は y_A となる。

図11.1 屈折需要曲線

産を抑制すれば，ある程度価格を上昇させることができるだろう。ただし，独占企業と異なる点は，その企業の直面する個別需要曲線が他の企業の行動にも依存している点である。屈折需要曲線は，この個別需要曲線が図11.1にあるように A 点で屈折している曲線である。

　これは次のように説明される。現在の A 点から価格をその企業のみが引き上げたとしよう。このとき他の企業は価格の引き上げに追随しないと考えると，その企業の財の価格だけが割高になってしまう。寡占市場では製品差別化などの理由で，価格が多少高くてもその企業に対する需要がゼロに落ち込むことはないだろう。それでも，価格を引き上げると，その企業の財の魅力は小さくなり，需要が大きく落ち込むことが予想される。そのために，需要曲線の傾きは A 点の左上方では緩やかになる。

　逆に，A 点からその企業が価格を引き下げるとしよう。今度は，他の企業は，自分たちの財の価格競争力がなくなるのを恐れて，同様に価格の引き下げを図ると考えよう。他の企業がある程度価格を引き下げれば，その企業の財の価格競争力がそれほど増すことにはならない。したがって，その企業が価格を引き下げても，その企業に対する需要はそれほどは拡大しない。言い換えると，A 点の右下方では需要曲線の傾きはかなり急になる。

311

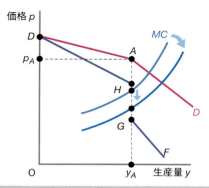

限界費用曲線が少しシフトしても，HG の部分で限界収入曲線と交わっている場合には，この企業の最適な価格は p_A のままであり，生産量も y_A のままである。

図11.2　価格の硬直性

■ 企業の利潤極大化行動

　以上2つの価格変化をまとめると，A 点の右下方と左上方で，その企業の直面する需要曲線の傾きは異なる。そこで，図11.1のように屈折した需要曲線 DAD が想定できる。こうした需要曲線を前提として，この寡占企業の利潤最大化行動を考えてみよう。利潤最大化条件は，独占企業同様に限界収入と限界費用が一致する点で与えられる。図11.1では，屈折需要曲線に対応する限界収入曲線 $DHGF$ を描いている。A 点で需要曲線が屈折している場合，限界収入曲線は DH と GF の2つの曲線に分かれて描かれる。すなわち，限界収入曲線は全体としてみれば，$DHGF$ という折れ曲がった形をとる。

　さて，限界費用曲線 MC が図11.1のように HG のところで限界収入曲線と交わるとしよう。このとき，企業の生産水準は y_A であり，価格は p_A である。ここで，何らかの外生的なショックが生じて限界費用曲線は少し下方にシフトしたとしよう。図11.2に示すように，限界費用曲線が少しシフトしても，まだ HG の間で限界収入曲線と交わっていることには，変わりがない。その結果，生産水準も価格水準も当初と同じまま（y_A と p_A）である。これは，限界費用曲線が少し上方にシフトした場合でも，同様に当てはまる。

　外生的なショックがあっても，価格や生産量を変化させないのは，A 点で

需要曲線が屈折しており，限界収入曲線に *HG* の幅が生まれるからである。この理論は単純で明快であり，寡占市場での価格の硬直性を説明する有力な考え方である。

11.3　カルテル

■ カルテルの誘因

　寡占市場では，第2節でもみたように，他の企業の行動によって自らの利潤が大きな影響を受ける。特に，独占企業と比べると，他の企業と価格や生産量をめぐる競争の可能性がある分だけ，企業は独占利潤を完全には手にすることができない。

　逆に考えると，もし寡占企業間で協力が可能であり，生産量や価格水準について合意形成ができるのであれば，かりにすべての企業が合併して単一の独占企業として行動した場合の独占利潤を，寡占企業全体としては獲得することができる。それを企業間で分配すれば，そうした協力をしないでバラバラに生産や価格の決定を行う場合よりも，各企業にとっては利潤が大きくなる。したがって，寡占企業は協調して価格を上昇させたり，生産量を抑制する誘因がある。これがカルテル行為の経済的な理由である。

◆*Case Study*　独占禁止法と公正取引委員会

　公正な競争を促進する法的な制度が，独占禁止法（私的独占の禁止及び公正取引の確保に関する法律）である。この法律は，私的独占，不当な取引制限，不公正な取引方法，持ち株会社の禁止を柱としている。私的独占とは他の事業者の排除・支配であり，不当な取引制限とは協定・契約により，他の事業者と共謀して価格を引き上げたり，取引を制限して事業行動を拘束することであり，不公正な取引とは異常な価格操作などで他の事業者に圧力を加えることなどである。

　わが国では，カルテル行為に対する罰則が甘いという国際的な批判もあり，

近年，独占禁止法の運用や罰則が強化されている。これまでは，不況カルテルという名目で，事実上多くのカルテル行為が行政的に正当化されてきた。その結果，過当競争の弊害を回避するという名目で，既存の企業の既得権が擁護され，新規参入が規制されて，消費者の利益が損なわれてきた。公共事業の入札における談合の問題など，まだまだ改善の余地は大きく，公正な競争を促進するため独占禁止法の運用を行う行政機関，公正取引委員会の役割に期待する点は大きい。

2005年には，違反事業者への課徴金制度の見直し，課徴金減免制度の導入，犯則調査権限の導入などについて法改正が行われ，公正取引委員会の権限が強化された。

■ カルテルの不安定性

しかし，カルテルは寡占市場で必ずしも常に生じて，長く続く現象とは限らない。カルテルを破棄する誘因が，個々の企業に生まれるからである。すなわち他の企業がカルテルを維持しているとしよう。価格を高めに維持するために生産量を抑制しているケースである。このような状況で，ある一つの企業がカルテルを破棄して，生産を拡大したとしよう。他の企業がカルテルを維持し続けるとすれば，カルテルを破棄する企業の方が利潤は大きくなる。

なぜなら，カルテル行為は生産抑制であるから，その企業からみれば限界収入よりも限界費用の方が低い状態が生まれている。1つの企業だけが価格を引き下げて生産を拡大することは容易に可能であり，それによってその企業は大きな利潤を獲得する。

もちろん，すべての企業が生産を拡大すれば，結果として，カルテルを全企業で維持するケースよりも，個々の企業が手にできる利潤は小さい。しかし，1つの企業だけがカルテルから抜けることで，その企業は大きな利潤が得られる。こうした誘因は，カルテルに参加しているすべての企業に共通である。したがって，カルテルは参加企業に強制力をもたせることがきわめて困難な行為といえる。すなわち，カルテルはきわめて不安定な存在といえる。

11.3 カルテル

表11.1 カルテルのゲーム

		企業2 協力	企業2 非協力
企業1	協力	10, 10	0, 20
企業1	非協力	20, 0	5, 5

■ **囚人のディレンマとしてのカルテル行為**

　実は，カルテル行為のこうした問題は，ゲーム理論で考えると，囚人のディレンマのゲームに他ならない。いま，2つの企業がお互いに協力して，生産量を抑制し，価格の上昇を目的とするカルテルを形成するか，あるいは，協力しないで自らの生産量を拡大して，自らの利益のみの確保を図るか，2つの戦略があるとしよう。

　このゲームのペイオフは表11.1にまとめられている。カルテルを形成すれば，お互いに10のペイオフを手にすることができるが，カルテルに相手が入っている状況では，自分だけ抜けることで20のペイオフを獲得できる。しかし，お互いにカルテルから抜けてしまうと，5のペイオフしか得られない。

　第10章で扱った（協力，協力）という解は，（カルテルに入る，カルテルに入る）という解とみなすことができる。また，（非協力，非協力）は（カルテル破り，カルテル破り）と同じである。第10章で議論したように，こうした囚人のディレンマのゲームでは，結果としてすべての企業がカルテル破りを行い，カルテルは均衡解としては成立しない。

■ **フォーク定理**

　ただし，フォーク定理が意味するように，もし無限回の繰り返しゲームの状況でカルテルが形成されている場合には，均衡としてカルテルが維持可能である。前回までカルテルに入っていた企業が今回もカルテルに入るか，あるいは抜けるかという選択を考えてみる。罰の戦略を表11.2で考えてみよう。

　今回カルテルから抜けると，20の利得がある。しかし，来期以降はカルテ

315

11 寡占

表11.2　フォーク定理

	1	2	3	4	5
非協力	20	5	5	5	5
協　力	10	10	10	10	10

ルがもはや形成されないので，自らの利得は5に減少してしまう。他方で，今回もカルテルに入っていると，10の利得が今回のみならず，来期以降もずっと獲得できるとしよう。表11.2が示すように，この2つの戦略の利得を比較すると，現在の利得よりも将来の利得の現在価値の方を重視する限り（割引率が小さい限り），今回あえてカルテルから抜けない戦略の方が，利得の合計は大きくなるだろう。すなわち，$5/r+20$ と $10/r+10$ の比較であるから，この数値例では $r<1/2$ であれば，協力解がナッシュ均衡解になる。

　カルテル破りをすると，将来他の企業から報復を受けるので，それを考慮すると，すべての企業にとって短期的な利潤を拡大するためにあえてカルテル破りを行う誘因は小さい。無限回の繰り返しゲームの状況は，寡占市場での企業の数が固定されていて，同じ企業間で長期的にカルテル行為が可能な市場であろう。逆にいうと，他の産業から企業が参入したり，他の産業へ企業が退出しているような市場では，無限回の繰り返しゲームを適用することは，困難である。そうした市場では，効果的な意味のあるカルテル行為は形成されにくいといえる。

◆Case Study　談　合

　わが国において入札談合が根強く残る理由として，以下のような指摘がなされている。

①　いわゆる「天の声」による談合が少なくない。

②　談合の抑止力が不十分。

③　現行の公共調達の制度・運用は，談合を招きやすいものとなっている。

このうち，①については，入札談合等関与行為の排除及び防止に関する法律（2002年）により制度的措置が講じられた。また，②については，独占禁止法

の禁止規定の実効性を確保するために課徴金制度を見直すこと等の議論がある。③については，入札契約適性化法（公共工事の入札及び契約の適正化法の促進に関する法律）の制定（2000年）及び適性化指針（公共工事の入札及び契約の適正化を図るための措置に関する指針：2001年）により公共工事の入札・契約の適正化のための取組が進められている。

しかし，こうした改正は現行制度を前提としたうえで運用の適正化等を図るものであり，公共工事の発注をはじめとする公共調達の適正化については，より根本的な課題として，たとえば現在の競争入札制度が価格による評価を原則としていることなど，会計制度やその運用についての見直しを求める意見もある。

入札契約適正化法は，国，地方公共団体等の行う公共工事の入札・契約について，透明性の確保，公正な競争の促進，適正な施行の確保及び不正行為の排除の徹底を基本原則として，発注者に対して，入札・契約にかかる情報の公表，丸投げの全面的禁止等施行体制の適正化，不正事実（談合等）の公正取引委員会等への通知等を義務付けている。また，同法において，国は，各発注者が適正化指針に従って講じた措置の状況をフォローアップして公表することとされている。また，適正化指針では，発注者が取り組むべき事項として，入札・契約手続に関する入札監視委員会等の第三者機関の設置，苦情処理の方策の実施，一般競争入札等の適切な実施等の入札・契約方法の改善，不良・不適格業者の排除等を掲げている。

なお，2018年現在で国及び特殊法人等，都道府県や政令指定都市については，公告による一般競争入札をすべての機関で導入済みであり，価格のみによらない総合評価落札方式もその大多数で導入している。

（公正取引委員会 HP：公共調達と競争政策に関する研究会報告書について（2003年11月18日）
http://www.jftc.go.jp/pressrelease/cyosa.htm 参照）

11 寡占

11.4 クールノー均衡

■ クールノー・モデル

　次に，企業の数を 2 つに限定して，寡占（＝複占）の企業行動をより理論的に分析してみよう。複占の企業行動のもっとも代表的な考え方は，クールノー・モデル（Cournot, A. A.（1801-77）；フランスの経済学者，数学者）である。このモデルでは，各企業の戦略変数はその企業の生産量である。

　ある市場に同じ財を生産している 2 つの企業が存在しているとしよう。議論を単純化するため，企業間で製品差別化は生じておらず，消費者は価格の低い企業の財のみを購入すると考える。したがって，2 つの企業は同じ価格をつけざるをえない。あるいは価格は市場で需給を均衡させる水準に決定される。そこでの問題は，どこまでお互いに生産するかというお互いの生産量の決定戦略に帰着する。

　企業 1 の利潤関数を次のように定式化しよう。

(1) $\qquad \pi_1(y_1, y_2) = p(y_1 + y_2)y_1 - c(y_1)$

ここで，y_1, y_2 はそれぞれ企業 1, 2 の生産水準，p は価格水準，c は企業 1 の費用関数である。$p(y_1 + y_2)$ は逆需要関数であり，市場価格は総生産量 $y_1 + y_2$ の減少関数になる。これは，家計の右下がりの需要関数に対応している。$y_2 = 0$ であれば，(1) 式は第 9 章で考察した独占企業の利潤と同じになる。市場価格が相手の生産量 y_2 にも依存するから，企業 1 の利潤 π_1 も相手の生産量 y_2 に依存することになる。

　さて，企業 1 は y_1 を選択する際に，企業 2 の生産水準 y_2 を所与として計画を立てるとしよう。相手が生産量をどう変化させるか予想できないこともないが，ここではもっとも単純な状況を想定して，自分の生産量が変化しても相手の生産量は一定であると考える。つまり，この最適化問題は y_2 をある値で固定して，y_1 のみを操作して企業 1 の利潤 π_1 が最大になる y_1 を求める問題である。

　この問題の解は，限界収入と限界費用が一致する主体的均衡条件から求め

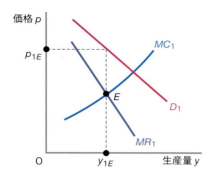

企業2の y_2 が所与のとき，企業1の主体的均衡点 E は自らの限界収入曲線 MR_1 と限界費用曲線 MC_1 の交点である。それに対応する生産水準 y_{1E} が企業1の最適生産水準となる。

図11.3　企業1の主体的均衡点

られる。図11.3に，企業1の限界収入曲線 MR_1 と限界費用曲線 MC_1 を描いている。主体的均衡点は2つの曲線の交点 E であり，それに対応する生産水準 y_{1E} が企業1の最適な生産水準である。y_2 を固定すれば，y_1 の最適水準を求める問題は，第9章での独占企業の y の最適水準を求める問題と同じである。限界収入 MR が限界費用 MC と等しくなるという条件の経済的な意味も，第9章と同じである。

■ クールノー反応曲線

ところで，y_2 は企業2の行動によって変化する。ここで，y_2 が拡大したとき，企業1の最適な生産水準はどのように影響を受けるだろうか。y_2 の変化によって y_1 の最適水準が変化するのが，複占＝寡占市場の特徴である。y_2 の拡大に対し，y_1 が同じままであればどうなるだろうか。総生産量 $y_1 + y_2$ は増大するため，それを市場で売りきるのに必要な需要増加をもたらすように，価格は下落する。その結果，限界収入 MR も低下する。すべての y_1 についてこの関係（y_2 の増加で MR の低下）が成立するから，図11.4に示すように，y_2 の拡大によって，限界収入曲線 MR_1 は左下方にシフトする。

均衡点は E から E' へと左下方へ移動する。その結果，y_1 の最適水準 y_{1E} は減少する。言い換えると，y_2 が拡大すれば，y_1 を減少させるのが企業1の最適な反応といえる。この関係を企業1のクールノー反応関数として，次のように定式化しよう。

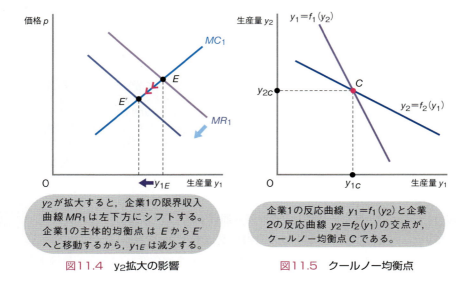

図11.4 y_2拡大の影響　　　図11.5 クールノー均衡点

(2)　　　$y_1 = f_1(y_2)$

この反応関数を，クールノー反応曲線として図示したのが図11.5である。縦軸に y_2，横軸に y_1 をとると，企業1の反応曲線は右下がりの曲線として描かれる。

また，企業2についても，企業1と同様に行動していると考えてよいだろう。すなわち，企業2は企業1の生産水準 y_1 を所与として，自らの最適な生産水準 y_{2E} を決定する。したがって，(2) 式と同様の反応関数を得る。

(2)′　　　$y_2 = f_2(y_1)$

企業2の反応関数も，y_1 の減少関数と考えられる。したがって，図11.5に示すように，右下がりの企業2の反応曲線を描くことができる。2つの反応曲線の交点 C が，クールノー均衡点である。

■ クールノー均衡点

企業1，2がお互いに相手の生産量を所与として自らの生産量を決定する場合，クールノー均衡では C 点に対応する生産水準 (y_{1c}, y_{2c}) が成立する。

11.4 クールノー均衡

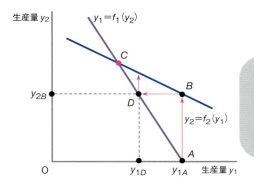

ある時点で企業1が A 点で生産をするとしよう。企業2の最適点は自らの反応曲線上の B 点となる。これに対応して，企業 A の最適点は自らの反応曲線上の D 点となる。このような調整を経て，最終的にクールノー均衡点 C が実現する。

図11.6 クールノー調整過程

このようなゲームは，お互いの企業にとって戦略変数が自らの生産量である場合のナッシュ均衡に他ならない。すなわち，y_{2c} のときの企業1の最適生産水準が y_{1c} であり，y_{1c} のときの企業2の最適生産水準が y_{2c} になっている。

なお，図11.5では，企業1の反応曲線 f_1 の方が企業2の反応曲線 f_2 よりも，より（絶対値でみて）急な傾きをもつ曲線として描かれている。これは，クールノー均衡の安定条件でもある。

たとえば，図11.6に示すように，ある時点でまず企業1が A 点に対応する生産（y_{1A}）を行い，企業2の生産はゼロであるとしよう。このとき企業2は自らの反応関数にしたがって，$y_{2B} = f_2(y_{1A})$ となる B 点まで生産を拡大する。これがわかれば，企業1は $y_{1D} = f_1(y_{2B})$ となる D 点まで生産を縮小する。こうした調整過程を経て，最終的に均衡点 C が実現する。

図による説明

それぞれの企業の直面する逆需要関数，費用関数が次のように線形で特定化されるとしよう。

$$p(y_1 + y_2) = a - (y_1 + y_2) \quad a > 0$$
$$c(y_1) = cy_1 \quad c > 0$$

このとき，企業1の利潤は

$$\pi_1 = y_1[a - (y_1 + y_2) - c]$$

となる。この式を y_1 について微分してゼロとおくと，限界収入＝限界費用の主体的均衡条件式として

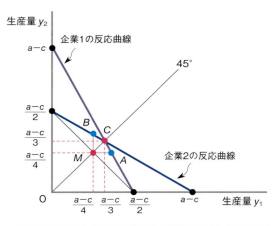

クールノー均衡点 C と独占解 M とを比較すると，M 点の方が2つの企業の利潤は大きい。これは，カルテルの利益を示す。しかし，M 点よりは A 点，B 点の方がそれぞれ企業1，企業2の利潤は大きくなる。これは囚人のディレンマのゲームである。

図11.7 クールノー均衡と囚人のディレンマ

$$y_1 = (a - y_2 - c)/2$$

を得る。これが企業1の反応関数である。

同様に，企業2の反応関数は，次のようになる。

$$y_2 = (a - y_1 - c)/2$$

これら2式を同時に成立させる y_{1c}, y_{2c} を求めると，次のようになる。

$$y_{1c} = y_{2c} = (a - c)/3$$

これが，クールノー均衡での生産水準である。

図11.7において企業1の反応曲線の傾き（の絶対値）は1/2であり，企業2の反応曲線の傾き（の絶対値）は2である。

また，各企業の利潤は

$$\pi_1 = \pi_2 = (a - c)^2/9$$

となる。

11.4 クールノー均衡

■ 独占解との比較 ―――――――――――――――――――――――――――

　ここで，この数値例における独占解あるいはカルテル解との比較をしてみ
よう。企業1，2が合併して，あるいはカルテル行為が成立して，独占利潤
を獲得できるとすると，

$$y_1[a-(y_1+y_2)-c]+y_2[a-(y_1+y_2)-c]=2y[a-2y-c]$$

を最大化する問題になる。ここで$y=y_1=y_2$である。
そこでの生産水準は

$$y_M=2y=(a-c)/2$$

となる。これは，図11.7では一方の企業のみが生産している水準に等しい。
　2つの企業が半分ずつ生産しているとすると，$y_M=y_1+y_2$であり，均衡点
はM点になる。このときの独占利潤は

$$\pi_M=(a-c)^2/4$$

となる。これを2つの企業で等しく分配すると，各企業あたりの利潤は

$$\pi^*=(a-c)^2/8$$

になる。この利潤はクールノー均衡での利潤（$\pi_1=\pi_2$）よりも大きい。こ
れは，複占企業が協調して行動することに利益が存在することを示している。

■ 囚人のディレンマとしてのクールノー均衡点 ―――――――――――――――

　図11.7において，2つの企業が協力してM点で生産を行う場合のおのお
のの利潤$(a-c)^2/8$は，各企業が非協力で生産を行うクールノー均衡点C
でのおのおのの利潤$(a-c)^2/9$よりも大きい。しかし，相手の企業2がM
点に対応する生産水準で協力解を実現しようとするとき，自らの企業1のみ
が生産を拡大してA点を実現する方が，企業1の利潤はさらに大きくなる。
　なぜなら，A点は企業2の生産水準がM点で固定されるときの，企業1
にとっての最適点だからである。同様に，企業2にとっても，企業1がM
点で生産するのであれば，B点を選択した方が利潤は大きくなる。これは，
囚人のディレンマのゲームに他ならない。

323

■ 企業の数

　以上は，複占（企業の数が2つ）の場合のクールノー均衡の定式化であった。理論的には同様の定式化は，3つ以上の企業が存在する寡占の一般的なケースでも可能である。容易に想像されるように，企業の数が大きくなればなるほど，クールノー均衡での生産量や価格水準は，完全競争市場での生産量や価格水準に近づいていく。もし企業の数が無限大であれば，クールノー均衡でも

　　　　価格＝限界費用

という効率性の条件が成立するのである。

　図11.7の数値例で，企業の数を2ではなく$n > 2$にすると，クールノー均衡での各企業の生産水準は

$$y_c = \frac{a-c}{n+1}$$

となる。市場全体での総生産量は

$$ny_c = \frac{a-c}{n+1}$$

となるから，市場価格は

$$p = a - ny_c = \frac{a+cn}{n+1}$$

である。ここで，nが無限に大きくなると，pは限界費用cに収束していく。

11.5　ベルトラン均衡

■ 価格が戦略変数のモデル

　クールノー・モデルでは，生産量が各企業の戦略変数であった。では，価格が各企業の戦略変数である場合は，どのような均衡が実現するであろうか。この問題は，ベルトラン・モデル（Bertrand, J. L.（1822-1900）；フランスの経済学者，数学者）として定式化されている問題である。

　価格を戦略変数とする場合，差別的な財を生産しているのか，同質的な財を生産しているのかで，均衡はかなり異なってくる。同質的な財を生産している場合には，費用条件が同じであれば，相手が価格を維持すると想定する

11.5 ベルトラン均衡

限り，お互いに価格を引き下げることですべての需要を奪おうという誘因が働く。たとえば，自分が価格を下げて生産量を増加させても，相手は価格を一定に維持するように，生産量を削減してくると，自分が予想する。そうした予想をする限り，自分は価格を引き下げるのが得になる。お互いにそのように考えて行動すると，価格の引き下げ競争が生じる。

　結果として限界費用に価格が一致するところが均衡として実現する。完全競争と同じ状況が複占市場でも生じるのである。こうした状況は，個々の企業にとってみれば「過当競争」のデメリットと感じるだろう。したがって，同質財の寡占市場では，お互いに協調しない限り，価格を戦略変数とみなす価格競争ではなくて，生産量を戦略変数とみなす生産量の競争（あるいは調整）が行われることが多い。クールノー・モデルでは，自分が価格を引き下げて生産量を増加させても，相手は生産量を減少させないと予想する（相手の生産量を所与とみなす）ので，自分だけが価格を引き下げるメリットはあまりない。

　より興味深いケースは，製品の差別化がある程度存在する不完全代替の寡占市場における価格競争の結果であろう。したがって，以下では不完全代替の差別化された財で考えることにしよう。

■ ベルトラン反応関数

　企業1，2が存在し，企業1の直面する個別需要曲線が次のように表されるとしよう。

$$(3) \qquad y_1 = a - p_1 + b p_2 \qquad a > 0, \ b < 2$$

ここで，p_1, p_2 はそれぞれの企業の財につけられる価格である。差別化された財であるから，2つの企業は別の異なる不完全代替財を生産している。

　こうした市場では $p_1 > p_2$ でも $y_1 = 0$ になることはない。しかし，企業2の価格水準は企業1の生産する財に対する需要にも大きな影響を与えるだろう。y_1 は p_1 の減少関数であるが，p_2 の増加関数になる。すなわち，自らの価格が上昇すれば，自らの財に対する需要が減少する。しかし，相手の企業が価格を上昇させると，家計の需要は自分の企業が生産する財の方に振り向けら

325

れるので, y_1 は増加する。

単純化のために, 限界費用 c は一定としよう。すると, 企業 1 の利潤は, 次のようになる。

(4) $\qquad \pi_1 = (a - p_1 + bp_2)(p_1 - c)$

ベルトラン均衡では, 戦略変数は価格 p_1 であり, 相手の価格 p_2 を所与として企業 1 は自らの利潤を最大にすべく, 最適な価格 p_1 を選択する。クールノー・モデルでは利潤が y_1, y_2 の関数 $\pi_1(y_1, y_2)$ であったのに対して, ベルトラン・モデルでは利潤が p_1, p_2 の関数 $\pi_1(p_1, p_2)$ となる。

この利潤最大化の解として求められる最適な p_1 を実現するように, (3) 式から最適な y_1 が決定される。(4) 式を p_1 について微分してゼロとおくと, 次式を得る。

(5) $\qquad p_1 = \dfrac{a + bp_2 + c}{2}$

これが企業 1 の反応関数である。企業 1 の設定する価格 p_1 は企業 2 の設定する価格 p_2 にプラスに関係している。p_2 が上昇すれば, p_1 も上昇する。

これまでの分析同様, p_1 を限界的に上昇させる限界的なメリットとデメリットが一致する点で, 最適な p_1 が与えられる。p_1 上昇の限界的なメリットは限界販売収入 MR であり, これは生産量 y_1 に等しい。また, p_1 上昇の限界的なデメリットは限界マージン費用 MC とよべるコスト増加であり, $(p_1 - c)(-\Delta y_1 / \Delta p_1)$ に等しい。前者は, p_1 の上昇による y_1 所与としてどれだけ販売収入 $p_1 y_1$ が拡大するかを示し, 後者は, p_1 の上昇で y_1 の減少によって 1 単位あたりのマージン $(p - c)$ がどれだけ減少するかを示す。図11.8 に示すように, MR は右下がりであり, MC は右上がりである。企業 1 の主体的な均衡点 E は 2 つの曲線の交点になる。

ここで p_2 の上昇によって, この主体的な均衡点がどのように変化するかをみておこう。(3) 式で想定されているように, p_2 の上昇によって企業 1 に対する需要 y_1 は増加する。これは, MR 線を上方にシフトさせるから, 新しい均衡点は MC 曲線 (5) 式上を右上方へと移動する。したがって, p_1 を上昇させるのが企業 1 の最適な反応になる。

11.5 ベルトラン均衡

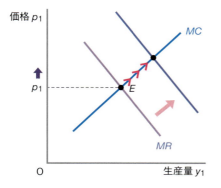

企業1の限界販売収入 MR と限界マージン費用 MC との交点 E が主体的均衡点である。相手の企業の価格 p_2 が上昇すると、MR は右上方にシフトするから、企業1の主体的均衡点 E も右上方に移動する。p_1 の最適水準は上昇する。

図11.8 ベルトラン均衡での企業1の主体的均衡

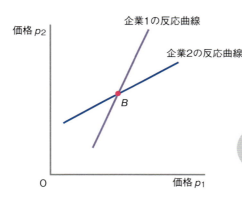

企業1の反応曲線と企業2の反応曲線の交点 B が、ベルトラン均衡点である。

図11.9 ベルトラン均衡点

■ ベルトラン均衡点

言い換えると、図11.9に示すように、縦軸に p_2、横軸に p_1 をとると、企業1の反応曲線は右上がりとなる。すなわち、企業2のつける価格が上昇すると、企業1も追随して価格を上げようとする。逆に、企業2が価格を下げると、企業1も追随して価格を下げる。さらに、企業1の反応曲線の傾き ($b/2$) は1よりも大きい。したがって、企業2が価格を上げても、企業1の価格の上げ幅は企業2ほどではなく、また、企業2が下げる場合にも、企業1の追随の大きさは、企業2ほどではない。これは、多少とも価格競争を意識して、相手よりも相対的に有利な価格条件で家計の需要を多く獲得した方が、利潤が拡大すると考えているからである。

さて，企業2も同様な意思決定で価格を決めているので，企業2の反応曲線も図11.9に示している通り，右上がりである。両方の反応曲線の交点が，ベルトラン均衡点 B である。上の数値例では，均衡での価格は，

$$(6) \qquad p_1{}^* = p_2{}^* = \frac{a+c}{2-b}$$

となる。この数値例では，$b<2$ は安定的な均衡が存在する条件になっている。

　ベルトラン均衡（図11.9）では反応曲線は右上がりであり，クールノー均衡（図11.5）では反応曲線は右下がりである点に注意したい。また，第2節の屈折需要曲線の議論と比較すると，ここでは p_2 の上昇と下落の p_1 に与える効果は対称的で，同じである。ベルトラン型のモデルでは，（所与としている）相手企業の価格水準が問題なのであって，相手企業が価格を引き下げているのか，引き上げているのかは，自らの価格戦略において考慮していない。この点は，屈折需要曲線が，相手企業が価格を上げた場合と下げた場合とで非対称的に反応することを意味していたのとは，相違している。

■ 戦略的代替・補完関係

　反応関数のタイプとして，クールノー・モデルのように，相手の戦略変数が増加したとき，自分の戦略変数を減少させる反応をとるか，あるいはベルトラン・モデルのように，相手の戦略変数が増加したとき自分の戦略変数も増加させる反応をとるか，2つの反応のタイプがあり得る。前者の反応を戦略的代替関係，後者の反応を戦略的補完関係とよんでいる。すなわち，戦略的代替関係の場合には反応曲線は右下がりであり，戦略的補完関係の場合は反応曲線は右上がりとなる。

　2つの企業が同じであれば，均衡点は45度線上にある。したがって，戦略的補完関係にあれば，反応関数も右上がりだから，反応曲線の形状いかんでは45度線と複数交わる可能性が生じる。すなわち，均衡点が複数存在する可能性があり得る。これに対して，戦略的代替関係の場合は，反応曲線は右下がりだから，45度線との交点は1つになる。複数均衡の可能性は排除される。複数均衡が理論的に興味のある現象であるとすれば，戦略的代替関係よりも

11.6 シュタッケルベルグ・モデル

表11.3 寡占のモデル

	クールノー・モデル	ベルトラン・モデル
戦略変数	生産量	価格
反応曲線	右下がり	右上がり
囚人のディレンマ	あり	あり

補完関係の方がより興味のあるケースということになる。

11.6　シュタッケルベルグ・モデル

■ 動学的なゲーム

　いままでのモデルでは，クールノー均衡にせよ，ベルトラン均衡にせよ，いずれにおいても，ゲーム理論の枠組みでいうと同時ゲームであった。すなわち，お互いに相手の戦略が前もってわからない状況を想定し，相手のそれぞれの戦略を所与としたもとで最適な戦略を決定した。そのような最適戦略の組合せであるナッシュ均衡を，モデルの均衡と考えたのである。2つの均衡の相違は，戦略変数が生産量であるかあるいは価格であるかの相違であり，どちらの均衡でも同時ゲームの均衡点であることは同じであった。この節では，シュタッケルベルグ・モデルとよばれる動学的なゲームの枠組みにおける寡占企業の相互依存関係を分析しよう。

■ クールノー型動学ゲーム

　まず最初に，戦略変数が生産水準である2段階の動学的なゲームを想定する。ゲームの構造は，以下のようなものである。第1段階で，企業1が生産量 y_1 を決める。第2段階で，企業2は y_1 を既知として y_2 を決める。このような2段階のゲームの均衡は，第10章でも説明したように，後ろ向きに解くことができる。最初に第2段階での企業2の行動から分析しよう。

　第2段階では企業2は y_1 をすでに知っている。そのもとで，自らの利潤

329

$$(7) \qquad \pi_2 = p(y_1 + y_2)y_2 - c(y_2)$$

を最大にするように，y_2 を決定する。この式を y_2 について微分してゼロとおくと，企業2の最適条件が得られる。それは，企業2の限界収入と限界費用が一致する条件である。したがって，第4節のクールノー均衡でも議論した条件と同じになる。すなわち，企業2の最適反応関数は，同時ゲームにおけるクールノー・モデルでの反応関数と同じである。

$$(2)' \qquad y_2 = f_2(y_1)$$

■ 企業 1 の行動

次に第1段階での企業1の行動を考えよう。企業1は y_1 を選択することで，次に，企業2がどのような y_2 を選択するかを合理的に予想することができる。したがって，その予想である (2)′ 式を前もって織り込んで自らの意思決定をするのである。これが動学的なゲームで新しく考慮している点である。

(2)′ 式を (1) 式に代入すると，企業1の利潤は

$$(8) \qquad \pi_1 = p[y_1 + f_2(y_1)]y_1 - c(y_1)$$

と書くことができる。ここで，企業2の生産水準 y_2 は (2)′ 式を代入して置き換えられている。

企業1の最適な選択は，図11.10で示すことができる。この図はクールノー均衡の図11.5と同じ図である。両企業の反応曲線が描かれており，その交点がクールノー均衡点 C である。シュタッケルベルグ・モデル（Stackel-berg, H. v.（1905-1946）；ドイツの経済学者）では，企業1は，企業2の反応曲線を考慮して最適点を選択できる。これは，事実上，企業2の反応曲線上の任意の点を企業1が選択できることを意味する。では，企業2の反応曲線上で企業1の利潤が最大になる点は，どのような点であろうか。そのためには，この図に企業1の等利潤曲線を描き加えればよい。

等利潤曲線とは，家計における無差別曲線に対応する概念であり，利潤が一定となる y_1, y_2 の組合せを意味する。図11.11に示すように，この曲線は上に凸の曲線であり，企業1の反応曲線上で頂上がくる。その直感的な理由は，企業1の反応曲線が y_2 を所与としたときの利潤最大点の軌跡であった

11.6 シュタッケルベルグ・モデル

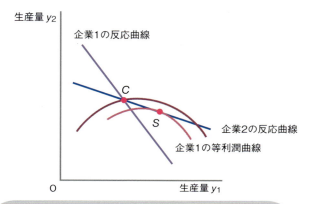

2つの企業のクールノー反応曲線の交点 C は，同時ゲームでのクールノー均衡点である。企業2の反応曲線上で企業1つ等利潤曲線と接する S 点は，シュタッケルベルグ・モデルでの均衡点である。

図11.10　クールノー型動学ゲーム

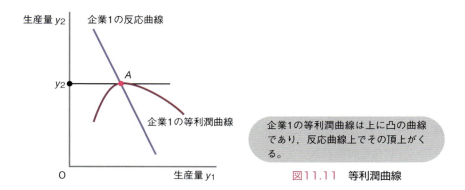

企業1の等利潤曲線は上に凸の曲線であり，反応曲線上でその頂上がくる。

図11.11　等利潤曲線

ことによる。

　すなわち，y_2 が一定であれば，その y_2 を通る水平線が図11.11のように描かれる。その中でもっとも利潤の高い A 点は，水平線と等利潤曲線の接点でなければならない。したがって，企業1の反応曲線上で，等利潤曲線は頂上がくる形状をもつはずである。また，y_1 が一定であれば，y_2 が小さいほど，p が高くなるから，企業1の利潤は拡大する。つまり，下方の等利潤曲

331

線ほど，企業1の利潤の水準は高い。

■ シュタッケルベルグ均衡点：クールノー・モデル ─────

　以上の等利潤曲線の性質を利用して，シュタッケルベルグ均衡点を探してみよう。図11.10の企業2の反応曲線上で企業1の利潤がもっとも高くなるのは，この曲線と等利潤曲線との接点 S である。S 点以外の点では，企業2の反応曲線は等利潤曲線と2つ交点をもつが，いずれの交点でも，S 点での等利潤曲線よりも上方の等利潤曲線に対応している。したがって，S 点よりも利潤は必ず小さくなる。

　図から明らかなように，シュタッケルベルグ点 S は，同時ゲームでのクールノー点 C よりも右下方になる。すなわち y_1 は大きく，y_2 は小さくなっている。また，企業1の利潤はクールノー均衡よりも拡大し，反対に企業2の利潤は小さくなっている。

　企業1は先に生産量を決定するので，寡占企業のなかでも〈先導者＝リーダー〉である。企業2は企業1の生産決定を受けて後から自らの生産を決めるので，〈追随者＝フォロアー〉である。上の議論は，生産水準が戦略変数でリーダーとフォロアーに分かれる場合には，リーダーの方が得をすることを示唆している。

■ ベルトラン型動学ゲーム ─────

　次に，価格を戦略変数とする動学的なゲームを考えよう。図11.12はベルトラン均衡を図示したものである。ここでは，企業1が先に価格 p_1 を設定し，企業2がそれをみてから価格 p_2 を決める2段階の動学的なゲームを考える。企業1が〈価格先導者＝プライス・リーダー〉であり，企業2が〈価格追随者＝プライス・フォロアー〉である。

　生産水準を戦略変数とする場合と同様に，後ろ向きに解いていけばよい。企業2の行動は反応関数にまとめられる。企業1は，企業2の反応関数を考慮して，自らの最適な価格を決定する。したがって，企業2の反応曲線上でもっとも企業1の利潤の高くなる点を企業1は選択する。

11.6 シュタッケルベルグ・モデル

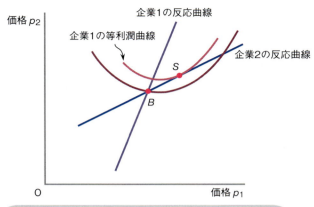

2つの企業のベルトラン反応曲線の交点 B は，同時ゲームでのベルトラン均衡点である。企業2の反応曲線上で企業1の等利潤曲線と接する S 点が，シュタッケルベルグ・モデルでの均衡点である。

図11.12 ベルトラン型動学ゲーム

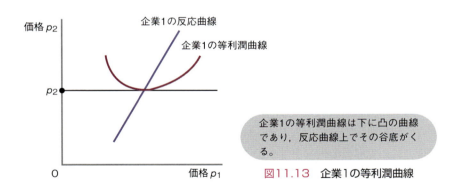

企業1の等利潤曲線は下に凸の曲線であり，反応曲線上でその谷底がくる。

図11.13 企業1の等利潤曲線

では，この図で企業1の等利潤曲線はどのような形をしているだろうか。図11.13に示すように，下に向かって凸の曲線であり，谷底の点が企業1の反応曲線上にある。これは，企業1の反応曲線が p_2 を所与として，もっとも利潤の高い点に対応する p_1 を選んでいることによる。p_2 を通る水平線と等利潤曲線との接点の軌跡が，企業1の反応曲線となっている。

クールノー型と異なる点は，ベルトラン型の場合，等利潤曲線は上方に行

333

くほど，利潤が高くなることである。これは，p_1 を一定としたときに，p_2 が上昇すれば，企業 1 の利潤は拡大することを意味する。相手が価格を引き上げてくれれば，自分の生産する財の方へ需要が振り変わるので，自分の利潤は拡大する。その結果，クールノー型とは異なり，無差別曲線の形状も下に向かって凸になっている。

■ シュタッケルベルグ均衡点：ベルトラン・モデル

さて，以上の等利潤曲線の性質から，ベルトラン型の価格競争に対応するシュタッケルベルグ・モデルでの均衡点 S は，同時ゲームでのベルトラン均衡点 B より右上方になる。企業 2 の反応曲線上で企業 1 の等利潤曲線との接点は，S 点であり，それ以外の企業 2 の反応曲線上の点よりも，企業 1 の利潤がもっとも高くなっている。図11.12からも明らかなように，S 点では B 点よりも，p_1 も p_2 も上昇している。また，企業 1 の利潤は拡大している。さらに，この場合，企業 2 の利潤も拡大している。最後の点は，クールノー均衡を動学的なゲームに拡張したシュタッケルベルグ解との大きな相違点である。

■ 2 つのゲームの比較

価格を戦略変数とする場合，価格先導企業のみならず価格追随企業も，お互いに同時決定するケースよりも利潤が拡大する。生産量を戦略変数とする場合には，先導企業のみが得をして，追随企業は損をしていた。それと比較すると，価格を戦略変数とする場合は，追随企業でも得をする。したがって，価格を戦略変数としているケースでは，企業は常に先導者になろうという誘因はあまりない。場合によっては，追随者の方が利潤はより拡大するかもしれないからである。

ところで，同時ゲームと比較して動学的なゲームの方で，寡占企業の利潤がともに増大している場合には，経済全体の生産水準は抑制され，消費者の経済厚生は損失を被っていることになる。これは，寡占市場がより独占的な状況に近づいていることを意味する。

表11.4 動学的なゲーム

	クールノー・モデル	ベルトラン・モデル
同時ゲーム との比較	先導者の利潤拡大 追随者の利潤縮小	先導者の利潤拡大 追随者の利潤も拡大
先に動く方 が得か	先導者が得	追随者の方が得にな ることもあり得る

■ 最低保証価格

　寡占市場で価格競争をしている企業は，消費者に対して，「他の店より高い価格で販売している場合は，その差額を返却します。当店では常に最低価格で販売しています。」と宣伝していることが多い。こうした最低保証価格戦略は，どのような効果をもっているだろうか。

　同質財の価格競争であるから，お互いに価格を引き下げ合うと損をすることが各企業にとって容易に想像できる。したがって，相手企業に対して，「引き下げれば必ず追随する」という自分の価格戦略を明示していると解釈できる。ベルトラン型の価格競争では，先に動くと損をするから，こうした戦略を明示することで「過当競争」を回避しようとする効果をもっている。

　最低保証価格は，一見すると，消費者にとってメリットの大きな宣伝に思われるが，寡占企業にとって価格競争を回避させる効果をもっている。

11.7　寡占と競争

■ 参入阻止行動

　独占あるいは寡占市場においてすでに生産している企業が，これから参入しようとする企業（＝潜在的な参入者）の参入を阻止するために，さまざまな価格，投資行動を行う場合がある。これらを参入阻止行動とよんでいる。

　価格による阻止行動としては，潜在的な参入者には利潤が期待できないような低い価格を設定して，参入意欲を阻害する例などがある。しかし，それ

では現在参入している企業の利潤も低下するだろう。既存の企業は、参入を認めて、ある程度の利潤を分け合うか、あるいは、参入を認めないほどの低価格で自らも利潤の低下にも耐えるかという選択をすることになる。

投資行動の場合は、参入の可能性があると、設備投資を拡大して生産能力を増強する誘因が働く。参入した後でも固定費用が多い企業は、より規模の利益を獲得できるから、寡占市場で優位に立てるからである。新規参入を考えている企業にとっては、既存企業が多くの投資を行うと、参入のメリットが小さいというシグナルを受け取ることにもなる。

地方の中心都市では、その地域の老舗の企業（たとえばデパート）が市場規模からみて過大な店舗を構えていることがよくある。これは、当該地方の中心部がドーナツ化した結果、不本意ながら大きな店舗を維持せざるをえないというマイナスの面もあるが、同時に、東京の資本など他の同業企業が新規参入することに対する備えであるとも解釈できる。

■ **独占的競争** ──────────────────

参入の可能性を考慮すると、寡占市場であっても競争の圧力は相当に大きい。その結果、長期的には独占利潤はゼロになり、価格は平均費用と一致するところまで下落するだろう。なぜなら、独占利潤がプラスであれば、同じような費用構造をもつ企業にとって、参入することで同じ独占利潤を獲得する誘因が働くからである。参入は独占利潤がゼロになるまで行われるから、その財の供給が増大して、市場価格は減少する。長期均衡では平均費用と価格が一致し、（超過）利潤がゼロになる水準が実現する。このような長期均衡の状態を独占的競争とよんでいる。これは出版業、外食産業など、差別財を扱い、ある程度の価格支配力はあるが、参入の容易な業種にみられる。

図11.14に示すように、独占的競争では個々の企業の直面する個別需要曲線が競争によって左下方にシフトして、長期均衡 E では利潤がゼロになるように、〈価格＝平均費用〉が成立する。また、長期的に参入や退出が自由であり、均衡で利潤がゼロになるという点では完全競争市場と同じであり、〈価格＝平均費用〉となる。一方で、それぞれの企業の主体的な均衡点 M で

11.7 寡占と競争

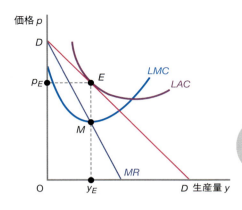

独占的競争では，LMC=MR となる M 点が主体的均衡点であり，そこで p=AC となっていて，利潤はゼロである。

図11.14 独占的競争

表11.5 不完全競争

独　占	企業数1つ，独占利潤プラス，参入障壁あり
寡　占	企業数2つ，独占利潤プラス，参入障壁あり 2つの企業間では競争
独占的競争	企業の数不定，独占利潤ゼロ，参入障壁なし 価格＝平均費用＞限界費用

は，〈限界収入＝限界費用〉も成立している。独占的競争は，個別需要曲線が右下がりであるという点で独占や寡占と同じであり，〈価格＞限界収入〉であるから，〈価格＝平均費用＞限界費用〉となる。

まとめ

● 企業の数が少数に限定されている市場が，寡占市場である。特に，2つの企業の場合が複占である。屈折需要曲線は，寡占市場での価格の硬直性を説明する考え方である。寡占企業は協調して価格を上昇させたり，生産量を抑制する誘因がある。これがカルテル形成の要因であるが，カルテルは囚人のディレンマのゲームに対応しており，不安定である。

● 複占企業の代表的なモデルが，クールノー・モデルである。お互いに相手の

生産量を所与として自らの生産水準を決定するのが，クールノー均衡である。この均衡も囚人のディレンマの構造をもっている。また，価格を各企業の戦略変数とするのが，ベルトラン・モデルである。

● クールノー・モデルとベルトラン・モデルはそれぞれ，動学的なゲームに拡張して，シュタッケルベルグ均衡として分析することもできる。

● 参入の可能性を考慮すると，独占利潤はゼロとなり，平均費用と価格とが一致する独占的競争が生じる。

重要語

- □ 寡占
- □ 屈折需要曲線
- □ カルテル
- □ 囚人のディレンマ
- □ 複占
- □ クールノー・モデル
- □ クールノー均衡
- □ ベルトラン・モデル
- □ ベルトラン均衡
- □ 戦略的代替関係
- □ 戦略的補完関係
- □ シュタッケルベルグ・モデル
- □ 参入阻止行動
- □ 独占的競争

問　題

■1　（　）の中に適当な用語を入れよ。

（ア）寡占の中でも企業の数が2つに限定されている場合を，（　）とよぶ。

（イ）屈折需要曲線の場合の（　）は，2つの非連続な曲線になる。

（ウ）カルテルは，（　）のゲームと同じ構造をもっている。

（エ）クールノー・モデルでの企業の戦略変数は，（　）である。

（オ）ベルトラン・モデルでの企業の戦略変数は，（　）である。

■2　ある財の需要曲線が，$D=60-p$（D：需要量，p：価格）のとき，この市場がクールノー・モデルでの複占であるとする。市場全体での均衡需給量はいくらか。なお，限界費用はゼロとする。

■3　ある寡占市場において，企業の直面する需要曲線（DD'），限界収入曲線（MR），限界費用曲線（MC）が図のようになっている。このとき，企業の利潤はどの部分で表されるか。

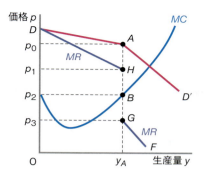

■4 寡占市場において，企業 A, B それぞれの費用関数を

$C_A = 2y_A$, $C_B = 0.5y_B$

とする。この市場での需要関数は

$D = 8 - 2p$

とする。ここで p は価格，D は需要量，C_A, C_B はそれぞれの企業の総費用，y_A, y_B は生産量とする。生産量を戦略変数として，企業 A が先導者，B が追随者であるシュタッケルベルグ均衡でのそれぞれの企業の生産量を求めよ。

■5 ある財の需要曲線が

$D = 200 - p$ （D：需要量，p：価格）

で，この財を供給する企業 A，B の費用関数が

$C_A = y_A^2$, $C_B = y_B^2 + 75y_B$

とする。クールノー均衡におけるそれぞれの企業の生産量 y_A, y_B を求めよ。

12 外部性

　本章では，市場メカニズムがうまくいかない例として，外部性の問題をとりあげる。

---

1. 公害を出す企業とその被害を受ける企業とのモデルを用いて，外部性による市場の失敗を説明する。
2. 外部性を内部化する方法として，ピグー課税を説明する。
3. ピグー課税以外の方法として，市場の創設および当事者間の自発的な交渉を考える。そして，コースの定理を解説する。
4. 通常の私的財とは異なる公共財を導入して，資源配分における政府支出の役割を考える。

12.1　市場の失敗

■ 外部性

　第9章で分析した自然独占は，市場メカニズムがうまく機能しない一つの例であった。この章では厚生経済学の基本定理が成立せず，市場機構がうまくいかないもう一つの例として，経済活動における外部性を想定しよう。外部性とは，ある経済主体の活動が市場を通さなくて，直接別の経済主体の環境（家計であれば効用関数，企業であれば生産あるいは費用関数）に影響を与えることである。

　外部性のうち，他の経済主体に悪い影響を与える外部性を外部不経済とよび，良い影響を与える外部性を外部経済とよんでいる。外部不経済の代表的な例は，公害である。経済活動が活発になるにつれて，工場など生産過程か

340

12.1 市場の失敗

表12.1 外部効果

外部経済	ある主体の行動が直接他の主体に良い影響を与えること：借景，果樹園と養蜂業，情報通信ネットワーク
外部不経済	ある経済主体の行動が直接他の主体に悪い影響を与えること：公害，環境汚染

らの廃棄物が周囲の環境に悪影響を与えて，公害問題が顕在化したのは1960年代の高度成長期であった。また，不特定多数が利用する自動車からの騒音や排気ガスによって，幹線道路の周囲で生活している人々の環境が悪化しているという公害もある。さらには，タバコの煙による非喫煙者への健康被害，近所でのカラオケやピアノあるいはペットなどの騒音や暴走族による騒音など，生活に密着した公害も多い。最近では，二酸化炭素やフロンガスの蓄積による温暖化，酸性雨など地球規模での環境汚染問題も，人類が直面する重要な課題になっている。これらは外部不経済の代表例である。

　しかし，ある主体の経済活動が他の主体の利益になるような外部効果も存在する。近所の家で立派な庭があれば，周りの住民もそれを借景として楽しむことができる。あるいは，果樹園の生産者にとっては近くに養蜂業者がいると，果物の成長にプラスになるだろう。義務教育もこのようなプラスの外部効果をもっている。誰でも読み書き・算術ができることが，経済活動の円滑な運営にプラスに働くからである。また，司法制度や基本的な行政サービスも，すべての経済主体にとってプラスの便益になる。最近では，通信技術の発展によるネットワークが経済活動でも重要な機能を果たしているが，このネットワークも外部効果の高い財である。

Column——13	ソーシャル・キャピタルとネットワークの外部性

　ソーシャル・キャピタル（社会資本）という概念が注目されている。これは，社会全体のシステムに存在する目に見えないネットワークが，あたかも物理的な公的インフラと同じように，社会秩序や経済活動にプラスの貢献をすることを意味するものである。ソーシャル・キャピタルの具体的な貢献を，それぞれ

12　外部性

を個別にとってみると昔から議論されてきたものが多い。また，物的資本や人的資本に比べると，資本とはいいがたい性格も有しており，物的資本や人的資本に関して構築された理論をそのまま適用することは必ずしも適切ではない。しかしながら，以下の点でソーシャル・キャピタルは重要な視点を提供する。

　第1に「人間は経済的存在である」との仮定にとらわれず，協調的・利他的行動や働く誇りなども含め人々の活動をより現実的に分析することを行いやすくする。第2に，経済・社会・技術の3要素の相互依存関係を包括的に勘案することを促進する。第3に脱工業化・国際化した時代に重要性の高まっている諸課題に総合的な観点から取り組むことを可能にする。第4に，IT社会で重要になっている**ネットワークの外部性**を広い視点で取り込める。

　IT社会では，人々のネットワークを通じて新しいビジネスが生み出されると，それは大きな外部効果をもっている。たとえば，多くの人がインターネットを利用するようになると，新しくネットを利用することのメリットは大きくなるし，ネットを利用したビジネスの採算も向上する。その際に，安全で安定したネット社会を構築するには，ハード面でのサポートとともに，人々がお互いに節度をもってネットを利用するという暗黙の了解も重要である。そうした人的な信頼関係の程度も，ソーシャル・キャピタルの度合いで示される。

■ モデル分析

　いま2つの企業が生産活動を行っているものとし，企業1は企業2に対して負の外部性（＝公害）を発生しているとしよう。すなわち，企業1は x という財を生産して，競争市場で販売することで利潤を稼いでいるが，この x 財の生産によって企業2は $e(x)$ だけ利潤の減少を被るとしよう。x とともに e は逓増すると考える。なお，企業2は消費者であってもかまわない。その場合は $e(x)$ は金銭的評価でみた効用水準（＝消費者余剰）の減少幅を意味している。

　さて，企業1, 2の利潤 π_1, π_2 はそれぞれ次のように定式化される。

(1)	$\pi_1 = px - c(x)$
(2)	$\pi_2 = -e(x)$

ここで，p は x 財の市場価格，$c(x)$ は企業1の費用関数である。完全競争市場での標準的な費用関数を想定して，x とともに c は逓増すると考える。単

342

12.1 市場の失敗

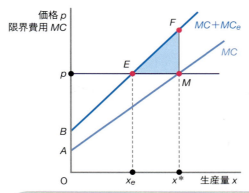

価格 p と私的な限界費用 MC が一致する M 点が，企業1の最適な生産水準 x^* である。価格 p と社会的な限界費用 $MC+MC_e$ が一致する E 点が，社会的に望ましい生産水準 x_e である。E 点の方が M 点よりも，社会的な余剰は△EFM だけ大きい。

図12.1　公害の超過負担

純化のために，企業2の独自の生産活動は企業1の経済活動とは独立していると考えて，以下の分析では企業2の生産活動は明示的に取り上げないことにする。

市場機構では，外部効果を無視して企業1の利潤が最大になる点で x の生産水準が決定される。第6章でも分析したように，個別企業の主体的均衡条件は，(1) 式の最大化条件より，次式となる。

(3) $\qquad p = MC(x)$

価格 p と限界費用 MC が一致する点 M が，企業1にとっての最適な x の生産水準 x^* である。

図12.1に示すように，限界費用 MC が増加しているケースでは，x^* はユニークに決定される。しかし，この x^* の生産水準では，x 財の生産の私的なコスト $c(x)$ は考慮されているが，企業2に迷惑をかけているという意味で社会的にはコストに含まれるべき $e(x)$ は考慮されていない。そのために，社会的な最適水準からみると x 財は過大に生産されている。このような現象を，「市場の失敗」とよんでいる。

12　外部性

■ 最適な資源配分

　いま，公害のコストにも考慮した最適な x 財の生産水準を求めるために，2つの企業の利潤の合計からなる社会的余剰を最大化する問題を想定しよう。このケースでの社会厚生は (1)・(2) 2つの式から与えられる利潤の合計である。すなわち，以下のようになる。

$$(4) \qquad \pi = px - c(x) - e(x)$$

この式を最大にする x を求めると，

$$(5) \qquad p = MC(x) + MCe(x)$$

となる。ここで，MC_e は公害の限界費用である。

　(5) 式右辺の第2項は，x の増加によって，企業2の生産がどの程度より割高になるかを示す公害の限界費用である。x の生産を拡大する際の社会的な限界費用の計算には，企業1が本来認識している限界費用 MC に加えて，企業2に与える公害の限界費用 MC_e も考慮する必要がある。この総限界費用 $MC + MC_e$ が x を拡大する際の社会的にみた限界的デメリット（＝社会的限界費用）であり，これが社会的な限界評価である x 財の価格 p に一致する点が，x の望ましい水準ということになる。

　その意味で，(5) 式を満たす x，つまり図12.1の E 点に対応する x_e は社会的に望ましい x 財の生産水準である。図12.1に示すように，$x^* > x_e$ の関係がある。

■ 公害の超過負担

　社会全体の総余剰は2つの企業の利潤の合計で測ることができる。図12.1を用いて，公害の超過負担の大きさを表してみよう。企業1が自らの利益のみを考慮して生産活動をしている場合，利潤の大きさは面積 pMA である。これに対して，社会的最適点 E で生産をしている場合，企業利潤の合計は面積 pEB である。両者を比較すると，前者の方が面積 $EMAB$ だけ大きい。しかし，前者の場合には，企業1は企業2に対して公害のコストを負わせている。その大きさは，面積 $FMAB$ である。この面積は，$EMAB$ よりも，面積 EFM だけ大きい。

344

この三角形の面積 EFM が公害の超過負担（厚生損失＝死加重）である。企業 1 が企業 2 に対してその被害額を完全に補償したとしよう。図12.1に示すように，社会的な最適点 E での総余剰の方が，M 点での総余剰よりも，EFM だけ大きくなるのである。

■ 外部経済の内部化

最適生産水準 x_e を市場経済で実現する方法として，どのようなものが考えられるだろうか。一つは，関連する 2 つの企業が合併するという方法である。これは，外部経済の内部化としては理論的には最も簡単な方法である。

現実にも，プラスの外部経済をもたらす 2 つの企業間では合併や統合（垂直的統合）などによって，統一的な意志決定をすることがみられる。たとえば，家電メーカーが CD プレーヤーなどのハードを生産するとき，音楽 CD というソフト産業とは程度の差はあれ外部性がある。CD プレーヤーの機能が充実すれば，それに対する需要が増加すると同時に，新しい音楽ソフトの開発にも技術面でプラスとなることが想定されるなど，有益だろう。こうした場合，家電メーカーが買収などで，音楽ソフト産業の企業を垂直統合して，外部効果を内部化することがみられる。

しかし，特に，公害などマイナスの外部不経済をもたらす場合には，合併は現実的な解決方法として容易ではない。それぞれの経済主体が独自性を維持しつつ外部不経済を内部化する方法として，古くから主張されてきたのが，政府によって外部効果を相殺させる課税（＝ピグー課税（Pigou, A. C.；1877-1959））である。

12.2 ピグー課税

■ 最適な資源配分の実現

政府は，x 財の生産 1 単位あたり t だけの課税を企業 1 に行うとしよう。企業 1 にとっては tx の税負担が加わる。（1）式は次のように修正される。

(1)′　　　$\pi_1 = px - c(x) - tx$

したがって，(3) 式は次のように修正される。

(3)′　　　$p = MC(x) + t$

ところで，政府は t を社会的に最適な x 財の生産水準 x_e が実現するように決定するとしよう。そのためには，

(6)　　　$t = MC_e(x_e)$

が成立するように，t を決めればよい。このとき，(3)′・(6) 式から (5) 式を導出することが可能となり，社会的に最適な生産水準 x_e が市場機構でも実現される。

図12.2に示すように，企業1の課税後の限界費用曲線は t の額だけ上方にシフトしている。その結果，企業1の最適点は x^* から x_e へと変化する。x 財を生産する私的な限界コスト MC に加えて，課税によって，外部効果の限界コスト MC_e が上乗せされており，社会的な限界コストを企業1に認識させることができる。

ピグー課税は，外部不経済を出す企業に対して，その外部効果を課税コストという形で上乗せすることで，市場機構のもとでも最適な資源配分（＝x 財の生産）を実現させるものである。ただし，ピグー課税は資源配分の効率

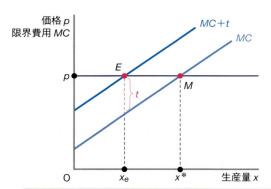

企業1の生産 x に1単位あたり t だけ課税するとき，うまく t を設定できれば企業1の最適点を x^* から x_e へと変化させることができる。

図12.2　ピグー課税

性を達成する方法を議論しているのみであり，所得分配については何も議論していない。

　ところで，政府は課税によって tx だけの税収を確保できるが，その使い道については何ら考慮していない。言い換えると，税収は一括固定の補助金として民間部門に返還される。必ずしも，外部不経済を被っている企業2に返還する必要はない。企業1に返還する場合でも，資源配分の効率性は実現する。

■ ピグー課税と利益の分配

　この点をみるために，次のような修正されたピグー課税を考えよう。政府は x_e を上回る生産に対してのみ，t だけの課税を企業1に課すとしよう。企業1の利潤は，次のように定式化される。

$$(7) \qquad \pi_1 = px - c(x) - t(x - x_e)$$

企業1にとっては，x_e は所与の水準であるから，最適条件は (3)′式のままである。したがって，(6) 式が成立するように t が決められれば，以前同様 $x = x_e$ が実現する。このケースでは，x_e の生産水準での政府の税収はゼロとなり，ピグー課税による税収は結果としてはゼロになっている。政府は何ら税収をあげないから，その税収をどう配分するかという問題も発生しない。

　上の例では，x_e 以上に生産を拡大することに対して課税するという方法で，結果として企業1の生産水準を x_e に抑制する政策であった。今度は，x^* よりも生産を抑制することを奨励するような補助金政策を考えてみよう。x^* よりも生産を縮小すれば，それに応じて生産量1単位あたり t だけの補助金を企業1に与えるとしよう。このとき，企業1の利潤は

$$(8) \qquad \pi_1 = px - c(x) - t(x - x^*)$$

となる。企業1にとっては x^* は所与の水準であるから，最適条件は以前同様 (3)′式のままである。したがって，(6) 式が成立するように t が設定されていると，x_e の最適な生産が実現する。この場合には，政府は $t(x^* - x_e)$ だけの税収をどこかから確保して企業1に移転する必要がある。たとえば，企業2に一括の税金を課して徴収するという状況も考えられる。

347

12 外部性

　公害の被害者から公害発生企業へ所得を移転するというのは，分配の公平の観点からは議論の余地があるだろう。しかし，資源配分の効率性の観点からは，公害の減少に補助金を出すのと，公害の拡大に税金を課すのとは同値である。どちらも，外部不経済を発生する生産活動に対する課税を一括の補助金との組合せとして理解できるからである。すなわち，(7)・(8)式ともに

$$\pi_1 = px - c(x) - tx + A$$

の形に変形できる。ここで，A はある一括の（x とは無関係な）補助金である。A をどの水準に設定するかは利潤の分配問題であり，x 財がどのくらい生産されるかという資源配分の効率性の問題とは無関係である。

Column──14　汚染者負担の原則

　現実の環境政策では，環境汚染問題の解決に必要な費用（汚染防止費用，被害者救済費用，蓄積汚染浄化費用，間接費用）は，**汚染者負担の原則**（Polluter Pay Principle──PPP の原則）に基づき賄われることが大前提であるとされている。わが国でも，過去に発生した大気・水質汚染による健康被害に関しては，この原則が適用されてきた。この原則は，経済協力開発機構（**OECD**）が1972年に環境指針原則として勧告したものである。

　この原則は，汚染者が受容可能な状態に環境を保つために公的当局により決められた措置を実施するにともなう費用を負担すべきであるということを意味する。換言すれば，それらの措置の費用は，その生産と消費の過程において汚染を引き起こす財およびサービスのコストに反映されるべきである。

　しかし，ピグー課税の議論が明らかにしたように，資源配分の効率性の観点からいえば，誰が汚染費用を負担するのかは本質的な問題ではない。汚染を増加させる行為には課税すべきであるが，資源配分の観点からはそれは，汚染を減少させる行為に補助金を出すのと同じ帰結をもたらす。

　ただし，より長期的な視点で考えると，汚染者に補助金を出せば，環境を悪化させる行為 $e(x)$ 自体の技術的な効率性が悪くなるかもしれない。$e(x)$ は最大限効率的な生産方法を用いてもなお生じる環境汚染のコスト関数である。しかし，汚染企業が補助金を手に入れる場合には，意図的に生産技術の改善に手抜きをして，$e(x)$ 関数自体を上方にシフトさせる可能性がある。そうすることでより多くの補助金を手にすることができるからである。これは，公益企業

規制における X 非効率性と同じ問題である。そうした点も考慮すれば，効率性の観点からみても，汚染者にはなるべく負担させる方が望ましいといえるかもしれない。

12.3　市場の創設

■ 外部経済の市場

　このようにピグー課税は重要な政策であるが，これが効果をもつためには，政府が外部効果に関する情報をきちんと把握している必要がある。すなわち，完全情報の世界ではピグー課税はうまくいくが，政府がこうした情報を知らないというより，現実的な世界では，ピグー課税は必ずしも利用可能な政策にならない。ピグー課税以外の方法で，資源配分の効率性を回復する方法としては，市場の創設という考え方がある。外部経済は市場を通さないで直接ある経済主体から別の経済主体に影響が及ぶことであるから，そうした影響を市場を通す形に修正することで，資源配分の最適性が実現される。

　いま，x財の公害としての価格をrとしよう。すなわち，企業1が企業2にrという価格でxを販売することで，はじめて企業1はpという価格で本来の市場でもx財を販売することができるとしよう。rは必ずしもプラスである必要はない。むしろ，以下でみるように，公害を企業2に受け入れてもらう以上rはマイナスであると考えられる。

　このとき，両企業の利潤は次のようになる。

$$(9) \qquad \pi_1 = px + rx - c(x)$$

$$(10) \qquad \pi_2 = -rx - e(x)$$

企業1の最適条件は，

$$(11) \qquad p + r = MC(x)$$

企業2の最適条件は，

$$(12) \qquad -r = MC_e(x) > 0$$

となる。これら2式を同じxのもとで満たすようにrが決定される。(11)・

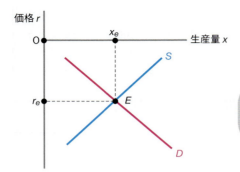

公害市場で企業1の供給曲線 S と企業2の需要曲線 D との交点 E が均衡点であり，それに対応する価格 r_e が公害の均衡価格，x_e が公害の均衡生産量である。

図12.3　公害の市場

(12) 式より r を消去すると，(5) 式を得る。すなわち，r の調整によって最適な x の生産が実現する。

■ 所得の移転

(12) 式が示すように，$r<0$ であり，企業1は公害を出すことで，企業2に公害1単位あたり r だけの補償をしているとも解釈することができる。図12.3は，公害の市場における公害の価格 r の決定を示したものである。右上がりの曲線 S は企業1の x 財の供給水準を示しており，r が高くなるほど（$-r$ が小さくなるほど），x 財をより生産したいと考える。

右下がりの曲線 D は企業2の公害の需要曲線を示しており，r が高くなるほど（$-r$ が小さくなるほど），あまり x 財の生産を受け入れないことを意味する。両曲線の交点 E が公害市場での均衡点であり，それに対応する $r(=r_e)$ が均衡の公害価格である。E 点での x 財の生産水準が x_e になっている。

このように，公害の市場が創設され，そこで公害をどれだけ出すかが，公害の需給を一致させるように決定されれば，資源配分は最適になる。このケースではピグー課税とは異なり，必ず企業1から企業2に対して所得の移転が行われている。

■ 排出権取引

こうしたアイデアは，排出権取引として現実にも応用されている。すなわ

ち，排出権取引とは，汚染物質の排出量の上限を各国（各事業所）ごとに設定し，上限を超えた国（事業所）は上限に達していない国（事業所）から余剰分を買い取ることができる制度である。最近では，地球温暖化防止対策の一つとして，二酸化炭素（CO_2）の排出権取引が注目されている。京都議定書でも，二酸化炭素の排出権取引を地球規模で温室効果ガスを低減できる削減対策の一つとして位置付けている。

排出権取引は，1990年にアメリカで，発電所の出す硫黄酸化物を対象としてはじめて法制化された。割り当てられた排出枠を達成できない電力会社が，容易に目標を達成できる電力会社に金を支払って，削減量を肩代わりしてもらえる仕組みである。温室効果ガスへの排出権取引導入は，1997年にアメリカが提唱し，先進国の削減目標などとともに京都議定書に盛り込まれた。

現実の CO_2 の排出量が過大であれば，最適な水準まで抑制する効果的な手法は，最適な排出量を各国に割り当てて，その権利を売買できるようにする。途上国に多く割り当てれば，途上国はその権利を市場で先進国に売却して，経済発展の財源に回すこともできる。

❖*Case Study* 炭素税

日本でも，地球温暖化の原因となる二酸化炭素（CO_2）の排出抑制のための温暖化対策税（炭素税）として，「地球温暖化対策のための税」が2012年から段階的に施行されて，2016年に最終税率への引き上げが完了した。このような炭素税を導入する目的は，それなしに日本全体として必要なレベルまで CO_2 排出は削減できないという判断がある。

具体的には，化石燃料ごとの CO_2 排出原単位を用いて，それぞれの税負担が CO_2 排出量1トン当たり289円に等しくなるよう，単位量（キロリットルまたはトン）当たりの税率を設定した。本税制は，石油・天然ガス・石炭といったすべての化石燃料の利用に対し，環境負荷（CO_2 排出量）に応じて広く公平に負担を求めるものである。約2600億円の税収が見込まれ，省エネルギー対策や太陽光や風力などの再生可能エネルギーの普及に活用され，CO_2 の排出抑制につなげていくこととされている。一世帯当たりの負担は，石油・ガス・

12　外部性

電気をトータルして月100円ほど，年間では1200円程度になると試算されている。

　炭素税のような環境税は，規制的手法に比べて環境政策と経済政策の統合により貢献しうる。歪んだ税や直接補助を是正し，税制の適切な調整を行うことで，中長期的には環境面における利益のみならず，経済面における利益にもつながることが期待されている。環境税の諸外国における導入例としては，ノールウェー，スウェーデンなど北欧5か国，オランダ，ドイツ，イギリス，フランスなどにおける炭素税等の導入が挙げられる。

12.4　コースの定理

■ 企業1に環境汚染権があるケース

　ピグー課税や市場の創設では，政府が政策的に介入することで，初めて市場の失敗という弊害が是正された。これに対して，政府が介入しなくても，民間の経済主体の自主性にまかせておくだけで，市場の失敗が解決できる可能性を強調したのが，コース（Coase, R. H. ; 1910 − 2013）である。コースは，交渉による利益が存在する限り，当事者間での交渉が行われる誘因が存在し，その結果，交渉の利益が消滅するまで資源配分が変更され，最終的には市場の失敗も解決されることを明らかにした。

　すなわち，コースの定理は，

> 当事者間で交渉に費用がかからなければ，どちらに法的な権利を配分しても，当事者間での自発的な交渉は同じ資源配分の状況をもたらし，しかもそれは効率的になる

ことを主張する。市場機構に問題があっても，当事者間の自発的交渉という新しい点を考慮することで，最適な資源配分が達成されることを示すものである。この点は，理論的にも政策的にも貴重な貢献であり，コースはこの定理を主張したことで1991年のノーベル経済学賞を受賞した。

　いままでと同様の2つの企業間での外部不経済のモデルで考えてみよう。図12.4において，$\pi_1(x)$ は企業1の利潤曲線を，また，$e(x)$ は企業2が外

352

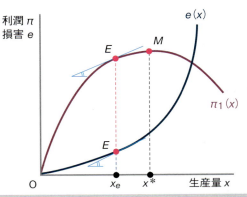

π_1は企業1の利潤曲線であり，$e(x)$は企業2の損害曲線である。2つの企業の自発的な交渉によって，2つの曲線の差額が最大となるE点が実現する。しかも，これは企業1に環境汚染権がある場合でも，企業2に環境維持の権利がある場合でも成立する。

図12.4　コースの定理

部効果により与えられる損害曲線を意味する。ここでコースは「環境汚染権」という権利があるケースを想定している。企業1にxを生産する環境汚染権があれば，π_1が最大となるM点に対応するx^*点で生産が行われている。しかし，x^*点ではxを限界的に減少させることで，企業1の利潤の減少分（$p-MC(x)$）よりも企業2の損害の減少分（$MC_e(x)$）の方が大きい。したがって，企業2は企業1にお金を払ってでも，xの生産を減少させようという誘因が働く。

どれだけのお金を企業2が支払うかは，2つの企業間での交渉力に依存して不確定であるが，$MC_e(x)$よりは小さく，$p-MC(x)$よりは大きなものになる。そして，この2つの限界損害の減少幅と限界利潤の減少幅の大きさが等しくなる点

$$MC_e(x) = p - MC(x)$$

に対応するE点で，それ以上のxの減少を企業2が企業1に働きかける誘因がなくなり，均衡が実現する。この条件は (5) 式に他ならない。したがって，資源配分の効率性が実現する。

12 外部性

■ 企業 2 に環境維持の権利があるケース

一方,「環境維持権」という権利を設定し,この権利を企業 2 がもっている場合を想定しよう。今度は,企業 1 が生産活動のため企業 2 から環境を汚染する権利を購入することになる。当初の均衡点では $x=0$ であるが,そこでは企業 1 の限界利潤($p-MC(x)$)の方が企業 2 の限界損失($MC_e(x)$)を上回っているから,企業 1 は企業 2 にお金を支払ってでも,生産を開始する誘因をもつ。

どれだけのお金を実際に企業 1 が企業 2 に支払うかは,2 つの企業間での交渉力に依存して不確定であるが,$MC_e(x)$ よりは大きく,$p-MC(x)$ よりは小さいものになる。そして,この 2 つの大きさが等しくなる E 点

$$MC_e(x) = p - MC(x)$$

で,それ以上の x の拡大を企業 1 が企業 2 に働きかける誘因がなくなり,均衡が実現する。この条件は(5)式に他ならない。したがって,このケースでも資源配分の効率性が実現する。

ところで,このケースは,第 3 節の市場の創設のケースと対応する。市場の創設のケースでも,公害を発生させるには企業 2 から「認可」を受ける必要がある。その意味では企業 2 に環境維持の権利が所属しているケースである。市場の創設と今回の自主交渉の相違は,今回の場合,実際の補償の支払いについて何ら特定されていない点である。

つまり,市場の創設では,完全競争の想定のもとで線形の補償が行われていた(x の大きさに比例して $-rx$ の補償金が支払われていた)のに対して,今回のケースでは,一般的な補償の支払いのやり方が許容される。たとえば,企業 1 が100% の交渉力をもっている場合,企業 1 は $e(x)$ のみを補償するから,x の生産による利潤はすべて企業 1 が受け取ることになる。

すなわち,企業 1 に権利がある場合,交渉力に応じて企業 1 の利潤は,$\pi_1(x_e) - e(x_e) + e(x^*)$ から $e(x^*)$ までの範囲で分布し,企業 2 に権利がある場合,企業 1 の利潤は $\pi_1(x_e) - e(x_e)$ から 0 までの間で分布している。

■ コースの定理の意義と限界

　政府が直接介入する場合には，政府に当事者の利益や不利益に関する情報が十分に開示されていないと，適切なピグー課税はできない。また，市場の創設や排出権取引でも，政府が対象となる経済行為やその大きさを明示し，制度化する必要がある。こうした対応にはコストもかかるし，政府のもつ情報が適切でなければ，うまく適用できないだろう。

　そのような場合でも当事者間にまかせておくだけで，市場の失敗が回避できるのであれば，政府の役割は最小限にとどめられる。コースの定理は，このように重要な政策的な意味をもっている。市場が失敗しているからといって，政府が直接介入する必要のないことを示したのは，重要な貢献である。

　しかし，コースの定理にも問題がないわけではない。まず第1に，当事者間で交渉をする場合にどちらの側に法的な優先権があるのかという権利関係が確定している必要がある。しかし，現実には権利の確定は困難である。特に，不特定多数に被害を与える公害の場合には，当事者を確定するだけでかなりの時間と費用がかかるだろう。また第2に，交渉それ自体に費用がかかるとすれば，市場の失敗が回避できても，別のコストが浪費されるので，結果としてはあまり有益な解決手段にならないかもしれない。

表12.2　外部経済の内部化の方法

方　法	意　味	問題点
合　併	当事者同士で1つの主体として行動する	利害の対立する主体間での合併は困難
ピグー課税	政府が外部効果を相殺するように税金で調整	適切な課税の大きさを政府が認識できるかどうか
市場の創設	市場を通して外部経済が取引されるようにする	市場取引になじまないものが多い
コースの定理	当事者同士で交渉すれば効率的な水準に落ちつく	権利の確定が困難　交渉にコストがかかる

12 外部性

❖*Case Study* デポジット・リファンド・システム

デポジット・リファンド・システムとは，製品取引または販売時にデポジット金（預り金）を賦課し，製品が消費されて不要となった際にその使用済製品と引き換えにデポジット金を消費者に返却（リファンド）するしくみをいう。消費者にとっては，使用後の製品（不用物）を廃棄物として排出するよりも，所定の回収場所にもち込むことを選択する方が得になる。あるいは，不法投棄されても，他方で誰かがそれを拾って回収することが得になる。したがって，経済的誘因でリサイクルを推進する効果が期待できる。わが国では，自主的にビール瓶や一升瓶でデポジットが行われており，回収率はビール瓶の場合で約99％と高い回収率を維持し続けている。

実際に導入されている例としては，スウェーデンにおける廃自動車のデポジット制度がある。この制度では，消費者は新車購入時にディーラーに対しデポジット金を支払い，廃車時に解体業者にもち込むことでデポジット金の返却（リファンド）を受けるしくみとなっている。このような製品に対するデポジット制が OECD 諸国を中心に導入されている。

わが国では家電リサイクル法（特定家庭用機器再商品化法）が制定され，2001年より本格施行された。この法律では，エアコン，テレビ，冷蔵庫，洗濯機の4品目が特定家庭用機器として指定され，小売業者は「排出者からの引取りと製造業者等への引渡し」，製造業者等は「引取りとリサイクル（再商品化等）」といった役割をそれぞれが分担し，リサイクルを推進することが義務づけられている。また，その際，引取りを求めた排出者は小売業者や製造業者等からの求めに応じ，料金を支払うことになる。ただし，消費者が前もって負担する点ではデポジット制と類似しているが，廃棄物を買い取る制度ではないため，不法投棄を抑制する効果はない。

12.5 公共財

■ 公共財とは何か

本節では，政府支出を資源配分の効率性の観点（＝公共財の供給）から分

12.5 公共財

析しよう。

公共財とは，通常，消費における非競合性と排除不可能性から定義される。消費における非競合性とは，ある人の消費が増加することによって他人のその財・サービスに対する消費が減少しない状況をいう。排除不可能性とは，ある特定の人を，たとえば受益に見合った負担をしていないからという理由で，その財・サービスの消費から排除することが技術的，物理的に不可能であることをいう。

上の2つの性質を完全に満たす財でなくても近似的に満たすものは，公共財と考えることができる。言い換えると，その支出が特定の経済主体だけではなく，他の人々にも便益を及ぼすような財は，広い意味での公共財と考えられる。あるいは，公共財が通常の私的財と異なるには，消費における外部性があるからと理解することもできる。政府が生産している財がすべて公共財であるとは限らない。逆に，民間部門が生産している財の中にも公共財とよべるものは存在する。

具体例として，街灯を想定しよう。この経済に複数の人々がいるとし，街灯はいずれかの個人の家の前に設置されるものとする。設置された家の前での明るさを1とすると，この街灯が他人の家に及ぼす明るさが問題となる。これが0であれば，すなわち，他人の家に何ら便益を及ぼさない場合には，街灯は私的財である。逆に，これが1であれば，すなわち，いずれの家にも同じ明るさを及ぼす場合には，街灯は純粋公共財である。さらに，これが0と1の間であれば，すなわち，他人の家に多少の明るさは及ぼすけれども，自らの享受する明るさほどではない場合には，この街灯は準公共財とみなされる。純粋公共財と準公共財を区別する必要のないときに，まとめて公共財とよぶことにしよう。

■ 数式による定式化

数式を用いると，公共財か私的財かは次のように定式化できよう。いま，個人 i のある財 z の消費量を z_i，その財の経済全体での供給量を Z で表すことにする。純粋公共財の場合には，

357

12 外部性

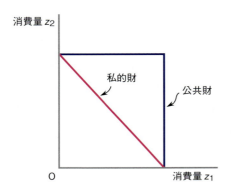

消費可能な機会曲線は，私的財の場合は傾き−1の曲線であり，純粋公共財の場合は供給量一杯まで水平となる。

図12.5　公共財と私的財

$$z_i = Z$$

であるのに対し，私的財の場合には，

$$\sum_i z_i = Z$$

が成立する。すなわち，純粋公共財の場合には等量消費が想定されているのに対し，私的財の場合には各人の消費量の総計が総供給に等しくなる。

この関係は，図12.5を用いても示すことができる。2人の経済において，消費可能な機会曲線は，私的財の場合には傾きが−1の直線であるのに対し，純粋公共財の場合には，供給量一杯まで傾きは水平となる。

■ 公共財の最適供給：サムエルソンの公式

最初に，公共財の最適な供給水準について理論的に検討しよう。政府が経済の制約をすべて知っており，資源配分を完全に操作できる理想的な最善解（first best）での，公共財の最適水準をモデル化しよう。

私的財 X と純粋公共財 Y との生産における次のような技術的な制約があるとしよう。

(13) 　　　$F(X, Y) = 0$

F 関数は，公共財と私的財の生産における制約を定式化している。

図12.6に示すように，(13) 式から右下がりの曲線として生産可能曲線 AB を描くことができる。すなわち，公共財をたくさん生産するには，私的

12.5 公共財

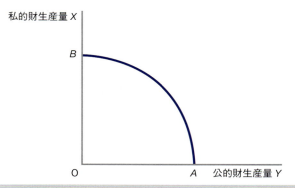

公共財と私的財の生産における制約は，右下がりの生産可能曲線で示される。

図12.6 生産可能曲線

財の生産が犠牲にならざるを得ない。逆に，私的財をたくさん生産するとすれば，公共財の生産をある程度犠牲にするしかない。労働や資本などの有限な生産要素を2つの財の生産に配分するのであるから，公共財の生産により資源を投入すれば，私的財の生産は減少する。限界生産は逓減すると考えると，生産可能曲線は原点に向かって凹となる。

各個人の効用水準は，自らの私的財の消費水準 x_i と公共財の消費水準 Y とに依存する。

(14) $\quad U_i = U_i(x_i, Y)$

ここで，各人の公共財の消費量 Y_i は，等量消費という性質から，経済全体での供給量 Y に等しい。これは，純粋公共財をモデル化したものである。

さて，資源配分の最適条件であるパレート最適な公共財の生産水準を求めてみよう。最適条件は，次のように求めることができる。

(15) $\quad \sum_i MRS_i = MRT$

(15) 式の左辺は公共財と私的財との各人の限界代替率 MRS の総和 $\sum MRS$ を意味し，右辺は公共財と私的財との生産における限界転形率 MRT（= 公共財の限界費用）を意味する。これが，公共財の最適供給に関するサムエルソンの公式である。

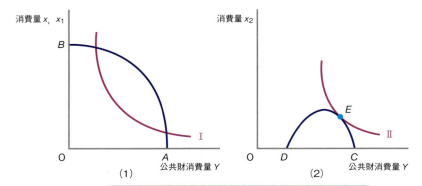

(1) 図は，個人1の効用をⅠに固定して個人2の消費機会を示している。(2) 図は，個人2の消費機会曲線 CD 上で，無差別曲線と接する E 点がパレート最適点であることを示している。

図12.7　サムエルソンの公式

■ **サムエルソンの公式：図解**

　(15) 式の経済的な意味を考えよう。直感的にいうと，**公共財供給の追加的な 1 単位の限界便益は，すべての個人の限界便益の総和で与えられる。これが公共財供給の追加的な限界コストに等しくなければならない。**このことを 2 人経済について，図を用いて説明してみよう。

　パレート最適点は，ある個人の効用を所与として別の個人の効用を最大にする点である。図12.7-(1) は，個人 1 の無差別曲線Ⅰと生産の制約である生産可能曲線 AB を描いている。個人 1 の効用を $U_Ⅰ$ に固定し，それに対応する無差別曲線Ⅰに注目しよう。

　この制約のもとでは，個人 2 の消費機会は，AB とⅠの縦軸方向の差で表される CD 曲線として，図12.7-(2) で描くことができる。横軸である公共財の消費量（＝供給量）は各個人で同じになる。これは，等量消費という公共財の特徴である。

　パレート最適点は，個人 2 の効用が CD 曲線上で最大になる点だから，CD 曲線と個人 2 の無差別曲線Ⅱが接する E 点となる。この E 点では，個人 2 の無差別曲線の傾き MRS_2 が，生産可能曲線の傾き MRT と個人 1 の無差

別曲線の傾き MRS_1 との差額に等しい。すなわち，

$$MRS_2 = MRT - MRS_1$$

が成立している。これは（15）式に書き直すことができるので，サムエルソンの公式に他ならない。

■ 個人の需要曲線と社会的需要曲線

　サムエルソンの公式は，図12.8を用いても説明することができる。図12.8-(1),-(2)は，個人1,2それぞれの公共財の限界評価曲線を描いている。これは，公共財の水準があるレベルで与えられたときに，限界的に1単位公共財を追加的に供給してもらえるなら，自分としてはどのくらいまで金を支払う用意があるかという限界的な支払い意欲を示している。あるいは，公共財に対する需要曲線を示しているとも解釈できる。

　当然，公共財の水準が大きくなればなるほど，限界的な支払い意欲は減少するだろう。公共財の限界効用は逓減すると考えられるからである。よって，図に示すように右下がりの曲線が描かれる。

　図12.8-(3)は，個人1,2の公共財の限界評価曲線を縦軸に沿って足しあわせた曲線であり，公共財の社会的な限界評価曲線を示している。サムエル

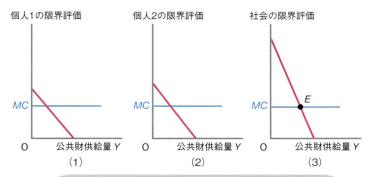

個人1，2の公共財の限界評価曲線を縦軸の方向に合計すると，公共財の社会的な限界評価曲線が導出される。この曲線と公共財の限界費用 MC との交点 E が公共財の最適供給条件を満たしている。

図12.8　公共財の限界評価曲線

ソンの公式は，この社会的な限界評価曲線と公共財の限界費用 MC とが一致する E 点まで，公共財を供給するのが望ましいことを意味する。

通常の私的財について家計全体の需要曲線を導出する際には，需要量である横軸に沿って，各家計の需要曲線を合計した。これに対して，公共財の需要曲線＝社会的な限界評価曲線を導出する際には，限界評価＝価格である縦軸に沿って，各家計の限界評価を合計している。これは，公共財が等量消費であり，すべての家計が経済全体で存在する同じ量だけ公共財を消費できるからである。

■ 公共財とただ乗り

サムエルソンの公式にしたがって公共財を供給するには，財源が必要である。公共財には排除原則が適用できないため，利用者から料金を徴収できない。課税によるしかない。政府が公共財の限界便益の総和を知っている場合には，最適水準まで供給することができる。しかし，政府が各個人の公共財に対する評価を知らないときに，政府が公共財を最適に供給しようとする際に問題になるのが，ただ乗りの可能性である。

ただ乗りとは，負担をともなわないで便益を受けることである。公共財である以上，排除不可能性があるために，たとえ負担をしていなくても，何らかの便益は享受できる。公共財の評価が各人で異なるときや，所得格差がかなり拡大しているときに，政府は各個人の本当の評価を類推することが困難になるため，このただ乗りの可能性が大きいだろう。

もし，各個人が自らの選好を正直に表示しないことで利益が得られる可能性を考慮すれば，すなわち，公共財の負担を回避する行動の結果として，より小さい負担である程度の便益が利用可能であれば，ただ乗りが生じる。

たとえば，公共財の評価の高い個人に，より大きな負担を課すという受益者負担の原則を適用してみよう。この場合，正直に行動せず負担を回避するのが得になる。すなわち，公共財の評価を過小に政府に報告することで，自らの公共財に対する負担を小さくする誘因がある。その結果として，公共財供給は正直なケースより過小となり，また，他人の負担は増大するから，他

人の効用は必ず低下する。すなわち，ただ乗りとは，自分の公共財に関する選好を過小に表すことで，他人に公共財の負担を押し付けることである。

■ ただ乗り問題の現実性とその対策

受益と負担とを完全に分離したとき，ただ乗りが政策上深刻な問題となるのは，各個人で利害が対立する場合である。便益が共通の純粋公共財の場合には，負担を均等化することで，すべての個人の利害を共通化できる。その意味で，純粋公共財で，かつ所得水準のいかんを問わず人々のその公共財からの便益が共通な支出項目では，均等割りの負担を課すことができれば，ただ乗りはあまり問題にはならないだろう。たとえば，社会の基本的な制度の設定とその維持運営のための公共支出は，負担の均等割りによってただ乗り行為を抑制することができる。

他方，防衛サービスのように，純粋公共財であっても人々の間で評価が大きく異なり得る支出や，地域レベルの公共財のように人々の間で消費可能水準が異なる支出の場合には，均等割りではうまくいかない。このとき，負担配分を均等割りではなく，各個人の便益にうまく対応させて決めてやればよい。しかし，実際には，各個人の便益を知ることが困難である以上，これを実現するのも困難である。もし，便益が所得と比例していれば，負担も所得と比例させればいいが，防衛，教育，社会資本からの便益が所得に比例すると考えるのも根拠が乏しい。

したがって，ただ乗りの問題がどの程度現実に深刻となるかは，便益の異質性がどの程度拡大しているかに依存する。基本的な純粋公共財から準公共財へ公共支出の内容が変化するにつれて，均等割りのような単純な負担方式では各個人の利害が一致できず，ただ乗りの問題が現実的問題として生ずることになる。

では，ある所与の公共財計画を実施するかどうかという問題を想定して，ただ乗り対策をどう考えたらよいだろうか。受益者負担の原則を適用すると，過大表示の誘因は排除されるが，過小表示の誘因は残る。公共財が過大表示になることのマイナス面を，大きな政府の問題点として重視するなら，受益

12 外部性

表12.3 公共財と私的財

	公共財	私的財
特　徴	排除不可能 消費の競合がない	排除可能 消費が競合する
最適条件	家計の限界評価の合計＝ 限界費用	各家計の限界評価＝ 限界費用
受益者負担 の原則	ただ乗りは回避できない	受益者が負担する

者負担の原則の採用も有意義であろう。しかし，その結果として，本来実施されるべき公共財計画が不採用になることにも注意したい。

　もう一つのアプローチとしては，ただ乗りの誘因を小さくすることが挙げられる。この公共財計画がパレート最適と両立する場合には，所得再分配政策が適切に行われるなら，実施後にすべての個人の効用は増加し得る。したがって，この公共財計画を過大表示，過小表示する誘因は，所得再分配政策が経済主体によって信頼されているときに，そうでないときより小さいであろう。

　過去の公共財計画の際に人々の間で公平性が確保されるべく，再分配政策がとられていたら，新しい公共財計画の際に人々の間でそれほど利害は対立することなく，ただ乗りをする誘因も小さいだろう。その意味で，公平性に関する政府に対する信頼感を増すことが，ただ乗り対策として重要と考えられる。

◆Case Study　クラーク税

　クラーク税は公共財のただ乗りを防いで，各個人が正直に自らの選好（＝便益）を表示させる課税方式である。例として，ある所与の公共財計画を実施するかしないかという問題を考える。政府は各個人の公共財からの本当の便益を知らないから，各個人の表示する金額を本当の便益と見なして，その総額が公共財計画の実施費用よりも大きい場合にその公共財計画を実施すると決める。

12.5 公共財

　ここで，以下のようなクラーク税を想定する。ある個人が表示する金額で当該個人が参加しないときに選択される決定を覆すなら，その個人はクラーク税を払う。この税額は当該個人の参加によって覆される決定によって本人以外に及ぼす純損失に等しい額とする。たとえば，3 人の個人 A, B, C に関して，以下のような数値例を想定しよう。なお，公共財計画が実施される場合の費用負担は別途決まっており，各個人の純便益は便益−費用負担で定義される。

個　人	A	B	C
真の純便益	100	70	−80
クラーク税（真の値を報告）	10	0	0
クラーク税（C が過小表示：−180）	0	0	170

　各個人が正直に表示する場合，純便益の総和が $100 + 70 - 80 = 90$ でプラスだから，総便益は費用を上回るので，この公共財計画は実施される。このとき，A が参加することで，B, C の合計額 $70 - 80 = -10$ というマイナスの値をプラスの値である90に変えるので，A は B, C に対する純損失額10だけクラーク税を支払う。この場合，公共財計画が実施されるので，A, B はネットで得になるが，C は損になる。

　つぎに，もし C が −180 という過小表示をすると，$100 + 70 - 180 = -10$ となり，全体の符号はマイナスになるので，この公共財計画は棄却される。しかし，C の参加で A, B に対する純損失額 $100 + 70 = 170$ のクラーク税を C は負担しなければならない。そうすると，C は正直に表示する場合の損失80よりも大きな損失170を負担してしまう。したがって，C が過小に表示しても損をするだけであるから，C も正直に表示する方が得になる。

■ 費用便益分析

　費用便益分析は，何らかの形で公共サービスの便益を推計する手法である。その基本的な考え方は，市場での価格を用いて，間接的にせよ便益を推計するものである。しかし，公共サービスの便益の内容によっては，市場価格を

12 外部性

利用できない場合も多い。そうしたケースでは，市場価格以外の指標を用いることになる。

Column——15	CVM

　市場価格を用いないで消費者の便益を間接的に推定する代表的な方法の一つが，アンケートによる手法＝**仮想的市場評価法**（CVM：contingent Valuation method）である。これは，公共財による便益を事業者＝政府が評価するのではなく，仮想的状況をうまく設定して，便益を享受する住民自身に答えてもらう現実的手法である。住民に対してインタビューをして，事業の内容，効果について説明したうえで，「その事業に対する便益と引き替えに，いくらまでなら支払えるか（最大限支払い意思額）」を答えてもらい，この回答結果をもとに，社会全体の公共財の便益を推定する。

　市場で扱われない自然環境や社会資本による便益などについて，仮想的市場を回答者の頭の中に想定してもらい，回答者はこの仮想的市場で選択行動を行うことにより，その公共サービスに対する最大支払い意思額すなわち便益を表示する。CVM は便益評価の最後のよりどころとして，環境保護など曖昧な対象が便益評価に用いられる傾向がある。しかし，その手法は恣意的な性格を免れないので，実施する主体が便益を過大に導出するバイアスがあれば，それを正当化する手段として用いられかねない。

まとめ

● **外部性**とは，ある経済主体の活動が市場を通さないで，直接別の経済主体の環境に影響を与えることである。プラスの外部性を**外部経済**，マイナスの外部性を**外部不経済**という。外部性があれば市場メカニズムにまかせておいても資源配分は最適にならず，**市場は失敗**する。

● 外部性を内部化する方法として，政府による外部効果を相殺する**ピグー課税**がある。ピグー課税以外の方法としては，市場の創設や当事者間の自発的な交渉がある。**コースの定理**は，当事者間の交渉によって資源配分は効率的になり，しかも，それは権利の付与の形態とは独立であることを主張する。

366

12.5 公共財

●消費における排除不可能性と非競合性から定義される公共財の場合は，サムエルソンの公式（各人の公共財の限界評価の合計と公共財の限界費用との均等）が最適供給の条件である。しかし，市場メカニズムでは公共財の最適な供給はできない。特に，公共財には排除原則が適用できないので，負担しない人が公共財の便益を享受できるただ乗りが，公共財の供給においては重要な問題となる。費用便益分析などを用いて，公共財の評価を適切に推計することも重要である。

重要語

□市場の失敗　　　　□外部性　　　　　　□外部経済
□外部不経済　　　　□ピグー課税　　　　□市場の創設
□コースの定理　　　□公共財　　　　　　□サムエルソンの公式
□ただ乗り　　　　　□費用便益分析

問　題

■1　（　）の中に適当な用語を入れよ。

（ア）外部性のうち，他の経済主体に悪い影響を与えるものを，（　）という。

（イ）外部性を内部化するもっとも簡単な方法は，2つの企業が（　）することである。

（ウ）ピグー課税は，（　）の大きさだけ課税するものである。

（エ）自発的な交渉により市場の失敗が解消されることを示したのが，（　）の定理である。

（オ）公共財とは，（　）と（　）から定義される。

■2　企業 A が費用関数

$$C = 0.25y^2 + 5$$

である財 y を生産している。このとき，企業 B に公害のコスト

$$e = 0.25y^2$$

という外部不経済を及ぼす。y の市場で需要曲線は完全に弾力的であり，価格10でいくらでも販売可能とする。このとき，資源配分の効率性を達成するピグー課税の大きさを求めよ。

367

12 外部性

■3　2人の個人によって構成される社会で，公共財に対する需要，供給曲線が

$$p_1 = a - bD_1$$

$$p_2 = c - dD_2$$

$$p = eS$$

（p_1：個人1の公共財に対する金銭表示の限界効用，p_2：個人2の公共財に対する金銭表示の限界費用，p：公共財の限界費用，D_1：個人1の公共財需要量，D_2：個人2の公共財需要量，S：公共財の供給量，a, b, c, d, e：正の定数）で示されるとき，最適な公共財量 D^* を求めよ。

■4　企業Aの生産 y_A で企業Bは外部不経済を被ると想定する。企業Aの費用関数は $3y_A^2$，企業Bの利潤は $100 - 2y_A^2$ であり，企業Aの財の市場価格は100である。パレート最適となる企業Aの生産量を求めよ。

■5　コースの定理に関する以下の文章で正しいものはどれか。

（ア）当事者の自主的交渉で費用がかからなければ，パレート最適の資源配分は達成できる。

（イ）法的な権利関係が確定していれば，汚染者負担の原則が実現できる。

（ウ）交渉に費用がかかっても，自主的交渉がうまくいけば，パレート最適は実現できる。

（エ）法的な権利関係を確定させないと，この定理は成立しない。

（オ）当事者が不特定多数の場合でも，この定理は成立する。

13 不完全情報

　本章では，情報が不完全（＝非対称）であるときに，どのような問題が生じるのか，また，それに対応してどのような対応手段があり得るのかを議論する。

1. 相手の行動が監視できないケースでは，モラル・ハザードの問題が生じる。
2. 行動に関する情報の不完全性があるときの理論的なモデルとして，エイジェンシーの理論を解説する。
3. 相手のタイプがわからないときには，逆選択という問題が生じる。
4. 逆選択の問題に対して，どのような政策的な対応があり得るのか考える。
5. 自己選択やシグナリングという手段を用いて，情報の不完全性に対応することがある程度可能となることを説明する。

13.1　情報の非対称性

■ 情報の完全性

　これまでの分析では，暗黙のうちに情報は完全であると想定してきた。たとえば，完全競争市場では，家計も企業も価格を与件として，最適な行動をすると想定した。その場合には，市場価格がどのようなレベルで設定されているかのみが重要な情報であり，これについてはすべての経済主体は完全に情報をもっていると考えていた。この場合，取引される財の品質に関しては何ら明示的に議論しなかった。これは，すべての企業で生産される財が同質であり，欠陥商品を供給する生産者がいないことを想定していた。また，企

369

業にとってもどの消費者に販売するかはどうでもよいことであった。

これに対して，不完全競争市場，特に寡占市場では，企業間で財の差別化が図られることが多く，財の品質にも消費者は関心があるだろう。しかし，これまでの議論では，それぞれの企業が生産する財に品質の相違はあっても，どのような相違があるのかについて消費者も完全な情報をもっていると想定してきた。

情報が不完全であるときでも，それがすべての経済主体に共通しているのであれば，不確実なリスクが経済全体で発生していると理解することができる。たとえば，明日の天気がどうなるのかは誰もわからないとすれば，それは情報が不完全であるよりも，不確実な天候という要因を考慮していることになる。そうした状況は市場でもうまく処理することができる。第4章で条件付きの財を導入して分析した。

これに対して，明日の天気をある経済主体は独自の方法で完全に予想できるとすれば，予想できる主体と予想できない主体との間で情報が非対称的に保有されることになる。また，たとえばリンゴを売っている生産者にとって，個々のリンゴの品質（甘みなど）がわかっているにもかかわらず，買う方の消費者にとっては，食べてみないとリンゴの品質が区別できない場合には，リンゴの品質に関する情報が生産者と消費者とで非対称的に保有されているといえよう。この章では，このような情報が不完全であるケース，特に，経済主体間でもっている情報に非対称性があるケースを取り上げることにしたい。

■ 情報と経済分析

経済主体間で情報が非対称に保有されるという意味で，情報が不完全であるときには，さまざまな興味深い経済現象が生じる。特に，経済的な取引や契約の対象となっている相手がどのように行動するか監視できない場合，あるいは財がどんな品質であるのかがわからなかったり，取引相手がどのようなタイプの経済主体であるかがわからない場合が，問題となる。前者のケースでは相手の行動に関する不完全情報であり，後者の場合では相手のタイプに関する不完全情報である。

したがって，情報の経済分析については，**相手の行動がうまく監視できないケースと相手のタイプがよくわからないケース**に分けて，情報の非対称性を考察するのが有益である。以下それぞれの場合について，どのような問題が生じるのか，あるいはそれに対応するために，情報を非対称的に保有する経済主体はどのような行動をとるのか，さらに，必要とされる政策的な対応が何かを分析しよう。

情報が非対称であるときの経済分析は，ミクロ経済学のみならず，さまざまな応用経済学の分野でも重要な役割をもっている。たとえば，**金融，労働，財政，産業組織**などの多くの**応用経済学の分野**で最近精力的な研究が行われている。これらの応用例についても簡単に説明したい。

Column——16 | **産業組織論**

産業組織論は，ミクロ経済理論を現代産業の分野に応用して，企業部門の組織と働きを分析する。これは，現実の市場経済メカニズムを考える上で，産業や企業がどのような役割を果たし，それらの構造や行動がどのように経済厚生へ影響するのかを分析するミクロ経済学の重要な分野である。たとえば，特定産業が望ましい資源配分をもたらしているかを国民的厚生の見地から判定し，独占禁止政策の理論的な基礎を提供する。こうした産業・企業分析により，規制などの現実のミクロ経済政策のあり方を考えることができる。また，参入阻止，カルテル，合併，研究開発，広告，モラルハザードなど企業の戦略的行動やそれに付随する問題についても，ゲーム理論や情報の経済学などの手法を用いて研究する。

13.2　モラル・ハザード

■ 保険の契約

まず最初に，相手の行動が監視できないケースでどんな問題が生じるのか考えてみよう。以下では，具体例として**保険の契約**を想定する。**保険**は，将来の不確実な悪い事件が予想されるときに，それに備えて保険料をあらかじ

め払い込むことで，実際に不幸な事件が発生したときの被害を最小限度にとどめておこうというものである。

保険の加入者はリスクを回避したいので，そうした保険に入ることで事前的なリスク損失を減少させ，その結果，期待効用でみた経済厚生が上昇する。保険会社はさまざまな保険の契約者のリスクをプールすることで，実際に事故が起きた契約者に対してはその損害を補償する形で支払い，かつ正常な利潤を確保するだけの保険料を集めることができる。

たとえば，いま保険会社が火災保険を販売するとしよう。家計はある所定の保険料を負担して火災保険を購入し，もし火災になれば全額保険で損害が補われるとする。多くの家計は，火災という悪い事件が起きたときの損害を少なくするために，保険料を負担して，こうした保険に入る誘因があるだろう。

ところで，火災は，契約者の故意，過失などの不注意な行動によっても生じるだろうし，契約者の通常の行動では回避できない不可抗力的な理由（たとえば，自然災害，放火，延焼，たばこの不始末，古くなった配線のショートなど）でも発生するだろう。後者は不確実な要因であり，契約者の行動とは独立に発生するとしよう。

図13.1で示すように，これら2つが重なり合って火災が発生する。しかし，保険会社は火災が発生したことは把握できても，その原因がどこまで契約者の不注意によるのか，そうでないのかは，わからないだろう。実際に火災が

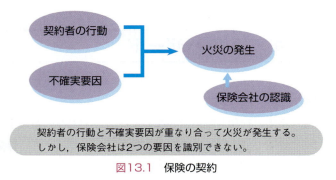

図13.1　保険の契約

起きれば，かりに過失があっても契約者は常に自分は注意していたと自らの潔白を主張するだろうし，保険会社にとって契約者の行動を細かくチェックするのは容易なことではない。ここに，契約者の行動に関する情報の非対称性が存在する。

このような契約では，結果として火災が生じれば，（故意または重過失を立証しない限り）すべて保険会社が損害を負担する。こうした状況では合理的な家計は，少しくらいの過失があっても保険会社にはそれが把握できないという情報の非対称性を織り込んで行動する。その結果，保険契約をすることで，火災に対する注意をおろそかにする傾向が生まれる。

すなわち，保険に入っていないときには，火事になればすべてを失うので，火の元などの注意を厳重にしていただろう。それにもかかわらず，保険に入ったために，火事になったときに実質的な被害の程度が小さくなる（あるいは，ほとんどなくなる）分だけ，それまでよりも火の元に注意を払わなくなってしまう。被保険者にとっては，注意を払わなくても損害が全額補填されるのであれば，実質的な損害があまり生じないからである。これが，道徳上のあるべき行為（火の元をきちんと管理する）がゆがめられるというモラル・ハザードである。

その結果，経済全体では火災の発生件数が増加して，家屋が多く消失して損失を被る。これは，火災保険料の上昇という形で，間接的に家計にかかってくる。もし，保険会社が火災に対する家計の注意の程度を適切に監視できれば，火災の損害を算定する場合に，そうした情報を上乗せして，保険金の額を減額することができる。その場合にはモラル・ハザードは生じにくいだろう。しかし，そうした監視が不可能であれば，モラル・ハザードは回避できないのである。

火災保険に限らず，自動車の損害保険などでもこうした傾向はあるだろう。車両保険に入っていれば，事故が起きても損害が補償されるので，危険な運転をする誘因が生まれる。あるいは，安全運転に対する意欲が減少する。

これに対して，地震保険の場合には，地震の発生そのものは自然災害であるから，契約者の行為によって影響されない。それでも，地震に対する備え

を怠る誘因を地震保険は与える可能性がある。その結果，保険に入っていないときよりも，地震が起きたときの損害が大きくなれば，国民経済全体からはマイナスであろう。保険会社にとって，地震の備えを怠ったから損害が大きくなったのか，あるいは地震そのものの被害で損害が大きくなったのか区別できなければ，情報の非対称性によるモラル・ハザードはここでも生じる。

■ 他の例でのモラル・ハザード

こうしたモラル・ハザードの現象は，保険に限らず他の経済活動でも，幅広くみられる。たとえば，わが国での金融機関の救済にみられるように，企業の利潤がマイナスになり倒産しそうになると，公的な援助が投入されるとすれば，経営努力をしなくても倒産することはないと経営者が考えて，きちんとした経営が行われなくなる可能性がある。

また，公営企業では自然独占が生まれやすく，また，限界費用に等しい価格設定をすると，赤字になる状況が十分に考えられる。そうした場合，赤字が生じてしまえば，税金で補填せざるを得ないが，どんな赤字を出しても常に補填されるのであれば，公営企業は放漫経営をする誘因をもつだろう。たとえば，必要以上に店舗の設備を立派にしたり，従業員の福利厚生に金をかけすぎたりするケースである。これは，公営企業の経営内容が監督官庁や国民にはよくわからないという情報の非対称性によるモラル・ハザードである。第9章で考察した公益企業で生じるX非効率性はこうしたモラル・ハザードを背景としている。

なお，赤字補填をしないで独立採算性を採用しても，同様の問題は回避できない。なぜなら，独立採算制を維持するために，料金の改定が認められるからである。自然独占であるから，料金を上げても需要はあまり逃げない。放漫経営をしても料金さえ改定すれば，独立採算を維持できる。金融機関などの規制産業，公営企業の経営には，こうしたモラル・ハザードが存在する可能性がある。

13.2 モラル・ハザード

■ モラル・ハザードに対する政策対応

モラル・ハザード対策としては，モニタリング（監視）が有効である。相手の行動を監視できないことで情報の非対称性が生ずるから，政策的な対応で相手の行動をよりよく監視できるようになれば，モラル・ハザードの弊害は軽減される。公営企業や金融機関のような大企業に対しては，情報公開や会計監査を徹底することで，こうしたモニタリングの強化は有効だろう。しかし，火災保険など損害保険が対象とする多くの家計を相手に，モニタリングの強化だけでは，あまり効果がないだろう。

そうしたときに有効な対策は，罰則の強化である。もしモラル・ハザード現象で，適切に火災防止行動をしなかったり，故意に甘い経営をしたりしたことが，後でわかった場合（必ずしもすべての行動をチェックできなくても，ある確率でチェックできることは考えられる），重い罰則を科すことで，モラル・ハザードを事前的に抑制できる。

また，モラル・ハザードにより悪い事件が生じたときに，当事者に与える補償額に上限を設定することも有効である。たとえば，火災保険の場合，火災による被害額を全額保険で補填するのではなくて，その一部（たとえば50%以下）のみ補填するのであれば，注意義務を大幅に怠ることは，当事者にとっても得にならない。公益企業の場合でも，損失額全額を税金で補填するのではなくて，一部の損失しか補填しないのであれば，それほど甘い経営はしなくなるだろう。

さらに，保険の場合，対象ごとに保険料を差別化することも有効である。たとえば，火災保険の場合，耐火建築であれば，よほどの故意でないと火災を引き起こすことは困難である。したがって，火災が発生した場合，故意あるいは重過失があったのかどうかを検証することは比較的容易である。これに対して，木造建築の場合は，少しの不注意でも火災になりやすいため，故意あるいは重過失の検証が困難である。そのため，耐火建築ほどモニタリングがうまくいかず，モラル・ハザードも起きやすい。したがって，耐火建築の保険料よりも木造建築の保険料を高くすることで，モニタリングの差を被保険者にコストの差として意識させることができる。

375

13　不完全情報

◆*Case Study*　医師誘発需要

　医師誘発需要とは供給者誘発需要の代表的な事例であり，医師が患者よりも医学知識で優位にあることで意図的に医療サービス需要を増加させることを指す。たとえば，医師が患者の利益に反すると理解していながらも，患者をもっともらしく説得して，患者の医療サービス需要を引き出す例が想定される。もし誘発需要が実在しているなら，地域の医師数を増やすと，患者の医療サービス需要の増加が誘発され，医療支出も増大する。

　ただし，実証研究ではこうした需要誘発行動の程度について意見の一致はみられていない。なぜなら，実際のデータではこの誘発需要と患者自律的需要を識別することが困難だからである。患者自律的需要とは，人口当たりの医師数が増えた場合に，医療サービスへのアクセスが向上することで，患者が実質的に直面している価格が低下し，その結果として需要が増大することを指す。これは患者が自分の意思で需要を増大させるので，医師による誘発ではない。

13.3　エイジェンシーの理論

■　依頼人と代理人

　行動に関する情報の不完全性があるときの理論的な分析モデルとして，有力な枠組みがエイジェンシーの理論である。この節では，簡単にこのモデルを説明しよう。依頼人（プリンスパル）と代理人（エイジェント）の2種類の個人が存在すると想定する。依頼人は代理人の行動を完全には観察できない。不確実な要因が同時に起きるので，依頼人は代理人の行動を観察できない。したがって，モラル・ハザードの問題が生じる。

　依頼人はリスクに関して中立的であり，代理人はリスク回避的であるとする。したがって，リスクに対する両人の選好も問題となる。依頼人は期待値でみて同じであれば，確実な利益であっても不確実な利益であっても気にしない（＝リスク中立）が，代理人は期待値でみて同じ利益であれば，不確実な利益よりは確実な利益の方を選好する（＝リスク回避）と想定しよう。

376

表13.1 　依頼人と代理人の関係

依頼人	代理人
親	子ども
中央政府	地方政府
銀行	資金の借り手
投資家	投資信託会社
地主	小作人
保険会社	契約者
経営者	従業員
親企業	下請け企業
依頼人	弁護士
メーカー	小売業者
政策当局	公益企業

　たとえば，保険契約では依頼人は保険会社であり，代理人は契約者である。公益企業であれば，依頼人は監督官庁や国民であり，代理人は公益企業である。その他，表13.1にまとめているようにいろんなケースが考えられる。いずれのケースでも，依頼人は代理人の行動を直接的には観察できない。

■ 賃金契約

　以下では，経営者と従業員の関係を想定して，賃金契約について考察しよう。生産水準（成果）は従業員の努力水準と不確実要因の２つの要因から決定されると考える。従業員が努力を集中すれば生産水準は拡大するが，しかし，不確実要因にも依存するため，必ずしも努力水準と生産水準とは１対１には対応しない。場合によっては，努力しても運が悪くて，生産が拡大しないケースもあるし，逆にあまり努力しなくても運が良くて，生産が拡大することもある。

　企業の経営者にとっては生産水準（成果）は観察できるが，従業員の努力水準（行動）は観察できない。生産水準が高くても，それが従業員の努力の結果か，それとは無縁の幸運の結果かは判別できない。従業員は努力をすればするほど，自らの精力をつかうので，効用水準は低下するとしよう。賃金が努力と相関していれば，従業員の最適な努力水準は，努力を追加的に拡大

13　不完全情報

することの限界的なメリットである賃金収入の増加と限界的なデメリットである精力の消耗の一致する点で与えられる。しかし，成果と努力とは1対1に対応していないので，成果に依存する賃金体系で従業員は必ずしも最適な努力水準を実現するとはいえない。

　このとき，依頼人である経営者はどのような賃金契約を設定すれば，自らの利得である利潤を最大にすることができるだろうか。これが，エイジェンシーの理論の問題である。この問題を解く際には，2つの制約を考える必要がある。

　1つは，参加制約とよばれるものであって，当該企業で働くために，依頼人は代理人に少なくともある水準の効用を保証しなければならない。この効用は，たとえば，労働者が別の企業から最低限得られるであろう賃金水準に対応している。そうでなければ労働者は，その企業を退職して別の企業に移るか，自分で何かの事業を始めるだろう。そうした場合に最低水準の効用は外生的に保証されていると考える。

　2つめの制約は，誘因制約とよばれているものであり，代理人が自らにとって最適な行動を選択することを，依頼人は考慮して問題を解かなければならない。努力の割に賃金が低いと，労働者は手抜きをするかもしれないということを，企業の経営者は考慮して賃金契約を設定する必要がある。

■ リスク中立のケース

　ここで，極端なケースとして，依頼人である経営者のみならず，代理人である従業員もリスク中立であり，賃金の期待値が同じであれば，変動しても変動しなくても無差別であるとしよう。もし，従業員もリスク中立的であれば，図13.2に示すような出来高払いの賃金契約（あらかじめ一定額を企業が確保して，残り（収入－賃金以外の費用）について成果があがればそれを従業員が100％手にする契約）が最適となる。45度線と賃金契約線 WW との垂直方向の差が，企業の手にする利潤となる。

　出来高払い賃金はリース型契約ともよばれていて，タクシー会社が運転手との間で結ぶ賃金契約の一つの形態である。すなわち，タクシー会社はタク

378

13.3 エイジェンシーの理論

表13.2 エイジェンシーの理論

依頼人	リスク中立
代理人	リスク回避
参加制約	依頼人は代理人にある所与の水準の効用を保証
誘因制約	代理人の利己的な最適行動を依頼人は考慮する

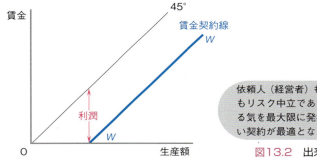

図13.2 出来高払い契約

シーを運転手にリースして，売り上げの一部を固定額のリース料金として回収する。運転手がどのくらい働くかとは無関係に一定のリース支払いのみを要求し，それ以上の稼ぎはすべて運転手の収入になる契約である。このとき，売り上げ金額のうちある一定額を従業員は経営者に手渡し，残りの生産額を自らの賃金として受け取ることになる。

したがって，努力して収入をあげると，その増加額すべてが従業員の収入になる。不確実要因があるため，従業員の手にする額はかなり変動する。しかし，リスクに対して中立的であれば従業員は無差別であり，期待賃金がある一定水準以上見込まれるならば，そうした契約を受け入れる。こうすることで，企業は達成可能な最大限の利潤を手に入れることができる。

こうした契約は，コンビニエンス・ストアーなどフランチャイズ契約で店を出店する場合にもみられる。すなわち，親企業に対して一定額のライセンス料とリース料を支払うと，店の売り上げの残りはすべて，その店を出店している（あるいはその店のオーナー経営者である）従業員の所得になる。努

力水準の限界的なメリットである賃金収入の増加額が売り上げ収入増加額に100％対応しているので，従業員の努力水準は最大限に発揮され，収入も最大になる。したがって，参加制約を満たすだけの期待賃金収入がその点で実現するように，親企業の取り分である固定支払いを大きく設定すれば，親企業はもっとも大きな利潤を手に入れることができるのである。

■ 努力が観察できるケース

次に，もう一つの極端なケースとして，情報の非対称性がなくて，従業員の努力水準が観察できる場合を想定しよう。従業員がリスク中立的でない場合でも，努力水準が経営者にとって観察できるなら，事実上その努力水準を強制することも可能となる。なぜなら，参加制約をちょうど満たす努力水準をみつけて，それが実現するような賃金設定をすればいいからである。

この場合，図13.3に示すような固定給制が最適な賃金契約になる。努力水準が観察できるので，モラル・ハザードは存在しない。賃金契約の設定ではリスク配分のみが問題となる。従業員がリスク回避的であれば，賃金が変動するよりは固定給の方が望ましい。したがって，参加制約と両立できる最低限の賃金水準を提示すれば，従業員は参加する誘因がある。そして，不確実な生産の結果生まれる生産額の変動は，すべて経営者の利潤の変動という形をとる。このとき，企業の期待利潤は最大化されている（表13.3）。

タクシーの場合であれば，顧客に法人契約の多いタクシー会社での運転手の収入は，固定給的な色彩が強いといわれている。法人契約の場合には，顧客から会社にタクシー運転手の運転態度や運転技術に関する情報が伝わる可能性が高い。あまり乱暴な運転をすると，会社にすぐ苦情が届くことになる。したがって，会社も運転手の努力水準をかなりの程度把握できる。この場合には，努力水準について会社と運転手との間での情報の非対称性はあまり存在しない。したがって，図13.3のような固定給が設定される。

しかし，中小タクシーでは出来高払い契約が多い。これは，そうした企業では運転手をモニタリングするのが困難であり，また，そうした企業に雇用される運転手はあまりリスクを気にしない（リスク中立である）傾向が強い

13.3 エイジェンシーの理論

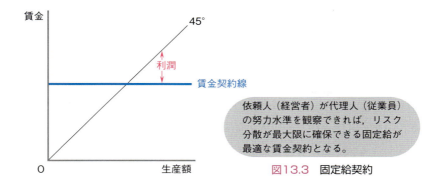

図13.3 固定給契約

表13.3 最適契約の例

	内容	条件	例
リース契約	依頼人は一定額 代理人が出来高払い	代理人もリスク中立	中小のタクシー
固定給契約	依頼人が出来高収入 代理人は固定給	行動が監視できる	法人相手のタクシー 地方交付税

からである。

■ エイジェンシーの理論の意味

　以上2つの極端なケースは、モラル・ハザードあるいはリスク配分のいずれか一方のみが事実上問題となる状況であった。その場合には、賃金契約は100％の出来高払いか100％の固定給かいずれかの形になる。一般的には情報の非対称性によるモラル・ハザードも危険回避的な選好によるリスク配分も両方とも無視できない。こうした状況では、最適な賃金契約は単純にリース契約とも固定給契約ともならず、収入を代理人と依頼人とでシェアする形になるだろう。しかも、一般的にはそのシェアの比率は収入に応じて変化して、一定値＝線形にはならないのが普通である。

　依頼人は、代理人の行動を監視して情報を収集できれば、モラル・ハザードの問題を小さくすることができる。したがって、依頼人は情報収集の誘因

13 不完全情報

をもっている。こうした情報収集などの監視のコストは，**モニタリングのコスト**とよばれている。モニタリングは情報が非対称的に保有されている状況での問題を回避するには有効であるが，これにコストをかけすぎると，実質的な利潤も減少してしまう。その意味で，モニタリングのコストは相手の行動がわからないケースでのコストの大きさを示すものといえよう。

また，他の代理人の行動に賃金契約を依存させるやり方も考えられる。同じ仕事をする従業員間で競争させて，その相対比較で賃金に格差を設定する方法である。これは，同じ従業員間での不確実性の生じ方が同じであれば，個々の従業員の努力水準を間接的に観察できる有力な方法であろう。わが国での年功序列を原則とした年齢別の昇進人事も，こうした同じ年齢層での相対的な比較によって，努力水準を間接的に監視するメカニズムであると解釈できるだろう。

13.4 逆選択

■ 中古車の市場

相手のタイプがわからない場合には，**逆選択**という問題が生じる。この点は，中古車市場がなぜうまく機能しないかという例で，**アカロフ**（Akerlof, G. A. ; 1940-）によって分析された。中古車市場の売り手と買い手について，考えてみよう。

中古車の売り手は，自分の車がどの程度の品質の車であるのか，当然よく知っている。車の外見だけではなく，故障の起こりやすさや起こったときの程度についても，いままでの経験からかなり詳細な情報をもっている。これに対して，中古車の買い手の方は，車を外見のみで判断するしかない。したがって，その車の質に関してあまり情報をもっていない。

このように，売り手と買い手とでその財の〈質＝タイプ〉に関して情報の格差があるときには，市場がうまく機能しない可能性がある。買い手は，欠陥車をつかまされるかもしれないと用心して，中古車を買いたくても買わな

382

いかもしれない。その結果，市場全体の規模が小さくなり，最悪のケースでは市場そのものが成立しない。

[数値例]

いま，次のような数値例を考えよう。q を中古車の質を表すパラメーターとして，図13.4に示すように，これが 0 と 1 の間に一様分布しているとしよう。したがって，中古車全体の平均的な質は 1/2 である。買い手は，q の質の中古車に対して，$3/2q$ の金額を支払ってもよいと考えるとしよう。したがって $3/2q$ 以下の価格であれば，q の質の車を買いたいと考える。一方，売り手は q の質の中古車を q の金額で売りたいと考えているとしよう。q 以上の価格であれば，q の質の車を売りたいと考える。

図13.5に，それぞれ買い手と売り手の需要曲線 D，供給曲線 S が描かれている。売り手も買い手も1台売るか買うかの選択であるから，需要，供給曲線は折れ曲がった曲線になっている。2つの曲線は価格が q と $3q/2$ の間で重なっている。したがって，完全情報なら，中古車は $3q/2$ と q との間の価格で売買されるだろう。

中古車の質は，0と1の間で一様に分布している。平均的な質は $\frac{1}{2}$ となる。

図13.4　中古車の質の分布（完全情報）

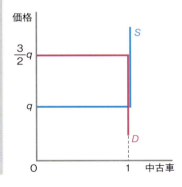

D は買い手の需要曲線であり，S は売り手の供給曲線である。完全情報なら，中古車は $\frac{3}{2}q$ と q の間の価格で売買される。

図13.5　完全情報の中古車市場

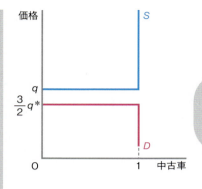

図13.6 不完全情報の中古車市場

不完全情報の場合，平均の q を q^* とすると，買い手が支払ってもよいと考える最大限の価格は $\frac{3}{2}q^*$ となる。もし $\frac{3}{2}q^*$ が q よりも小さければ，中古車市場は成立しない。

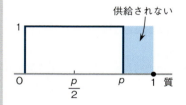

図13.7 中古車の質の分布（不完全情報）

p 以下の中古車しか市場には供給されないから，$q^* = \frac{p}{2}$ となる。よって，$\frac{3}{2}q^* = \frac{3}{4}p$ は p よりも小さくなる。

　完全情報でなければ，中古車の値段はどうなるだろうか。買い手は平均の q（$=q^*$）は観察できるが，個々の車の q はわからないと想定しよう。買い手にとっては中古車の品質は実際に乗ってみないとわからない。しかし，市場に出てくる車の平均的な質はわかると考えるのは，それほどおかしい仮定でもないだろう。このとき，買い手が支払ってもよいと考える最大限の価格は，$3q^*/2$ である。買い手の需要曲線は，今度は図13.6のようになる。図13.6が示すように，もし $3q^*/2$ が q よりも小さいと，需要曲線と供給曲線とは台数が1の量では一度も交わらない。したがって，中古車市場は成立しない。

　均衡価格が $p>0$ とすると，品質がゼロから p までの車しか中古市場には登場しない。図13.7に示すように，平均的に供給される車の質は $q^*=p/2$ となるから，今度は
$$\frac{3}{2}q^* = \frac{3}{4}p$$
が買い手の最大限支払ってもよいと考える金額になる。これは p よりも小さい。したがって，$p>0$ では車は売れないことになる。言い換えると，中古車市場は成立しないのである。

他の例

　逆選択は，中古車の市場以外でも多くの経済活動にみられる現象である。保険であれば，契約者の健康状態（たとえば，喫煙者であるか非喫煙者であるか）のタイプが会社にとってはわからないケースが，これに相当する。このとき，病気に対する保険を設定しようとしても，健康状態の悪い人しか応募しなくなり，保険会社は採算上ますます保険料率を上げざるを得ない。そうすると，それでも契約に応募してくる人は健康状態の悪い人に限定されるから，さらに保険料率が上昇し，結果として保険そのものが成立しなくなる可能性がある。逆にいうと，医療保険は強制加入の公的な保険制度でないと，成立しない可能性が高い。

　銀行が企業にお金を融資する場合も，当該企業が良い企業であるのか，悪い企業であるのかの区別が銀行にはできない場合もある。銀行の審査が完全でなければ，逆選択の問題が生じる。悪い企業に貸す可能性を考慮すると，貸出利率は高くせざるを得ないが，そうすると，良い企業は借りるのをあきらめる。悪い企業はそれでも借りようとして，ますます銀行の貸出利率が上昇し，良い企業は完全に閉め出される。そうすると，企業への貸出自体も成立しなくなる。

　消費者金融の分野でも，情報の非対称性を考えると，なぜ年率50％以上の高金利で商売が成り立っているのかを説明することができる。安定的な収入があり，きちんと返済してくれそうな借り手はより金利の安い金融機関から借りる。したがって，返済の当てがあまりない借り手だけが消費者金融の顧客になる。そうした借り手だけを対象とすると，貸し倒れリスクが非常に大きいので，高い金利（さらには非合法すれすれの強引な債権回収）ではじめて採算がとれるようになる。また，そうした顧客はそれを承知であえて借りる事情があるので，取引が成立する。

政策的な対応

　このような逆選択の問題に対しては，次のような政策的な対応が考えられる。

第1は，供給を強制することである。中古車の市場が成立しない一つの原因は，中古車の価格が低下するにつれて，中古車の売り手がいなくなることである。ある一定年数を経た中古車をすべて売らなければならないことが強制されれば，価格が低下しても中古車の供給が減少しないから，中古車の市場が存在できる。

第2は，モニタリングを容易にする制度を確立することである。車検制度の整備である。中古車の品質が管理でき，かなり均一であれば，平均的な質を知ることは，個々の中古車の質を知ることと同じになり，情報の非対称性の問題は解消される。

第3は，ある一定価格以下での売買を禁止することである。これは，中古車の価格が低下するのを防いで，良質な中古車が市場に供給される誘因を与える。消費者金融の世界では，利息制限法などで上限を設けて，それ以上の高金利での取引を禁止している。

しかし，以上3つの政策的な対応は必ずしも万能ではない。第1，3の対応のように，ある種の経済行為を強制したり禁止したりすると，それを嫌って脱法行為がさかんになるだろう。また，第2の対応でも，不正行為によって骨抜きになるかもしれない。こうしたときに，経済主体による自発的な対応は考えられるだろうか。

第4は，売り手の側での自発的な対応である。自分の車が良質であるとわかっている売り手は，そうでない売り手と区別するために，良質の車の売り手しかできないことを買い手に対して行う誘因がある。たとえば，一定の走行距離の範囲で故障に対する保証をつけることなどである。これは，悪い車を売ろうとしている売り手には採用できない手段であるから，結果として，そうした補償制度のある車は，良い車であるというシグナルを買い手に提供している。これは，シグナリングという方法で，逆選択の問題を解消しようというものである。

第5は，買い手側の要求である。事故が起きたときの保証を買い手側が要求すると，良質の車の売り手はそれに対応できるが，悪い車の売り手はそうした要求をのめないだろう。買い手がハードルを設定して，良質な売り手の

みがそれを越えられるようにすれば，結果として良質の車の売り手とそうでない車の売り手とを区別することができる。これが，自己選択あるいはスクリーニングとよばれているものである。

◆*Case Study*　逆差別

「アファーマティブ・アクション（積極的差別是正措置＝AA：affirmative action）」とは，アメリカで人種問題における逆選択の弊害を是正するために政策的に採用されている手段の一つで，歴史的に差別されてきた黒人などのマイノリティや女性，障害者に対して雇用や教育における優遇措置をとる制度である。これは，上の政策対応の考え方の第1（供給の強制）にあたる。たとえば，雇用や教育の現場で，マイノリティに対する特別枠が割り当てられている。

上で説明したとおり，こうした制度は逆選択を解消する手段としてそれなりに有効である。しかし，事後的な結果のみで評価すると，同じ能力があっても，マイノリティでない多くの人々が不利な取り扱いを受けることになる。たとえば，入試の際にマイノリティにだけ上げ底のような形で得点が加算されて合格しやすくなっている制度は，マイノリティでない白人からすると，逆に差別されているという不満をもたらす。これが，逆差別問題である。

すなわち，逆差別とは，伝統的に差別する側の人々が，差別されていた側によって差別されることである。差別とは，個々人の人格や能力を無視して，何かの階級や集団に属していることや人種や性差によって個々人を判定し不利益を与えることである。

旧来の差別も，新しい差別としての逆差別も，同じく不当な行為であるとして批判することは容易である。しかし，それだけでは問題は解決しない。情報に不完全性があるときには，個々の人々に偏見がなくても，合理的行動の結果として，そうした差別が起きることがあるし，それを解消する一つの有効な手段がアファーマティブ・アクションである。したがって，差別や逆差別を解消するには，その原因となっている情報の不完全性を少なくする努力が有効である。

13.5 自己選択

■ **スクリーニングのモデル**

　自己選択を有効に機能させる仕組みについて考えてみよう。企業は労働者の行動は観察できるが，労働者が有能な労働者か普通の労働者かというタイプは観察できないとしよう。ここで，労働者が有能か普通かは，労働者のコスト関数の相違であると考える。すなわち，ある財の生産水準を x とすると，x を生産するのに，有能な労働者であれば c_1 のコストがかかり，普通の労働者は c_2 のコストがかかる。そして

$$c_2(x) > c_1(x)$$

がすべての x について成立しているとしよう。また，限界費用については

$$MC_2(x) > MC_1(x)$$

がすべての x について成立しているとしよう。

　これは，図13.8のように普通の労働者の費用関数が有能な労働者の費用関数よりも常に上方にあり，その傾きも大きいことを意味している。企業は，情報の非対称性のために，誰が有能か普通かを判断できないので，生産水準 x に応じて共通の賃金契約を結ぶしかない。これを，$s(x)$ で表すことにしよう。

　このモデルでは，企業が依頼人であり，労働者が代理人である。ただし，代理人の行動は観察できるので，生産活動に対する不確実性は考慮する必要

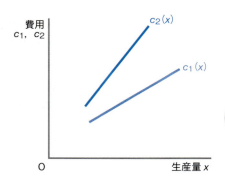

普通の労働者の費用関数は，有能な労働者の費用関数よりも常に上方にあり，その限界費用も大きい。

図13.8　2つのタイプの労働者のコスト関数

がない。代理人である労働者の効用関数を

$$s(x) - c(x)$$

で表すことにする。労働者は不確実性に直面していないので，リスクの問題は生じない。

■ 情報が完全なケース

まず最初に，企業にとって2つのタイプの労働者が区別できるケースから分析する。企業の生産の販売価格を1とすると，生産量からコストを差し引いた企業の利潤は

(1) $\pi = x_1 + x_2 - c_1(x_1) - c_2(x_2)$

であるから，この式を最大にするような x_1, x_2 を求めればよい。したがって，

(2) $MC_t(x_t) = 1 \quad t = 1, 2$

となるように，すなわち，それぞれのタイプ t の労働者の限界費用が販売価格1に等しいところまで労働投入をすることで生産させて，限界コストに見合う賃金を支払えばいい。

図13.9が示すように，この場合の企業の利潤は $C + C + D + E$ になる。C は普通の労働者を雇用するときの利潤であり，$C + D + E$ は有能な労働者を

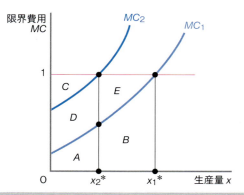

情報が完全なケースでは，それぞれのタイプの労働者の限界費用が1になる点まで生産させて，コストに等しい賃金を支払う。企業の利潤は $C + C + D + E$ である。

図13.9 完全情報の賃金契約

13　不完全情報

雇用するときの利潤である。また，普通の労働者の賃金は $A+D$，有能な労働者の賃金は $A+B$ になる。このとき，労働者の参加制約として

(3) 　　　　$s_t = c_t(x_t)$ 　　　$t = 1, 2$

が成立している。

■ **情報が非対称なケース**

では，企業にとって労働者のタイプがわからないとき，以上の契約は可能であろうか。企業が $x_2{}^*$ の生産に対して $S_2 = A + D$ という賃金を，また，$x_1{}^*$ の生産に対して $S_1 = A + B$ の賃金を支払うと設定したとしよう。前者の賃金と生産の組合せを普通の労働者が，また，後者の賃金と生産の組合せを有能な労働者が選択すれば，企業の利潤はもっとも高くなる。しかし，このような契約は労働者の誘因制約を満たさない。

すなわち，図13.9で有能な労働者は，$x_2{}^*$ の生産に対して $S_2 = A + D$ という賃金契約の方を，$x_1{}^*$ の生産に対して $S_1 = A + B$ の賃金をもらう契約よりも選択する。なぜなら

(4) 　　　$s_2 - c_1(x_2{}^*) > s_2 - c_2(x_2{}^*) = 0 = s_1 - c_1(x_1{}^*)$

の関係が成立するからである。有能な労働者が普通の労働者のふりをして $x_2{}^*$ だけしか生産しなくても，s_2 の賃金がもらえるので，彼（彼女）にとっては D の大きさだけ余剰を獲得できる。

したがって，$x_2{}^*$ のとき $A + D$ だけ，また，$x_1{}^*$ のとき $A + B + D$ だけ支払うとすれば，有能な労働者はどちらでも無差別になるから，結果として，有能な労働者が $x_1{}^*$ を選択し，普通の労働者が $x_2{}^*$ を選択することになる。このような契約では，労働者が自らの最適な選択をすることで，結果として自分がどのタイプに属するかを，企業にも教えることになる。これを自己選択とよんでいる。

■ **望ましい契約**

しかし，自己選択させるにしても，企業家にとっては上の賃金契約よりももっと良いものが存在する。いま，図13.10の $x_2{}^*$ の点から少し x_2 を減少さ

390

13.5 自己選択

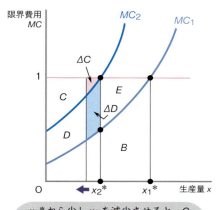

図13.10　自己選択と利潤

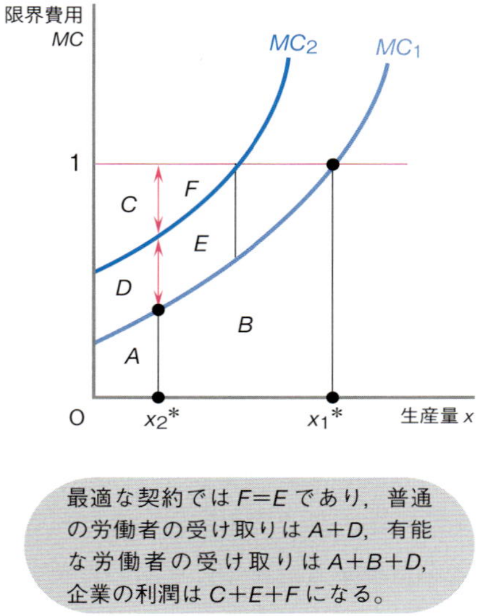

x_2^* から少し x_2 を減少させると，C の減少分よりも D の減少分の方が大きく，企業の利潤は増加する。普通の労働者への支払いを減少させることで，有能な労働者への支払いも減少できる。

図13.11　望ましい契約

最適な契約では $F=E$ であり，普通の労働者の受け取りは $A+D$，有能な労働者の受け取りは $A+B+D$，企業の利潤は $C+E+F$ になる。

せるとしよう。これは D も C も減少させるが，さしあたっては，D の減少の方が大きいだろう。これは，企業の利潤を増加させる。なぜなら，本来の利潤の減少分 ΔC よりも，賃金支払いの減少分 ΔD の方が大きい限り，x_2 を低下させる誘因が企業に生まれる。普通の労働者への支払いを減少させることで，間接的に，有能な労働者への支払いも減少させることができる。

したがって，もっとも望ましい契約は，図13.11のような x_2^* で与えられる。ここでは，垂直方向で測って E の幅の大きさと F の幅の大きさがちょうど釣り合っている。普通の労働者が $A+D$ を受け取って x_2^* まで生産し，また，有能な労働者が $A+B+D$ を受け取って x_1^* まで生産し，企業の取り分は $C+F+E$ になる。これが，自己選択の制約のもとでの最適な賃金契約である。完全情報の場合と比較すると，企業の取り分は減少しているが，自己選択の契約を提示することで，E の大きさの利潤を確保することができる。

13 不完全情報

■ 他の例 ─────────────────────────

　自己選択の例としては，さまざまな分野での料金設定が考えられる。たとえば，医療保険で安い保険料で風邪などの通常の病気しかカバーしない契約と，高い保険料で重病でもカバーする契約の2種類の契約を保険会社が提供し，契約者はどちらの契約かを選択するケースを想定しよう。健康に自信のある人は前者の安い保険料を選択し，健康に自信のない人は後者の高い保険料を選択するだろう。その結果，保険会社にとっても誰が健康に自信があり誰が自信がないかの情報を手に入れることができる。

　また，レジャー施設やスポーツクラブなどで，高い入会金と低い利用料金の組合せと入会金なしでの高い利用料金の組合せとの2種類の料金体系を設定すると，よく利用したい人は前者を選択し，たまにしか利用しない人は後者を選択するだろう。利用者のその施設に対する選好が結果として表示されることになる。企業は2種類の需要者に別の料金を区別して設定することで，利潤を大きくすることが可能になる。このような料金設定と類似したものには，回数券や定期券を利用した割引制度がある。

13.6 シグナリング

■ 就職活動 ─────────────────────────

　中古車市場の例でもみたように，相手のタイプがわからないとき，売り手の方が何らかのシグナルを出して，自分を他のタイプの売り手と区別しようとする誘因をもつ。非対称の情報を保有している経済主体の一部が，自らの優位性を示すために情報を公開したいという誘因をもち，シグナルになるものをみいだすのである。これを，就職活動の例で考えてみよう。

　企業は生産性の高い学生＝将来の労働者を雇用したいと考えている。学生には生産性の高い学生と低い学生の2つのタイプがある。2つのタイプは外生的なものであり，たとえば，先天的な能力の差であるとしよう。したがって，生産性の低い学生は，努力しても生産性を上げることはできないとしよう。

13.6　シグナリング

しかし，企業は面接で学生の生産性を判断しようとしても，うまくいかないだろう。面接の時間は限定されているし，学生の方でも面接のためのノウハウを活用するので，面接では生産性の低い学生も生産性の高い学生と区別できない。この場合，情報の非対称性のために，企業としては2つのタイプの学生を区別することなく，雇用するしかない。

■ シグナルとしての学歴

ここで，シグナルが意味をもってくる。すなわち，生産性の高い学生しか身につけることができない何らかのシグナルがあれば，それを利用することで，企業は生産性の高い学生を優先的に採用することができる。そうしたシグナルとして有力な情報が，学歴である。旧帝大系の一部の国立大学などに入学するには，長い期間の受験戦争を乗り越えなければならない。そうした受験の技術は，生産性の高い学生の方が有利にこなすことができるだろう。とすれば，有名大学に入学したことが，自らの生産性の高さのシグナルになり得るのである。

こうした事情がもっともらしいとすれば，企業が就職に際して指定校制度を採用することにもそれなりの理由があるし，また，大学に入学した後で（文科系の）学生が勉強しなくなるのも理由がある。どんな大学に入るかでその学生の生産性の高さが情報として表に現れるからである。

■ 受験勉強のメリットとデメリット

ただし，受験勉強は必ずしも生産性の向上に役立つという論理的な必然性はない。企業に入れば，そこで必要な訓練を受けて，必要な技術を一から習得していく。生産性の高さが受験勉強にも役立ちさえすれば，シグナルとしては十分であって，受験勉強はそれ以上の役割を果たしていなくても，シグナリングの機能は十分である。

しかし，国民経済全体を考えると，無駄な受験勉強で資源が浪費されていることになる。これを解決するには，生産性と相関する学歴以外の情報をより安いコストでみつけることであろう。あるいは，企業の求めている生産性

13 不完全情報

と受験勉強での技術との相関がなくなれば，当然受験戦争も過熱しなくなるだろう。マニュアルを効率的にこなす能力よりも，独創的な個性を重視するようになれば，これまでの受験勉強の成果は就職の際に重要な参考資料にならなくなるだろう。

■ その他のシグナル ────────

　企業サイドでのシグナルとして重要なものは，広告である。ある財を TVなどで大量に宣伝するには，多くの資金を必要とする。これは，中小企業ではなかなかできない支出である。こうした広告宣伝はそれをしたからといって，その財の品質が改良されるわけではない。社会的には資源の浪費としか考えられない部分も多い。しかし，広告をするのは品質のしっかりした製品を作っている大企業に限定されると消費者が考えていれば，広告をすることで企業のイメージが改善され，消費者に販売しやすくなる。消費者はどの企業の財が品質でみて優れているのか，買ってみるまではわからないが，広告をシグナルとしてみることで，大企業の製品を安心して購入することになる。

　あるいは，店舗などの固定費用もその店の信用を表すシグナルになり得る。たとえば，宝石店の場合，立派な店舗をもっていれば，ずっとそこで商売をしなければならないことを暗黙のうちに意味している。したがって，偽物の宝石を販売して短期の利潤を稼ぐ誘因は乏しいだろう。しかし，露天で宝石

表13.4　不完全情報の問題

非対称の情報	相手の行動	相手のタイプ
問題点	モラル・ハザード：道徳上のあるべき行為がゆがめられる	逆選択：本来必要とされる相手が市場から逃げ出す
対応策	モニタリングにコストをかける 契約を工夫する：エイジェンシーの理論	自己選択：自分のタイプを自発的に表に出すような契約を工夫する シグナリング：良いタイプの主体がシグナルを出す

13.6 シグナリング

を売っている場合には，偽物を販売しても，すぐ場所を変更すれば，同様な商売が可能である。

　消費者からみれば，ちょっとみただけではその宝石が本物か偽物かは判別できない。店舗が立派である宝石店の方が本物を売る誘因は高いと判断して，そちらで宝石を購入するだろう。この場合も，立派な店舗は社会的には無駄な投資であるが，本物の宝石を売っているかどうかについてのシグナルを提供する役割を果たしている。

Column——17　晩婚化

　最近結婚年齢が上昇する晩婚化が生じている。特に女性の結婚年齢の上昇が著しい。女性の晩婚化が進展した理由にはいくつかの説明が可能であるが，その一つが相手となり得る男性の所得能力に関する情報の不完全性である。

　高度成長期であれば，有名大学を卒業して一流企業に就職すれば，一生高い所得を獲得できることが予想できた。したがって，そうした男性を対象として結婚を希望する女性も，早くから対象男性を限定することが可能であった。しかし，最近では有名大学を卒業しても，一流企業に就職しても，それだけでは高額の生涯所得が保証されない。女性が結婚相手を探す場合でも，ある程度年齢の高い男性でないと，相手の所得能力を判断できない。

　また，女性の経済状況に注目すると，最近ではフルタイムで働く女性の所得水準は上昇しており，20歳代では男女の賃金格差（フルタイムで働く場合）は相当小さくなっている。これは，結婚した後で家事・育児などの理由で退職する際の機会費用を上昇させている。したがって，自分よりも相当有能で高額の生涯所得が期待できる男性でないと，結婚しにくくなっている。そうした男性を識別するのに時間がかかるようになると，結婚年齢も遅くなる。

Column——18　契約理論・マーケットデザイン・メカニズムデザイン

　契約理論とは，企業統治，公的規制，法律と制度などをゲーム理論で分析するミクロ経済学の一分野であり，情報の不完全性を分析する標準的契約理論と契約の不完備性を分析する新しい契約理論とに分けられる。前者の標準的契約理論については本章で説明した。後者の新しい契約理論は，取引費用の観点から，すべての状態を想定した条項を明文化できない契約を対象とする。たとえ

ば，親企業と下請け企業の契約など，投資や技能が契約者間で特殊的な関係にあり一般化できない場合，契約を結んだ後に下請け企業が無理難題を押し付けられるホールドアップ問題が発生する可能性がある。新しい契約理論はこの問題を避けるための所有権の配分や成果の分配などを分析する。

マーケットデザインは，需要と供給の安定的なマッチングを目的とした設計に関する理論である。たとえば，医師の病院への最適配分，臓器移植ネットワークの効率化などを対象として，安定的に需要と供給を満たす市場デザインの具体例を研究する。

メカニズムデザインは，人々のインセンティブを考慮に入れたうえで，経済や政治に関する集団的決定の仕組みを研究する。人々が集団で経済や政治にかかわる決定を行うとき，他者の選好に関する情報を本人以外は分からない。しかし，人々が正直に行動するとは限らないため，正直に行動することが利己的にも最適となるメカニズムを工夫することが重要である。公共財供給に関するクラーク税はその一例であり，グローブス・メカニズムとして研究が発展している。

まとめ

● 情報が不完全であるときには，さまざまな興味深い現象が生まれる。相手の行動が監視できないケースでは，道徳上のあるべき行為がゆがめられるというモラル・ハザードが生じる。相手のタイプがわからないときには，市場がうまく機能しない逆選択の問題が生じる。

● 行動に関する情報の不完全性があるときの理論的な分析モデルが，エイジェンシーの理論である。依頼人と代理人との最適な契約は，モニタリングのコストや代理人のリスクへの選好などに依存する。

● 相手のタイプがわからないとき，料金設定などを工夫して，相手が自分のタイプを表面に出すという自己選択の手段がある。また，非対称的な情報を保有している経済主体が，情報を公開したいという誘因をもち，シグナルを出す可能性もある。学歴や広告などがその例である。

13.6 シグナリング

重要語

- ☐情報
- ☐依頼人
- ☐逆選択
- ☐シグナリング
- ☐モラル・ハザード
- ☐代理人
- ☐自己選択
- ☐エイジェンシーの理論
- ☐モニタリング・コスト
- ☐スクリーニング

問　題

■1　（　）の中に適当な用語を入れよ。

（ア）相手の（　）が監視できないときには，モラル・ハザードが生じる。

（イ）依頼人と（　）の2種類の個人間での契約を考えるのが，（　）の理論である。

（ウ）相手の（　）がわからないときは，逆選択の問題が生じる。

（エ）さまざまな分野での複数の料金設定は，（　）の例として考えられる。

（オ）非対称の情報を保有している側が，情報を公開する手段として利用するのが，（　）である。

■2　次の火災保険契約の中でモラル・ハザードを引き起こしやすいものはどれか。

（ア）木造建築の保険料を耐火構造の保険料よりも高くする。

（イ）損害が生じたときの全額を補償する。

（ウ）損害が生じたときの半額を補償する。

（エ）木造建築の保険料を耐火構造の保険料よりも低くする。

（オ）過去の保険料支払いの履歴に応じて保険料に差をつける。

■3　次の文章のうち，正しいものはどれか。

（ア）モラル・ハザードは社会全体の損失であるから，これをなくすように監視のコストを最大限にかけるべきである。

（イ）中古車の市場では，逆選択が生じるので，取引は全然行われないのが通常である。

（ウ）逆選択の問題に対しては，政策的に介入することで解決可能である。

（エ）普通の労働者は有能な労働者のまねをすることで,得になるケースが多い。

13 不完全情報

（オ）受験戦争にシグナルとしての学歴を身につける意味があるとすれば，受験戦争の過熱化を抑制することはできない。

■4　宝石店が立派な店舗で商売していることをシグナリングの概念で説明せよ。

■5　以下の事例で情報が非対称であることによる市場の失敗はどれか。

（ア）消費者金融の分野で，年率50%以上の高金利で闇サラ金の商売が成り立っている。

（イ）明日の天気予報が雨なので，雨具を準備した。

（ウ）新築マンションを購入した途端に，そのマンションの市場価値が値下がりした。

（エ）就職活動で，能力のある女子学生が男子学生ほどには評価されない。

（オ）主治医の診断に信頼が置けないので，セカンドオピニオンを別の病院で求めた。

補　論
ミクロ経済学にかかわる最近のトピックス

A.1　実験経済学

　経済学は，全体の現象や個々のデータを見て，理論的な仮説を提示し，与えられたいろいろな条件，外部ショックなどによって経済現象がどう変わるかをモデルで理論分析し，データで実証分析する点で自然科学と類似性が大きい。ただし，経済学は自然科学と異なり，生身の人間による複雑な経済現象を取り扱う。実験室での繰り返し実験が可能な自然科学と異なり，経済学では対象に再現性がない。物理学で行うような制御された環境のもとでの実験は，経済学では不可能であると考えられてきた。

　しかし，2002年にノーベル経済学賞を受賞したバーノン・スミスが確立した実験経済学は，そうした常識に挑戦して，経済学的な問題に対しても実験的手法を行う。実験経済学の実際は次のように行われる。まず検証したい経済理論に必要な環境を実験室内に設計し，学生などを被験者に経済的な動機を与えて，データを収集する。そのため，ゲームの得点に応じた謝金を支払う。補助手段としてコンピュータやネットワークを用いることもある。

　こうした実験経済学は，1940年代末に行われたチェンバリン（Chamberlin, E. H.：1899-1967）による市場実験がその初期の代表例といわれる。今日では経済学における実験は，市場均衡，囚人のディレンマ，期待効用理論，オークション，公共財供給など非常に広い範囲で行われている。

399

補　論　ミクロ経済学にかかわる最近のトピックス

たとえば，公共財の自発的供給に関する実験では，被験者はある一定の所得（仮想的に実験室で与えられる金額）を私的財の購入と公共財の負担に振り分けるとする。個人的には私的財からの便益の方が公共財の自己負担よりも大きいが，被験者全員が公共財を負担すれば公共財の供給量が増加するので，そこからの便益は私的財からの便益よりも大きいと設定する。なお，実験における各個人の行動や選好は他人にはわからない私的情報とされる。

理論的に考えると，すべての被験者がすべての所得を私的財の購入に充てるただ乗り状態がナッシュ均衡として実現するはずである。しかし，こうした実験の結果ではただ乗りの現象はそれほど顕著に観測されていない。理論的な予測と実験結果が異なる理由として，そもそも被験者の選好が公共財の自発的供給からも効用を感じる利他的なものであるか，社会的な公平性に関する社会的規範のためなのか，あるいは，実験の意図が十分被験者に伝わらずに被験者が公共財を供給する選択をしているのか，などいろいろな解釈が考えられる。さらに，被験者の多くは実社会での経済経験が乏しい学生であり，仮想的な実験がどこまで実際の経済活動をうまく抽出しているのか，留保する必要もあるだろう。

人々は経済合理性にしたがわない振る舞いをするときでも，完全にランダムで非合理的な行動をするわけではない。一見非合理的に思える人間の経済行動にもある程度の規則性や経済合理性がある。標準的なゲーム理論が示唆する予測と異なる結果が実験経済学で提出されたことで，非協力ゲームをより現実的な枠組みで再構築する研究が進展している。

A.2　行動経済学

これまで本書で説明してきたように，標準的なミクロ経済学で想定している合理的な経済人は，利己的な意思決定主体として，すべての選択肢とその結果を考慮して，最善の結果を達成する。これに対して，行動経済学は，こうした合理的経済人を前提とするのではなく，実際の人間が一見非合理的と思われる選択や行動をする状況を想定して，彼らがどのように行動している

400

A.2 行動経済学

のかを心理学や医学の知見も活用して分析する。医学の視点で人間の脳をスキャンしたり，心理学と同様の実験を用いて被験者の行動パターンを考察したりする。その結果，人々の経済行動における主観的なバイアスを明示的に考慮することで，客観的な（本来あるべき）最適化行動からの乖離を前提として，より現実的な経済行動とその政策的含意を分析する。

行動経済学は，その仮説の検証にしばしば経済実験が用いられることから，実験経済学との結びつきが強い。2002年には心理学を用いて行動経済学の発展に貢献したカーネマンが，実験経済学の手法を確立したスミスと共にノーベル経済学賞を受賞した。さらに，2017年にもセイラーが，金銭に関する意思決定で人間が無意識に行う心理的な操作を「メンタルアカウンティング（心の家計簿）」として理論化した研究などでノーベル経済学賞を受賞した。

行動経済学では経済学が想定する合理的で利己的行動を生身の人間がとれるはずはないと考えて，経済合理性の現実的妥当性を批判的に検証する。行動ファイナンスの分野でも金融市場での判断にバイアスがあることを示して，標準的な経済学を批判する。

その結果，いくつかの興味深い結果も得られている。たとえば，経済的な意思決定における男女の違いである。行動経済学の多くの実験によると，男性は競争的な意思決定を好むが，女性はそうした競争を回避するという。仕事の報酬体系を選ばせると，男性はより競争的な業績連動型の報酬体系を選ぶ一方，女性は固定給に近い報酬体系を選ぶことが多い。また，小学生の短距離走では，男子は多くの競争相手を同時に走るとタイムが総じて速くなるのに対して，女子は競争相手の数にかかわらず走るタイムはそれほど変わらない。

こうした男女差に関する結果は心理学での研究としては興味深いものの，それが経済活動の分析用具としてどのように使えるのか疑問という批判もある。ただし，リスク選好に男女間で相違があるとすれば，男女での雇用・賃金格差の解明に役に立つかもしれない。

また，経済学的には同じ選択肢でも，数字データの見せ方など「フレーム」を変えると，選択結果に影響がある点も指摘されている。

401

補　論　ミクロ経済学にかかわる最近のトピックス

　たとえば，「ひと月で 3 万円貯める」と「1 日1000円ずつ30日で 3 万円貯める」，あるいは，「ひと月3000円を貯めて商品を手に入れる」と「1 ヶ月間毎日 1 杯100円のコーヒーを我慢して商品を手に入れる」という選択肢を考える。

　仮に金利が無視できるとすれば，これらの選択肢はいずれも経済学的にみれば同じである。しかし，言い方を変えるだけで印象は変わり，人々の選択にも影響するという結果が得られる。これは，具体的なイメージをわかりやすく伝えることで人々の消費行動が影響される可能性を示唆する。

　異時点間の選択問題では，現在志向バイアスも注目されている。これは，未来の利益よりも目先の利益を優先してしまう心理，すなわち，将来と比較して現在をどのくらい重視するかという時間選好率の大きさに関わる。

　たとえば，「今もらえる10万円」あるいは「1 年後にもらえる11万円」という 2 つの選択肢を考える。この種の質問では多くの人が前者を選ぶという。

　金利が10% であれば，両方の選択で現在価値は等しくなる。金利が10% 以下なら「今もらえる10万円」を貯蓄しても 1 年後に11万円にはならないので，「1 年後にもらえる11万円」の方が得になる。

　21世紀に入ってわが国でも極端な低金利政策が採用されている。こうした状況では，年率10% の金利で運用できる安全資産はない。したがって，経済合理性で判断する限り後者を選択する方が得である。それでも前者を選択する人は，未来の利益よりも目の前の利益をとにかく優先したいという心理なのだろう。目先のことになると時間選好率が極端に高くなるのは，たとえば，夏休みの宿題を先延ばしにして夏休みのはじめから遊んでしまうのも同じ現象だと解釈できる。

　ただし，現在10万円の支出計画があるとすれば，「1 年後にもらえる11万円」を選択すると，別途10万円を現在時点で用意する必要がある。その資金を借りる金利が10% よりも高いと，「今もらえる10万円」を選択するのが経済合理的になる。したがって，こういう選択肢をアンケートなどで提示する場合，どういう支出計画なのか，また貯蓄と借り入れの金利はいくらなのかなど，その前提条件を明確にしないと，結果の解釈も曖昧になってしまう。

402

A.2　行動経済学

　また，行動経済学では現状のデフォルト（初期設定）をそのまま選択するバイアスも指摘されている。たとえば，給料から天引きされる個人勘定口座で天引きされる率を労働者が選択できるとする。そのとき，初期設定である率（たとえば5％）が組み込まれているとすると，多くの人はそのままその率での天引きに応じる。自分で別の天引き率に変更することが制度上可能であっても，わざわざ天引き率を変更する人は少ない。

　さらに，天引きされる貯蓄の配分先も選択できるとする。その場合，預貯金などの安全資産と株式投資などのリスク資産の2種類があるとき，デフォルトでの配分比率をそのまま維持する人が多い。

　このように，経済学に心理学的知見を統合した行動経済学では，「経済合理性」に限界のある個人の諸行動を対象として，その最適化行動が初期条件に影響されていることを明らかにする。行動経済学では，必ずしも合理的でない実際の人間を正面から分析対象とすることで，人々がすべての選択肢を考慮して，幅広い予算制約下で最適に選択するという大域的最適化をしないで，狭いフレームワークでの最適行動をしていると考える。その結果，人々は局所的な最適化に陥って，経済合理性で達成できるはずの最適化に失敗しがちである。

　こうした研究結果を踏まえて，政策的な対処も提言している。たとえば，人々は何かのやり方を変えるよう「ナッグ（しつこく文句を言う）」されたときよりも，「ナッジ（肘で軽く突く）」されたときの方がずっと良い結果を出すという。すなわち，正しい選択の方向に少し誘導することで人々の行動を大きく影響させて，より望ましい状態が実現できる。そのためには，情報提示の仕方・フレームワークや選択順序を工夫することが大切になる。個人勘定口座の例でリスク資産への投資を促すことが政策的に望ましいとすれば，個人勘定口座におけるデフォルトでの配分比率を政策的に見直すことで，リスク資産への配分比率を高めることも可能となる。

　ただし，こうしたアプローチは心理学では既知の分析手法であり，行動経済学は心理学の成果を経済現象に応用したに過ぎないという批判もある。いずれにしても，行動経済学と心理学の境界は曖昧である。それでも心理学を

403

補　論　ミクロ経済学にかかわる最近のトピックス

経済学の理論に応用した行動経済学には興味深い知見があり，標準的な経済学を新しい次元に発展させるきっかけとなっている。

A.3　実証ミクロ経済学

　計量分析の分野では，伝統的に国民所得と消費水準の関係を調べるマクロ消費関数の推計など，マクロ統計データの実証分析を対象とするマクロ計量経済学が支配的であった。しかし，近年，実証ミクロ経済学と呼ばれる新しい分野が登場している。その主導者であるヘックマン（Heckman, J. J.；1944-）とマクファデン（McFadden, D. L.；1937-）は2000年にノーベル経済学賞を受賞した。

　実証ミクロ経済学は，ミクロ経済データ間の関係を計量経済学の手法を用いて定量的に分析する。計量経済学の手法が洗練されてきたのと同時に，集計に手間の掛かる家計や企業に関する大量の個票データが利用可能になったことで，こうしたミクロ計量分析が可能になった。さらに，経済成長政策のようなマクロ経済政策以上に，よりきめの細かなミクロ経済政策に政策的な関心が向くようになったこともその背景にある。労働経済学や教育経済学など政策志向の強い分野では，訓練プログラムあるいは教育充実の施策が実施後の賃金や学業成績さらには人的資本蓄積に与える定量的な効果を評価する研究が盛んである。

　ミクロ実証経済学の代表的な分析手法はパネルデータ分析である。パネルデータは同一主体の時系列方向のデータが複数のクロスセクション・データ（一時点のデータ）として入っているものであり，クロスセクション・データの分析手法と時系列データの分析手法を組み合わせて用いる。このパネルデータ分析では，他の観察可能な変数による変動要因をすべてコントロールし，観察不可能な変数を固定効果として捉えることで，観察不可能な変数を逆に抽出することができる。たとえば，労働供給が課税後賃金率にどう反応するのかという賃金弾力性の測定などでこの分析手法が活用されている。

　また，不連続な離散的選択の問題では，ロジットあるいはプロビットと呼

404

ばれる統計モデルを用いることで，経済主体の個人特性や選択肢固有の属性が選択確率に与える効果を測定する。たとえば，就労するかしないかという2択の選択，あるいは，予算制約式自体が税制などで非線形に変化する場合の選択など，不連続な意思決定がその分析対象である。

諸外国ではこうした政策に関わる個票データが容易に入手できるようになっており，ミクロ実証の経済分析が盛んである。わが国でも次第に大学や様々な研究機関でパネルデータを集めるなどの取組が行われて，以前に比べて公的統計も用いられるようになり，ミクロ実証分析の研究が増えてきた。経済政策が経済主体に与える個別効果を測定できるミクロ実証経済学は，ミクロレベルの定量的な政策評価にとって不可欠になっている。

◆補論の参考文献
・A.1　西条辰義（編著）『実験経済学への招待』NTT出版，2007年。
・A.2　リチャード・セイラー（遠藤真美訳）『行動経済学の逆襲』早川書房，2016年。
・A.3　北村行伸『ミクロ計量経済学入門』日本評論社，2009年。

学習のための文献案内

■1　本書と同程度のミクロ経済学の入門書としては，

（1）伊藤元重『ミクロ経済学　第3版』日本評論社，2018年。

（2）倉澤資成『入門－価格理論　第2版』日本評論社，1988年。

（3）西村和雄『ミクロ経済学　第3版』岩波書店，2011年。

（4）神戸伸輔・濱田弘潤・寳多康弘『ミクロ経済学をつかむ』有斐閣，2006年。

（5）坂井豊貴『ミクロ経済学入門の入門（岩波新書）』岩波書店，2017年。

などがある。いずれも，ミクロ経済学をわかりやすく説明していて，有益である。

■2　本書よりも程度の高いミクロ経済学の入門書としては，

（6）西村和雄『ミクロ経済学入門　第2版』岩波書店，1995年。

（7）武隈愼一『新版 ミクロ経済学』新世社，2016年。

（8）矢野誠『ミクロ経済学の応用』岩波書店，2001年。

（9）梶井厚志，松井彰彦『ミクロ経済学 戦略的アプローチ』日本評論社，2000年。

（10）神取道宏『ミクロ経済学の力』日本評論社，2014年。

（11）八田達夫『ミクロ経済学〈1〉市場の失敗と政府の失敗への対策』東洋経済新報社，2008年。

（12）八田達夫『ミクロ経済学〈2〉効率化と格差是正』東洋経済新報社，2009年。

などがある。

　より高度な数学を使用しているテキストとしては，

（13）奥野正寛，鈴村興太郎『ミクロ経済学』全2冊，岩波書店，1985，1988年。

（14）丸山雅祥，成生達彦『現代のミクロ経済学──情報とゲームの応用ミクロ』創文社，1997年。

が有益である。

■3　外国のテキストとしては，

（15）A. Mas-Colell, M.D. Whinston, and J.R. Green, *Microeconomic Theory*, Oxford University Press, 1995.

が有益である。

406

重要語解説

1 ミクロ経済学とは何か

経済主体 経済活動に携わって意思決定をする主体。

財 人間の欲望を満たす有形のもの。

サービス 人による無形の経済活動。

市場 需要と供給が調整され，財・サービスの交換が行われる場。狭義には，米市場，労働市場，株式市場など取引商品の名をつけて呼ばれることもある。その他証券市場（債券や株式の取引）や外国為替市場などがある。

資本主義 市場における経済活動を前提とし，私的財産制度・利益追求の自由・自己責任・結果の平等をその特徴とする経済体制。封建社会の崩壊過程で準備され，イギリスの産業革命を通じて確立された。

家計 消費生活を通じた経済的な満足度（効用）を最大化する経済主体の集まり。企業に生産要素（労働・資本・土地）を提供して所得を稼ぎ，それを消費と貯蓄とに配分する。

企業 生産活動の中心的主体。利潤最大化を目的とする。家計から供給される生産要素を投入して財・サービスを生産し，市場で販売して利潤を得る。

フィランソロピー 個人や企業が広く社会一般の公益のために，寄付をしたり，ボランティアとして労働力を提供すること。ギリシャ語の philos（愛する）と anthropos（人類）を語源としている。

政府 公的なサービスを供給する経済主体。市場メカニズムを尊重しつつも，国民全体にとって住みよい社会を実現させるために政策的な対応をする。

国民経済 一国全体の経済状態。

公共財 道路・公園・橋・堤防など公共投資の対象である社会資本や，警察・防衛・消防などの公共サービス。排除原則が働かず，また，多くの人が同時に利用でき，共通の利益をうけられるこのような財は，市場では供給されにくい。

合理的行動 経済的な目的を達成するために，与えられた制約の中でもっとも望ましい行為を選択する行動。

インセンティブ 経済的に最適な行動を選択するには経済的なメリットが必要になる。その経済的動機付け。

部分均衡分析 1つの市場のみに限定した分析。

一般均衡分析 モデルの中ですべての経済変数を説明する分析。

事実解明的分析 経済の現状や動きがどのようになっているのかを解明する分析。

規範的分析 どのような政策が望ましいかをある一定の価値判断のもとで展開する分析。

希少性 ある財・サービスの供給が需要に対して相対的に少ない状態。単に物理的にその財の供給量が少ないことを意味しない。

静学 ある一時点における経済変数の関係を問題にする見方。

動学 異なる時点間での経済変数の関係を問題にする見方。

機会費用 ある資源や時間を別の目的に使用したときに得られる利益，あるいはそうした選択をしないことで失う利益の大きさ。

限界概念 ある経済変数が1単位変化することに対する経済主体のメリットとデメリットを比較する考え方。限界的なメリットとデメリットが一致する点でその主体にとっての最適条件が得られる。

資源の最適配分 アダム・スミスは，神の「見えざる手」によって社会は調和と繁栄に導かれるとした。この「見えざる手」，つまり価格の自動調整機能（市場機構）を通じて，生産要素（労働力・資本・土地）ばかりでなく，財・サービスのすべてが社会全般にもっとも効率よく配分されること。

2　需要と供給

需要曲線 市場価格と購入したい需要量との組合せを図示したもの。

供給曲線 市場価格と販売したい供給量との組合せを図示したもの。

内生変数 モデルの中で説明される変数。

外生変数 モデルの外から決定される変数。

曲線のシフト 外生変数が変化して，需要曲線や供給曲線などの曲線の全体が移動すること。

需要の弾力性 価格が1％上昇するとき，需要量が何％減少するかを示したもの。

供給の弾力性 価格が1％上昇するとき，供給量が何％増加するかを示したもの。

市場価格 需要曲線と供給曲線の交点で決定される価格。

社会的必要性 ある財・サービスに対する社会的な評価。

資源配分 生産要素の投入をどの財にどれだけ行うかを決めること。

行列 超過需要に起因する家計の行動。直接の金銭的費用はないが，時間の機会費用という意味で実質的な費用がかかっている。

価格統制 人為的・政策的な価格形成への介入。多くの場合，社会的に望ましい資源配分が実現されない。

3　消費の理論

効用関数 消費から得られる満足度（効用）を消費量との関係で示した関数。

限界効用 その財の消費量の増加分とその

財の消費から得られる効用の増加分との比率。

限界効用逓減の法則　消費量が拡大するにつれて，限界効用が逓減すること。

基数的効用　効用水準の絶対的な大きさに意味をもたせる考え方。

序数的効用　効用水準の順序づけ（相対的な大きさ）のみに意味をもたせる考え方。

予算制約式　消費財を購入する際に，所得の総額が一定であることから生じる制約。

無差別曲線　効用水準を一定に維持するときの利用可能な複数の財の消費量の組合せを示す曲線。

限界代替率　無差別曲線の傾きに対応しており，縦軸の財の消費量を限界的に増加させるとき，横軸の財の消費量をどの程度減少させることができるかを示す。

主体的均衡点　経済主体の個人的最適化行動の条件を満たしている点。

限界効用均等の法則　限界効用をその財の価格で割った値がすべての財で等しい点が，主体的均衡点であること。

所得効果　所得が拡大したことが消費に与える効果。

正常財　所得効果がプラスの財。

劣等財　所得効果がマイナスの財。

ギッフェン財　劣等財の中でも代替効果よりも所得効果の方が大きく，結果として価

格が上昇したときに需要も増加する財。

所得弾力性　所得が1％拡大するとき，その財の需要が何％拡大するかを示す。

エンゲル係数　所得の中で食費に投入される割合。

代替効果　効用水準が一定に維持されるときの，価格変化が需要に与える効果。

スルツキー方程式　価格変化が需要に与える効果を，所得効果と代替効果に分類して示したもの。

クロスの代替効果　効用水準一定のもとで，ある財の価格の変化が別の財の需要に与える効果。

代替財　クロスの代替効果がプラスで働く財。

補完財　クロスの代替効果がマイナスで働く財。

需要曲線　家計の主体的均衡から決まる価格と需要量との関係を示した曲線。

4　消費理論の応用

労働供給　労働所得を得るために，余暇を犠牲にして働くこと。

実質賃金　消費財の価格で賃金を割って表した相対価格としての賃金。

ライフサイクル仮説　生涯の期間で最適に消費・貯蓄計画を立てるという考え方。

時間選好率　将来消費との比較でみた現在

消費の限界代替率。

利子率　現在の消費をあきらめたときにどれだけ将来消費を拡大できるかの機会を示す。

現在価値　将来の値を現在の値に評価し直すこと。

リスク分散　不確実な世界で，複数の選択対象にある程度分散してリスクを避けること。

期待値　それぞれの不確実な状態で生じる値を，それぞれの状態が生じる確率で加重平均したもの。

期待効用　それぞれの状態での効用を，それぞれの状態が生じる確率で加重平均したもの。

サンクト・ペテルスブルグの逆説　期待値が判断基準としてもっともらしくないことを示す例。

条件付きの財　ある状態が生じるときにのみ引き渡しが行われるという前提付きで取引される財。

顕示選好の理論　無差別曲線を想定しないで，家計の消費行動から間接的に消費者の選好に関する情報を得ようとする考え方。

5　企業と費用

生産要素　生産に投入される資本や労働，土地など。

生産関数　生産要素と生産物との技術的な関係を示したもの。

限界生産逓減の法則　ある生産要素の投入を拡大すると，その限界生産が逓減すること。

平均生産　生産要素投入量1単位あたりの生産量。

収穫一定　生産要素をすべて2倍にすると，生産量も2倍になること。

等生産量曲線　生産量をある一定水準に固定したとき，それを実現する生産要素の組合せを示す曲線。

等費用曲線　生産に要する総費用が一定になる生産要素投入量の組合せを示す曲線。

技術的限界代替率　等生産量曲線の傾き。

費用関数　ある生産量とその生産量をもっとも効率的に生産するときの費用との関係。

限界費用曲線　費用の最小化をしたときの限界費用と生産量との関係。

平均費用曲線　費用の最小化をしたときの平均費用と生産量との関係。

固定費用　短期的には調整不可能な費用。

可変費用　短期的にも調整可能な費用。

長期の費用関数　短期的に固定とされた費用も調整可能なときの費用関数。

生産の最適規模　長期の平均費用が最小になる点。

重要語解説

6　生産の決定

利潤　売り上げから生産費を差し引いたもの。

限界収入　生産を限界的に拡大したときの収入の増加分。

限界費用　生産を限界的に拡大したときの費用の増加分。

平均費用　生産水準1単位あたりの費用。

損益分岐点　固定費用も含めた総利潤がゼロになる生産水準。

操業停止点　可変費用のみを考慮したときに利潤がゼロとなる生産水準。

供給曲線　企業の利潤最大化行動から導出される価格と供給量との正の関係。

長期均衡　正常利潤以上の利潤がゼロになる均衡。

最適規模　平均費用が最小となる生産水準。

7　市場と均衡

プライス・テイカー　価格を所与とする経済主体。

完全競争　すべての企業や家計がプライス・テイカーとして行動する市場。

市場均衡　需要と供給が一致している状態。

競り人　市場で価格の調整を行う人。

ワルラス的調整過程　超過需要のときに価格が上昇し，超過供給のときに価格が低下する調整メカニズム。

マーシャル的調整過程　需要者価格が生産者価格より高いときに生産が拡大し，逆のときに生産が縮小する調整メカニズム。

クモの巣の理論　供給は前期の価格に対応して決まり，今期の価格は今期の供給がすべて需要される水準に決まるとする動学的な調整過程。

消費者余剰　家計が市場で財を購入することで得られる利益。

生産者余剰　利潤。

社会的余剰　消費者余剰と生産者余剰（＝利潤）との合計。

見えざる手　市場メカニズムが価格というシグナルを通して資源の最適な配分をもたらすこと。

超過負担　政策の介入によって社会的な余剰が減少するときの厚生損失額。

パレート最適　ある人の経済状態を悪化させることなしには，他の誰かの経済状態を改善することができない状況。

契約曲線　交換経済において無差別曲線の接点の軌跡として与えられる効率的な配分の状態。

効用フロンティア　パレート最適条件を満たす各個人の効用の組合せ。

厚生経済学の基本定理　完全競争はパレート最適であり（第1の定理），またパレー

411

ト最適な資源配分が競争均衡として実現可能である（第2の定理）こと。

8 要素価格と所得分配

派生需要 その財を生産するために用いられる生産要素に対する需要が，財に対する需要から派生的に生じること。

資本のレンタル価格 資本を使用する際の価格，すなわち利子率。

レント 土地を使用する場合に支払われる地代。

準レント 短期的に固定的な生産要素に対して，その限界生産以上に支払われるレント。

地価の決定 将来の地代収入の割引現在価値＝理論値。

バブル 経済合理的な要因で説明できない資産価格の変動。

土地保有税 土地を保有することに対する課税。

追い出し税 土地の税負担を支払いきれないで売ってしまう効果をもつ税。

所得分配率 国民所得におけるその要素所得の割合。

社会的厚生関数 社会的な不平等に関する価値判断を定式化したもの。

社会的な最適点 効用フロンティアの制約のもとで社会的厚生を最大にする点。

ベンサム基準 社会全体の効用の総計が増加することが望ましいとする価値判断基準。

ロールズ基準 もっとも効用水準の低い家計の効用のみが増加することが望ましいとする価値判断基準。

9 独　占

独占 その市場で財を供給する企業が1つしかない状況。

限界収入 生産を限界的に拡大するときに，収入がどれだけ増加するかを示す。

限界費用 生産を限界的に拡大するときに，費用がどれだけ増加するかを示す。

独占度 需要の価格弾力性の逆数。

マークアップ率 限界費用と比較して価格がどれだけ上乗せされているかを示す。

価格差別 異なる市場で同じ財を供給するときに，差別的な価格を設定すること。

買い手独占 生産要素市場などで，買い手が1つの企業しかない状況。

自然独占 規模の経済性が大きく，事実上1つの企業が供給を独占している市場の状態。

限界費用価格形成原理 社会厚生を最大化するために，価格を限界費用と一致させること。

X非効率性 損失が穴埋めされる制度のもとで，企業が費用を最小化する誘因をもたないこと。

重要語解説

セットアップ・コスト 産業を確立するために必要となる補助金額。

ピーク・ロード料金 ピーク期と非ピーク期とで差別的な料金を設定して社会的余剰を最大にすること。

2部料金 基本料金と従量料金の2つの部分からなる料金体系。

内部補助 ある生産物の販売で得た利益を，別の生産物の販売から生じる損失を穴埋めするために使うこと。

競争可能市場 その産業への参入，退出が自由であり，かつ退出する際に参入するときの費用や固定費用が回収できる市場。

クリーム・スキミング 既存企業が収益の高い市場で参入企業に利益を奪われながら，収益の低い市場での生産を強制されること。

ヤードスティック競争 他の企業の費用情報に基づいてその企業の料金を決定する方式。

公正報酬率規制 営業費，固定資本の減価償却費，税金などから構成される原価に営業資産と公正報酬率との積を加えた総括原価で料金を決定する方式。

10 ゲーム理論

プレーヤー ゲームを行う主体。

戦略 各プレーヤーが選択できる手。

ペイオフ 各プレーヤーの利得。

ゼロ・サム・ゲーム お互いのペイオフの合計が常にゼロになるゲーム。

囚人のディレンマ お互いに協力すれば高いペイオフが得られるにもかかわらず，自分のことだけ考えると協力する誘因はなく，結果として両者ともに低いペイオフしか得られないゲーム。

支配戦略 相手のとり得る戦略がどれであっても，自分にとってもっとも望ましい戦略が同じであるときの戦略。

支配される戦略 相手がどのような戦略をとってきても，必ず自分のペイオフが他の戦略よりも小さくなる自分の戦略。

ナッシュ均衡 お互いに最適戦略である戦略の組合せ。

逢い引きのディレンマ お互いに自分の好みを優先してバラバラに選択すると，ペイオフが極端に低下するゲーム。

コイン・ゲーム コインの表か裏かでペイオフを決めるゼロ・サム・ゲーム。

混合戦略 複数の戦略をある確率で組み合わせて採用すること。

動学的なゲーム 相手の戦略がわかった後で自分の戦略を順次決めていくゲーム。

同時ゲーム 相手の戦略がお互いにわからないときに自分の戦略を決めるゲーム。

部分ゲーム完全均衡 動学ゲームのどんな部分ゲームにおいても，ナッシュ均衡解となっているゲームの解。

後ろ向き帰納法 動学的ゲームにおいて最

後のゲームから逆向きに最適な戦略を考えていく手法。

繰り返しゲーム　同じ同時ゲームを複数回繰り返すゲーム。

罰の戦略　前回相手が協力すれば今回自分も協力するが、前回相手が非協力であれば今後自分は一切協力しないという戦略。

フォーク定理　繰り返し囚人のディレンマのゲームで、非協力解以上のペイオフをナッシュ均衡として実現可能なこと。

オークション　公開された財・サービスに対し価格付けの競争が行われて、その購入/売却が決定される方法。

コミットメント　ある意思決定に将来にわたって拘束されること。当初決定したコミットメントにその後の行動が拘束されないとき、異時点間の意思決定問題が動学的不整合になることがある。

11　寡　占

寡占　ある産業で財を供給する企業が少数であり、それぞれが価格支配力をもっている状況。

屈折需要曲線　ある点で個別需要曲線が屈折しており、価格引き上げでは他の企業が追随しないが、価格引き下げでは追随する。

カルテル　寡占企業が協調して価格を上昇させたり、生産量を抑制すること。

囚人のディレンマ　カルテル行為のようにすべての企業が参加すれば利潤も増加するが、自分だけ抜けるとさらに大きな利潤が

期待できるために、カルテルを維持するのが困難な状況。

複占　2つの企業で市場を分け合っている状況。

クールノー・モデル　複占企業の戦略変数が生産量である寡占モデル。

クールノー均衡　お互いに相手の最適生産量を所与として、それぞれの企業が最適な生産量を決めている状況。

ベルトラン・モデル　複占企業の戦略変数が価格である寡占モデル。

ベルトラン均衡　差別化された財の場合、相手企業の最適価格を所与として、それぞれの企業が最適な価格を設定している状況。

戦略的代替関係　相手の戦略変数が増加したとき、自分の戦略変数を減少させる反応をとるケース。

戦略的補完関係　相手の戦略変数が増加したとき、自分の戦略変数を増加させる反応をとるケース。

シュタッケルベルグ・モデル　動学的な枠組みで寡占行動をモデル化する。

参入阻止行動　新規企業の参入を阻止するために、戦略的に価格投資行動をとること。

独占的競争　独占利潤がゼロになるまで参入が行われている均衡。

12　外部性

市場の失敗　市場メカニズムでは資源の効

重要語解説

率的な配分が達成されないこと。

外部性　ある経済主体の活動が市場を通さないで直接別の経済主体の環境に影響を与えること。

外部経済　他の経済主体の活動に良い影響を与える外部性。

外部不経済　他の経済主体の活動に悪い影響を与える外部性。

ピグー課税　外部不経済を出す企業に課税することで，最適な資源配分を実現する方法。

市場の創設　外部性を内部化させるために，その外部性をもたらす財の市場を創設して，外部性を出す権利を売買することで，資源の効率的な配分を実現する方法。

コースの定理　当事者が自発的に交渉することで，資源の効率的な配分が実現し，しかもそれが権利の配分に依存しないことを主張する定理。

公共財　消費における非競合性と排除不可能性から定義される財。

サムエルソンの公式　公共財を最適に供給するルール。社会全体の公共財の限界便益（各人の公共財の限界代替率の合計）を公共財の限界費用と一致させるという条件。

ただ乗り　排除原則が働かないために，負担をしないで公共財の便益を享受すること。

費用便益分析　公共サービスの便益を推計する方法。公共支出の生み出す社会的便益の現在から将来までの流列の割引現在価値

とその支出費用とを比較する。

13　不完全情報

情報　相手（あるいは相手の提供する財）のタイプや行動に関する正しい知識。

モラル・ハザード　相手の行動が監視できないために，道徳上のあるべき行為がゆがめられること。

エイジェンシーの理論　行動に関する情報の不完全性があるときの，依頼人と代理人からなる理論的な分析のモデル。

依頼人　代理人にある行動を依頼して，自らの目的の最大化を図る主体。

代理人　依頼人からある行動をまかされて，そのもとで自らの目的の最大化を図る主体。

モニタリング・コスト　依頼人が代理人の行動を監視するのに要する費用。

逆選択　相手のタイプがわからないとき，市場がうまくいかないこと。

自己選択　自らが最適な選択をすることで，結果として相手に自分のタイプを教えること。

スクリーニング　相手に自己選択させることで，より自分の利得を大きくすること。

シグナリング　非対称な情報を保有している主体の一部がシグナルを出すことで，自らの優位性を表示すること。

415

問題解答

1　ミクロ経済学とは何か

1　事実解明的分析：（ア）（ウ）（オ）　規範的分析：（イ）（エ）

2　人々の目的関数はさまざまであるから，他人や政府がそれに対して口出しすべきではないというのが，ミクロ経済学の基本的な発想である。これは，消費者主権とも対応している。したがって，（ア）（イ）ともに，それぞれの個人が選択したとすれば，合理的な行動と判断するしかない。しかし，社会的な価値判断からみて規制が必要な場合もある。ひとたび選択を誤ると取り返しのつかない結果を招くときには，政府が未成年者の喫煙や操縦を禁止することが正当化されよう。（ア）は太郎が成人であり，自己責任を問えると考えると，あえて政府が介入する必要はない。（イ）は未成年の子どもの行為であるから，政府がこうした行為を禁止することは正当化できる。

3　（イ）

4　（イ）（ウ）（オ）

5　（イ）（エ）（オ）

2　需要と供給

1　需要の価格弾力性 $= \dfrac{0.2p}{120 - 0.2p} = 1.5$ より，$p = 360$。

2　（イ）（ウ）

3　（ウ）（エ）（オ）　ビールの価格以外の要因はすべて需要曲線をシフトさせる。税金はその分だけ価格が上昇すると考えると，需要曲線をシフトさせることはない。

4　人気があるチケットは高い値段でも売れるはずなので，需給が一致する（より高い）価格で売り出せば，行列もなく，本当にそのチケットを高く評価する人が購入できるはずである。先着順にすると，時間の機会費用が小さくて，行列に早くから参加できる人が購入する。その人が本当にチケットを高く評価しているかどうかは不明である。ただし，企業にとっては確実に完売できるというメリットもあるし，行列自体が今後の宣伝効果をもつ場合もある。

5　（イ）

3　消費の理論

1　（ア）飽和点　（イ）高　（ウ）所得効果　（エ）マイナス　（オ）小さ

2　（エ）

3　$x_1 = 6, x_2 = 3$

416

4 （ア）（イ）

5 （ア）（イ）

4 消費理論の応用

1 （ア）実質賃金 （イ）増加 （ウ）高 （エ）利子率 （オ）効用水準

2 生涯の予算制約式は，$c_1 + c_2/(1 + 0.05) = 100$。したがって，$c_1 = 50$ が最適な現在消費量。貯蓄 $s = 100 - c_1 = 50$ となる。

3 （オ）

4 実際の労働に対する報酬としては，同じ労働に異なる賃金が支払われている場合でも，事前の意味では異なる労働の場合もある。たとえば，フルタイムで働く労働者とパートで働く労働者では，普通は同じ労働をしていても，何か問題が生じれば，フルタイムで働く労働者の方がより責任を負うかもしれない。その場合，（事後的に）そうした問題のない普通のときの賃金が同じでなくても，不合理とはいえない。

5 リスク回避的な効用関数であるから，事前の意味では確実な所得の方が望ましい。100と20の変動所得を完全に安定所得60に変換するには，良いときに40の保険料を徴収し，悪いときに40の保険金を与えて，どちらの状態が生じても，安定所得60を得られるような保険が望ましい保険となる。

6 $s = 0.8Y_1 - \dfrac{0.2}{1 + r}Y_2$

5 企業と費用

1 （ウ）

2 $1/2$

3 （イ）

4 平均費用は，$AC = \dfrac{C}{y} = \dfrac{4.8}{y} + 2 + 0.3y$　　　限界費用は，$MC = 2 + 0.6y$

平均費用が最小となるのは，$AC = MC$ であるから，$\dfrac{4.8}{y} + 2 + 0.3y = 2 + 0.6y$。よって $y = 4$

5 （ア）規模 （イ）平均 （ウ）固定 （エ）範囲 （オ）平均

6 生産の決定

1 （ア）利潤 （イ）限界費用 （ウ）損益分岐点 （エ）固定費用 （オ）超過利潤

2 （イ）

3 長期均衡では個々の企業は平均費用

$$X + \frac{25}{X}$$

を最小にする点で生産する。この式を X で微分してゼロとおくと

$$X = 5$$

となる。したがって，平均費用の最小値は

$$5 + \frac{25}{5} = 10$$

となる。利潤はゼロになるから，市場価格も10である。このときの市場全体での需要量は

417

$100 - 10 = 90$
したがって，企業の数は，$\frac{90}{5} = 18$ である。

4　総費用は $3y^2 + 30$ だから，限界費用は $6y$ になる。したがって，最適条件 $6y = 30$ より，最適な生産量は $y = 5$ となる。

5　（ウ）（エ）（オ）

7　市場と均衡

1　（ア）プライス・テイカー　（イ）市場均衡　（ウ）上昇，下落　（エ）需要曲線　（オ）見えざる手

2　（エ）

3　図に示すように，需要曲線よりも内側の A 点で消費していれば，三角形 ABC の面積だけ消費者余剰は小さくなる。また，需要曲線の外側の D 点で消費している場合には，三角形 CDE の面積だけ小さくなる。

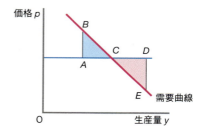

4　y_S が国内産業の供給曲線，y_D が家計の需要曲線である。関税によって国内価格が p^* から p^{**} に上昇する。消費者余剰は面積 $p^{**}BDp^*$ だけ減少する。生産者余剰は面積 $p^{**}ACp^*$ だけ増加する。関税収入は $ABEF$ である。したがって，社会的余剰は $\triangle ACE$ と $\triangle BDF$ の合計分だけ減少する。

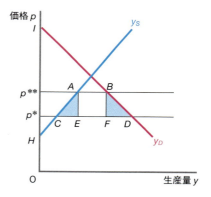

5　（ア）（イ）

8　要素価格と所得分配

1　（ア）増加　（イ）派生　（ウ）準レント　（エ）バブル　（オ）下落

2　資本，労働それぞれに対して，限界生産物価値が支払われる。資本への分配は，$2K = 0.6Y$。労働への分配は，$3L = 0.4Y$。したがって，資本労働比率 K/L は，$(0.6Y/2)/(0.4Y/3) = 9/4$ となる。

3　完全競争市場では，それぞれの生産要素に対する支払いはその限界生産に等しく行われる。各部門で投入される生産要素の限界生産が等しいことは，生産要素が効率的に配分されることを意味する。このとき，各部門で生産される生産物の合計も最大となり，生産額は誰かの所得になるから，国民の総所得も最大になっている。

4　労働が余剰になり，原油などの自然資源が希少になることが予想されるとすれば，要素市場において労働の報酬＝賃金率が低下し，原油価格が上昇するはずである。したがって，資源の希少性は要素市場での価格水準で十分に反映されているから，さらに課税で政府が介入する必要はない。

5　（ウ）（エ）

6　BI は全国民全員に一律で，働かなくても生活が維持できるだけのお金を配るという考え方である。これは所得再分配に大いに配慮しているが，これを実現するには巨額の財源が必要になる。それよりも社会的弱者に対象を限定して所得再分配を実施する方がより効率的で公平だという議論もある。問題は真の弱者を政府が認識できるかどうかであり，これが難しいと全員を対象とする BI という考え方もそれなりに意義がある。

9　独　占

1　（ア）限界収入　（イ）限界費用　（ウ）低い　（エ）消費者余剰　（オ）限界賃金支出

2　A 産業では，限界収入曲線は，$p_A = 20 - y_A$。これが $MC = 10$ に等しい点は，$y_A = 10$。したがって，$p_A = 15$。$p_A = 10$ のときの $y_A = 20$ であるから，超過負担は $(20-10)(15-10)/2 = 25$ となる。

B 産業では，同様にして求めると，$y_B = 5, p_B = 35$ となる。$p_B = 30$ のときには $y_B = 10$ になるから，超過負担は $(10-5)(35-30)/2 = 12.5$ となる。

したがって，A 産業の方が超過負担は 12.5 だけ大きい。

3　限界収入 $MR = p - 5 - D$ となるから，$MR = MC$ より

$5 - D = S - 5$　　$S = D = X$ とおくと

$X = 5$

となる。生産量は 5。したがって，独占価格は $p = 5 - 5/2 = 2.5$ となる。

4　（イ）

5　（オ）

10　ゲーム理論

1　（ア）ペイオフ　（イ）非協力　（ウ）最適戦略　（エ）動学的な　（オ）無限回

2　ナッシュ均衡は，（非協力，非協力）

3　（ウ）

4　企業 2 の選択から考える。企業 1 が A を選択したとすれば，企業 2 は C を選択する。また，企業 1 が B を選択したとすれば，企業 2 は D を選択する。したがって，企業 1 は A を選択して $(3,3)$ のペイオフを得るか，B を選択して $(1,5)$ のペイオフを得るかの問題になる。なお，このペイオフは（企業 1 の利得，企業 2 の利得）を示す。よって，企業

1はAを選択する。その結果，企業2はCを選択する。両企業のペイオフは$(3,3)$となる。

5　ナッシュ均衡は存在しない。

11　寡　占

1　（ア）複占　（イ）限界収入曲線　（ウ）囚人のディレンマ　（エ）生産量　（オ）価格

2　相手の企業Bの生産量y_Bを所与とすると，$D=y_A+y_B$だから，企業Aの需要曲線は，$p=60-y_B-y_A$となる。したがって，限界収入曲線は，$D=30-y_B/2$となる。限界費用はゼロだから，企業Aの反応関数は$y_A=30-y_B/2$となる。均衡では$y_A=y_B$だから，これを反応関数に代入すると，$y_A=y_B=20$となる。よって，$D=y_A+y_B=40$となる。

3　利潤は限界収入曲線と限界費用曲線との間の大きさを0から生産量まで加えたものである。すなわち，線分DHとMC曲線との間である。

4　需要曲線は，
$$p=4-0.5(y_A+y_B)$$
よって，企業Bの利潤は
$$\pi_B=[4-0.5(y_A+y_B)]y_B-0.5y_B$$
この利潤最大化条件より，
$$y_B=3.5-0.5y_A$$
この反応関数を企業Aの利潤の式に代入すると，
$$\pi_A=[4-0.5(0.5y_B+3.5)]y_A-2y_A$$
この利潤最大化条件より，$y_A=0.5$を得る。したがって，$y_B=3.25$，$p=2.125$となる。

5　需要曲線より
$$p=200-y_A-y_B$$
企業Aの利潤は
$$(200-y_A-y_B)y_A-y_A^2$$
企業Aの反応曲線は
$$y_A=50-0.25y_A$$
同様に，企業Bの反応曲線は
$$y_B=31.2-0.25y_B$$
したがって，両曲線の交点から，
$$y_A=45,\ y_B=20$$
がクールノー均衡での生産量になる。

12　外部性

1　（ア）外部不経済　（イ）合併　（ウ）外部不経済　（エ）コース　（オ）消費における非競合性，排除不可能性

2　最適な生産量y^*を求めると，
$$10y-(0.25y^2+5)-0.25y^2$$
を最大にする条件より，

$$10 = 0.5y + 0.5y$$

すなわち，$y^* = 10$

したがって，ピグー課税 t の大きさは，

$$10 = 0.5 \times 10 + t$$

を満たす税率 t であるから，$t = 5$ となる。

3　p_1，p_2 は各個人の公共財の限界評価を示すので，社会的な限界評価は $p_1 + p_2$ になる。これが公共財の限界費用である p と一致する点が，公共財の最適水準である。すなわち，$D_1 = D_2 = S$，$a - bD_1 + c - dD_2 = a + c - (b + d)D = eD$ より D を求めると，

$$D^* = \frac{a + c}{b + d + e}$$

となる。

4　両企業の利潤の総和を最大化する生産量を求めると，利潤の総和は

$$100y_A - 3y_A{}^2 + 100 - 2y_A{}^2$$

だから，利潤最大化条件より

$$100 = 6Y_A + 4Y_A$$

したがって，

$$Y_A = 10$$

となる。

5　（ア）（エ）

13　不完全情報

1　（ア）行動　（イ）代理人，エイジェンシー　（ウ）タイプ　（エ）自己選択　（オ）シグナル

2　（イ）（エ）

3　（ウ）

4　消費者からみれば，宝石が本物か偽物かはなかなか判別できない。店舗が立派であるというシグナルを出せる宝石店はその場所にコミットしている。他方で，露天で宝石を売る場合，すぐにいなくなってしまうことが消費者にもわかるから，偽物を販売しているのではないかと合理的な疑いを持つ。

5　（ア）（エ）

索 引

あ 行

逢い引きのディレンマ　289
アカロフ　382
アダム・スミス　16
アパーチ=ジョンソン効果　276
アファーマティブ・アクション　387
アロー　18

医師誘発需要　376
一次同次の生産関数　144
一般均衡分析　10
一般均衡理論　17
依頼人　376
イングリッシュ・オークション　300
インセンティブ　8

後ろ向き帰納法　293
売上額曲線　170
運営費用　268

エイジェンシーの理論　376
エイジェント　376
エッジワース・ボックス　210
エンゲル係数　88

追い出し税　234
応用経済学　15
オークショナー　189
オークション　300
汚染者負担の原則　348
温暖化対策税　351

か 行

カーネマン　19,401
外生変数　32
買い手独占　259

外部経済　340
　——の内部化　345
外部性　340
外部不経済　340
価格維持政策　207
価格機構　8
価格差別　256
価格先導者　332
価格支配力　186,248
価格調整メカニズム　190
価格追随者　332
価格の資源配分機能　202
価格の自動調整機能　8
価格変化の代替効果　159
価格与件者　185
下級財　85
学歴　393
家計　4,24
　——の主体的均衡点　106
　——の消費行動　63
　——の予算線　105
　——の労働供給　102
家計間での分配　238
可処分所得　30
課税政策　57
寡占　309
寡占市場　6
　——における価格硬直性　310
仮想的市場評価法　366
可変費用　160
カルテル行為　313
環境維持権　354
環境汚染権　353
環境汚染問題　341
監視　375
関数　29,68
関税　202
　——政策　205

422

間接税　206
完全競争市場　6,186
完全代替財　95
完全補完財　96

機会費用　12,53,231
企業　4,32,137
　――の主体的均衡　220
　――の主体的均衡点　151,171
　――の消費　63
　――の数　324
　――の超過利潤　224
　――の費用最小化問題　150
　――の利潤極大条件　170
　――の利潤最大化行動　169
　――の利潤最大化点　171
危険分散　124,125
技術　4
技術進歩　48
技術的な限界代替率　146
希少性　11
基数的効用　69,83
期待効用　127
期待値　125
ギッフェン　92
ギッフェン財　92,179,191
規範的分析　10
規模の経済　159
規模の効率性　262
規模の利益　262
逆差別　387
逆選択　382,385
ギャンブル　129,130
供給関数　179
供給曲線　33,179
　――のシフト　47
　企業全体の――　180
　独占企業の――　254
　労働――　223
供給者　6
供給点　255
供給の弾力性　42
競争可能市場　273
競争均衡　215

協力　284
行列　53
均衡価格　6
均衡資本投入量　224
均衡賃金率　224
均衡の安定性　191
均衡利子率　224
均衡労働水準　224
金融市場　6
勤労意欲阻害効果　243

クールノー型動学ゲーム　329
クールノー均衡点　320
クールノー反応関数　319
クールノー反応曲線　320
クールノー・モデル　318
屈折需要曲線　310
クモの巣の理論　196
クラーク税　364
クリーム・スキミング　273,274
繰り返しゲーム　297,305
クロスの代替効果　93

経験曲線　165
経済財　1
経済主体　4,8
経済政策　305,306
経済的自由主義　4
経済分析の方法　10
契約曲線　210
契約理論　395
ケインズ経済学　18
ゲームの木　291
ゲーム理論　19,280
ゲーム論と経済活動　281
限界　24,68
限界概念　13
限界効用　65,66
　――均等の法則　83
　――逓減　66
　――逓減の法則　68
限界コスト　25
限界収入　33,170
限界生産　143

423

──逓減の法則　140
限界代替率　76
　──逓減の法則　76
限界賃金支出　259
限界的デメリット　26
限界的メリット　26
限界転形率　359
限界費用　33,154,170
　──価格形成原理　263
　──曲線　155,173,179
　──と価格　172
　社会的──　344
現在価値　115,116
現在志向バイアス　402
顕示選好の理論　133
現物市場　6
厳密な劣加法性　262

コイン・ゲーム　283,289
公益企業　268
公害の限界費用　344
公害の超過負担　345
公共財　6,357
　──の限界評価曲線　361
　──の自発的供給　400
広告　394
厚生経済学の第1の基本定理　215
厚生経済学の第2の基本定理　216
厚生損失　202,204,256,345
公正取引委員会　313
公正報酬率規制　275
公定価格　53
行動経済学　400
公平性　16
効用　4,25,65
　──関数　64,69
　──水準を一定　75
　──フロンティア　214,241
効率性　15
合理的経済人　400
合理的行動　8
合理的バブル　232
コース　352
　──の定理　352

国際市場　6
国内市場　6
国民経済　4
　──の安定化　5
心の家計簿　401
固定費用　160
個票データ　405
コブ　76
コブ=ダグラス型　76
　──の効用関数
　　69,75,78,83,98,104,111,121
　──の生産関数　144,236
コミットメント　304
混合戦略　289
コンテスタブル・マーケット　273

さ　行

サービス　1
財　1
最善解　358
最低賃金　55
　──制　54
最低保証価格戦略　335
最適関税の理論　205
最適貯蓄問題に対応する予算制約式
　　115
最適な限界税率　242
最適な資源配分　346
最適な貯蓄水準　117
再分配政策　16
先物市場　6
差別財　310
サムエルソンの公式　359
参加制約　378
産業革命　3
産業組織論　371
産業の長期均衡　181
サンクコスト　175,273,295
サンクト・ペテルスブルグの逆説　126
参入規制　58,273
参入阻止行動　335

シカゴ学派　19

死加重　202,204,256,345
時間選好率　113
シグナリング　386
シグナル　392
資源配分　50
　　——の調整　5
自己責任　4
自己選択　387,390
自己の代替効果　93
資産　61
事実解明的分析　10
支出　2
支出関数アプローチ　153
市場　3,6,45
　　——価格　3
　　——機構　8
　　——均衡　188
　　——均衡点　45
　　——経済　3
　　——で取引することの利益　198
　　——の失敗　343
　　——の需要曲線　98
　　——の創設　349
　　——メカニズム　50
自然独占　247,262
実験経済学　399,401
実質賃金　106
実証的分析　10
実証ミクロ経済学　404
私的財　357
支配戦略　285
シフト　32,35
　　——・パラメーター　32,97
資本　2,3,4,138
　　——の限界生産価値　224
資本主義　3
資本所得の分配率　236
資本蓄積　4
資本費用　268
社会厚生関数　239
社会的責任　5
社会的選択　18
社会的分業　3
社会的余剰　200

収穫一定　144
　　——の生産関数　237
収穫逓減　144
　　——の生産関数　237
収穫逓増　144
自由財　1,11,188
囚人のディレンマ　284,315,323
従属変数　29,65
自由放任　4
受益者負担の原則　363
主観的なバイアス　401
主体的均衡　188
　　——点　80
シュタッケルベルグ均衡点　332,334
シュタッケルベルグ・モデル　330
出生率　88
需要関数　97
　　——の弾力性　38
需要曲線　27,45,97
　　——のシフト　30
　　家計全体の——　98
　　労働——　222
需要者　6
需要の制約　249
需要の弾力性　36
準公共財　357
純粋公共財　357
準レント　229
上級財　85
条件付きの財　131
少子化　88
勝者の呪い　302
消費　2,4,62
　　——における非競合性　357
　　——の需要主体　61
消費財　1
消費者余剰　200
消費税　206
　　——引き上げ　123
消費生活　4
商品市場　6
情報　369
　　——の非対称性　373
序数的効用　69,83

425

所得　4,61
　　——効果　85,90,109,119
　　——再分配政策　238
　　——消費曲線　86
　　——弾力性　87
　　——と貯蓄　119
　　——の再分配　5
　　——分配政策　243
人為的な価格政策　51

垂直連携ネットワーク　304
スクリーニング　387
スティグラー　19
スルツキー　92
　　——方程式　92

静学分析　12
生活必需品　87
政策介入の効果　208
政策介入のコスト　202
生産　2,4
　　——の最適規模　163
生産活動　137
　　——に対する課税　348
生産可能曲線　358
生産関数　139,142,219
生産財　1
生産者余剰　200
生産要素　2,4,137
　　——市場での均衡　223
　　——に対する支払い　219
　　——の供給主体　61
正常財　85
正常利潤　182
贅沢品　87
政府　4,5,268
制約付きの最適化問題　71
セイラー　19,401
セカンド・プライス・オークション　300,301
積極的差別是正措置　387
絶対的危険回避度　130
セットアップ・コスト　265
競り人　189
ゼルテン　280

ゼロ・サムのゲーム　283
線形　28
先導者　332
戦略　282
　　——的代替関係　328
　　——的補完関係　328

操業停止点　176
相似拡大的効用関数　89
相対的危険回避度　130
双対問題　154
総費用曲線　170
総利潤　173
ソーシャル・キャピタル　341
租税　4,5
損益分岐点　174
　　——分析　178

た 行

代替効果　90,91,109,119
代替財　94
代理人　376
ダグラス　76
ただ乗り　362,400
ダッチ・オークション　300
他の条件一定　9
段階ゲーム　297
短期　138
　　——限界費用曲線　164
　　——総費用曲線　162
　　——の費用関数　160
　　——の平均費用　161
　　——費用曲線　163
談合　316
炭素税　351
弾力性　36
　　——1　38
　　——ゼロ　41
　　——無限大　41
　　短期と長期の——　43
弾力的な財　40

チェンバリン　399

426

地価　230,235
地代　4,225
　　──の割引現在価値　230,231,233
知的所有権　267
超過負担　204
超過利潤　174,182,229
長期　138
　　──限界費用曲線　164
　　──の総費用曲線　162
　　──の平均費用　163
　　──の費用関数　162
　　──費用曲線　163
　　──平均費用曲線　163
長寿のリスク　244
貯蓄　4
　　──関数　120
　　──の動機　112
　　──の目的　122
賃金　4
　　──格差　55
　　──契約　377

追随者　332

低価格政策　208
デフォルト　403
デブリュー　18
デフレーション　46
デポジット・リファンド・システム　356

動学的なゲーム　291,294,295,296,329
動学的不整合　304
動学分析　12
投資　5,138
同時ゲーム　291,329
同質財　310
等生産量曲線　145
　　──の4つの性質　146
　　──の幅　147
等費用曲線　148
等利潤曲線　330,333
独占　6,247
　　──市場　247,255
　　──的競争　336

　　──の弊害　256
　　──利潤　323
独占企業　247
　　──の設定する最適価格　251
　　──の利潤　248
独占禁止法　313
独占度　252
独立変数　29,65
土地　2,4,138,225
　　──市場　225
　　──の供給曲線　225
　　──の限界生産　225,227
　　──の需要曲線　225
　　──の用途規制　228
　　──保有税　234
特許制度　267
トリガー戦略　299
努力が観察できるケース　380

な　行

内生変数　32
内部補助　272
内部留保　5
ナッグ　403
ナッジ　403
ナッシュ　280
　　──均衡　287,400
　　──均衡解　287
　　──均衡と経済分析　290

2国間交渉　305
2部料金制度　270,272

抜け駆け　285

ネットワークの外部性　342
年金改革　244

ノイマン　280

は　行

ハーサニ　280

パート労働者　55
バーノン・スミス　19,399,401
排出権取引　350
排除不可能性　357
配当　4
派生需要　222
バックワード・インダクション　293
罰の戦略　299,305
パネルデータ分析　404
バブル　232
パラメーター　29,38
パレート　18
　——改善　209
　——最適　16,18,209,215
　——最適点　211,212
範囲の経済　159
晩婚化　395

ピーク・ロード料金　267
非協力　284
　——ゲーム　400
ピグー課税　345,346,347
非線形の価格付け　258
非弾力的な財　41
ヒックス　18
微分　13,29,40,68
費用　12
　——関数　150,152,154
　——便益分析　365

ファースト・プライス・オークション　300,301
フォーク定理　299,315
フォロアー　332
不可能定理　18
不完全競争市場　6
複占　309,318
負担の均等割り　363
物々交換　10
部分均衡分析　10
部分ゲーム完全均衡　293,296
プライス・テイカー　185
プライス・フォロアー　332
プライス・メイカー　248
プライス・リーダー　332

フリードマン　19
プリンスパル　376
フレーム　401
プレーヤー　282
プロビット　404
分配　2

ペイオフ　282
平均可変費用　161,173
　——曲線　173
平均固定費用　161
平均生産　143
平均費用　155,173
　——曲線　156,173
　——原理　276
ベッカー　19
ヘックマン　404
ベルトラン型動学ゲーム　332
ベルトラン均衡　326
　——点　328
ベルトラン・モデル　324
ベルヌーイ　126
便益の異質性　363
弁護士・医者の供給制限　58
ベンサム的な価値判断　239,241
偏微分　13,29,68

包絡線　163
飽和水準　68
ポートフォリオの選択問題　125
ホールドアップ問題　303
補完財　94
保険　371
補償需要　94,96
補助金　348
ボックス・ダイヤグラム　210
本源的生産要素　2

ま　行

マークアップ率　252
マーケットデザイン　396
マーシャル　17
　——的調整過程　17,194

――の k　　17
埋没費用　　175,273
マクファデン　　404
マクロ経済学　　14

見えざる手　　16,202
ミクロ経済学　　14,16,21
ミクロ計量分析　　404

無限回の繰り返しゲーム　　298,315
無差別曲線　　18,74,145,219
　　――の4つの性質　　78
　　――の形状　　95

メカニズムデザイン　　396
メンタルアカウンティング　　401

モニタリング　　375
　　――のコスト　　382
モラル・ハザード　　373
モルゲンシュテルン　　280

や　行

ヤードスティック競争　　275
家賃の統制　　52

誘因　　8
誘因制約　　378
有限回の繰り返しゲーム　　297
輸入制限　　57
　　――政策　　204

予算制約式　　70
予算制約線　　71
予算線　　71,74
　　――のシフト　　72

ら　行

ライフサイクル仮説　　113

リーダー　　332
利子　　4

利潤　　169
　　――曲線　　169
　　――の大きさ　　199
　　――の追求　　4,139
利子率　　115
　　――と貯蓄　　118,121
リスク　　124,372,376
　　――回避　　132
　　――シェアリング　　243
　　――中立　　378
　　――分散　　125
料金規制　　58

劣等財　　85
レント　　225,229

労働　　2,3,4,137
　　――供給　　102
　　――供給関数　　110
　　――供給に関する無差別曲線　　104
　　――市場　　6
　　――所得の分配率　　236
　　――の限界生産価値　　220
ロールズ的な価値判断　　239,241
ロジット　　404

わ　行

ワルラス　　17
　　――的調整過程　　17,192
　　――の模索過程　　17
　　――法則　　17

欧　字

CVM　　366
S字型の生産関数　　142,176
S字型の費用構造　　176
X非効率性　　264,349,374

著者紹介

井堀　利宏（いほり　としひろ）

1952年　岡山県に生まれる
1974年　東京大学経済学部卒業
1980年　ジョンズ・ホプキンス大学Ph.D.
現　在　東京大学名誉教授，政策研究大学院大学名誉教授

主要著書

『現代日本財政論』（東洋経済新報社，1984）
『ストックの経済学』（有斐閣，1993）
『日本の財政改革』（ちくま新書，1997）
『経済学演習』（新世社，1999）
『マクロ経済学演習』（新世社，2000）
『ミクロ経済学演習』（新世社，2001）
『経済政策』（新世社，2003）

『財政　第3版』（岩波書店，2008）
『財政学　第4版』（新世社，2013）
『演習財政学　第2版』（新世社，2013）
『基礎コース　公共経済学　第2版』（新世社，2015）
『コンパクト経済学　第2版』（新世社，2017）
『入門マクロ経済学　第4版』（新世社，2020）
『入門経済学　第4版』（新世社，2021）

入門ミクロ経済学　第3版

1996年12月25日 ©	初　版　発　行
2004年 1 月25日	初版第10刷発行
2004年11月25日 ©	第　2　版　発　行
2018年 3 月25日	第2版第21刷発行
2019年10月10日 ©	第　3　版　発　行
2024年 2 月25日	第3版第5刷発行

著　者　井　堀　利　宏　　　発行者　森　平　敏　孝
　　　　　　　　　　　　　　印刷者　山　岡　影　光
　　　　　　　　　　　　　　製本者　小　西　惠　介

【発行】　　　株式会社　新世社
〒151-0051　東京都渋谷区千駄ヶ谷1丁目3番25号
編集☎(03)5474-8818(代)　　サイエンスビル

【発売】　　　株式会社　サイエンス社
〒151-0051　東京都渋谷区千駄ヶ谷1丁目3番25号
営業☎(03)5474-8500(代)　　振替00170-7-2387
FAX☎(03)5474-8900

印刷　三美印刷　　　　　製本　ブックアート
《検印省略》
本書の内容を無断で複写複製することは，著作者および出
版者の権利を侵害することがありますので，その場合には
あらかじめ小社あて許諾をお求めください。

ISBN978-4-88384-301-5
PRINTED IN JAPAN

サイエンス社・新世社のホームページのご案内
http://www.saiensu.co.jp
ご意見・ご要望は
shin@saiensu.co.jpまで